인문
예술

인문예술 제2집

초판인쇄 2016년 12월 25일

초판발행 2016년 12월 31일

발행인 박성모

편집위원 구중서, 김태준, 박시교, 임호일
장지숙, 전혜진, 정희성, 허종열

기획위원 하채현

편집간사 방선영, 윤종욱

출판등록 제13-522호

주소 서울시 서초구 서초중앙로6길 15, 1층

전화 02-585-7840

팩스 02-585-7848

전자우편 somyungbooks@daum.net

홈페이지 somyong.co.kr

ISBN 979-11-5905-140-1 04050

| 책값은 뒤표지에 있습니다.

| 잘못된 책은 바꾸어드립니다.

인문 예술

제 2 집

소명출판

시민의 인문학과 예술이 되고자

사회 현실에 황당한 불상사들이 자주 일어나는 것을 보면서 우리가 개탄하는 말은 어떠해야 할까. 잘못을 저지르는 사람을 거친 말로 비판하면 서로가 함께 수치스럽고 참담해진다. 이럴 때에 할 수 있는 말로는 "저 사람은 너무 인문학적 교양이 없다"가 가장 적절하다.

경제의 발전과 함께 물질주의가 사회 전체를 뒤덮어, 산소와 같이 호흡해야 할 인간다움의 가치가 갈구된다. 심지어 나라의 운영을 책임지는 정치권력의 복판에도 저속한 물질주의가 파고들어 이른바 최순실 농단 같은 사태가 빚어졌다.

나라의 경제력이 세계에서 10위권에 접근할 만큼 발전했어도 정부기관 재정의 큰 부분이 외가닥 비선 인맥에 새어나갔다. 이러한 비리에 책임이 있는 이들의 인격 수준 자체가 상식선에서 수긍될 수 없는 상태였다. 실상이 이러한데도 가장 유력한 재벌 기업들과 국정의 최고 통치자가 막무가내로 결탁이 되어 있었다.

대기가 너무 탁해져 참기 힘든 한국의 시민 대중이 거리와 광장으로 나와 촛불을 들고 시위를 벌이는 사태가 바로 올해 2016년 가을에 일어났다. 시위를 주도하는 특정 세력도 분명치 않은데 집회 참여 인원은 200만 명을 넘게 되었다. 시위 과정에 일체의 폭력이 없고 문화공연 무대가 설치되었다. 밤이 깊어 시위가 자진해서 해산할 때 청소 봉사자들이 나서서 거리와 광장이 깨끗해졌다.

매우 규모가 큰 민의의 시위에 힘을 얻은 국회가 대통령 탄핵을 결의했다. 탄핵의 최후 결정은 헌법재판소에서 나게 되지만, 현 정부는 자동적으로도 임기가 끝나게 된다.

이러한 때에 무능한 부패정치에 대한 시민의 항의 시위가 크게 일어난 데에는 문화적 의미가 있다. 이 나라 민중의 정신이 불의의 정권을 시간적 임기에 맡기고 가만히 있기만 한 것이 아니라는 사실이다. 공식 임기가 끝나기 몇 달 전이라도 국민의 힘으로 정의로운 나라 공동체를 만들어 세운다는 것이다.

사필귀정, 정의가 결국 승리한다는 말이 있다. 민중이 역사 발전의 원동력이라는 말도 있다. 그러나 민주화 추진 세력이 몇 차례 거듭되는 선거에서 이상하리만큼 패배하는 경험 끝에 사람들은 정의와 민중을 믿지 못하는 회의에 빠져드는 때도 있었다.

이러한 차질들은 실상 정의를 추진하는 사람들 속에 인격이 부족했다고 반성할 문제이다. 인문학적 실천의 힘이 모자랐던 것이다.

촛불들의 드넓은 꽃밭을 이룬 광화문 광장에 이순신 장군과 세종대왕 동상이 서 있다. 이 광장을 가리키며 한 시민이 "옛날 사람들 동상보다 오늘의 촛불 동상을 이 자리에 세웠으면" 한다. 이 말을 받아 다른 한 시민이 말한다. "퇴계가 제자 유성룡을 정계에 보냈고, 유성룡이 이순신을 발

탁해 이순신의 수군이 임진왜란 때 일본 수군을 맞아 23전 23승을 해 나라를 구했다. 또 세종대왕이 지은 한글이 없었으면 오늘 한국이 이만한 나라가 되었겠는가. 민족 역사 안의 문화 역량이 오늘의 촛불을 들 수 있게 한 힘이다."

올해 2016년을 '시민혁명의 원년'으로 삼아야 한다는 여론도 있다. 기미 · 사일구 · 유월 항쟁이 제대로 결실을 맺지 못한 역사적 체험도 있다. 2016년의 촛불 항쟁은 떳떳이 5 · 16쿠데타 후계세력의 종말을 심판하는 역사이다. 군부가 정경유착으로 모은 재산을 지키는 것은 보수도 아니다. 지킬 가치가 있어야 비로소 보수의 명문이 된다.

촛불 이후 우리는 민주주의와 평화를 지키는 뜻에서 모두 가치관을 지니고 있다. 아울러 인간본성의 역사를 발전시킨다는 뜻에서 우리 모두는 진보이다. 이 진보에는 인격이 필요하고 인격에는 인문학과 창조적 예술이 필요하다.

『인문예술』 지면은 인문학과 문학예술을 인간의 광장에서 추구해 가고자 한다. 오늘 촛불의 광장에는 모두가 모여있다. 지성이 관념의 밀실에서 나오고 농민이 땅끝에서 경운기를 타고 왔다. 오늘의 시민적 주체성을 어느 당파나 지배 계층에 소홀히 넘겨주고 빈손이 되지 않도록 노력해야 할 것이다. 이 노력의 내용이 바로 인문학과 예술이 되기를 바란다.

발행인 박성모

차례

5 머리말_ 시민의 인문학과 예술이 되고자

인문 에세이

12 구중서 지금 여기의 인간학
22 김태준 인도 성지 순례 10일 – 하나의 거대한 평화
36 임호일 소외와 부조리에 대한 저항 – 카프카의 소설
45 허종열 사람은 땅에 속해 있다
50 임규찬 '불후의 명작' 「동짓달」에 대한 헌사
60 정선태 "정신줄은 놓더라도 밧줄은 놓지 마라!" – 백두대간 산행기
66 유성호 비평적 기율에 관한 한 단상
74 손종업 인문학 군의 죽음에 관한 진상 특위 중간보고서
94 정기훈 언어와 고독 그리고 극복

신작 시

102 정희성 낮술
103 박시교 가을과 추상명사
104 이상국 복(伏)날 생각 혹은 다리밑
106 허정분 언니
108 공광규 11월 26일

다시 읽는 근년의 작품

112 정 양 이게 나라냐
113 도종환 지진
115 박구경 미국을 생각하며
116 송경동 사소한 물음들에 답함
118 박승민 대구경북

작품으로 읽는 문학사

122 김정한 사밧재
144 현기영 아스팔트
185 공선옥 목마른 계절

단상

216 **허 이냐시오** 솔라 스크립투라
218 **박경분** 촛불 시위날 맛집

서평

222 **편집실** 부르주아 진보 지성의 무기력한 관념화(로랑 조프랭, 『캐비어 좌파의 역사』)
224 **편집실** 스스로 이루는 조용한 혁명(라부페티, 『호세 무히카 조용한 혁명』)
226 **권성우** 김석범의 『화산도』를 생각하며 4 · 3을 보내다(김석범, 『화산도』)
230 **안미영** 고독한 문사의 시학(권성우, 『비평의 고독』)

흙의 인문학

238 **안완식** 왜 토종을 지켜야 하는가
252 **이은순** 자연에 기대어 풀과 뭇생명들과 함께 짓는 농사, 자연농
267 **정민철** 불편을 지속할 수 있는 힘 – 불편감과 불안감
281 **차남호** 고산권 벼농사 모임 – 식량주권 · 생태가치 일구는 '두레' 꿈꾼다
304 **이영재** 신앙으로 세우는 '가족농(家族農)'
310 **하경환** 주민주도의 공론장 그리고 공공성
– 서울시 찾아가는동주민센터 주민주도마을계획을 중심으로

일상의 의미

332 **이영미** 완주에서 겪는 늦깍이 사춘기
344 **최종규** 호미 한 자루와 책 한 권 – 낫일 더하기 밤읽기
367 **심수진** 어쩌다 보니 진안
376 **김지영** 꿈을 꾸다
382 **김다솜** 무너진 논둑을 메꿔주는 마음

연속현장

387 **이재후/하채현** 도마 신부 이야기 2

"

물질주의 외길로
계속 질주하는 세기
모든 분야 문제 해결의 열쇠로
다시 인문학을 찾아야

"

인문
에세이

지금 여기의 인간학 _ 구중서

인도 성지 순례 10일 - 하나의 거대한 평화 _ 김태준

소외와 부조리에 대한 저항 - 카프카의 소설 _ 임호일

사람은 땅에 속해 있다 _ 허종열

'불후의 명작' 「동짓달」에 대한 헌사 _ 임규찬

정신줄은 놓더라도 밧줄은 놓지 마라! - 백두대간 산행기 _ 정선태

비평적 기율에 관한 한 단상 _ 유성호

인문학 군의 죽음에 관한 진상 특위 중간보고서 _ 손종업

언어와 고독 그리고 극복 _ 정기훈

지금 여기의 인간학

구중서 / 문학평론가

촛불의 광장에서

막스 뮐러의 논문 「철학적 인간학」을 읽는다. 인간학(Anthropologie)은 인문학의 보다 실천적인 고찰이다. 평이한 표현 속에 신선한 발상들이 있다. 동양학에도 조예가 있는 뮐러는 사람의 '인격'에 대해 말하고 있다. '인격'은 이미 형성되어 있는 상태를 가리키는 것이 아니다.

지금 여기에 발생한 사건에서 보아야 한다. 사건을 감당하는 상태에 인격이 나타난다.

사람들은 흔히 역사를 논하면서 과거를 돌이켜 보거나 미래를 예측하는 데에 치우치는 경향이 있다. 이러한 태도는 막상 오늘의 현실에서 도피하는 결과를 낳는다. 실상 인간은 오늘 어느 시각에 우연히 죽을 수도 있는 한계를 지닌 존재이다. 인간의 엄연한 한계를 잘 인식하고 있는 이가 가장 인간적인 사람이다. 그리고 자신의 삶에 가장 충실한 사람이다.

과거를 향하는 생각은 퇴영적일 수 있고 미래 예측결정론은 독단에 빠질 수 있다. 지금 여기에 삶의 중심이 있고 구체적 역동성이 있다. 여기에 삶의 주체는 다른 사람이 아니고 바로 '나'이다. 내 삶의 이 순간은 영원으로부터 토막난 단층이 아니고 하나로 연결되어 있는 영원 자체이다.

그러므로 나의 삶은 역사이기도하고 그 내용은 바로 작품이기도 하다. 삶을 추진하는 과정에서 한계가 있는 인간은 어떤 장애에 부딪혀 진로가 막히기도 한다. 이러한 때에는 어떻게 돌파구를 찾을 수 있을까. 인간 삶의 여건은 계속 변하고 있다. 산천의 만물도 변하고 내 육체의 감각도 변한다. 이 변화 속에서 가장 오래 변하지 않고 있는 것을 찾아내라. 그 변하지 않고 있는 것에 바로 '돌파구'가 있다. 변하지 않는 것은 무엇인가. 감각이 아닌 정신이다. 항구한 정신 그것은 '진리'이다."

이렇게 뮐러의 인간학을 더 평이하게 풀어서 정리해 본다. 올해 2016년의 한국 사회에 역사적인 새 기운이 일고 있다. 꽃피는 봄 4월 13일의 국회의원 총선거가 이변을 일으켰다.

하나의 집권 여당에 두 야당이 대립하면 당연히 여당이 이기게 되어 있다. 그런데 선거의 결과는 야대 여소로 뒤바뀌고 가장 많은 의석을 차지한 제1야당이 국회의장 자리까지 차지하게 되었다.

이것은 정치계도 지식층도 언론도 예상하지 못한 일이다. 그 뒤 가을이 오자 이번에는 거리에 촛불 시위 행렬이 펼쳐진다. 주말 토요일마다 일어나는 두 번째 시위는 백남기 농민의 장례 행사로 이루어졌다.

아침 아홉시에 서울 명동대성당에서 장례미사가 거행되었다. 김희중 대주교가 장례미사 강론을 했다. "우리밀 먹거리 농사의 정당한 권리를 주장한 백남기 농민의 행동이 경찰 살수차에 의해 참혹한 죽음을 당해야할 만큼 잘못이었느냐"고 했다. 미사가 끝나고 운구차가 성당 언덕길을 내려갔다. 광화문 광장으로 가서 노제도 지내고 시민 영결식을 또 한 차례 지낸다고 한다. 젊은이들의 행렬이 운구차의 뒤를 따라 걸어간다.

그런데 명동성당 마당에 나선 조문객의 수는 예상과 달리 적은 편이었다. 80년대에 이 성당에서 민주화를 위한 시국기도회가 열리던 때에는 이 마당이 가득 차고도 넘쳤었다. 언론의 자유를 위해 투쟁하다가 동아일보사에서 해직을 당한 기자들이 이 성당 마당의 군중 속에서 손에 손을 잡고 원을 그리며 돌아갔다. 그들은 노래를 불렀다. "우리 승리하리 그날에 나는 믿네 우리 승리하리라." 노랫소리가 밤 공기를 타고 시내 쪽 거리로 울려 퍼졌다.

그날의 이 성당 마당이 오늘에는 차분하고 경건한 분위기를 이루고 있다. 지난날 이 마당에서 만나던 구면들이 오늘 다시 만나서 이야기를 나눈다. 악수를 하며 "축하한다"는 말을 하는 이도 있다. 무엇을 축하하나, 전국 여론조사에서 박근혜 대통령에 대한 지지율이 5퍼센트로 떨어진 것을 축하한다고 한다. 이런 날이 오다니. 백남기 농민의 장례 행사가 격앙될 필요가 없고 오히려 느긋해진 상황이라고 한다.

백남기 농민 장례의 노제는 11시 반 광화문 네거리 근처 르메이에르 빌딩 앞에서 거행되었다. 운구차를 따라 종로대로에 늘어선 조문 행렬을 향해 제단의 사회자가 마이크를 들고 연설을 한다. 노제의 진행을 세월호 유족회가 담당하고 있다. 백남기 농민의 유족들을 세월호 희생자 유족들이 맡아서 보살피겠다고 한다. 이 보살핌은 정신적 연대를 뜻하는 것이다. 이 연대가 민중의 역사이다.

노제는 광화문 광장의 시민 영결식으로 이어졌다. 밤에 운구 행렬은 전남 보성 고인의 집과 밀밭이 있는 마을에 돌아갔다.

이튿날 백남기 농민의 영결 노제는 광주 금남로에서 다시 거행되고 운구행렬은 농민가를 합창하며 망월동 5 · 18묘지로 향했다. 광주 민주항쟁 묘역에는 1987년 6월 항쟁의 이한열과 강경대 묘소도 있다.

서울의 수유리 4 · 19묘역과 광주의 5 · 18묘역은 역사적 사건의 살아있는 현장이다. 2016년 11월을 전후해 주말마다 이루어진 비리 정권 퇴진 촉구 시위는 한국 현대사의 단계마다 분출한 시민 대중의 정신이 이어 온 족적이다.

2016년 '지금 여기'의 현장은 그 동안 축적한 시민 역량의 저력이 되어 있다. 10월 26일 서울에서 2만 명의 시민이 거리로 나와 촛불 행렬을 이루었다. 시위가 거듭되면서 12월 3일의 6차 집회는 서울에서 170만 명, 전국에서 232만 명의 사람들을 촛불 시위에 나서게 했다. 이것은 한국 현대사에서 가장 규모가 큰 집회이다.

이렇게 많은 사람이 같은 뜻을 가지고 하나의 광장과 그 광장으로 통하는 거리에 나서는 일은 어느 한 사람의 지도자나 특정 세력의 선동에 의해 동원되는 것이 아니다. 이것은 자유로운 개인들의 자발적인 정신에 의해 이루어지고 있다.

이 11월 시위의 특징은 폭력을 쓰지 않는 것이다. 2백만의 군중이 손에 촛불과 피켓을 들고 구호를 외치는데 군중에 떠밀려 쓰러지는 사람이 없다. 몸이 부딪혀 짜증을 내는 사람도 없다. 오히려 다정한 동지애로 사랑하고 즐거워 하는 분위기이다. 어린 아이의 손을 잡고 나온 젊은 부부도 있다.

빼곡한 군중 속에서도 어느 방향으로 옮겨가는 한 가닥의 움직임이 가능하다. 마찬가지 움직임으로 촛불의 무리 속을 뚫고 흘러가는 횃불의 행렬도 있다. 또 성능이 좋은 마이크의 안내에 따라 드넓은 광장의 시위 촛불이 한꺼번에 소등을 해 암흑의 천지가 되기도 한다. 그러다가 다시 일제히 불을 밝혀 광장이 현란한 빛의 숲이 된다. 이때 마이크는 "어두움이 빛을 이기지 못한다!"고 큰 소리로 외친다. 광화문 광장의 한편에는 고층의 미국 대사관 건물이 있다. 이 건물도 소등과 재점등에 보조를 맞추어 불을 껐다가 다시 켠다. 시위 군중은 중앙 권부인 청와대 앞 100미터 지점까지 다가가는데 그 밤에 경찰에 의한 연행자가 한 명도 없다. 시위 군중은 "박근혜 퇴진" 구호를 외치다가 〈아침 이슬〉 노래를 합창한다.

세계 각국의 신문들이 한국 국민의 대규모 시위에 대해 기사를 쓴다. "한국의 촛불 시위는 이 나라의 별미인 김치처럼 맵지만 곰삭은 성숙의 문화"라고 한다.

평화는 정의의 구현에서

시위 과장의 복판은 광화문 네거리 이순신 장군의 동상 부근이다. 바로 이 지점에 한국작가회의의 깃발도 자리잡고 있다. 매주 토요일 저녁 6시쯤에 이 깃발 근처에 가서 문학인들이 서로 만나게 된다. 문학은 닫힌 서재 안의 관념이 아니다. 지금 여기에서 역사를 감당하는 실천 속에 문학이 있다. 2014년 4월의 세월호 참사 때에도 이 광화문 광장에서 이와 같은 만남들이 있었다. 광장에 연단이 설치되고 단상에서는 세월호 희생자 추모시 낭송이 있었다.

산 목숨 죽인 이들 이미 함께 죽었다
기우는 뱃전에 와 일초가 아깝다
말하고 돌아간 이는 무엇을 하던가

세월호 잠기면서 하루 이틀 한 달에
살려서 끌어올린 한 명이 없는 나라
열일곱 소년 소녀들 입을 넘어 물이 찼다.

가만히 있으라 나오란 말 전혀 없고
설마하며 웃고 놀던 청춘들이 잠기고
뭍에선 돈만 세다가 시간을 다 보냈다.

— 구중서, 「다 끝났다」 부분

대형 선박인 세월호가 진도 앞바다 맹골물길에서 옆으로 쓰러져 300명이 넘는 사람들이 수몰되어 목숨을 잃었다. 배는 사람과 짐을 너무 많이 실었다. 무게가 초과되었다. 배가 바로 서도록 균형을 잡아 주는 밑창의 탱크에서 물을 너무 많이 덜어냈다. 이렇게 된 배가 운항을 하다가 흐름이 거센 맹골물길에서 옆으로 쓰러졌다. 선장과 기관사들은 먼저 배를 빠져나오며 대부분이 고교생인 승선자들에게 움직이지 말고 가만히 있으라고 했다.

배의 관리자는 정부 해양수산부가 도급을 준 사설 해운업체였다. 돈 관계로 결탁이 된 업체의 관리 권한에 해양경찰과 해군도 간섭하지 못했다. 개인 신분의 잠수부도 접근하지 못했다. 정부기관과 재벌 기업은 하청 업체를 쓰고, 업체는 낮은 임금의 비정규직 인원을 고용하고 복지와 인권을 돌보는 책임자가 없다. 부실 경영의 전형적인 현상이다.

배가 결정적으로 가라앉는 날 '일곱 시간' 동안 대통령은 휘하의 어느 기관으로부터도 정확한 보고를 받지 못하고 아무런 구조 조치를 지시하지 않았다. 최근 언론보도로 그 긴박했던 때에 청와대에서 있었던 일이 조금 알려졌다. 대통령은 그 일곱 시간 동안 외부로부터 미용사를 불러 올림머리 치장을 했다. 점심을 먹고 저녁을 먹고 창 밖을 내다보기도 했다.

침몰하는 세월호 현장에는 아무 조치도 내려오지 않았다. 국민의 생명을 보호해야 한다는 것은 헌법에 있는 대통령의 임무이다. 외로운 세월호의 참사는 온갖 황당한 사회 현실들의 상징적인 한 사례이다. 다른 한편으로 최순실 비선 인맥이 나라 살림의 온갖 군데에 손을 대는 비리들이 언론의 취재면에 나타난다.

촛불 시위 행렬이 내보이는 피켓들 중에 "이게 나라냐"라고 한 구호가 있다. 한 시인이 피켓의 문자와 꼭 같은 제목을 달아 시를 썼다.

국방부 시계는 거꾸로 매달아도
잘만 돌아간다던데
학살인지 교통사곤지
생목숨들 생수장시킨 세월은
맹골 수도에 거꾸로 처박힌 채로
유신시대로 삐라시대로 서북청년단시대로
한반도의 세월을 무식하게 되감는다
옛날에 눈 질끈 동여매고도
공중 나는 새를 떨어뜨리던 신궁이 있었다던가
수사권도 기소권도 없이 백성들은
되감기는 세월의 과녁을 정확하게 쏜다.
이게 진상이냐 이게 구조냐
이게 루머냐 이게 불온이냐

이게나라냐이게나라냐이게나라냐

바다도 비좁다고 파도는 몸부림치고

꽂히는 화살마다 부르르 떤다

— 정양, 「이게 나라냐」 전문

시 「이게 나라냐」가 실린 정양의 시집 『헛디디며 헛짚으며』가 2016년 4월에 출간되었다. 이 해의 촛불 시위 피켓들은 11월에 나타났으니 시위 군중이 정양의 시에서 따서 피켓 문자로 들고 나왔을까. 백성들 속에서 결국 터져나오지 않을 수 없게 잠재된 역사의식을 시인이 선지자적 감수성으로 「이게 나라냐」를 시 제목으로 삼았는지 선후 관계는 알 수 없다. 세월호의 세월과 역사의 세월에 시인의 화살이 명중하고 있다.

피켓의 문자로 뿐 아니라 신문 기사들에도 "이게 나라냐"라는 표현이 쓰이고 있는 것을 보면 아마도 이 말은 이 시대의 혼으로 소통되고 있는 것이다.

개인과 대중의 관계는 어떠한 것인가. 개인은 물 위에 뜬 섬처럼 고립된 모습이다. 그러나 바다 밑에서 섬들은 하나의 큰 덩어리로 연결되어 있다. 이것이 이 세계와 우주의 총체성이며 보편적 가치의 근원이다.

2016년 가을 한국의 촛불 시위는 어떻게 평화의 집회가 될 수 있었을까. 한국 현대의 역사적 시련들을 국민 대중이 겪을 만큼 겪은 끝에 어느 정도 보편적 가치에 가까이 갈 수 있게 된 때문일 것이다. 4·13 총선이 조그만 투표용지 한 장을 통해 민주화 추진 진영인 야권의 승리를 가져다 준 것이 평화의 가능성을 드러내는 조짐이었다. 보편적 가치의 일상적 구체성은 곧 평화이다.

이 평화는 또 어떠한 상태를 의미하는 것인가. 그것은 전쟁이 없는 상태와 휴전이 이루어진 상태가 아니다. 억압하의 침묵도 아니다. '정의'가 구현된 상태 그것이 바로 진정한 평화이다.

그 한 가지 구체적 사례인 세월호 참사는 본질적으로 정의에 어긋나는 극단적 사건이었다. 상식적으로 용인할 수 없는 비인간적 행태에서 국민 대중의 양심이 참을 수 없는 충동을 받았다. 그리하여 대중은 너무도 인간적인 사회가 갈구되어 촛불을 들고 평화적인 시위의 광장으로 나선 것이다.

2016년 한국의 평화적 촛불시위는 임기가 1년이나 넘게 남아있는 대통령이 국회로부터 탄핵을 받게 했다. 이 사태는 사적인 한낱 막후 인물이 나라의 운영을 분탕질치게 한 국격의 문제와 상식선에서 사람들이 참을 수 없게 한 비인간적 세월호 참사 때문이었다.

그러나 문제의 본질을 보면 지금 여기의 현실적 사건이 전부는 아니다. '지금 여기'는 역사상 한 당대마다 최선을 다하려는 인격의 관점이다. 어제와 내일에 관계가 없는 것은 아니다.

오늘의 촛불시위도 문제의 발단은 1960년의 5 · 16군사쿠데타에 있었다. 이 경위야말로 지나칠 수 없는 인간학적 성찰의 대상이다. 다만 오늘은 박정희에서 그의 딸에 이르는 불의의 권력 계열이 어차피 끝나는 단계이다. 오늘 여기에서 한국 국민이 정의의 구현을 시간에만 맡겨놓은 것이 아니고, 평화의 촛불 행렬로 인간다움의 명예를 회복했다는 데에 보람이 있다.

그러나 문제가 완벽하게 해결된 것은 아니다. 언제나 한계를 지니는 존재인 인간은 어디엔가 실주해 나아가는 진보보다 인간본성과 자연질서의 회복이라는 완성지향 사관을 가지고 계속 앞으로 걸어 나아가야 할 것이다. 밀밭에 가라지는 계속 있을 수 있고, 추수 때에라도 가려서 수확하는 보람은 놓치지 않아야 할 것이다. 오늘 여기의 상황도 이 추수의 마당이다. 자연의 질서인 사필귀정과 역사 발전의 주체인 민중의 실체를 사람들이 믿고 희망을 가질 수 있게 하는 현장에 지금 우리가 서 있다.

인도 성지 순례 10일

하나의 거대한 평화

김태준 / 동국대학교 명예교수

히말라야에 오르는 네팔 여행 계획이 지진 사태 등으로 혼란을 겪는 사이, '인도 성지 순례 10일'이라는 여행팀의 권유 메일을 받고 서둘러 이 기획에 합류했다. 여행 수속과 준비를 서두르며 순례의 여정을 따라 이런 저런 준비를 하는 가운데, 친지로부터 법정(法頂) 스님의 『인도기행』(1991, 초판)을 보내왔다. "삶과 죽음을 넘어서"란 부제가 붙은 이 책은 머리말에 이어지는 제1장이 「죽음을 기다리는 집」으로 되어 있는데다, 지도를 펴고 그 여정을 살펴보는 것만으로도 순례자의 마음가짐을 가다듬게 하는 뭉클함이 스며왔다.

마침 시기적으로 한가위 명절 연휴가 이어진데다가, "성지 순례"란 문구가 마음을 움직였고, 30년도 전에 일본에 머물면서 이스라엘 성지 순례 팀에 동행했던 기억을 떠올리며 감개가 무량했다. 더구나 기독교 가문의 4대손으로 나는 불교 종립 동국대학교에서 공부하고 정년까지 모교에서 가르친 자칭 반 불자(佛子)가 아니었던가. 그리하여 여러 번 인도 여행을 계획했으면서 정년에 이르도록 세월만 허비하고, 백발에 이른 스스로를 나무라며 세월을 허비했다.

게다가 공부하고 가르치는 일이 여행과 이어져서, 일동(日東)과 중원(中原)으로, 열하(熱河)와 티베트 땅에 이른지 여러 차례이면서 인도에 이르지 못한 세월이 정년을 훌쩍 넘기다니. 중년 이후에 나의 신앙적 안식처가 된 서울 향린교회의 어느 감사주일의 '하늘 뜻 펴기(평신도 설교)'에서, 우리 문학 최고의 사뇌가(詞腦歌)이며 뛰어난 찬불가(讚佛歌)로 〈눈 밝안 노래[禱千手觀音歌]〉를 풀이하며, '감사의 기도'론을 폈던 기억을 되살렸다. 그리고, 향린(香隣)교회 강단에서 한신대학교 김경재(金敬宰) 교수의 "대승기독교론(大乘基督教論)"에서는 한국불교의 천년의 역사와 한국 기독교의 역사가 둘이면서 하나로 이어지는 역사인식에서 쾌재를 부른 기억도 떠올랐다.

*

2015년 10월 2일, 드디어 인도로 가는 날이 밝았다. 인천 국제공항에서 만난 일행은 안면이 있는 종교학자 오강남 교수 등 열두 명으로, 나는 향린의 네팔 기행 팀에 합류할 예정이던 친지로 불교와 인도에 관심이 많은 노영희 교수와 만나, 13시 50분 인천 발 델리 행 비행기에 올랐다. 인도 여행 계획이 서면서 가까운 헌 책방과 대형 서점을 훑어 겨우 발견한 일본어판 『루루부 정보판 인도』라는 화보 한 권과 법정(法頂) 스님의 『인도기행』과 간단한 여행 가방을 들고 홍콩 경유, 인도에 도착한 것이 같은 날 21시 35분이었다. 인도는 한국보다 3시간 30분이 늦다고 했다.

이렇게 쉽게 인도 땅에 이르고 나니, 그 옛날 고구려 신라와 백제 등 여러 나라들에서 불교를 수입하면서 인도로 간 스님들이 적지 않았고, 그 가운데서도 기록으로 남아 전하는 신라의 스님들이 많았는데, 『삼

국유사』에는 석아리나(釋阿離那)를 비롯하여 혜업(惠業), 현태(玄泰) 등 17명의 이름이 전하고, 그 가운데서 기행문을 써서 전하는 여행자로는 혜초(慧超, 704~787) 한 사람만이 『왕오천축국전(往五天竺國傳)』을 남겼다.

그러나 그는 16살인 719년(성덕왕 18) 중국의 광주(廣州)에서 인도 스님 금강지(金剛智)를 만나 가르침을 받고, 727년 당나라로 돌아왔다. 그는 배를 타고 남중국해를 돌아 인도 동부로 들어가서 석가가 입적한 구시나국과 남쪽의 파라나시국, 왕사성(王舍城)과 다시 남쪽으로 부다가야와 페르시아를 거쳐 당나라로 돌아왔다. 4년의 세월을 거쳐 이 여러 나라들을 걷는 순례의 고행을 한 것이다.(졸저, 『한국의 여행문학』, 이화여대 출판부, 2006) 일연(一然) 스님은 일찍이 동국에 불교 전래와 우리 승려들의 인도 왕래를 기려, "동국과 인도가 한 세상이 되었구나[東護西乾共一天]"라고 노래한 바 있었던 인도 여행의 최고참이었다.

석가 간디와 크리슈나무르티의 나라

인도는 석가모니와 간디와 크리슈나무르티의 나라이며, 독립 뒤에 영어를 추방하고 힌디어를 국어로 통일하려 했지만, 인도인의 맹렬한 반대에 맞닥뜨려 14종의 언어를 공용어로 채용하고 있다는 등 확인되지 않은 약간의 정보만을 예비지식으로 인도로 향했다. 그러나 실제로 인도는 8억 1천만의 인구에다, 이것은 지구촌에서 여섯 사람 가운데 하나는 인도 사람이라는 통계라 하며, 인도는 단순한 불타의 나라, 불교의 나라만이 아니고, 다종교, 다언어(多言語), 다(多)정체성의 나라, 가난한 사람들의 나라이지만 결코 가난한 나라는 아니며, 2022년에는 인도가 중국을 누르고 세계 최대의 인구국에다 중국보다 10살이나 젊은 인구국이 되리라는 등등의 정보에 접한 것은 이 글을 정리하면서 얻게 된 인도의 정보들이다. 게다가 우리 여행팀은 '인도 성지 순례 10일'이라는 주제로 불타(佛陀)의 유적지 중심의 종교적 성지 순례여행이어서 불자 분들이 여럿이었다.

한편 인도는 석가모니와 함께 간디와 크리슈나무르티의 나라이며, 이들은 하나같이 인도를 대표하는 인도의 문화이며, 인도에 대한 나의 관심은 불교성지와 함께 간디에 치우쳐 있었다. 간디 이야기를 모으고, 그를 좋아했던 함석헌을 통해서 인도의 성자로 그가 신봉했던 힌두교와 불교에 관심하는 아마추어 여행자일 뿐이었다. 그리고 10월 2일 21시 반 경에 델리 인드라 국제공항에 도착한 일행은 저녁을 먹고 호텔에 투숙하여 잠시 눈을 붙이고, 이튿날 10월 3일 10시 반 전용 버스를 이용, 델리를 떠나 불타 최초의 설법 처인 바라나시에 도착한 것이 11시 45분이었다.

바라나시는 캘커타의 수호신인 힌두 사원이 있고, '가트'라는 강변에 있는 목욕장(沐浴場)으로 이름난 성지이며, '캘커타'라는 지명도 '갈리카트(목욕장)'란 이름에서 유래되었다는 사연 등. 이런 인도에 대한 해묵은 상식들이 눈앞에 펼쳐지면서 여행의 마음가짐을 한결 고조했다.

인도 제2일, 델리와 바라나시

piccadilly라는 호텔에 들어 간단한 아침을 먹었다. 찰기가 없는 쌀밥 밖에, 인도 사람의 주식인 빵의 한 종류로 밀개떡 같이 철판에 구운 '난' 두어 쪽에 치즈나 소스를 발라 먹고, 아직 덜 익은 작은 사과 한

알과 커피를 후식으로 먹었다. 특히 인도 쌀은 안남미처럼 찰기가 없어서 한국 사람에게는 인기가 없었고, 그러기에 사전에 각자 쌀을 한 되씩 가져오게 했는데 나는 그것도 준비하지 않은 채여서, 인도 사람의 평상적인 공양(供養)에 별로 신경 쓰지 않은 주제였다. 이날 델리공항으로 이동한 일행은 10시 30분 출발하는 비행기편으로 11시 45분 바라나시에 도착, 불타가 설법을 시작한 땅 녹야원(鹿野苑)을 순례했다. 불타 최초의 안거 장소로 다메크스투파와 아쇼카 석주 등을 보고, 사르나트 양식의 사르나트 박물관을 관람하고 호텔에 들러 잠시 휴식했다.

아직 어둡지는 않았지만 황혼이 깃드는 저녁 녘에 호텔에는 10여 대의 인력거들이 몰려왔고, 일행은 이 인력거에 올라, 먼지와 인력거와 각종 차들로 뒤범벅인 거리를 경주하듯 달려 겐지스강 순례에 나섰다. 사르나트에서 남쪽으로 9킬로미터 떨어진 바라나시(Varanasi)는 세계에서 가장 오래된 도시의 하나이며, "영적인 빛으로 넘치는 도시"라는 뜻으로 순례자들의 성지이며, 옛날부터 실크의 명산지로 이름난 곳이기도 하다.

특히 이곳 바라나시는 히말라야에서 흘러내린 물이 인도 평원을 거쳐 초승달 모양으로 굴곡지어 흐르는 땅, 겐지스 강의 왼쪽 기슭에 동서로 약 4킬로미터, 남북으로 7킬로미터에 이르게 발달한 도시이며, 1천 500개가 넘는다는 힌두 사원이 즐비한 힌두의 성지 중의 성지이며, 인도 민족정신의 중심인 땅이다. 게다가 인도의 한 상징으로 겐지스강은 이 강가의 성스러운 화장터이며 인도문화를 대표하는 제의(祭儀)며, 이 물에 목욕을 하면 모든 죄업이 소멸된다는 수행(修行)의 성지이다. 이 강 언덕에서 화장한 재를 강물에 띄우면 윤회(輪廻)의 고통에서 벗어난다는 신앙으로, 이 도시에는 연간 백만 명이 넘는 순례자들이 모여든다는 힌두 신앙의 모태가 되는 성지이다. 그리하여 우리가 인도의 본격적 첫 순례지로 찾은 이곳 겐지스 강 주변은 끊임없이 모여드는 수천 수만을 헤아리는 인파며, 시체들을 불태우는 매캐한 연기의 다비소(茶毘所)와 요란한 목탁소리와 장송곡 사이로, 이루어지는 제의(祭儀), 다비식과 삶의 현장이 둘이 아니고 하나인 인도 문화의 종합 세트. 이 죽음과 삶의 인도 문화를 지켜보며, 인도 종교에 도그마 따위는 없고 제의라는 것이 있다고 한 철학자 장 그르니에(Jean Crenier)의 주장에 설득력이 있어 보였다.[1]

제의는 동시에 영혼을 훈련시키고, 상징체계를 매개로 영혼을 영적 체험으로 인도한다. '시바(siva)'는 우리 사전에는 "인도의 세가지 신 가운데 하나로, 하나 또는 다섯 개의 얼굴울 가지고, 과거 현재 미래를 투시하는 세 개의 눈을 가진 여신으로 불교에서는 자재천(自在天)으로도 불린다.

우리 일행은 인도의 삶과 죽음의 총화로 이 겐지스 강 순례로 두어 시간에 걸친 인도문화의 정수를 체험하고, 잠시 들어와 호텔에서 눈을 붙였다.

*

10월 4일, 잠시 잠을 들었던 듯 마는 듯, 급히 깨는 전화벨 소리에 새벽부터 오전 겐지스 강으로 다시 나가, 이 성지의 첫 새벽을 이 강에서 보냈다. 이른 새벽의 겐지스 강은 어제 밤과는 사뭇 다른 엄숙한 성지, 수행자와 다비장(茶毘匠)이며, 순례 객과 행상들이 뒤범벅이 된 숙음의 여러 가트(gatt, 인도 등 남아시아의 강가의 층계, 빨래터)로, 죽은 자와 산자들의 연옥(煉獄)이랄까? 매년 100만 명 이상의 인도 사람들이 이

1 장 그르니에, 배재형 역, 『상상의 섬 인도』, 씨아이알, 2014, 19쪽.

곳을 찾는다는 수행의 땅인 동시에 인도 여행의 필수 코스로 바라나시. 특히 새벽의 겐지스 강변은 인도의 성지(聖地) 중의 첫손으로, 미명에 이 강물로 목욕재계하여 현세(現世)의 죄를 정결히 하고, 예불로 하루를 시작하는 인도 문화의 첫손이다. 새벽의 찬 강물로 몸을 정결케 하고 깨끗한 몸으로 기도하는 힌두 교도들은 물론, 여행자라도 순례자들의 헌신적 신앙에 함께 머리 숙이지 않을 수 없는 인도 중의 인도이며. 인도문화의 정수.

이 지구상에서 이곳이 아니면 찾아보기 힘들 인도 문화의 정수, 힌두 교도의 삶과 죽음의 이 경건한 헌신과, 그 성스런 신앙. 이것은 먼 나라의 여행자, 이교도로서 방불하게 전할 말을 찾기 어려운 경건함의 극치라 하리라. 이른 새벽 인도의 방방곡곡에서 순례로 모여든 힌두 교도들과 방문자들은 피리와 북을 울리며 이곳 강가로 모여든다. 이 강물에 몸을 씻어 정결한 몸과 마음으로 하루를 시작하고, 손을 내미는 탁발승과 동냥 꾼들에게는 몇 푼 잔돈을 주어 보시(布施)가 이곳 인도를 찾은 여행자의 최소한의 예의일 터였다.

이렇게 강으로 내려가 반신욕을 하고 수련하며 기도하는 순례자들에 섞여, 그들과 함께 이 강물에 몸을 담그면서 힌두교도와 순례자는 물론, 이교도와 여행자 모두가 성스러운 산앙 체험을 가다듬을 것임에 틀림없고, 이것은 이교도 여행자로 나 스스로의 잊을 수 없는 종교 체험임을 고백하지 않을 수 없다.

이러구러 동녘 하늘이 찬란히 붉어오는 이 인도 문화의 한 정점에서, 나는 이 인도의 아침을 어떻게 정의할까? 이런 저런 생각 중에 마침 이 겐지스 강을 덮고 있딘 어둠도 서서히 걷히고, 동천에 붉게 솟아오르는 아침 해가 눈 부셨다. 이 강으로 흐르는 눈부신 해를 맞으며, 저 해 뜨는 동방의 나라 나그네들을 실은 작은 배는 다른 여러 인도의 배들과 함께, 몸을 씻으며 헤엄치는 순례자들과 혹은 스치며, 그 배들과 때로 부딪치며, 이 죽음과 삶의 강변을 따라 이어지는 산길로 접어들었다. 그리고 이 죽음과 삶의 끝없는 가트를 방문하여 다시 겐지스 강으로 이어가는 인도의 둘째 날, 여러 경전에 많은 수(數)를 나타낼 때 비유되는 '항하사(恒河沙) 유람'은 이렇게 하루가 저물고 있었다

부다가야와 라지기르

타골의 고향이며 1천만 이상의 인도 사람이 모여 사는 인도 남단의 최대의 도시 캘커타는 우리 일정 밖에 있었으나 나에게 인도는 불타 석가모니의 나라인 동시에 마하트마 간디의 나라였다. 그리고 그보다 못지않게 그들을 길러낸 겐지스 강과 온통 흙먼지로 지린내 찌든 역겨운 공기 속에 있었다. 그리고 남인도 먼지 길을 밝게 장식하고 자라는 자귀나무 가로수들의 빨간 꽃송이의 모습들이며, 이것은 먼 나라 길손에게는 커다란 위안이며 기쁨이었다.

특히 나의 관심을 끈 자귀나무는 함수초과(含羞草科)에 딸린 갈잎 큰키나무로, 깃 모양의 겹잎에다, 10미터 안팎의 훤출한 키에, 밤이 되면 오물어져 늘어지는 빠알간 꽃이 일품이다. 여름철 해가 질 무렵이면 늘어지고, 빨간 예쁜 꽃을 피우는데, 많은 수의 꽃술이 가는 실처럼 길며 붉고 아름답다. 우리 나라의 중부 이남, 일본 중국, 인도, 페르시아 아프리카까지 널리 분포한다는 사실은 이번 여행을 통해서 알게 되었고, 인도에서는 특히 이 자귀나무 꽃이 주는 위안이 먼지투성이 인도의 열흘 순례의 가장 큰 즐거움이었다. 내 시골 집 좁은 정원에 아직 어린 두어 그루 자귀나무도 새해에는 꽃을 피우고, 또 새끼가지를

쳐서 인도의 정취를 풍겨 줄 것이란 기대로 자귀나무는 먼지 자욱한 인도 여행의 큰 위안이었다.

부다가야는 불타가 이곳 보리수나무 아래서 보리(bodihi, 道, 깨달음)를 얻었다고 해서 이름 붙여진 땅이며, 보리수라는 이름이나, 부다가야 혹은 보디가야라는 지명도 붓다가야에서 생긴 이름이라 했다. 따라서 이 부다가야야말로 불교라는 세계종교가 태어난 불교 발상의 땅이며, 성지 중의 성지이다. 이곳 부다가야는 마하보디사 대탑(大塔)을 중심으로 해서 도시의 거리가 이루어져 있다. 이 대탑은 인도 고대의 산치 대탑과 같은 복발형(覆鉢形)의 스투파와 달리, 서양의 오벨리스크같이 하늘로 치솟은 첨탑(尖塔)의 전형으로 웅장하다.[2] 그리고 이곳 보리수는 인도 전 지역에 어디서나 무성하게 잘 자라는 나무로 뽕나무과에 속하는 상록교목이며, 불교의 상징나무이고, 인도 어디서나 볼 수 있는 자귀나무 꽃과 함께 겨울철인데도 여행자를 반겨주는 인도의 꽃, 불교의 상징이며 생명력이라 할 만하다.

제5~6일 라지기르와 바이샬리와 룸비니

아침 조반 뒤에 법화경의 설법지 라지기르로 이동하여 영축산 사리불, 부처님 향실, 불교계 최초의 절 죽림정사를 순례했다. 부처님의 열반지 쿠시나가르를 참배하고, 5세기부터 융성했다는 최초의 불교대학 나란다 대학을 견학했는데, 이 대학의 강의실 등이 거의 본 모습대로

---

2 우리 석굴암 연구의 권위 성낙주 선생은 『석굴엄 법정에 서다』에서, 이 마하보디사 대탑 감실(龕室)에 있던 주불(主佛)이 우리 석굴암 본존불의 모델임을 밝혀낸 바 있다.(「인도 부다가야 대탑의 주불」, 『석굴암 법정에 서다』, 불광출판사, 2014)

복구된 모두를 답사하며 그 복구와 보전에 감탄했다.

제6일은 불타의 탄생지 룸비니 동산과 이쇼카 석주(石柱)가 있는 동산 등을 순례했다.

인도의 간디와 '한국의 간디 함석헌

인도의 자귀나무 인상을 이야기하자니, 함석헌(咸錫憲, 1901~1989) 선생을 '한국의 간디'로 평가하며, "히말라야의 꽃 한 송이"로 기린, 김용준 교수의 함석헌론이 새삼 머리에 떠올렸다.(『내가 본 함석헌』, 아카넷, 2006) 이 글에서 "히말라야 높은 봉 그윽한 골자기에 피는 이상한 꽃의 향기에 취해 계신 선생님의 영……"(위의 책, 403쪽)이란 표현은 함석헌 선생이 흔히 "한국의 간디"로 불리고, 그 스스로도 생전에 이 말을 그리 싫어하지 않았다는 일화와도 이어지는 화제라 할 것이다.

여기서 함석헌을 말하는 까닭은 선생이 20대 초반에 벌써 간디의 이름을 들었다고 했고, 1976년에는 이 책을 스스로 번역하여 삼성판 '세계사상전집'으로 공간한 바 있는 간디의 숭배자였기 때문이다. 그가 로망 롤랑의 『간디전』을 읽은 것이 3 · 1운동 때라 하며, 그 이후 함선생은 해마다 1월 30일이면 반드시 간디의 추모 모임을 주관하여 그치지 않았는데, 1948년의 이날은 바로 저녁 기도회에 가던 간디가 길에서 힌두교 광신자에게 암살된 그의 명일(命日)이었다.

이렇게 함석헌은 일찍부터 인도와 간디에 관심이 깊었던 사상가로, 한때는 그 스스로 인도에 가려는 생각도 가졌다고 했고,(『죽을 때까지 이 걸음으로』, 한길사, 2009, 91쪽) 동경에 있을 때 처음으로 『기탄잘리』를 읽고 주로 간디의 책을 찾아 읽었다고 했다. 이런 가운데 범신론조차도 자기 신앙에 아무런 지장이 되지 않을 뿐 아니라, 오히려 득이 된다는 생각을 하며, 그는 타고르를 읽고, 간디를 읽게 되었다고 고백한 바 있었다.

그러나 함석헌이 본격적으로 인도사상을 파고들면서, 간디야말로 그리스도의 정신을 가장 참되게 실천한 사람이라고 생각하게 되었다고 했다. 그뿐 아니라 그는 간디의 비폭력, 불살생과 평화사상을 지지하고, 동아시아 정신의 풍토 속에서 이를 구현하려 한 평화주의자로, 그 스스로 "한국의 간디"로 불리는 사람이었다.(김경재, 「생명과 역사에 눈뜨게 해 주신 함석현 선생」, 김태준 · 소재영 편, 『스승』, 논형, 2008)

특히 그는 『간디전』을 한국에서 처음으로 번역하여 소개한 사람으로, 그 「옮기는 말」에서는 "우리나라에서 외국 인물로서 일반 사람에게 가장 존경받는 것은 간디가 아닐까?"고 자문하고, 그럼에도 3 · 1 운동 이후 그렇게 좋아하는 간디인데 어째서 그 전기 하나도 번역된 것이 없었는지 모른다"고 자탄했다. 그는 이어서, "나라가 씨알[民衆]을 깨워 주고, 글을 배운 책임을 다하기 위해서라도 씨알들에게 간디를 스승으로, 친구로 내세우며 소개해 주었어야 할 것인데 하지 않았다고 아쉬워하며, 스스로 간디전을 번역해 내기에 이르렀다고 했다.

그는 북녘에서도 붉은 군대가 북한에 들어올 때에 가장 먼저 한 일이 조만식 선생을 '조선의 간디'라고 불러 내세웠던 일임을 상기시켰다. 간디가 영국의 지배 속에서 허덕이는 인도의 정신을 되살린 인도의 사상가이며 지도자였듯이, 함석헌은 그 스스로가 북녘의 조만식과 함께, '조선의 간디'로 일컬어진 인물이었다. 그리고 우리는 조국의 분단과 남녘의 정치적 혼란 속에서 민주화를 위한 함석헌의 투쟁을 인도의 간디와 비겨서 논의해 온 과정에도 주목할 만하다.

함석헌과 간디

함석헌의 간디 수용은 그 스스로 번역한 『간디 자서전』의 '끝 대목'을 읽는 것만으로도 방불하게 이해할 수 있다. 곧 1921년 이후의 간디의 생활의 어떤 일화 한 가지라도 국민회 의원들과의 관계를 언급하지 않고는 말할 수 없게 되었고, 이 7년 동안의 그의 중요한 실험들은 모두 국민회의를 통해서였다고 했다.(함석헌 역, 『간디 자서전』, 삼성출판사, 1977)

이 인용 글로도 가늠할 수 있듯이, 간디는 영국 식민지 아래 반영 항쟁(反英抗爭)과 인도 민족운동의 중심으로 세계의 이목을 모았으며, 특히 일제 식민지 아래 독립운동의 교과서로 조선 사람의 존경받는 교사이며 영웅이었다. 함석헌은 일제 식민지 아래 고뇌하면서, 영국 식민지 아래서 인도 민족 구원(救援)의 중심이 되는 인격적 지도자상(像)을 간디에게서 확인했던 것이다.

함 선생님도 처음에는 기독교 정통 교리대로 대속론(代贖論)을 그대로 받아들였다. 그러다가 1952년 크리스마스에 발표한 「흰 손」이라는 시에서, 예수가 십자가에서 흘린 피가 사람의 죄를 대신 씻어 준다는 정통교리에 대하여 이의를 제기했다. 그리고 나서 1957년에 발표한 「말씀모임」이라는 글에서는, "20년에 내 마음 속에서 싸우고 찾아온 결과였다"고 했고. 그 이후 「하나님의 발길에 채어서」라는 글에서는 "나는 역사적 예수를 믿는 것이 아니다. 믿는 것은 그리스도다. 그 그리스도는 영원한 그리스도가 아니면 안 된다. 그는 예수에게만 아니라 본질적으로는 내 속에도 있다. 그 그리스도를 통하여 예수와 나는 서로 다른 인격이 아니라 하나라는 체험에 들어갈 수 있다. 그 때에 비로소 그의 죽음은 나의 육체의 죽음이요, 그의 부활은 내 영의 부활이 된다. 속죄는 이렇게 해서만 성립이 된다. 나는 대체로 이런 판단을 내려 버렸다."(오강남, 『예수는 없다』, 현암사, 2001, 240쪽) 인도 여행에 오르며, 간디의 한국적 수용의 일단을 함석헌 선생과 관련해서 정리해 본 것이다.

다시 읽는 혜초 스님의 『왕오천축국전』

인도여행을 주마간산으로 다녀와 여행기를 정리하면서, 내가 일찍이 『한국의 여행문학』(이화여대 출판부, 2006)의 제1장을 혜초(慧超, 707~787) 스님의 『왕오천축국전(往五天竺國傳)』 이야기로 시작했던 일을 떠올렸다. 그리고 정관년간(貞觀年間)에는 신라의 스님으로 아리야발마(阿離耶跋摩), 혜업(惠業), 현각(玄恪), 현조(玄照) 등 네 스님이 중국을 통해서 다시 서천축(西天竺)으로 갔던 역사가 『해동고승전』(권2)에 전한다. 일연 스님은 이런 역사를 "동국과 인도가 한 세상이 되었구나[東護西乾共一天]"라는 감탄적 표현으로 기록해 전해준다. 이렇게 고구려, 신라, 백제와 가야의 시대에 불교가 수입되면서 중국과 인도로 순례 길에 올랐던 석아라나(釋阿離那) 등 17 사람의 이름을 전해 주어 불교사와 함께 우리 여행문학의 역사 또한 감회가 새롭다.

특히 혜초 스님은 일찍이 당나라에 유학하여 마침 중국에 와서 불법을 닦고 있던 인도 스님 금강지(金綱智)에게 배우고, 또 그의 권유로 20여 살의 젊은 나이로 인도로 가서 오천추국(五天竺國)을 두루 돌아 다시 당나라로 돌아온 그 삶이 한국 불교사의 초기시대와 함께 한·인도 문화 교류와 역사를 증거하고 있다.

나마스데, 마하바라트

법정 스님의 『인도기행』의 마무리를 본떠, 인도에서 삶과 죽음에 대하여 많은 것을 보고 생각하고 배운 고마움에 감사한다. 한국이 불교에서 받은 천년의 역사에 대하여 "나마스데, 마하바라트"라고 재삼 인사를 보낸다. 그러나 그뿐이 아니고, 함석헌에게서 보듯 19세기 말 이래 독립을 위해 성공적으로 투쟁했던 인도가 일제와 맞서 싸운 조선의 자아를 회복시켜 주는 희망의 표상이었던 간디와의 관련에서 또한 우리의 중요한 관심이 아닐 수 없었다. 이런 주제를 중심으로 씌어진 이옥순 교수의 『식민지 조선의 희망과 절망, 인도』(푸른역사, 2006)는 「조선의 간디」라는 한 장으로, 같은 식민지 나라, 같은 동양이라는 동일성과 동지적 심정으로 간디와의 관계를 잘 정리해 주어 반가웠다.

덧붙여서 위대한 인도에 보내는 인사말로 인도여행기의 마무리로 삼는다.

"나마스데, 마하바라트"(안녕, 위대한 인도!)

소외와 부조리에 대한 저항

카프카의 소설

임호일 / 동국대학교 명예교수

흔히 소설을 픽션, 즉 허구라고 말한다. 다시 말해 꾸며낸 이야기란 뜻이다. 그런가 하면 다른 한편으로 소설은 "어디에도 없지만 어디에서든지 일어날 수 있는 사건"을 형상화한다고도 한다. "어디에도 없지만"이라는 말은 픽션, 즉 꾸며낸 이야기 때문에 그 자체가 현실이 아니라는 뜻이다. 반면에 "어디에서든지 일어날 수 있는 사건"이란 직접적으로 현실에서 일어난 사건은 아니지만 이와 유사한 사건이 현실에서 일어날 수 있다는 뜻이다. 때문에 소설(문학)은 리얼리즘이든 아방가르드든 직 · 간접적으로 현실을 반영하기 마련이다. 다시 말해 소설은 소극적이든 적극적이든 앙가주망, 즉 사회참여적 성격을 띨 수밖에 없다는 얘기다. 그래서 정다산도 "나라를 걱정하지 않으면 시가 아니다[不憂國非詩也]"라고 하지 않았던가. 역사적 유물론을 메타포로 환원시키는 아도르노 역시 서정시와 사회의 관계를 다음과 같이 불가분의 관계로 규정하고 있다. "서정시에는 개인 각자가 적대적이고 낯설고 냉혹하고 억압적인 세계로 경험하는 사회상황에 대한 반항이 함축되어 있습니다. 서정적 구조물에는 이러한 사회상황이 부정적으로 각인되어 있는 것입니다. 사회상황이 자신을 무겁게 내리누르면 누를수록 서정적 구조물은 그만큼 더 완강하게 그것에 저항합니다."

1

아하스페루스(Ahasverus)는 '영원한 유태인'을 상징하는 이름으로, 서양문학에서 종종 인용되거나 문학작품으로도 형상화된다. 그는 형장으로 끌려가는 그리스도를 자기 집 앞에서 쉬지 못하게 하고 욕설을 했기 때문에 그리스도의 재림 때까지 지상을 유랑해야 하는 형벌을 받은 사람이다. 1970년대에 〈지붕위의 바이올린〉이란 뮤지컬 영화가 우리나라에서 상영된 적이 있다. 브로드웨이에서 1964년에 최초로 공연된 이 작품은 러시아의 유태인 거주지에 살던 유태인들의 애환을 그리고 있는데, 작품의 주인공이 부르는 노래 중에 이런 구절이 있다. "우리는 항상 모자를 쓰고 다닙니다. 거처할 집이 없는 우리에게는 모자가 집을 대신해 주기 때문입니다." 지금은 팔레스타인을 강점한 이스라엘 민족이 팔레스타인 민족을 박해함으로써 세계의 공분을 사고 있지만 1948년 이전, 그러니까 유태인이 팔레스타인에 이스라엘 국가를 건립하기 전까지만 해도 그들은 어느 곳에도 정착하지 못한 채 항상 외지인으로 배척당하며 2천 년이란 장구한 세월을 유랑하며 살아가던 민족이었다.

유태계 상인의 아들로 체코의 프라하에서 태어난 프란츠 카프카(Franz Kafka, 1883~1924)는 프라하에서 독일계 고등학교와 대학을 다

넜다. 부친의 강권에 못 이겨 대학에서 법학을 전공하고 박사학위까지 취득한 그는 호구지책을 위해 보험회사에 다녔지만, 그의 주된 관심사는 문학창작이었다. 폐결핵으로 마흔한 살의 나이에 빈 교외의 요양원에서 세상을 떠난 그는 『변신』, 『성(城)』, 『심판』, 『실종자』 등과 같은 중 · 장편소설과 「시골의사」, 「굶는 광대」 등과 같은 단편소설 이외에도 많은 작품을 남겼다. (주지하다시피 『성』, 『심판』, 『실종자(아메리카)』는 그의 친구 막스 브로트가 이 작품들을 불태워버리라는 카프카의 유언을 어기고 그의 사후에 출간했기 때문에 빛을 본 작품들이다.)

유태인이면서도 국적은 체코 소속이요, 언어는 독일어를 사용해야 했던 카프카, 그는 정신적, 정서적으로 어느 나라, 어느 민족에도 소속감을 느끼지 못 한 채 방황해야 했다. 그의 작품 대부분은 이러한 그의 고뇌가 언어로 응집된 결정체(結晶體)다. 그의 소설 속 주인공들은 대체로 거대한 힘을 지닌 익명의 세계에 저항하는 개인이다. 그들은 이유 없이, 아무런 죄를 짓지 않았음에도 불구하고 쫓겨 다닌다. 그들은 도피구를 찾아 안간힘을 다해 발버둥치지만 끝내 도피구를 찾지 못한 채 절망 속에서 파멸해간다. 컴컴한 터널 속으로 몰이사냥 당한 그들은 멀리 까마득하게 보이는 터널의 출구를 향해 숨을 헐떡이며 달려가지만, 이 출구는 그들이 다가가면 갈수록 조금씩 열리는 것이 아니라 조금씩 오므라들다가 끝내 닫혀버리고 만다.

인간실존의 위기를 일찍이 절감한 카프카는 이런 위기상황을 그의 냉철한 눈으로 포착하여 형상화함으로써 사르트르, 카뮈와 같은 실존주의 작가들에게 영향을 주었는가 하면, 베케트에 앞서 인간사회의 부조리를 예리하고 구체적으로 파헤쳤다. 이를테면 『심판』의 주인공 요셉 카K는 어느 날 갑자기 수사관들에게 체포되어 재판정에 끌려간다. 은행원이었던 그는 부당한 법정의 심판에 저항하며 자기변론을 시도

하지만 끝내 죄명도 알지 못한 채 사형선고를 받고 어느 채석장에서 살해되고 만다. 체포되는 순간부터 이제까지 친숙했던 세계와 단절되면서 주위의 사물과 인간들이 일시에 적대적이고 불투명한 존재로 변하는 상황에 처하는 요셉 카와 마찬가지로 『성』의 주인공 카K는 마을 공동체의 일원이 되기 위해 끈질기게 투쟁하지만 뜻을 이루지 못한 채 끝내 외지인, 즉 타자로 배척받는다. 성을 측량하기 위해 이 마을에 들어온 측량기사 카를 성 안의 거주자들 뿐 아니라 성 밖의 마을 사람들도 아무런 이유 없이 소외시키는 것이다. 『심판』에서와 마찬가지로 여기서도 한 평범한 인간이 평범한 상황에서는 이해할 수 없는 불가사의한 세계와 고독한 투쟁을 벌인다. (막스 브로트에 의하면, 카프카는 미완성인 이 작품의 주인공 카가 탈진해서 죽음에 이르게 하고, 그의 임종의 순간에 비로소 성으로부터 그가 마을에 체류해도 좋다는 허가를 받게 하려고 했다고 한다.)

2

카프카의 위의 두 작품처럼 부조리한 사회상황을 배경에 깔면서 한 걸음 더 나아가 초현실주의적 성향을 띤 중편소설이 그의 대표작 『변신』이다. 이 소설은 평범한 일상, 즉 현실에서 소재를 취하지만 줄거리 진행은 현실을 뛰어넘어 기상천외한 초현실세계로 전이된다. 소설의 주인공 "그레고르 잠자는 어느 날 아침 불안한 꿈에서 깨어났을 때 엄청나게 큰 해충으로 변한 채 침대 위에 있는 자신을 발견한다." 어떻게 이런 일이 가능할까? 꿈이 아닌 현실에서는 도저히 일어날 수 없는 일이 일어난 것이다. 이런 사건은 동화 또는 우화(Parabel)에서나 가능하다. 그렇다, 이 소설은 일종의 우화형식을 지니고 있다. 하지만 이 우화는 「개구리 왕자」와 같은 해피엔딩이 아니라 끝내 해충으로 외면당하고 소외된 채 죽어가는 평범한 한 인간의 슬프고 참담한 삶을 그리고 있다.

그래서 이 작품은 반동화(反童話, Antimärchen)라고도 불린다. 꿈이 아닌 현실에서 평범한 인간이 해충으로 변하는 사건, 황당한 이 사건을 기점으로 이어지는 스토리텔링은 독자를 당황하게 할뿐 아니라 커다란 충격의 소용돌이로 몰아넣는다. 작가는 이른바 충격요법을 쓰고 있는 것이다. 카프카는 문학작품을 "얼어붙은 바다를 깨는 도끼"에 비유한다. 다시 말해 문학작품은 전대미문의 충격적인 사건을 통해 가식과 허위 그리고 부조리로 얼어붙은 현실을 깨부수어야 한다는 것이다.

작품 속으로 한 걸음 더 들어가 보기로 하자. 이 작품의 비극성은 인간이 벌레로 변했다는 사실 그 자체에 있는 것이 아니라, 벌레로 변한 인간이 언어표현능력을 상실한 상태에서 인간의 본질인 인간의 의식을 지니고 있다는데서 찾아진다. (이른바 '식물인간'이 된 환자가 의식을 지니고 있느냐 아니야 하는 문제는 오늘날에도 여전히 논란의 대상이 되고 있다.) 그레고르 잠자는 변신 이후 점차 언어표현능력은 상실해가지만, 언어상실의 도가 심해지면 질수록 그의 의식은 점점 더 맑아진다. 거꾸로 말하면, 의식이 맑아지면 질수록 그의 언어는 더욱 더 표현능력이 소진되어간다는 얘기다. 이런 배리현상, 즉 패러독스가 곧 이 작품의 동력원이다. 인간이 벌레가 되고, 언어를 상실한 인간이, 아니 벌레가 주위의 인간들 보다 더 인간적인 의식과 정서를 지니게 되는 상황, 이 두 가지 황당한 상황이 독자를 혼란의 도가니로 몰아넣으면서 동시에 독자의 긴장을 유발한다.

이렇게 독자를 긴장시킨 작가는 그 특유의 언어구사로 독자를 작품

속으로 끌어들인다. 미사여구가 없는 그의 언어는 냉철하고 간명하면서도 섬세하고 구체적이다. 독자가 패러독스하고 부조리한 상황에 당황하고 긴장하면서도 이 상황에 몰입되는 이유는, 인물들의 일거수일투족과 그들을 둘러싼 환경이 간명하고 냉철한 언어로 적확하게 사실적으로 묘사되기 때문이다. 이런 언어로 인해 초현실과 현실, 환상세계와 사실세계 간의 경계가 모호해지면서 독자는 어느덧 초현실의 현실성에 빠져든다.

여기서 독자를 작품 속으로 끌어들이는 또 따른 매체는 주인공 그레고르 잠자의 내적 독백과 체험화법[1]이다. 작가는 이 언어형식을 통해 그레고르의 인간적인 의식, 즉 세계인식과 고뇌를 표현한다. 이를테면 여러 사람을 만나면서도 진정한 인관관계를 맺을 수 없는 자기 직업에 관해 그레고르는 "부모님을 생각해서 참지 않았더라면 벌써 일을 그만두었을 거야"라고 속말로 한탄한다. 그런가 하면 그는 즐겨 먹던 우유가 맛이 없어졌지만, 입맛이 변한 것을 누이동생이 알아차리고 다른 음식을 가져다 줄까봐 (즉 자신을 짐승으로 취급할까봐) 걱정하는 심정을 작가는 그를 대신해서 다음과 같이 토로한다.

> 배가 고프지 않았던 건 아니었지만 그가 우유를 내버려둔 것을 알아차리고 그녀가 그의 입맛에 맞는 다른 음식을 갖다 주는 것은 아닐까? 설령 그녀가 실제로 그렇게 하지 않는다고 해도 이에 대해 주의를 환기시키느니 차라기 굶어 숙는 것이 낫겠다.

1 체험화법(Erlebte Rede)이란 작가가 작중 인물의 시각에서 그를 대신해서 이야기 하는 것을 말하는데, 대체로 3인칭으로 사용되며 의문문이나 감탄문의 형식을 지닌다. 이 체험화법의 발전된 형태가 의식의 흐름기법이다.

또한 작가는, 자신이 인간임을 확인시켜주고자 바이올린을 연주하는 누이동생과 눈길을 마주치게 하기 위해 그녀 쪽으로 바짝 다가가는 그레고르의 안타까운 심정을 "그가 동물이라면 음악이 그를 사로잡을 수 있었을까?"라는 말로 대변해 준다.

『변신』은 카프카의 작품들 중에서도 패러독스 기법이 가장 두드러지게 드러나는 작품이다. 아래의 장면에서 우리는 작가가 패러독스[2] 기법을 통해 무엇을 보여주고자 했는지 추적해볼 수 있을 것이다.

변신되기 이전까지 그레고르는 집안의 실질적인 가장이었다. 한 회사의 정규직 외판사원인 그는 사업이 파산한 이래 빚만 남긴 채 집에만 틀어박혀 지내는 노쇠한 아버지를 포함해서 어머니와 여동생을 부양해왔다. 그는 자신이 쓸 돈은 얼마 남기지 않고 매달 번 돈을 모두 집에 갖다 주었다. 여기서 작가는 "식구들은 고마운 마음으로 돈을 받고 그도 기꺼이 돈을 내놓았지만 더 이상 특별한 온정이 생기지는 않았다"고 말한다. 다시 말해 그의 부모는 그가 그렇게 정성스레 그들을 부양하는 것을 언제부턴가 당연하게 여기고 있었다는 것이다. "하지만 누이동생만은 그레고르와 아직 가까운 사이였다." 그는 음악을 좋아하는 동생을 다음 해에는 비용을 무릅쓰고라도 음악학교에 보내려는 계획까지 세워놓았다.

그는 딱정벌레로 변신된 자기를 두려워할까봐 누이동생이 방에 들어오면 흉측한 자신의 모습을 보여주지 않기 위해 침대 가장자리로 물러나거나 방 한 구석으로 가서 웅크려 있기도 한다. 즐겨먹던 우유가 맛이 없어졌지만, 입맛이 변한 것을 누이동생이 알아차리고 그의

2 『마이어 대 사전(*Mayers grosses Taschen Lexikon*)』은 패러독스의 의미를 다음과 같이 풀이한다. "표면상으로는 비논리적이고 불합리하고 모순되는 것처럼 여겨지지만, 세밀하게 고찰하고 분석해보면 한 차원 더 높은 진리를 담은 주장을 이르는 말이다."

입맛에 맞는 다른 음식을 가져다 줄까봐 걱정하던 그는, 그렇게 될 바에는 "차라리 굶어 죽고 싶었다"고 말한다. 이렇게 인간적인 삶을 살고자 하는 그를 가족들은 시간이 흐를수록 점점 더 멀리한다. 누이동생은 마침내 그가 인간으로서의 정체성을 상실한 동물로 간주하며, 먹다 남은 뼈다귀나 상한 치즈, 말라비틀어진 빵 등을 가져다주고, 그레고르를 위한 답시고 그의 방에 있던 가구들을 몽땅 치워버린다. 그녀 뿐 아니라 어머니 또한 그를 볼 때마다 놀라 몸서리치고, 아버지는 방을 나온 그를 쫓아 보내기 위해 사과를 던지기까지 한다.

가장 가깝고 사랑스러웠던 누이동생이, 오빠를 가장 잘 이해해야 할 그녀가 바야흐로 가족 중에서 제일 먼저 그를 대놓고 거부하기 시작한다. 누이동생의 발이올린 연주에 심취된 그레고르가 자신은 음악을 감상할 줄 아는 인간, 즉 벌레가 아니라는 것을 보여주기 위해 그녀에게로 다가간다. 하지만 그를 본 어머니가 기절초풍하여 땅바닥에 주저앉자 누이동생은 "이런 괴물을 오빠라고 부르고 싶지 않아요. 우리는 저것으로부터 벗어날 길을 찾아야 해요"라고 소리 지른다.

이렇듯 그레고르가 인간적으로 다가가려 하면 할수록 가족들은 그를 더욱 더 세차게 밀어낸다. 익숙해 있던 인간적 조건으로부터 이런 식으로 내몰린 그레고르, 집안의 기둥이었던 그는 버림받고 소외되어 혼자 남게 되며, 마침내 가족들에게 짐이 되고, 이들의 생활 질서를 방해하는 존재가 된다.

인간이 되고자하면 할수록 짐승으로 격하되는 상황, (인간적인 삶을) 살고자하면 할수록 죽음을 재촉하는 상황 — 그레고르가 이런 패러독스, 이런 삶의 지옥으로부터 벗어날 수 있는 길은 오로지 하나, 이 세상을 떠나는 길밖에 없다. 자신이 없어져야 한다는 생각이 누이동생보다 더 확고해진 그는 곡기를 끊는다. 그리고 어느 날 마침내 마지막 숨을 거둔다. 하지만 인간으로서의 자신의 정체성을 보여주기 위한 그레고르의 최후의 선택, 이 비장한 죽음마저도 그의 가족들에게는 외면당한다. "바짝 말라 완전히 납작해진" 그의 시신은 파출부가 빗자루로 쓸어 담아 쓰레기 통해 내다 버린다. 그의 죽음을 목전에 두고 잠시 침울한 분위기에 젖기는 했지만, 가족들은 곧 이어 아무 일도 없었다는 듯이 홀가분한 마음으로 전차를 타고 소풍을 떠난다. 야외로 나온 그레고르의 어머니와 — 그간에 은행 경비원으로 재취업한 — 아버지는 생기발랄함을 더해가는 딸 그레테를 바라보며 "새로운 꿈"을 꾼다. 카프카는 이 작품에서 한 가족의 일원이었던 인간이, '인간적인 너무나도 인간적인' 인간이 벌레로 격하되어 가족으로부터 버림받는 과정을 극명하게 보여준다.

위에서 말했듯이 카프카의 작품은 실존주의, 초현실주의, 부조리 문학으로 분류되는가 하면 때로 — 특히 『변신』의 경우 — 표현주의, 나아가서는 프로이트의 심층심리학, 즉 오이디푸스 콤플렉스라는 분석틀로 조명되기도 한다. 카프카의 문학은 이렇듯 그 해석이 다양하지만, 한 가지 공통점은 그가 작품을 통해 위선과 허위 그리고 부조리로 얼어붙은 바다, 즉 우리네 현실을 고발하고 있다는 것이다. 그는 비록 영원한 유태인, 거처(居處) 없는 인간 아하스페루스의 삶을 살다 갔지만, 그가 남긴 작품들은 그의 사후 근 한 세기가 지난 오늘날에도 여전히 나직하지만 강한 음성으로 우리로 하여금 부조리로 침윤된 이 세상을 돌아보라고 한다.

사람은 땅에 속해 있다

허종열 / 시인

지금의 미국 워싱턴 주에 살던 인디언 부족의 시애틀 추장은 1854년 합중국 대통령으로부터 강압하는 제의를 받았다. 평화롭게 살 수 있는 보존지구를 마련해 줄 터이니 그 땅을 양도하라는 것이었다. 이때 시애틀 추장이 땅에 대한 숭고한 철학과 종교적 신념이 돋보이는 명연설을 했다. 19세기 최상의 연설 중 하나인 이 연설에는 이런 구절들이 들어 있다.

"하늘과 땅의 온기를 어떻게 사고 팔 수 있습니까? (…중략…) 이 땅의 모든 부분이 우리 민족에겐 신성합니다. (…중략…) 개울과 강에서 흐르는 이 반짝이는 물은 단순한 물이 아니라 우리 조상들의 피입니다. 강은 우리의 형제입니다. (…중략…) 우리 조상들이 묻힌 이 땅은 신성합니다. (…중략…) 백인들은 우리의 형제인 하늘과 땅을 마치 양이나 구슬처럼 팔리고 약탈당하는 물건 같이 취급합니다. (…중략…) 우리는 공기를 귀중하게 여깁니다. 만물이 같은 호흡을 하기 때문입니다. (…중략…) 땅의 짐승들을 형제로 취급해야 합니다. (…중략…) 짐승들이 없다면 사람은 어떻게 되겠습니까? (…중략…) 만물은 서로 연관되어 있습니다. (…중략…) 땅이 사람에게 속해 있는 것이 아니라 사람이 땅에 속해 있습니다."

아메리카 원주민은 자연과 우리가 하나라는 연관성을 깊이 의식하고 있었다. 그들에게는 하느님이 세상 안에 현존하며, 땅은 단순히 우리가 이기적으로 이용해도 무사할 수 있는 물건이 아니었다.

억압과 착취의 가장 오래된 대상 중의 하나가 땅이다. 중세 유럽의 농민들은 봉건 통치자들에 맞서 "땅은 야훼의 것"(「시편」 24 : 1)이라는 구호를 외쳤다. 라틴 아메리카 농민들도 땅은 소수의 개인이 독점하는 소유물이 아니라 공동의 터전이라며 같은 구호를 외쳤다.

땅을 하나의 상품으로 만드는 것은 신성 모독이다. 하느님의 좋은 창조물이라는 땅의 개념과 사유 재산이라는 땅의 개념은 서로 배타적이다. 만일 땅이 어느 누구에게 속해 있다면 실제로 그것을 사용하는 사람에게 속해 있지 단순히 그것을 소유하고 있는 사람에게 속해 있지 않다. 하느님의 창조사업에 참여하는 사람은 노동자들이지 부재지주들이 아니다. 땅에 대한 지배자로서 우리는 자연을 사고 팔 수 있는 상품으로 바꾸어버렸다. 마치 우리가 더 많은 땅을 생산해 낼 수 있는 것처럼, 우리는 그것을 재정적인 투기의 대상으로 취급했다. 자본주의적 이해(利害)가 땅과 우리의 관계에 대한 이해로 옮겨졌다.

실학자 연암 박지원과 다산 정약용, 성호 이익은 18세기 후반 극소수 벌열과 토호들이 토지를 독점하고 대다수 농민이 토지 재산을 상실하게 된 상황에 대한 근원적 해결책을 내놓았다. 이들은 '이 땅에 있는 토지는 어느 누구의 소유물이 아니며, 모두 함께 공유해야 하는 공공재'라는 인식을 갖고 있었다.

다산은 여전론(閭田論)을 주장했다. 여전론은 농사짓는 사람만이 토지를 소유 하되, 공동소유 하며 공동노동, 공동경작, 공동분배 함으로써 농민들의 경제적 평등을 지향한 개혁론이었다. 그러나 봉건 지배층이 경제력과 권력을 독점하고 있는 상황에서, '봉건지배층의 토지를 몰수하여 공동으로 소유한다'는 것은 실현 불가능했다.

연암의 「한민명전의(限民名田議)」는 토지 상한선을 정하고, 상한선 이상의 토지 매점을 엄금하며, 상한선 이상을 구입한 지주의 토지를 몰수하는 것이었다. 성호는 모든 사람에게 기본적인 생계가 가능한 일정한 토지(永業田)를 지급하되 그 토지는 영원히 사고팔지 못하도록 해야 한다고 주장했다.

미국의 헨리 조지(Henry George)는 1879년에 출판한 『진보와 빈곤(*Progress and Poverty*)』에서 파격적인 처방을 제시했다. 그의 처방은 땅값 상승으로 발생하는 불로소득을 100% 세금으로 징수하는 것이었다. 정부는 이것을 재원으로 하여 산업과 소비자에 대한 모든 조세를 폐지할 수 있었다. 토지 소유자들의 손해는 불의가 아니라 정의였다. 그 처방은 인류의 밝은 미래를 실현하려는 신념, 사회적 불의와 불평등을 제거하려는 유토피아적 이상이었다. 그는 가난한 노동자들로부터 '메시아 같은 인물'로 대접받았다. 그러나 문제는 역시 토지소유자의 반내였다. 당시에는 자본가들 자신이 가장 큰 지주였다. 수많은 중산계층 역시 조금씩 토지를 소유하고 있었다. 조지는 이들로부터 "세계의 도덕을 문란하게 하는 자"라는 경멸과 증오를 받아야 했다. 심지어 '무정부주의자', '파괴자', '타인의 권리를 짓밟는 폭군', '약탈자'라는 등 온갖 흉악한 별명까지 얻었다.

최근의 보도에 의하면, 우리나라 10대 재벌그룹 상장사가 보유한 토지 가액이 63조 원을 넘어 역대 최고치를 기록했다. 이는 1년 전에 60조 원을 넘긴 후 거의 3조 원이 늘어난 수치다. 지난 9월 현대차그룹이 서울 삼성동 한국전력 부지를 인수함으로써 10대그룹 상장사가 보유한 토지 가액은 73조 원이 넘는다.

재벌들이 과거와 달라지지 않은 것은 땅 사랑이다. 재벌들은 기술개발과 마케팅 기법의 개선, 디자인 혁신을 통해 매출과 영업이익을 늘리기보다는 보유하고 있으면 임대수익과 토지매각 차액을 획득할 수 있는 토지 투기에 몰두하고 있다. 재벌들만이 아니다. 국회 인사청문회에서 드러났듯이 고위공직자들의 기본 요건이 땅투기였다. 어떤 이는 '땅을 사랑한다'는 말까지 했다. 이들 땅부자들은 '불로소득자'라는 불명예를 행복의 비용이라 생각한다.

데이비드 리카도의 말처럼 "지주의 이익은 항상 사회 전체 또는 사회의 다른 모든 계층의 이익과 대립한다." 땅 투기꾼들이 실수요자들보다 먼저 땅을 차지해서[買占] 땅값이 오르면 더 비싼 값을 받기 위해 팔기를 꺼림으로써[賣惜], 땅값이 폭등하고 불특정 다수가 피해를 입게 된다. 우리나라는 GNP에 비해 땅값이 가장 높은 나라가 된지 오래되었다. 사회적 도둑질이라고 해도 과언이 아닐 땅 투기를 멈추게 할 수 있는 건 정부 밖에 없다. 종합부동산세 중 보유세와 빌딩 및 상가 부속 토지에 부과되는 세금을 적어도 참여정부 시절로 되돌려야 한다.

종합부동산세는 '고액의 부동산 소유자'들에게 누진율로 과세하는 매우 공격적인 정책이었다. 노무현 정부는 정의를 실현하기 위해 불로소득에 대해 다소 무거운 세금을 매기려 했다. 그러자 땅 부자들과 보수언론 그리고 부유한 야당(대표 박근혜)은 '세금폭탄'이라며 벌떼같이 일어났다. 이들은 노무현 대통령을 '경포대'(경제를 포기한 대통령)라며 공격하기도 했다. 이런 공격이 되레 여론의 지지를 얻었다. 감세 정책을 내세운 한나라당은 2007년 지방선거에서 압승할 수 있었고 같은 해 대선에서도 승리했다. 결국 이명박 정부는 세금부과 기준을 올리고 전체 세율을 낮춰 종합부동산세를 무력화시켰다. 부자들에 대한 감세

정책은 박근혜 정부로 이어졌다. 정의실현에 귀를 막는 서이독경(鼠耳讀經) 시대에서 계이(鷄耳)독경 시대가 된 것이다.

이명박 정부는 땅에 대한 무자비한 폭행까지 대대적으로 감행했다. 대운하 계획이 반대에 부딪히자 '4대 강 살리기', '녹색성장'이란 거짓 구호를 내세워 땅의 대동맥인 강바닥을 6m 깊이로 파헤쳤다. 그 결과 녹조와 물고기 떼죽음 등 환경파괴 현상이 나타나고, 보수비와 관리비가 해마다 수천억 원씩 들게 되었다. 그 과정에 짬짜미, 재하청, 비자금 조성 등 건설업자들이 '해 봐서 잘 아는' 온갖 수법이 동원되었다.

마침내 박근혜 정부는 '개발제한구역 규제 개선 방안'을 발표, 그린벨트 규제 해제기준을 대폭 완화했다. 땅 투기를 부추기는 이 조치로, 즉각 땅 경매 광풍이 불기 시작했다. 도대체 서울은 지금 몇 시인가. 어디로 가고 어디까지 가려는가.

세계의 많은 나라에 '헨리조지협회'라는 단체가 있고, 한국지부도 1984년에 조직되었다. 땅 투기와 땅값 상승이 서민들의 가슴을 멍들게 하고 한국경제를 어둡게 하는 현실에 분개하여, 진지하고 헌신적인 종교인들이 사회악과 싸우기 위해 이 협회를 조직했다.

김윤상 경북대 교수는 헨리 조지의 주장보다 한걸음 더 나아갔다. 그는 "토지뿐만 아니라 자연의 일부를 소유하는 모든 특권에 세금을 걷도록 과세범위를 확대해야 한다"며 이렇게 주장했다. "자연은 누군가가 생산해 낸 것이 아니기 때문에 토지뿐만 아니라 천연자원과 환경 등 자연의 모든 것이 공공의 소유다. 어떻게 생산하지 않은 것을 개인이 가질 수 있는가. 자연의 일부를 소유하는 모든 사유제는 특권이다. 특권을 깨야 분배정의가 성립된다. 특권을 어쩔 수 없이 인정해야 하는 경우라면 그로 인한 불로소득을 세금으로 환수해야 한다." 앞으로 이런 극약처방이 나오지 말란 법이 있겠는가.

'불후의 명작' 「동짓달」에 대한 헌사

임규찬 / 성공회대학교 교수 · 문학평론가

1

우리말을 생각하니 쇼펜하우어가 자신의 모국어, '독일어'를 두고 한 말이 떠오른다. "단 한마디라도 존재하는 모국어를 삭제하는 것은 한 명의 동족을 살해하는 것과 같은 범죄이다." 훔볼트의 유명한 언명대로, 언어는 명백히 인간만이 소유하는 이성의 기관(Organ)으로, 인간의 모든 사유 세계를 이끌어 갈 뿐만 아니라 인간의 감성적 행위에서도 주도적 역할을 한다. 말하자면 세계를 이해하는 인간의 모든 행위 자체가 언어를 통해 실현되므로 '언어는 곧 인간'이다.

그런 언어와 관련하여 최고의 헌사는 아마도 시인이나 작가에게 가장 많이 주어질 것이다. 따라서 해당 민족이나 국가가 가장 자랑하는 문학 작품이야말로 그 나라의 최고 언어라고 해도 과언이 아니리라. 그리고 거기서 발견되는 언어의 맛과 깊이, 특성이야말로 한 나라 언어의 위엄과 개성을 드러내 주는 좋은 사례가 될 것이다.

그렇다면 우리말을 대표할 '불후의 명작'으로 우리는 어떤 작품을 내세울 수 있을까. 흔히들 하나의 작품이 '불후의 명작'으로 추앙받기 위해서는 탁월한 미적 상상력과 언어적 형상화를 통해 정신적 위대함이 작품에 담겨 있어야 하며, 또 그러한 예술적 사유와 감동의 도수를 가늠하고 흡입할 수 있는 폭넓은 독자가 있어야 한다고 한다. 아마도 이쯤이면 황진이의 시조 「동짓달」이 떠오르지 않을까. 이미 많은 사람들이 다른 작품들에서 찾아보기 힘든 최고의 찬사를 쏟아 놓은 바 있다. 가령 "진이는 여기서 시간을 공간화하고 다시 그 공간을 시간으로 환원시킨다. 구상과 추상이, 유한과 무한이 일원화되어 있다. 정서의 애틋함은 말할 것도 없거니와 그 수법이야말로 셰익스피어의 소네트 154수 중에도 이에 따를 만한 것은 하나도 없다"라고 칭송한 피천득, 또는 "우리가 물려받은 몇 천 수 시조를 몽땅 내어놓고 바꾸자 해도 바꿀 수 없는 시조"라고 극찬했던 이병기, 그리고 거기에 덧붙여 "나는 가람보다 한술 더 떠서 이 시는 세계적이라고 믿는 사람"이라는 최원식의 찬사만으로도 이 작품의 경지를 충분히 짐작할 터이다.

그런데 과연 우리는 「동짓달」에서 우리말의 아름다움과 위엄, 문학적 성취를 충분히 만족할 만큼 공유하는 것일까. 사실 문학, 특히 시를 이해하려고 할 때 가장 큰 문제는 외형적으로 먼저 비일상적인, 비산문적인 어떤 특이성으로 접근하고, 그렇게 껍질을 벗기고 나서는 태연하게 일상적, 산문적으로 독해하는 이율배반성이다. 사람들은 먼저 시어 자체에서 나타나는 특별한 수사학적 특성에 주목한다. 비유의 사용이나 언어적 특징, 짜임새들이 특정한 내용을 문학적으로 만든다는 생각이다. 그러므로 '시다움'은 '무엇을 말하느냐'가 아니라 '어떻게 말하느냐'에 있게 된다. 언어가 갖는 인간과 세계에 대한 관계나 진실성의 탐사보다 언어로 표출하는 외형적 틀 · 형식에 우선권을 준다.

황진이의 시조 「동짓달」도 대체로 그러했다. '밤의 허리', '춘풍 이불' 등의 기발한 비유와, 시간을 공간으로, 관념을 물질로 치환하는 놀라운 상상력, '서리서리와 굽이굽이' 등의 맛깔스러운 어휘를 활용한 대조 기법 등을 하나같이 앞세운다. 그러고 나서 일정한 산문으로, 자기만의 일면적 이야기로 시를 풀이해 나간다. 가령 이런 식이다. 애인과 떨어져 있는 황진이에게 밤은 한없이 길다. 더구나 그 밤은 한 해 가운데 밤이 가장 긴 동짓달의 밤이다. 그러나 그 밤은 애인과 함께라면 너무나 빨리 새 버릴 밤이다. 이렇게 지겹도록 넘쳐 나는 밤의 시간이 막상 애인이 오고 나면 그때는 그 반대로 너무나 모자랄 것이다. 그녀는 그 밤을 저축해 놓고 싶다. 애인 곁에 있게 됐을 때 모자라게 될 밤에 대비해서. 그러니까 그 모자란 밤을 보충하기 위해서. 그녀는 밤을 한 토막 잘라 내 이불 아래 서리서리 넣어 놓기로 한다. 애인이 온 날 밤에 굽이굽이 펴기 위해. 왜냐하면 그날 밤이 너무 짧을 것이 분명하므로.

그러나 문학이 우리를 사로잡는 이유는 특정한 언어가 우리의 감정을 자극하고 흥분시켜서가 아니다. 우리가 지금까지 생각하기 힘든 사물, 사건, 사실을 상상을 통해 사유할 수 있게 함으로써 세계와 인간을 보는 우리들의 시각을 넓혀 주어서이다. 이 말은 곧 작품 전체를 하나의 유기체, 즉 살아 있는 예술품으로 보아야 한다는 뜻이다. 작품에서 보이는 단편적 성분을 예술성이란 이름으로 끄집어내어 적당히 처분해서는 안 된다. 우리가 '문학 언어'라고 할 때는 단편적 조각으로서 언어가 아니라 언어를 매개로 조직된 하나의 유기체로서 전체 작품이다. 따라서 작품 내의 언어들은 해당 언어가 유기체로서 작품 전체에 어떤 활동을 하며, 대체할 수 없는 필연성의 고리로 언어들끼리 어떤 관계를 맺고, 그리하여 어떤 세계를 창조하느냐에 생명이 있다.

2

동짓달(冬至ㅅ달) 기나긴 밤을 한 허리를 버혀내여
춘풍(春風) 이불 아래 서리서리 넣었다가
얼운 님 오신 날 밤이여드란 구뷔구뷔 펴리라

어휘 수준에서 보자면 「동짓달」에 아주 독특한 혹은 아주 새로운 말은 없다. 그런데도 왜 우리는 아주 기발하다고 하는 걸까? 니체의 말대로 진짜 독창적인 사람은 모든 사람들의 눈앞에 있으나 아직 알아차리지 못해 이름조차 가지지 못한 것을 알아보는 눈을 가지고, 그것에 새로운 이름을 부여한다. '동짓달', '밤', '허리', '춘풍', '이불' 등 그 자체는 너무도 흔하다고 여겨지는 말들이다. 겨울밤이 가장 길고 봄바람이 따스하다는 것도 누구나 하는 생각이다. 그런데 그런 빤한 말과 생각을 바탕으로 전혀 새로운 형상화로 창조했으니 그런 마음의 눈, 창조의 힘이야말로 언어의 참 본질에 부합한다.

사실 언어적 차원에서 시를 이해하는 일은 작품 속 언어와 언어적 연계, 비유 등이 만들어 내는 중층적 · 다의적 의미와 이야기, 그런 집중과 확산을 통해 상상할 수 있는 작품 세계의 넓이와 깊이를 다시금 개별 언어들이 끌어안음으로써 끊임없이 다시 살아나는 시적 운동, 언어의 활동을 놓치지 않는 일이다. 따라서 최종 정리된 형식의 분석에서는 '완결된 의미, 의미의 고정'으로서 언어가 아니라 '활동하는 존재, 존재의 활동'으로서 언어를 얼마만큼 잘 운용하느냐가 그만큼 중요하다.

'동짓달' 혹은 '동짓달 기나긴 밤을'은 사실상 특별한 설명 없이도 특정한 정서를 일으킨다. 밤이 가장 길고 가장 추운 때, 혼자의 외로움이 계절과 때에 맞물려 상승한다. 그런데 돌연 '한 허리를 버혀내여'로 시는 비약한다. 가장 강력한 시적 사건이자 상상의 열림이다. 그리고 이것은 시 전체의 '목적어'로 시를 이끈다. 그렇게 보면 이 시는 불과 한 문장에 불과한 매우 단순한 시이지 않는가. 그런데 그 안에서 이루어지는 연상과 비약, 확산과 응축, 율동과 침묵이 큰 작품을 만들고 있는 것이다.

첫 단어 '동짓달'부터가 여러 겹이다. '동지'가 있는 음력 11월, 가장 밤이 길 때라는 일반적인 해설만으로는 부족하다. 왜냐하면 당장 '동짓달 기나긴 밤을'에 대한 해석부터 단순치 않다. 특정한 '하루'가 아닌 '달'이라면 이 '밤'은 복수의 '밤'이다. 낮이 짧다는 사실 자체까지 지워 버린 '밤의 세계'로 '동짓달'은 당긴다. 그러한 밤이 지속되는데 돌연 '한 허리'를 베어 낸다. 그렇다면 화자는 동짓달 긴 밤을 통과한 연후에 그가 살아온 밤들의 '한 허리'를 베었다. '한 허리'는 동짓달 한가운데 밤의 밤. 비유의 자장(磁場)은 갈수록 가운데로, 가운데로 모아지고 응축된다. 동짓달 동짓날의 자시(子時). 그런데 이런 시간만의 흐름을 허용치 않는다. '시간'이 '허리'로 물질화, 육체화하면서 정신적인 것이 덩달아 일어선다. '기나긴 밤'이 '잠을 못 이루는 밤', 아니 '어둠 속에서 환하게 깨어나는 밤'으로, 그리하여 외로움이 그리움으로 성숙하는, 육신과 마음이 하나 되는 뜨거운 합류가 거기 있다.

여기서 통상 '버혀내여(베어 내어)'를 많이 쓰는데, 이것 대신 '둘헤내여(둘로 끊어 내어 혹은 나누어)'를 더 선호하는 사람도 있다. 가령 최원식은 "일반적으로는 '둘헤내여'(둘로 끊어 내어) 대신 '버혀내여'인데, 후자의 살기(殺氣)는 사무침 속에서도 따뜻하기 그지없는 이 시의 전체적인 기품과 썩 어울리지 않아, 나는 전자를 옹호한다"라고 말하기도 한다. 그러나 맥락상 '한 허리'와 어울리는 것은 '버혀내여'이다. 또 황진이의 작품 전체가 보여 주는 부드러우면서도 강인하고, 섬세하면서도 활달한 면모를 생각하면 '버혀내여'가 훨씬 강한 이미지를 선사한다.

한 길 사람 속의 심중(心中) 심연(深淵)을 날카로운 단애처럼 당당하게 보여 주겠다는 장부의 이미지가 서늘하다. 이육사의 "겨울은 강철로 된 무지갠가 보다"(「절정」)를 연상케 하는 말이다.

흔히 「동짓달」을 단면적으로 해석할 때 가장 많이 마주치는 것이 밤의 한 반쯤을 떼어 내어 이불 아래 넣었다는 말 그대로 산문적 풀이이다. 거기에다 '겨울 긴 밤'의 한 자락을 '짧은 봄 밤'에 이어 붙이겠다는 산술적 풀이까지 이어지기도 한다. 이는 '한 허리'의 육체성, 그리고 거기에 깃든 정신성을 생생하게 포착하지 못한 표피적, 기계적 해석이라 할 것이다. 동짓달 가장 긴 밤의 한가운데를 시인 자신의 깊은 마음으로 치환하는 놀라운 언어적 마술. 최원식의 말대로 "이 시조를 나직이 읊조리다 보면, 저절로 '과연!'이란 탄식이 터져 나오게 마련이다. 얼마나 골똘했기에, 시인은 동짓달의 그 차고 긴 밤의 허리를 볼 수 있었을까?"를 함께하는 일이다.

그럴 때 중장의 '춘풍 이불 아래'에 자연스럽게 이어지면서 시간과 자기 자신(의 마음)을 한데 묶는 절묘한 감각적 심상의 세계가 눈부시다. 우선 조용한 감각적인 말의 변용이 놀랍다. 일반적으로 많이 쓰는 말은 '춘풍화기(春風和氣)'이다. 이를 '춘풍 이불 아래'로 구체화하는 감각적 치환의 놀라움을 보라. 한자와 순우리말을 절묘하게 결합하는 수완 역시 황진이의 특장이다. 또한 단순히 겨울이 가면 봄이 온다는 식이 아니라 스스로 '겨울[冬]'을 '봄[春]'으로 만든, 나아가 사물화된 '밤'을 생명의 동력인 '바람'으로 일으켜 세우는 자기 자신의 성숙이 여기 안받침한다. 이불 아래 넣는 것이 나와 거리가 있는 또 다른 객관물이 아니라 나와 함께하는 생명의 시간과 그리움의 마음이라는 주체적 표상의 생성이야말로 작품의 진정한 가치가 아닐까. 그리고 이 지점에서 '동짓달'은 더 큰 세계로 펼쳐진다.

「농가월령가」에서 노래한 '일양시생지(一陽始生地)'로서 동짓달이다. 『주역』에서 말한 복괘(復卦)로, 태양의 죽음과 부활로 상징화되는 전환점이다. 음의 기운이 극에 달해 양의 기운이 싹트는 반전(反轉)이다. 온 누리에 꽉 들어찬 음의 기운이 줄어들고 이제 사랑과 꿈의 불씨를 지피는 양의 기운을, 시인은 제 마음이 키워 온 사랑의 바람으로 일구는 우주적 시이기까지 하다.

「동짓달」이 비유와 대조, 연결의 수사법을 탁월하게 구사하고 있다는 것은 잘 알려진 사실이다. 그러나 단순한 수사법이 아니라 질적인 운동의 자연스러운 전개와 만나는 내용의 형식화, 형식의 내용화이다. 가령 '동짓달 기나긴 밤'은 종장의 '얼운 님 오신 날 밤'과 자연스럽게 연결되는데 그 사이 중장의 '춘풍'이 길을 연다. 그것으로 초장과 종장의 '밤'이 달라지는 것은 굳이 설명할 필요가 없으리라. 실제로 초장은 중장과 긴밀하게 연결되고, 중장은 종장과 긴밀히 이어지는데, 다시 되돌아가면 초장과 종장 사이는 질적 비약과 고양으로 한껏 확장된다. 중장의 '서리서리'는 종장의 '구뷔구뷔'와 절묘하게 짝을 이뤄, 홀로 안으로, 안으로 압축하고 응축시킨 것을 드디어 사랑하는 님과 함께 팽창, 폭발시키려는 삶의 환희로 출렁인다. 드디어 좁은 방 안, 한 길 사람의 작은 세계가 웅장한 대자연, 큰 세상으로 물결치듯 펼쳐지는 대서사시의 향연이다.

'서리서리'는 고종석의 말대로 우리가 가진 최고의 '사랑 부사어'이다. 언어적 측면에서만 보더라도 사전 속의 분할되고 단편화된 해석 모두를 함께 끌어안고 움직인다.

1. 국수, 새끼, 실 따위를 헝클어지지 아니하도록 둥그렇게 포개어 감아 놓은 모양.

비녀는 또다시 댕그랑 소리를 내어 떨어지고 머리 쪽은 서리서리 풀어 진다.(출처 : 박종화, 「다정불심」)

2. 뱀 따위가 몸을 똬리처럼 둥그렇게 감고 있는 모양.

뱀이 몸을 서리서리 감고 있다.

3. 감정 따위가 매우 복잡하게 얽혀 있는 모양.

가슴속에 서리서리 얽힌 한

그 순간 그녀는 마음에 서리서리 슬픔이 뒤엉켰다.

목 타는 그리움과 슬픔과 분노가 서리서리 맺혀 있는 그 땅을 쉽게 떠날 그가 아니었으나…….(출처 : 김성동, 「풍적」)

—『표준대국어사전』(국립국어원)

오히려 온전한 내용의 합일까지 「동짓달」은 이룩한다. '감정 따위가 매우 복잡하게 얽혀 있는' 부정적 모양을, 원래의 '국수, 새끼, 실 따위를 헝클어지지 아니하도록 둥그렇게 포개어 감아 놓은', 빈틈없이 꽉 찬 마음의 모양으로 멋지게 바꾸어 놓는다. 이런 '서리서리'의 감흥을 온전히 안고 마지막 종장으로 갈 때 '구뷔구뷔'의 실감도 그만큼 커진다. 황진이의 시세계가 그래서 크고도 넓은 것이고, 황진이가 단순히 멋진 여성을 넘어 인간으로서 대장부처럼 '큰 인물'인 것이다.

종장의 '얼운 님'의 표기 역시 한 번쯤 곱씹어 볼 말이다. 이 말은 현대어로 '어룬', '어른', '정든' 등 여러 형태로 표기하는데, '얼우다'란 옛말을 다시 되살리기 위해서라도 '얼운 님'으로 표기하는 것이 좋겠나. 이 말은 잘 알려진 대로 「서동요」에도 있는 말이다. 현재 우리가 사용하는 '섹스하다', '성교하다', '씹하다' 등과 비교해 보더라도 한결 아름답고 멋스럽다. 더구나 '어르다', '어루만지다', 「춘향전」의 '업음질' 등 유사 연관어를 떠올리면 더 정겹다. 물론 요즘 쓰는 '어른'의 어원에 해당하는 말이므로 이미 고어(古語)가 된 것은 사실이다. 하지만 '어른'으로 충족되지 않는, 한자 '정인(情人)'을 연상케 하는 순우리말로서 절묘하다. 임에 대한 사랑의 감정을 진솔하게 나타낸 대표적 고려가요 「만전춘별사」를 보자.

얼음 위에 댓잎자리 보아 임과 나와 얼어 죽을망정
얼음 위에 댓잎자리 보아 임과 나와 얼어 죽을망정
정(情) 준 오늘밤 더디 새오시라 더디 새오시라

'얼음', '얼우다', '정 주다', '얼다' 등 말의 활용이 절묘하다. '얼다'는 말에는 '물이 얼다'는 뜻 이외에도 '남녀가 얼다', 곧 '남녀가 사랑하다'는 뜻이 있다. 따라서 뒷부분에 나오는 '얼어 죽을망정'은 추워서 죽는다는 뜻도 되고, 사랑하다 죽는다는 뜻도 된다.

이 맥락에서 황진이 「동짓달」의 '얼운 님'도 '물이 얼다'의 뜻까지 살려 차디찬 바깥세상에서 고생하는 낭군을 은유하는 것으로도 볼 수 있다. 실제로 작품이 끌어안고 있는 시간을 한겨울만으로 한정해도 좋다. '춥고 외로운 겨울'에 '뜨거운 사랑'으로 이겨 나가는 사랑의 시, 하나의 상상적 현실, 또는 선취(先取)된 현실로서 님과의 황홀한 합일로 읽을 수 있다. 말하자면 깊은 사랑을 육체와 함께 느낄 수 있는, 마음과 육체 모두가 행복해지고 황홀해지는 이런 사랑의 시를 어디서 보겠는가. 이렇게 보면 황진이의 「동짓달」은 춥고 고통스러울수록 더 깊어지면서 깊어진 만큼 생생하게 살아나는 삶의 방법, 사랑하고 사랑하여 온전히 하나가 되는 사랑의 방법을 이야기해 주는 인생의 시이기도 하다.

뛰어난 작품은 앞선 작품들을 끌어안고 넘어서며 더 우람한 산맥을 형성하는 법, 「만전춘별사」 외에도 「동동」, 「이상곡」, 「육자배기」 등을 떠올리면 금방 알 수 있을 것이다. 더구나 "동지 섣달 꽃 본 듯이 날 좀 보소"라는 〈밀양 아리랑〉의 앞뒤 안 맞는 요구도 황진이의 「동짓달」을 연상하면 자연스레 가능한 세계이다. 사랑의 황홀경, 존재의 충만감을 위엄 있게 그려 낸 '불후의 명작' 「동짓달」이 있기에 가능한 일이다.

정신줄은 놓더라도 밧줄은 놓지 마라!

백두대간 산행기

정선태 / 국민대학교 교수

금요일 밤, 빗방울이 가로등 주위에서 어지럽게 흩어지고 있었습니다. 물과 초코 찰떡을 사려고 가게를 돌아다니다가 눈에 띈 빨간딱지를 두른 '眞露'가 참 반가웠습니다. 물 네 병, 막걸리 여섯 캔, 25도짜리 '정통' 진로 세 병, 청포도 한 송이를 샀습니다. 초코 찰떡은 없었습니다. 꼭 사서 나 혼자만 먹으며 짝꿍 현수를 약올리고 싶었는데…….

집으로 돌아오자마자 진로를 땄습니다. '소주'가 아니라 '쐬주'가 혀끝에 감기는가 싶더니 이내 모세혈관으로 번집니다. 답답하고 갑갑했던 가슴 한쪽이 이제야 가까스로 열리는 듯합니다. 시간은 자정 근처에서 머뭇거리고 있습니다. '쐬주' 한 병을 다 마시고, 가물가물한 눈으로 짤막한 소설 하나를 다 읽었는데도 새벽 두 시까지는 아직 멀어만 보입니다.

한눈을 파느라 제 갈 길을 모르는 시간, 나는 떠날 시간을 기다리면서 뜬금없이 기다림의 밀도와 심장박동수의 함수관계에 대해 생각하고 있었습니다. 기다림이 간절할수록 심장은 다급해집니다. 그러다 어느 순간 갑자기 멈춰버립니다. 이런 생리적/심리적 현상을 뭐라 명명해야 할까요. 그 장소가 나를 기다리는 것도 아닐 텐데 나는 왜 이렇게 그곳을 갈망하는지, 참 알다가도 모를 일입니다.

어떤 사람이 묻더군요. 왜 그렇게 산행에 빠져드는 거냐고. 아주 잠깐 고민하다가 대답했습니다. '아무개 사용법'을 아는 사람들과 어울려서라고. 몇 년 전, 『철수 사용 설명서』라는 소설이 잠깐 관심을 끈 적이 있습니다. 취업과 연애에 실패한 '철수'라는 스물아홉 살 청년의 우울한 초상을 그린 소설입니다. 사용 설명서를 매달고 팔리기를 기다린다는 점에서 전자제품이나 '철수'나 다를 게 없습니다. 그런 사람이 어디 '철수'뿐이겠습니까.

공자님 말씀을 빌리지 않더라도 나를 알아주고 내 안에 깃든 무형의 힘을 끌어내주는 이야말로 참된 벗이 아니겠습니까. 그런데 지금 우리는 튼실한 내면보다 외형의 '디자인'에 쉽게 유혹당하는 세상에 살고 있습니다. '스펙'이라 부르든 '커리어'라 부르든 내실이 뒷받침되지 않는 화려한 겉모습이야말로 스스로 눈을 어지럽히고 정신까지 교란시키는 자기기만(自己欺瞞)이 아니고 무엇이겠습니까.

산행을 시작하면서부터 지금까지 나는 서서히 '아무개 사용법'을 아는 사람들과 조금씩이나마 꾸준히 가까워져왔습니다. 어린이든 늙은이든 누구나 다른 사람의 인정을 욕망합니다. '인정투쟁'이 관계를 피폐하게 하는 예도 적지 않지만 그렇다고 인정받고자 하는 욕망을 억압할 수는 없는 노릇이지요. 어떤 상황에서, 누구에게, 어떻게 인정받느냐는 점이 중요합니다.

내 경험에 비춰보건대, 우리는 인정과 수용에 대단히 관대합니다. '아무개 사용법'에 능숙하다는 말입니다. 오해할 리가 없겠지만, 지금 말하는 '사용법'이란 『철수 사용 설명서』의 '사용법'이나 전자제품 '사용법'과는 분명히 다릅니다. 관계의 사물화 따위는 비집고 들 여지가 없는, '흐르는 삶의 관계'를 이어가고자 하는 '백두8기식 아무개 사용법'이라 할 수 있을 것입니다. 이것은 의도했든 의도하지 않았든 산행대장과 기획대장의 철학에 바탕을 둔 '사용법'일 것입니다. 그리고 그들의 '명령 아닌 명령'을 '알뜰한 구속'으로 받아들이는 이들의 삶의 철학이 녹아 있는 '사용법'일 것입니다.

벌써 잠든 식구들에게 다녀오겠다는 인사도 하지 않고 새벽 마실 떠나는 처녀처럼 집을 빠져나왔습니다. 새벽바람에 '붉은 이슬'을 삼킨 몸이 후끈 달아오릅니다. 이번 산행 코스는 이화령에서 조령산, 신선암봉, 깃대봉을 거쳐 조령3관문에 이르는 길입니다. 조령산까지는 가뿐하게 올랐습니다. 그런데 조령산 이후 조령3관문으로 내려가는 갈림길까지는 온통 '밧줄길'뿐입니다.

바라보기만 해도 아찔한 바위를 밧줄에 의지해 타고 오르는 모습을 보고 있노라니 그야말로 가슴이 콩알 만해지더군요. 한 발만 잘못 디디면 아득한 구름 속 낭떠러지로 추락할 수밖에 없는 아슬아슬한 '길(!)'이 이어집니다. 해솔이와 현수를 비롯해 아이들은 무섭다는 말 한마디 없이 잘도 기어오릅니다. 날렵한 다람쥐처럼. 서촌선생과 '능글맞은' 새연아빠의 도움이 든든한 버팀목이었던 듯합니다.

아이들이 밧줄을 놓치지나 않을까 노심초사하면서 나는 연신 "정신줄은 놓더라도 밧줄은 놓지 말라!"고 애원했습니다. 아이들은 놀이공원에서 공포를 즐기듯이 밧줄길을 즐기는 듯했습니다. 하지만 엄마들은 어찌할까. 우란 엄마, 예준 엄마, 호중 엄마, 진우 엄마가 밧줄에 매달려 바르르 떨고 있는 모습이 자꾸만 눈에 밟혀 발걸음을 떼기가 힘들었습니다. 그 모습을 지켜봐야 했던 진우 아빠와 해솔 아빠는 얼마나 애를 태웠을까요. (산행을 마치고 들으니 호중 엄마는 그만 정신줄을 놓고 엉엉 울었고, 예준 엄마는 자기 뒤에 놓고 미련 없이 훌쩍 앞서 가버린 남편을 원망하며 그 '힘'으로 산을 내려왔다더군요.)

마대봉을 지나면서부터 서서히 운무가 가시더니 험준한 바위산들이 제 모습을 드러내기 시작합니다. 밧줄에 기대 어둑신한 운무를 뚫고 지나온 우리들의 눈앞에 환한 초록빛 풍경이 펼쳐집니다. 좌우의 칼날 같은 낭떠러지를 운무로 가림으로써 험난한 길을 오르내리는 우리의 두려움을 덜어주려 했던 하늘의 깊은 뜻을 알 것도 같았습니다. 미처 보지 못한 풍경들이야 언젠가 다시 볼 수 있겠지요. 언젠가 분명히, 하늘 맑은 날, 아무런 두려움 없이 그 풍경을 맘껏 담으면서 이 길을 오르내릴 수 있을 것입니다. 그때는 북쪽으로 월악산과 문수봉과 소백산이, 남쪽으로 우리가 지나온 속리산 문장대가 보일 것입니다.

오후 2시 40분, 조령3관문입니다. 새벽 5시 40분에 산행을 시작했으니까 꼬박 9시간이 걸린 셈입니다. 관문 앞으로 널찍한 잔디밭이 펼쳐져 있습니다. 바람은 더 없이 상쾌하고 하얀 모시를 펼쳐놓은 하늘은 아득히 높습니다. 문경새재 또는 새재라고 불리는 조령이 이곳입니다. 영남 사람들이 서울로 갈 때 넘어야 했던 고개, 이 고개를 넘었던 사람들의 사연을 가늠하기란 쉬운 일이 아니겠지요. 관문 앞 돌에 새겨진 시를 보면 옛사람이 감회랄까 사연의 한 자락을 엿볼 수 있을지도 모르겠습니다.

嶺路迢迢曉月寒　잿길은 아득하고 새벽달은 차가운데
長松落雪撲征鞍　낙락장송 지는 눈이 말안장을 때리네
峰頭立馬紅雲起　봉우리에 올라서사 붉은 구름 일더니
瑞色初分主屹關　새벽빛 열어젖히며 우뚝 솟은 문경관문

—「上鳥嶺關(조령관에 올라)」

조선시대 문신인 김성탁(金聖鐸, 1684~1747)이라는 사람이 쓴 시랍니다. 아득한 고갯길, 오랜 세월을 견뎌온 소나무에서 떨어지는 눈, 저 멀리 보이는 붉은 구름, 그리고 문경관문……. 계절은 다르지만 시인이 보았을 풍경이 선연합니다. 내친 김에 정희량(鄭希良, 1469~1502)의 시까지 보면 이렇습니다.

一路秋山三尺驢　　단풍 든 새재를 나귀 타고 넘는데
三霜古褐一奚奴　　세 해 지난 베옷에 몸종 하나뿐
翩翩獨望松風過　　나는 새 바라보며 솔바람 맞노라니
此是詩人出峽圖　　내 모습 그야말로 그림 속 시인

—「登鳥嶺(새재에 올라)」

밧줄길을 걸어와 다리쉼을 하고 있는 나도 '그림 속 시인'이었습니다. 아니, 우리 모두가 가슴에 시심을 품은 시인이었습니다.

조령3관문에서 고사리 주차장으로 가다보면 휴게소 겸 식당이 하나 있습니다. 이곳에서 조촐한 모꼬지가 펼쳐졌습니다. 2기에 백두를 시작해서 지금까지 '보충수업'을 하고 있다는 창선 아빠와 정인 아빠를 꼬드겨 마련한 자리입니다. 도토리묵과 파전을 안주 삼아 고본(藁本)이라는 약초를 넣어 담갔다는 막걸리를 마십니다. 뒤에 오는 이들에게 미안할 만큼 달디답니다. 서른 시간 가까이 눈 한번 붙이지 못해 쌓인 나른한 피로감이 온몸으로 저릿저릿하게 번집니다.

식당 '암행어사'(박문수가 이 고개를 넘었다 해서 붙여진 이름인 듯합니다)에서 이른 저녁을 먹었습니다. 포만감과 온몸으로 스미는 취기를 느긋하게 즐기노라니 노을에 젖은 하늘이 풍경화처럼 걸려 있습니다. 운무 속에서 비바람을 헤치고 온 아름다운 사람들에게 전하는 선물인 듯합니다. 그렇게 산행 끝자락에는 하늘과 구름과 산이 어우러진 병풍이, 우리가 지나온 능선을 따라, 우리들이 언제가 함께할 길을 따라, 길게 펼쳐져 있었습니다.

비평적 기율에 관한 한 단상

유성호 / 문학평론가, 한양대학교 교수

1

최근 우리 문학은 일관되고 명료한 이념이나 방법에 의해 분명한 조감도를 그릴 수 없을 만큼의 혼돈을 이루고 있다. 물론 여기서 말하는 혼돈(chaos)이, 방향성을 상실한 무분별한 좌충우돌이나 그동안 공들여 축적해온 인문적 가치를 근원적으로 불신하고 전복하는 극도의 가치론적 혼란을 의미하는 것은 아니다. 다만 그것은 우리 시대의 문학에 몇몇 주류적 경향으로 유형화하기 어려운, 매우 다양한 목소리들이 호혜적으로 혹은 갈등적으로 공존하고 있다는 뜻을 함유하고 있다. 물론 이를 우리 문학이 나아가야 할 진로에 대한 생산적인 암중모색으로 해석할 수도 있겠지만, 문학을 자기 이념의 개진으로 보는 입장에서는 적잖이 지리멸렬한 상황으로 받아들이지 않을 수 없을 것이다.

그러나 이러한 혼돈 양상에도 불구하고, 그 안에서 우리 문학의 가능성과 한계를 동시에 타진하며 그 나름의 처방을 내리는 일이 비평의 근원적이고 궁극적인 임무임은 우리가 잘 아는 바이다. 이때 우리는 비평의 일차적 임무가 문학 텍스트에 대한 실증과 해석과 평가의 직능에 있고, 더 나아가서는 비평이 문학 지형의 여러 컨텍스트를 아울러 살펴야 함에 상도(想到)하게 된다. 그 점에서 우리 비평은 그동안 텍스트에 대한 미시적인 미학적 분석과, 우리 문학의 커다란 항방에 대한 거시적 탐색을 동시에 열정적으로 수행해왔다고 할 수 있을 것이다. 물론 아직도 비평이 특정 매체나 출판사에서 내는 개개 작품들에 대한 미시적 홍보 기능에 충실한 점이 있는 것 또한 사실일 것이다. 이는 비평과 상업주의가 결탁한 문제일 수도 있고, 비평의 섹트화 문제일 수도 있고, 비평 특유의 비판 기능이 약화된 문제일 수도 있다. 하지만 여전히 우리는 여전히 비평의 가장 중요한 기율이, 텍스트 해석을 담당하는 미적 혜안을 가진 이의 논리적이고 심미적인 문장에서 충족되는 것이라 말해볼 수 있을 것이다. 계몽의 신화가 급격히 폐기되고 있는 이 시점에, 우리의 비평 지형에 대한 거시적이고 발본적인 성찰과 함께, 우리는 여전히 섬세하고 적확한 텍스트 독해의 기율을 심화해가야 하는 요청에 직면하게 되는 것이다.

2

어렵지 않게 '비평'에 대해 이야기해보자. 창작이라는 '언어'에 대하여 비평은 '이차 언어'요 '파생 언어'요 '부가 언어'이다. 발화라기보다는 발화에 '대한' 발화, 발화를 '향한' 발화이다. 따라서 비평의 존재 근거는 문학 작품에 대한 사후적 해석과 판단에 있고, 훌륭한 비평가는 작품의 심미성을 제대로 읽고 그 결과를 논리적이고 심미적인 언어로 표현하는 사람이다. 물론 문학의 중요한 자리를 텍스트가 아닌 컨텍스트에서 찾는 경향 역시 비평의 중요한 권역이고, 그러한 시각이 비평 언어가 발원하고 유통되고 실현되는 컨텍스트에 대한 중요한 성찰의 계기를 제공하고 있음 역시 새길 만하다. 그 점에서 우리는, 비평이 문학 행위 혹은 문학 형상에 대한 반성적 자의식이자 그것의 논리적 표현이라고 말할 수 있을 것이다.

최근 우리가 두루 느끼는 것이지만, 우리 현장 비평은 작품과 독자를 잇는 매개적 해석자 역할에서 벗어나, 그 스스로 심미적 텍스트로 몸을 바꾸려는 충동을 가지는 경우가 많다. 따라서 꾸준히 강화되고 있는 것은 비평의 해석적 기능이 아니라, 비평 스스로 하나의 심미적 텍스트가 되려는 지향일 것이다. 이는 굳이 '창조적 비평'이라는 별칭을 부여하지 않더라도, 비평가 스스로 자신만의 문장이나 표현으로 일종의 비평 독자들을 형성하고 있는 최근 분위기와 관련된다. 아닌 게 아니라 최근 비평에서 우리는, 대상 텍스트를 분석하고 평가하는 객관성에 머물지 않고 그 스스로 심미적 텍스트로 화하려는 비평적 주체의 강렬한 욕망을 종종 읽게 된다. 다시 말해 비평이 창작에 대한 사후적 해석이나 평가에 그치지 않고, 스스로 창조적 영역을 구축하려는 욕망을 드러내고 있는 것이다. 그만큼 우리 시대의 비평적 주체들은, 작품과 이론을 연결시키는 매개적 기능을 벗어나 스스로의 어조와 문체 미학을 구축하려는 의욕을 스스럼없이 가진다. 심지어 우리는 비평에서 공적 영역의 가치 판단과 사적 영역의 자기 고백이 혼재해 있는 경우를 자주 목도하게 되는데, 이를테면 비평적 주체를 직접 지칭하는 1인칭 '나'의 빈번하고도 부적절한 등장, 비평적 주체 자신의 개별적 경험이나 일화를 작품 해석과 나란히 병치시키는 방식, 논리적 판단보다는 정서적 호오(好惡)의 과정이 더 뚜렷한 잠언적 주장 등은, 마치 소설에 사소설이 있듯이, 비평에도 사비평(私批評)이 도래한 것은 아닌가 하는 의아심을 주는 대표적 사례들이다. 그래서 이러한 경향들은, 비평적 주체가 해부학자의 냉정을 지녀야 한다는 오래된 관행에 비추어보면, 일정하게 객관성이 위축되어가는 과정으로도 보일 수 있을 것이다. 그러나 우리 비평에 나타나는 문체적 심미성과 자기 고백성의 점증이 우려할 만한 단계에 와 있는 것은 아니다. 오히려 비평 언어가 이론의 강박을 벗어나 활력 있게 독자들과 소통될 수 있는 개연성이 거기서 발생하기도 하고, 또 비평적 주체가 저마다 가지고 있는 개성적 문채에 매혹되는 열렬한 독자도 있을 수 있으니까 말이다.

그 점에서 비평은 독자들과의 효율적인 의사소통을 근본 목표로 하고는 있지만, 본질적으로 비평적 주체의 자기 표현을 무게중심으로 삼는 정예적인 엘리티즘의 산물이다. 따라서 텍스트와 컨텍스트를 자유로이 오가면서 풍부한 인문학적 통찰을 매개시키는 역량에 의해 앞으로의 비평적 입지나 영향력은 가름될 것이고, 좋은 비평은 좋은 작가와 작품들을 대중적 기호와 구별해주는 배려와 그것의 독자적 논리화에서 탄생할 것이다. 또한 유행의 코드 밖에 소외되어 있는 고유하고도 독자적인 언어적 세계를 발굴하고 평가하여 그것을 대중의 기호 속으로 편입시키는 적극적인 노력 역시 비평에게 부과된 또 하나의 몫이 될 것이다. 하지만 이러한 여러 요청에도 불구하고, 우리는 작품을 읽어내는 능력에 대한 가감 없는 강조를 한 번 더 하게 된다.

3

최근 우리 문단이나 학계에서 두드러지는 것 가운데 하나는 비평적 규준의 다양화 혹은 한 시대를 표상할 수 있는 주류 미학의 현저한 부재 현상이다. 이는 물론 하나의 강력한 담론 체계가 타자적 언어들을 억압하면서 배타적 중심을 형성했던 지난 시대에 대한 일종의 반성 형식으로 나타난 탈근대적 양상 중 하나일 것이다. 지금 시대가 다양하기 그지없는 문화 간 충돌과 교섭이 어느 때보다 활발하게 이루어지고 있고, 진영과 이념 사이에 굳건하게 존재하던 구획들도 속절없이 느슨해져가고 있는 만큼, 그러한 규준의 이완과 소멸은 일정하게 불가피한 것인지도 모른다. 하지만 비평적 규준의 다양성이 그 활발한 외관에서 나타나는 것만큼 비평 감각의 심화와 확장에 곧바로 기여하는 것은 아니다. 이는 그것이 오히려 문학의 존재 이유 이를테면 미학적 공감이나 한 사회의 명료한 자기 이해라는 근본적 지반을 흔들 수도 있기 때문이다. 그리고 이러한 가파른 변화는 지난 시대에 대한 맹목의 향수와 새로운 시대에 대한 섣부른 낙관이라는 두 가지 편향을 불러올 수도 있다. 우리 시대는 이러한 양 편향 속에서 견고한 균형감각을 가지고 미학적 패러다임을 새로이 안출해야 하는 비평적 책무를 요청받고 있다 할 것이다.

여기서 우리는 우리에게 주어지는 낱낱 시편들의 전언과 미학을 적확하게 적출하고 분석하여 창의적으로 평가하는 '좋은 비평'이 더없이 중요하다고 말할 수 있다. 좋은 '시 읽기'의 일차적 자질은, 시인들의 생각과 경험의 결실인 시의 리듬이나 숨결, 혹은 음상(音相)처럼 패러프레이즈하기 어려운 비기호(非記號)들까지 면밀하게 읽어내는 데 있다. 그것은 다시 말하면 비평의 최종 심급이 정확하고도 개성적인 문장과 함께, 시를 '보아(읽어)내는 능력'에 있다는 것을 선명하게 말해준다. 텍스트의 이면은 물론이고 텍스트를 구성하는 이러저러한 컨텍스트와의 조응도 빼놓지 말아야 한다. 이때 '시 읽기'는 텍스트에 이론적 체계를 부여하려는 '랑그'가 아니라, 스스로 텍스트가 되려는 자의식을 숨기지 않는 '파롤'이 될 수밖에 없는 것이다. 비평가 개개인의 개성적이고도 단단한 문채(文彩, figure)는, 그 점에서 매우 중요한 문학적 형질이자 자산이 된다. 그 점에서 최근 최소한의 문장 규범도 지켜지지 않는 오문과 악문의 비평이 늘고 있는 것은, 아무리 매체의 활황을 고려한다 하더라도, 시급히 고쳐져야 할 사안일 것이다. 이러한 최소한의 기율을 바탕으로 하여 비평은 문학에 대한 자의식이자 반성적 행위의 소산으로 거듭날 수 있을 것이다.

결국 독자의 텍스트 이해와 수용은 독자와 작품의 대화적 소통을 통해 구체적으로 이루어진다. 이때 독자들은 다른 독자들과의 진정한 대화적 관계 형성으로부터 시의 의미를 완성해간다. 그만큼 독자의 텍스트 이해와 수용은 독자 개인만의 것이 아니라, 비평가나 다른 독자, 다른 시 텍스트 등과의 대화적 소통을 통해 구성되는 어떤 것이다. 따라서 어느 하나의 유력한 해석만을 고집하는 것은 바람직한 대화적 소통을 억압하는 일이 될 것이다. 하지만 무리한 비약이나 추론에 의거한 오독(誤讀)은 타당한 해석을 중심으로 하여 조율되어야 하고, 한편 한 편의 시가 고유하게 가지는 의미 맥락에 대한 타당성 있는 해석은 더욱 훈련되어야 한다. 그 조율과 훈련을 통해 우리는, 간과되어왔던 시의 참 모습을 발견하는 힘을 기를 수 있을 것이다. 아무리 명석한 논리라도 복잡한 현실 앞에서 속수무책이듯이, 개개인이 읽고 사유하고 재구성해내는 구체적인 비평의 몫이야말로 어떤 이론이나 구심적 유일 해석보다 우리 해석 공동체가 가진 더없이 중요한 문화 수용 능력이 아닐 것인가. 그래서 우리는 하나의 독해만을 고십하는 정답 찾기의 읽기 관행이 문화의 분명한 해독이듯이, 명백한 오독을 새로운 발견으로 장려하는 것 역시 텍스트에 대한 치명적 오독(汚瀆)이 될 수 있다고 말할 수 있을 것이다. 그 사이에서 취해지는 균형과 파생의 힘이 '시 읽기'에서 궁극의 기율이 될 것이기 때문이다.

4

이처럼 가장 중요한 비평적 심급은 텍스트의 속살까지 투시하고 그것을 자기 언어화하는 능력에 있다. 그 점에서 진정한 비평은 사실 '인상 비평'에 가까운 것이다. 그것은 작품과 자기 주관의 만남을 정착하는 것만으로 그치려 하는 비평 방법인데, 사실 어떠한 방법도 가지지 않는 일종의 '방법 없는 방법'이기도 하다. 이 경우 비평은 텍스트와의 예술적 협업이요, 텍스트를 바깥에서 감싸고 안에서 들추는 이중적 행위로 나아간다. 보들레르(C. Baudelaire)는 비평이 과학이 아니라 예술적인 협력이라고 했는데, 이 역시 비평의 이러한 핵심을 언급한 사례일 것이다. 그만큼 비평의 기율은 비판적 해부가 아니라 타당성 있는 판단에 있다. 이때 '판단'이란 공감을 가지거나 아니면 혐오를 느끼는 것인데, 공감은 공감대로 혐오는 혐오대로 그 나름의 논리적 근거를 수반하면서 비평의 주요 에토스로 자리잡게 되는 것이다. 로렌스(D. H. Lawrence)도 "비평은 흠잡기가 아니라, 균형 잡힌 의견이다"라고 갈파하지 않았는가.

우리는 이러한 모든 요청에도 불구하고, 비평 언어가 전문성과 대중적 투명성을 아울러 견지하면서 더욱 우리 비평의 장(場)이 넓혀가길 바란다. 그것들이 수평적이고 쌍방적인 네트워크를 형성하면서 한 시대의 폭넓은 담론적 장을 만들고, 그 중에 더욱 설득력 있고 날카로운 비평 언어가 선별적으로 우리 문학에 수용되는 것이 자연스러운 대사 과정일 것이니 말이다. 그 점에서 우리가 다양하기 그지없는 혼돈의 형상에서 중에서 옥석을 기리는 비평 정신에 세으르지 않아야 할 것은 분명한 일이다. 스미스(B. H. Smith) 역시 "가치 평가를 제한하거나 금지하는 것은 다양한 가치 평가 체계의 개진을 가로막을 뿐만 아니라, 기성의 평가적 권위를 항상적으로 비준해준다는 데 문제가 있다" 라고 했지 않았는가. 그렇게 우리는 풍요롭고도 적정한 비평적 재해석과 함께, 면밀하게 텍스트의 속살을 읽어내는 심화된 독해를 비평가들에게 요청하고자 한다. 물론 이러한 요청이 문학 현상에 대한 거시적 진단과 처방을 내리는 또 다른 차원의 비평적 요구와 모순되는 것이 아님 또한 자명한 일일 것이다.

인문학 군의 죽음에 관한 진상 특위 중간보고서

손종엽 / 선문대학교 교수

인문학 군이 언제 어디서 태어났는지는 명확하지 않다. 그를 안다고 주장하는 사람들 중에는 그가 인류 씨와 비슷한 연배일 것으로 추측하는 사람도 있다. 그에 관한 많은 것들은 비밀에 싸여 있다. 당연히 추문도 적지 않다. 소문에 따르면 그는 여러 번에 걸쳐서 죽었다. 중세의 종교재판에서 인문학 군은 심판의 대상이었다고 한다. 감히 이 신성한 세계에 피조물의 더러운 냄새를 풍겨야 하다니. 우리는 태어날 때부터 죄인이니, 이 세상의 모든 고통을 속죄하는 기분으로 견디다가 가야 한다고 교부들은 주장했다. 하지만 아무리 여러 겹의 검은 천으로 감싸더라도 인간의 냄새는 밖으로 새어나올 수밖에 없다. 그것은 여인의 향기처럼 (이 표현에서 불쾌감을 느낀 분들이 있나면 사과하고 싶다. 나도 모르게 이런 표현을 썼다. 이건 아마 수컷으로 태어난 보고자의 어쩔 수 없는 습성인지도 모르겠다. 당연히 그런 순간에 여인들은 남자들의 냄새를 맡았을 거다. 그러니까 사냥터지기의 건강한 몸에서 흘러나오는 그 냄새는 어떤 정숙한 부인을 어지럽게 했을 것이다. 그게 얼마나 무서운 것인지는 그 소설 속의 인물이 "어릴 적 신앙심보다 더한 열정을 가지고 당신을 사랑합니다"[1]라고 말했다는 데서 확인할 수 있다.) 흘러나와, 이 세계를 현기증에 사로잡히게 했으리라.

하지만 이 보고서는 그가 누구인지, 어떤 삶을 살았는지 밝히려 하지 않는다. 본 특위에서는 긴 세월에 걸쳐 그에 대한 많은 자료를 찾았지만 그걸 구구절절 쏟아놓기 시작했다가는 이 보고서가 너무 방대해질 수 있기 때문이다. 길어지는 거야 문제가 없지만, 지금 이 세상에 누가 인문학 군의 죽음에 대해 장편 한 권 분량의 관심을 쏟아 부으려 할까? 그렇잖아도 인문학 군은 "말이 너무 많다", "빙빙 돌려서 말하지 마라", "요점만 말하라"는 비판을 자주 받았던 것 같다. 누군가에 대해 길게 이야기한다고 해서 그를 더욱 잘 알게 되는 것은 아닐지도 모른다. 그건 차라리 사랑의 문제다. 누군가를 장편 분량만큼 알고 싶다면 그건 그를 사랑하기 때문이다. 나는 인문학 군을 그만큼 사랑하는 사람이 이 세상에 남아 있을 거라는 희망을 버렸다.

너무도 당연한 말이겠지만 인문학 군은 그저 인문학 군일 따름이다. 적어도 그는 생전에 그렇게 주장했다고 알려져 있다. 그러니까 그는 삶의 어느 순간에, "그래도…… 나 인문학은 인문학이다"라고 주장했다고 하는데, 이 말을 언제 했는지 정확히 알지 못하는 고로, 갈릴레이가 그의 말을 흉내낸 것인지, 아니면 인문학 군이 귀동냥으로 들었는데 깜빡 잊고 있다가, 괜찮은 표현인 것 같아 자기가 떠올린 독창적인

1 D. H. 로렌스의 소설 『채털리 부인의 사랑』에서 가져온 한 구절. 돈이냐 사랑이냐에서 사랑을 선택했던 근대적 서사 중의 하나. 우리가 기억하기로는 "김중배의 다이아몬드 반지가 그렇게도 탐났더냐"라는 이수일의 대사로 유명한 "장한몽"의 원작소설인 오자키 고요의 소설 『금색야차』는 이 소설보다 먼저 쓰여졌음에도 불구하고 사랑이 돈에 패배한 것에 대한 복수를 그리고 있다. 이 쪽이 훨씬 더 현실적이라는 이야기가 아닐까? 이 시대의 채털리 부인들은 결혼과 연애를 적절히 조합하는 방식으로, 돈과 연애를 모두 포기하지 않는 현명한 길을 모색하고 있기도 하다.

생각인 것처럼, 슬쩍 써 버린 것인지는 알 수 없다. 어쨌거나 생전의 그의 유지를 존중하는 의미에서 그가 누구냐에 대해서는 이 정도로 관심을 접는 게 좋겠다. 우리가 더욱 집중해야 하는 것은 그의 죽음에 관한 것이다. 아쉽게도 우리는 끝내 그의 시체를 발견하지는 못했다. 그러므로 정말로 인문학 군이 죽었는지는 명확하지 않다. 하지만 세상 사람들은 예수[2]라든가 석가모니, 공자의 죽음만큼 확실하게 그가 죽었다고 믿고 있느니만큼, 이렇게 널리 유포된 이야기라면 그냥 믿어도 되지 않을까. 물론 어딘가 미심쩍은 구석도 있다. 그래서 이 글은 그의 죽음에 관한 결과보고서가 아니라 중간보고서일 수밖에 없다.

인문학 군의 석연치 않은 죽음에 대해 내 마음 속에 특위가 꾸려진 지 오래, 이제야 나는 이 보잘것없는 중간 보고서를 제출하게 되었다. 조사에 따르면 인문학 군이 병원을 찾은 것은 1997년 가을 무렵이었던 듯하다. 다른 설도 있다. 그가 병원에 가던 날, 텔레비전에서 레닌의 동상이 철거되는 걸 보여줬었다고 말하는 사람도 있고, 더 이른 과거로 거슬러 올라가려는 이도 있다. 그 주장에 대한 근거로 그들은 프란츠 카프카의 소설 속 주인공을 들기도 한다. 인문학 군과 그레고르 잠자는 비슷한 수술을 받았다는 것이다. 그레고르 잠자는 마취제를 맞고 깊이 잠든 상태였기 때문에 자신이 왜 한 마리 벌레로 변했는지 전혀 이해할 수 없었다고 그들은 주장한다.[3] 카프카는 그 진실을 파헤치

2 부탁이니 부활은 예외로 하자. 그와 함께 했던 제자마저 믿지 못했던 걸 천국을 미끼로 모두에게 믿으라고 권하는 건 아무리 생각해도 무리다. 물론 묻거나 따지지도 않고 믿는 자가 천국에 가는 건 부정하기 어렵다. 어느 곳에 있건 간에, 믿음이 있는 자에게는 그곳이 바로 천국이기 때문이다.

3 체코어로 까마귀라는 뜻의 이름을 지닌 카프카라는 작가가 그려낸 이 사건의 시작은 너무도 유명한 다음과 같은 구절로 시작된다. "어느 날 아침 그레고르 잠자가 불안한 꿈에서 깨어났을 때, 그는 자신이 침대 속에 한 마리의 커다란 해충으로 변해 있는 것을 발견했다. 그는 갑옷처럼 딱딱한 등을 대고 누워 있었는데, 머리를 약간 쳐들면 반원으로 된 갈색의 배가 활 모양의 단단한 마디들로 나누어져 있는 것이 보였고, 배 위의 이불은 그대로 덮여 있지 못하고 금방이라도 미끄러져 내릴 것만 같았다. 나머지 몸뚱이 크기에 비해 비참할 정도로 가느다란 다리가 눈앞에서 힘없이 흔들거리고 있었다." 그는

려 했기 때문에 살해되었고, 그런 일들은 이후에도 자주 반복되었다는 것이다. 하지만 많은 자료를 검토한 후에 나는 1997년 무렵에 인문학 군이 병을 자각하기 시작했다는 걸 확신하게 되었다.

이 시기에 인문학 군이 어떤 삶을 살았는지는 잘 알려져 있지 않다. 다만 인문학 군과 자주 함께 엮이곤 하는 인류 씨가 남긴 잡다한 증언들을 참조할 수 있을 뿐이다. 그러자니 우리는 또 인류 씨가 어떤 인물인가를 알아야 할 필요성을 느낀다. 일부 네티즌은 별다른 근거 없이 인류 씨와 인문학 군이 동일인물이라는 설을 퍼뜨리고 있기도 하다. 적어도 이복형제쯤은 아니었을까 의심을 품을 만한 여지가 없지는 않다. 심지어 인문학 군이 인류 씨의 혼외 자식이라는 주장까지 있고 보면, 여러분은 내가 왜 그런 자질구레한 사생활에 대해서 더 이상 이야기하지 않기로 했는지 납득하실 수 있으리라.

결국, 이런 하찮은 질문들에 시간과 노력을 허비하다 보면, 보고서 전체가 중언부언으로 가득 찰 위험성이 있으니 프랑스의 사팔뜨기 철학자 사르트르가 인류 씨에 대해서 남긴 증언만으로 만족하자. "인류 씨의 잔인한 숙적이 그를 습격하려고 잠복하고 있지 않았다면 금세기는 훌륭한 시대가 되었을 것이다. 인류 씨를 파멸시키기로 맹세한 그 육식동물, 털도 안 난 악의의 짐승인 바로 인류 씨 말이다."[4] 요컨대 그런 이중성 쩌는 인류 씨가 남긴 회고에 따르자면, 이 무렵 인문학 군과 인류 씨는 불화를 겪고 있었다고 한다. 그와의 인터뷰 도중에 나는 그가 무언가를 숨기고 있다는 인상을 받곤 했지만, 숨기는 걸 알아낼 재주가 내게 있겠는가. 다만 그의 팔뚝에 더부룩하게 자라난 털을 보면

이게 꿈이 아닐까 생각하고 두려운 나머지 다시 잠을 청한다. 이 순간에 그가 좀더 현명한 선택을 했다면 그토록 비참하게 죽지 않을 수 있었을까?

4 사르트르의 말. 그가 꼭 이렇게 말한 건 아닐 수도 있다.

서, 그의 방 한 구석에 놓여진 거대한 냉장고 안에 피가 뚝뚝 떨어지는 인육들이 가득 쌓여 있을 것 같다는 섬뜩한 느낌을 받았다는 사실만 지적하자.

인류 씨의 주장에 따르면 그들 간의 불화는 시대로부터 온 것이었다. 1997년은 이 나라에 IMF라는 외계행성 같은 것이 실로 임팩트 있게 다가온 해이며, 그 엄청난 충격에 의해 아버지와 아들이 동시에 고아 같은 느낌을 받아야 했다. 아버지는 평생을 바친 직장에서 해고되었고 아들은 인생의 첫 출발선에서 문전박대를 당했다. 어머니는 집안에 있던 금붙이들을 공물로 바쳤는데, 그들의 꿈은 다시 원래의 상태로 하루 빨리 돌아가는 것이었다. 외계생명체는 그들에게 이렇게 외치곤 했다고 한다. "팔 하나 주면 안 잡아먹지." 떡을 모두 내준 그들은 어쩔 수 없이 팔을 내주어야 했다고. 무언가 변화가 필요했지만 혁명 같은 외적 구원을 꿈꿀 수도 없는 시기.

인류 씨는 이 시대적 흐름을 대세로 받아들이고 변화해야 한다고 인문학 군을 설득했지만, 인문학 군은 외려 유폐의 길을 걸었다. 그는 뭔가가 잘못되었다고, 자주 혼잣말을 했다고 한다. 때로는 큰소리로 이렇게 외쳤다. 인류 씨는 그 구절들을 정확히 기억하고 있었다. "아네요! 오늘날의 기도는 행동을 의미합니다. 오늘날에는 고행자가 되기 위해서 사람들과 더불어 그들 속에서 살고, 싸우고, 그리스도와 함께 골고타에 오르고, 그리고 날마다 십자가에 못 박혀야 합니다. 수난일 단 하루뿐이 아니라, 날마다 말예요!"[5]

인문학 군의 죽음으로 훨씬 더 자기합리화의 권리를 얻은 인류 씨의 말과는 달리, 내가 시간을 들여 객관적으로 정리한 그 무렵의 사정

5 니코스 카잔차키스의 『전쟁과 신부』 중에서 야나로스 신부의 말.

은 다음과 같다. 인류 씨는 그 시기부터 신자유주의를 맹신하게 되었고 물신을 숭배하는 신도가 되어 버렸다. 인류 씨는 모든 개체는 이기적(selfish)인 존재이며, 이 이기적인 품성은 무조건 나쁜 것이 아니라 우생종이 살아남아 이 세계를 진보하게 하는 동력이 되었다고 믿게 되었다. 그러면 히틀러에 대해서 어떻게 생각하느냐는 반문에 대해 인류 씨는 그는 패배하지 않았느냐고 일축했다. 패배한 자가 악한 것이라고. 이런 이야기들을 할 때, 인류 씨의 얼굴에는 광기 비슷한 열기가 느껴졌다.

그런 인류 씨에게 인문학 군은 그렇게 끊임없이 앞으로 나아가면 그 앞에 무엇이 있느냐고 물었던 것 같다. 그의 질문은 우리들의 인생 맨 마지막에는 살찐 검은 고양이 한 마리가 기다리고 있고 우리는 그 세계를 달려가는 어리석은 생쥐 한 마리에 지나지 않는다는 카프카의 우화와 묘하게 겹친다. 이건 단순한 우연일까? 하지만 인류 씨는 나날이 가난해지는 인문학 군을 경멸했고 그의 질문을 패배자의 논리로 일축했다. 그는 모두가 더불어 사는 새로운 세계를 모색해야 한다고 주장하는 인문학 군을 그저 시대에 적응하지 못하는 낡고 쓸모없는 구조조정의 대상으로 여겼던 듯하다.

인류 씨와의 이러한 불화가 인문학 군을 몹시 우울하게 만들었던 건 부인할 수 없다. 인문학 군은 인류 씨를 자신의 육신 정도로 소중히 여겼던 것 같다. 그러나 인류 씨는 지구화라는 표어를 내걸고 지구 전체를 감옥으로 만들었을 뿐 아니라, 지속적으로 인문학 군에게 이 시대의 흐름을 놓치지 말라고 압박을 가했던 것으로 보인다. 인문학 군이 시를 읽어주면 그게 쓸모가 있는 거냐고 묻고 하늘의 별을 노래하면 땅값을 이야기하는 식으로.

그 무렵 인문학 군은 그런 인류 씨와 결별을 선언하려고 했을지도 모른다. 그러나 그는 다소 우유부단했던 것 같고, 무엇보다도 인류 씨의 말이 그럴 듯 했다기보다는, 그가 그런 말들을 쏟아 부을 때마다 공짜로 제공하는 술과 담배의 유혹을 이겨내지 못했던 듯하다. 뭔가 궤도를 벗어났다는 느낌이 들었지만 그렇다고 나는 여기서 내리겠다고 소신있게 말할 수도 없는 열차승객의 어정쩡한 느낌으로, 인문학 군은 자주 턱을 괴고 인류 씨의 장광설을 들어야 했다고 전한다. 그럴 때마다 그는 이런 생각들에 사로잡혔다.

— 상당히 유식한 놈이군. 그렇지만 저 낯선 외국어를 지워내도 저 느낌이 유지될까?

— 그러니까 결론은 뭐야? 이 세계는 절대로 벗어날 수 없는 원형경기장 같은 곳이니까 자유롭게 끝까지 싸워서 살아남으라는 거?

— 다른 삶은 이제 없다. 그러니 룰을 받아들이라고?

인문학 군이 불쑥 병원을 찾아간 것은 그런 어느 날이었다. 특별히 어디가 아팠던 건 아니고 그냥 조금 외로웠던 거라고 그는 나중에 우연히 마주친 고향 친구에게 말했다고 한다. 그렇지만 이건 전적으로 그 친구의 증언에 의한 것일 뿐, 확실한 증거는 없다. 여기서는 이 시기의 그에 대한 다른 자료가 없으니 그 증언을 따르기로 하자. 이 시기에 실제로 어딘가가 아팠을 수도 있지만, 그건 누구나 마찬가지가 아니겠는가. 우리 모두는 태어나는 순간에 이미 시한부 인생이며 내부 어딘가에 종양 덩어리를 지닌 존재들이니까. 어쨌거나 그 무렵 세상은 정말 빠르게 변하고 있었던 반면에, 그는 조금 가난하고 깊은 우울증에 빠져들었으며 자주 길을 잃었다. 그가 병원을 찾아간 이유가 위기의식 때문이었다고 하지만 그 무렵에 이공계 양도 기피의 대상이 되고 있었으니 크게 설득력이 있는 것 같지는 않다.

어쨌거나 인문학 군은 갓 세탁한 듯한 흰 가운을 입은 나이팅게일 양이 걱정스러운 표정으로 이마를 짚어주기를, 당의가 입혀진 아스피린이나 그것도 아니면 원기소 같은 걸 받아 우적우적 씹어 먹음으로써, 플라시보 효과 같은 걸 기대했는지도 모른다. 아니면 늙은 의사가 어깨를 툭툭 쳐주며, "자네 죽을 병이야, 언젠간 죽겠어. 하지만 오래 기다려야 할 거야 너무 튼튼하니까. 힘내게 젊은이"라며 격려해주기를 원했는지도 모른다. 인문학 군은 자주 그렇게 이야기했다고 주변사람은 말한다. "날 좀 내버려두게." 그러니까 그런 그가 병원을 찾아간 게 경솔했다고 지적하는 사람도 있다. 그래서 화를 자초했다고.

적지 않은 사람들에 의하면 이미 이 시기에 인문학 군에게는 병색이 가득했고 패기가 부족했으며 지나치게 부모에게 의존하는 경향이 있었으며 자폐적이고 몽상적이며 혼잣말을 중얼거리는 등 이상한 모습이 엿보였다고 한다. 그는 출세한 동료 젊은이들을 축하해 주지는 못할망정 비웃었으며 자기 앞가림도 못하는 주제에 다른 이들의 문제에 뛰어들어 문제를 불러일으키는 성가신 존재였다고 그들은 입을 모았다. 무엇보다도 인문학 군에게 부족한 것은 남보다 더 잘 먹고 살아야 한다는 동기와 경쟁의식이었다. 그것 없이 이 험한 세상에서 어떻게 살아남겠느냐고 그들은 주장했다. 놀라운 건 그렇게 주장하는 사람들 중에 인문학 군을 직접 만난 사람은 거의 없었다는 사실이다. 나중에야 그들은 방송을 통해, 소문을 통해 들은 것일 뿐이라고 실토했다.

반면에 인문학 군의 불우한 처지를 동정하는 이들도 적잖았다. 그냥 내 버려뒀다면 인문학 군은 부자가 되진 못했을지 몰라도 행복하게 잘 살았을 거라고 그들은 주장했다. 그는 워낙에 행복도가 높았다. 맑은 하늘에 구름이 흐르거나 비가 오거나 담배를 피우거나 심지어 한

한 권을 읽을 수만 있어도 그는 행복해 했다고 그들은 말한다. 세상에 책을 읽는 일에서 기쁨을 느낄 수 있다니. 그건 나도 믿을 수 없다. 말이 전달되는 와중에 과장이 되었겠지. 그들에 의하면 그런 인문학 군을 힘들게 한 것은 전적으로 경제라는 동생 때문이었다.

간략히 정리하자면 경제라는 동생은 기초체력이 부족한 데다가 지나치게 의존적이었다. 편식이 심했고 독점욕도 강했다. 애초에 죽어가는 경제를 미국이라는 낯선 이방인이 원조를 통해 살려주었다는데, 그 이후에 독립해 보려는 꿈조차 꾸지 않은 채 그 그늘에서 성인이 되었고 고집을 키웠다. 하도 죽을 거 같다고 하소연을 해서 부모들은 없는 살림에 FTA라는 고가의 약을 사서 먹였는데, 그러자 장점은 더 흐려지고 약점은 더 강해졌다. 그 이후에도 녀석은 돈 먹는 하마가 되어갔다. 실은 체질개선에 대해서 생각했어야 했는데 부모님은 너무 힘든 나머지, 외려 인문학 군을 독촉하기 시작했다. "야, 이놈아, 네가 실용해야 한다. 돈을 버는 게 행복이다."

인문학 군의 생각은 조금 달랐던 듯하다. 그가 왜 그런 생각을 했는지는 확실치 않으나 그는 '더불어 사는 세상'에 대한 소망을 피력하곤 했고, 실제로 그런 세상을 만들기 위해 할 수 있는 일들을 모색했다고 한다. 이따금씩은 이 세상은 잘못 돌아가고 있으며 또 하나의 혁명이, 혹은 지속적인 변화가 필요하다고 생각했다. 대략 인문학 군이 병원을 찾을 무렵의 사정이다.

다시 어쨌거나, 주변에서 안색이 그다지 좋질 않다고 자주 이야기도 하고 마음도 울적하고 해서 인문학 군은 병원을 찾아갔을지도 모른다. 다행히도 병원을 찾았던 순간은 잘 알려져 있다. 인문학 군이 남긴 것으로 추정되는 수기가 남아있기 때문이다. 그것들을 간단히 요약하면 다음과 같다.

병원 대기실 의자에 앉아서 창밖 교차로의 신호등이 바뀌는 대로 개미떼처럼 멈췄다 이동하는 사람들의 행렬을 흥미롭게 내다보던 인문학 군은 진료실에서 간단한 몇 가지 진단 끝에 갑자기 중환자실로 옮겨졌고, 거기서 또 곧바로 수술실로 옮겨졌다. 뭐라고 따지려고 했더니 아주 간단하고 문제부위를 알아내서 제거하는 시술이 될 거라며, 가만히만 있으면 수술비, 병원비, 간병인 비용 등을 모두 국가가 대준다는 바람에 멈칫했다. 그 와중에 그의 팔뚝에는 긴 바늘이 꽂히고, 투명한 튜브를 통해서 정체를 알 수 없는 이상한 액체가 인문학 군의 몸으로 흘러들어갔다. 뭔가 잘못되었다는 느낌이 들긴 했지만, 인문학 군은 몽롱한 채로 참을 수밖에 없었다.

조금 이상하긴 했다. 간단한 시술이라면서 또 죽을 병이라는 건 뭔가. 그래도 전국가적으로 나서서 병에 걸린 나를 살려준다니, 치료비까지 대준다니 대단히 고마운 일이 아닌가. 인문학 군이 그렇게 천천히 의식을 잃어가는 사이에, 그의 몸에는 온갖 기이한 첨단 장비와 다양한 색깔의 호스들, 크고 작은 모니터들이 연결되어 인문학 군의 신체 내부에서 보내오는 신호들을 수치로 만들어 보여주었다. 정신을 잃기 선에 인문학 군은 이런 생각을 했다고 한다. "지금까지 나는 참 워시적으로 살았구나. 이런 첨단의 첨단의 첨단을 걷는 과학들의 세계에 대해 나는 얼마나 무지했던가. 고맙다, 씨발." 그리고 까무룩 깊은 잠 속으로 빠져들면서, '그런데 왜 이렇게 고마운 일에 내가 왜 씨발이라는 욕을 내뱉었을까' 하고 생각했다.

다시 정신을 차렸을 때 인문학 군은 자신의 몸이 거대한 기계장치 속에 잠겨있음을 발견했다고 한다. 놀랍게도 그의 심장은 제거되었고 대신 커다란 디지털 태엽의 형태를 한 거대한 동력장치가 매달려 있었다. 이밖에도 다른 복잡한 기계들에 그의 몸 전체가 꼼짝없이 속박

되어 있었는데, 그가 극심한 통증을 호소해도 의료진들은 거의 외면하거나 단순한 수술 후유증이니 참으라는 말밖에 해주지 않았다. 그가 병원 측에 정식으로 이의를 제기하겠다고 하자, 비로소 나타난 병원 원장이 나타나서 남긴 말은 이랬다. 곧 깨닫게 되겠지만 이건 속박이 아니라 자유다. 우리가 너를 불완전한 상태로부터 완전히 자유롭게 해 주려 한다. 다만 기계장치가 불완전해서 당분간은 과거보다 더 불편하게 느껴질 수는 있다. 당연히 고통을 견뎌야 한다. 만약에 이 수술을 받지 않았다면 너는 죽었을지도 모른다.

온갖 형태의 모니터들을 통해 해독할 수 없는 다양한 수치들이 그의 앞에 쉴 새 없이 제공되었던 탓에 그는 마땅히 이의를 제기할 수 없었다. 그래도 이 통증은 뭔가 이상하다. 의료사고가 있었던 건 아니냐. 제대로 숨을 쉴 수도 없고 죽을 것 같다고 인문학 군이 자꾸 호소하자, 간호사가 나타나서 그에게 다시 약물을 주사했다. 그러자 조금 구토와 통증이 가라앉으며 깊은 잠이 몰려왔다. 이 장치들에 조금 더 적응이 되면 훨씬 나아질지도 모르겠다고 인문학 군은 생각했다. 그렇게 되기를 진심으로 희망했다.

꿈에 인문학 군은 기계장치들을 끌고 기계하느님을 만나러 갔다. 그곳은 정말 기계들의 천국이었다. 모든 것들이 기계로 대체되어 있었다. 하긴 하느님마저 기계로 바뀌어 있으니 다른 말이 무슨 필요가 있으랴. 가만히 귀를 기울이면 어디서든 엔진 돌아가는 소리가 들렸다.

— 이건 정말 완벽하군요!

그가 이렇게 외치자 기계하느님이 조금은 익살맞게 윙크를 날렸다. 얼굴 근육 쪽에 약간의 사소한 문제가 있어 보였지만 기술이 발전하면 곧 보완이 되겠지 싶었다. 진짜 신을 만난 적이 없으니 비교대상도 없었다.

인문학 군은 무심코 그런 생각을 하다가 혹시라도 이건 불경죄에 속하는 게 아닐까 싶은 의심이 들었다. 기계하느님이 따뜻한 미소를 지으며 뭐라고 말했다. 그런데 처음 들어보는 낯선 언어였다. 인문학 군은 최선을 다해 이해해 보려고 애를 썼지만 허사였다.

— 이곳은 기계천국이니 멋진 통역기계도 있겠지요?

희망을 품고 그가 물었다. 그러자 기계하느님이 작동을 멈추었다. 그가 무언가를 열심히 검색 중이라는 걸 인문학 군은 어렴풋이 짐작했다. 시간은 생각보다 오래 걸렸다. 이러다가 그냥 랙이 걸려 작동이 멈춰 버리는 게 아닐까 걱정스러운 순간에야 비로소 기계 하느님이 어눌하게 대답을 해왔다.

— 그런 건 없어.

역시 어설펐지만, 반갑게도 한국어였다.

— 왜 이 아름다운 기계 천국에 그렇게 기초적인 통역기계도 없어요?

인문학 군은 기계하느님이 잘 알아들을 수 있도록 일부러 천천히 또박또박 말했다.

기계하느님이 한 순간 또 작동을 멈추었다. 그 침묵 어디선가 힘겹게 엔진 돌아가는 소리가 들려왔다. 이번에는 왠지 그 소리가 노인네 해소 기침하는 소리처럼 느껴졌다. 인문학 군은 불안감에 휩싸였다. 기계하느님이 다시 답변했다.

그건 통역기계가 필요 없기 때문이야.

이곳이 천국이라면 그걸 필요로 하는 사람이 있을 거 같은데요. 저처럼.

이곳엔 아예 사람이 없어.

이곳을 창조한 목적이 뭔데요?

그, 그건 사람들의 편의를 위해서지. 당연한 걸 왜 묻는 거야. 질문이 많네. 그러니까 넌 그게 뭐드라. 좌…… 좌빨인 거야?

에이, 하느님두. 지금이 어떤 시대인데요. 저는 그냥 조금 궁금할 뿐이에요.

그 순간에 인문학 군은 솔직히 조금 쫄았다고 고백하고 있다. 이미 국가라는 건 남아있을 것 같지 않지만 국가보안법은 남아있을 것 같은 기이한 느낌이랄까. 기계 하느님이 대답했다.

그런데 대체 이 천국에서 쓸데없이 뭐가 그리 궁금한 거지?

사람들의 편의를 위해서 이 세상을 만들었는데 왜 이 세상엔 사람이 남아있지 않게 된 거죠?

그…… 그건 사람들을 좀더 편안하게 해 주려다 보니까…… 그런데도 사람들은 어딘가 불편해 보이고…… 그래서 더 완벽한 세상을 만들다 보니.

에이, 그게 무슨 말이에요. 이곳엔 사람이 없다면서요?

물론 없지. 그런데 있어, 저 기계장치 속에. 그런데 너 표정이 그게 뭐니? 내가 이래서 인간이 싫다니까. 좀 놔두면 꼭 이렇게 기어올라요. 개돼지나 닭을 좀 봐. 먹이만 주면 완벽한 행복상태에 이르지. 그렇게 단순한 기쁨 속에서 나를 찬양하며 살 수는 없니? 꼭 내가 이렇게 해야겠어? 응?

바로 그 순간에 인문학 군은 온몸이 불에 타는 듯한 아픔 때문에 이번에야말로 정말로 "아 이런 씨발" 소리를 내지르며 잠에서 깨어났다. 그리곤 발견했다. 그들이 예리한 전기톱으로 그의 뇌를 열려고 하는 것을. 인문학 군은 다급하게 소리쳤다.

―지, 지금 뭐하는 거예요?

이런 상황을 전혀 예상치 못한 듯, 아마도 인턴인 듯한, 전기톱을 든 젊은 남자가 당황한 듯 뒤를 돌아봤고, 거기에는 또다른 젊은 남녀가 인문학 군이 병원에 오면 만날 수 있을 거라고 상상했던 반백의 의사에게 수술용 푸른 색 가운을 입히고 있었다. 그가 젊은이들을 향해 무어라고 질책하는 소리가 들렸는데, 짐작컨대 마취를 어떻게 했기에 수술대 위에 누운 환자가 저렇게 깨어서 말을 하느냐고 마취 전문의를 꾸짖는 듯 했다. 인문학 군이 온힘을 다해 바둥거리자, 어쩔 수 없다는 듯이 그 의사가 두 손을 들어 올린 채로 인문학 군을 향해 걸어왔다.

— 걱정 말아요. 이제 우리는 당신을 살릴 겁니다. 경제처럼 당신도 기적적으로 소생할 수 있어요.

— 내가 언제 이런 수술 받겠다고 했어요? 아까는 허락도 없이 심장을 바꿔놓고. 이게 제대로 작동하는지도 모르겠는데, 또 수술을 한다고요? 그리고 내가 죽긴 왜 죽어요. 지금까지 내가 골골하긴 하지만 정말 아무 문제없이 지금까지 살아왔거든요. 특별히 아픈 데도 없고. 그리고 경제 걔, 진짜 나보다 빌빌거린다구요. 호흡기 떼면 곧장 죽을 놈이라니까요? 의사라면서 그것도 몰라요?

기분이 상한 듯 그가 반말로 대꾸했다.

— 그래도 우리는 자네를 살려야 한다는 상부의 명령을 받았어. 우리는 자네를 살려야 하고 그러려면 무조건 수술을 해야 해. 수술한 다음에 문제가 생기면 또 수술하는 수밖에 없어. 그리고 말야. 경제, 개는 우리의 첨단 테크놀로지의 산물이야. 그걸 안다면 자네처럼 모욕적인 발언은 하지 않을 텐데. 우리는 그를 수술했고 결과적으로 그는 지금 살아있어. 앞으로도 우리는 계속 그를 살릴 거고. 그리고 — 차트를 훔쳐보고는 — 인문학 군, 자네도 살려놓을 거야. 의사로서 내 양심을 걸고 약속함세. 만약에 자네에게 무슨 일이 생긴다면, 저기 저 계약직 간호사가 책임을 지고 옷을 벗을 걸세. 어때, 그럼 이제는 마취주사를 한 방 더 놓도록 하겠네. 도무지 어떻게 깨어나서 자네가 이렇게 떠드

는지는 모르겠지만.

그는 다시 책임추궁을 하듯 구석에서 대기 중인 마취의를 노려보았다. 이상하게도 마취의는 커다란 마스크를 쓰고 있어서 거의 얼굴을 볼 수가 없었는데도 인문학 군에게는 왠지 낯익은 느낌이 들었다. 하지만 상황이 급박했다.

— 제발 부탁이니 저를 그냥 놔두세요. 뭐를 해달라고도 안 할게요. 정말 내가 병이 든 거고 죽어야 한다면 그 방법은 제가 선택할 수 있는 거 아닐까요? 저는 가난한 학생이지만 늘 인간답게 살다가 위엄있게 죽고 싶다고 생각해 왔어요. 이 병원도 제 발로 걸어 들어왔잖아요. 그러니 제발로 걸어 나가게 해주세요.

반백의 의사가 어처구니없다는 표정을 지었다.

— 말도 안 되는 소리. 자네가 지금 상황을 잘 모르는 모양인데, 우리는 자네를 살리기 위해 지금까지 줄곧 어려운 수술을 계속해 왔다네. 이제 자네는 인문학 군이라고 더 이상 불릴 수 없는 상황일지도 몰라. 자 내 말이 의심스럽다면 주변을 둘러보게.

인문학 군은 힘겹게 고개를 들어 자신의 상태를 살펴보았다. 그리고는 경악했다. 하마터면 그대로 정신을 잃을 뻔 했다. 그래도 여기서 정신을 잃으면 모든 게 끝장이라는 생각이 들어서 그는 자기 몸에서 빠져나가려는 정신을 겨우 붙잡았다. 그는 호흡을 가다듬었다. 그리고 다시 한 번 자신의 모습을 살펴보았다.

잠이 들기 전에 그는 이미 거대한 기계장치들에 둘러싸여 있었으나, 지금의 그는 어디까지가 기계고 어디까지가 기존의 인문학 군인지를 분간할 수 없는 상태였다. 어떤 기계장치들은 그의 피부 안쪽으로 깊이 사라졌고 그 뿌리가 어디까지 이어져있는지도 알 수 없었다. 평발이어서 걸을 때마다 고통스러웠던 두 다리도 아예 기계장치로 교체된 모양이었다. 게다가 수술이 제대로 이루어졌는지 알 수 없을 정도로, 신체와 기계장치의 모호한 접합부마다 붉은 피가 쿨럭 쿨럭 새어 나오고 있었다. 수술실 천장으로부터 내려온 거대한 케이블 선들이 그의 신체에 고정되어 있어서, 교체된 다리가 제대로 작동하더라도 평생 걸을 일은 없는 게 아닐까 싶었다. 선들이 연결된 기계장치마다 볼펜으로 서툴게 영자로 무언가가 씌어져 있었는데 그 의미가 무엇이며 왜 그것들이 하나같이 영어로 씌어져 있는지는 도무지 알 수 없었다. 그는 그것들을 소리 내어 읽어보았다. BK21, PRIME, CORE…….

방금 전 꿈에서처럼 인문학 군은 자기도 모르게 중얼거렸다. '이건 정말 완벽하군.' 그러자 반백의 의사가 흡족한 듯이 그에게 말했다.

— 이건 그냥 완벽한 게 아니라 거의 기적이라고 할 수 있다네. 우리는 죽어가는 자네를 살린 거야. 그리고 이제 마지막 하나의 작업만 남은 거지.

그게 뭐냐고 인문학 군은 반쯤 자포자기 심정으로 물었다. 그러자 반백의 의사가 전기톱을 든 젊은 의사를 가리키며 말했다.

— 방금 전에 우리가 자네를 위해 하려던 수술이 바로 그걸세. 자네가 깨어나서 엉뚱한 질문들만 하지만 않았다면 우리는 이미 수술을 끝낼 수 있었을 텐데. 그랬다면 병원 앞 비어홀에 가서 시원한 맥주 한 잔을 들이켜고 애인의 집에 가서 신나게 즐길 수도 있었을 텐데.

그렇게 말하면서 그는 정말 분이 차오르는 것처럼 얼굴이 붉어졌고 호흡이 거칠어졌다.

— 그랬다면 이제 훨씬 더 수월한 다른 수술들을 해낼 수 있었을 테고 말야.

— 그러니까 그 수술이 뭐냐구요?

— 우리 의료진은 최첨단의 장비를 통해 지금까지의 수술에도 불구

하고 자네에게 왜 자꾸 부작용이 나타나는가를 연구했고 마침내 그 이유를 알아냈지. 그 이유는 바로 자네, 인문학 군이 여전히 인문학 군이기 때문이었어. 우리는 자네에게 끊임없이 효율적인 기능들을 부착시키고 개선시켰음에도 불구하고, 자네는 자꾸 그 멋진 기능들에 만족하지 않고 자꾸 왜냐고 물으면서 스스로 존재하려고 했던 거야. 그게 자네를 불행하게 만들고, 다른 시스템들을 교란하게 하고, 그러면서 부작용을 불러일으킨다는 거지. 그래서 우리는 이제 최후의 해결책을 찾아낸 거라네. 자네도 아마 그게 궁금할 테지? 그건 말이야. 무언가가 자네를 불행하게 만든다면 그 불행의 감각 자체를, 불행한 감정을 느끼게 하는 무언가를 제거하면 된다는 거지. 그래서 우리는 인문학 군, 자네의 뇌를 제거하려는 거라네. 거기엔 정말 자네도 매혹될 고가의 디지털 창조 융복합 뇌가 새롭게 장착될 거야. 정말 완벽하지 않은가? 자네 표정을 보니 여전히 무언가 의심스럽고 불만스러운 듯 하네만. 그렇게 퇴행적인 성향이야말로 일소되어야 할 자네의 낡은 잔재가 아닌가? 내가 장담하네만, 수술이 끝나면 자네에게는 이런 불만 따위는 한 점도 남아있지 않게 될 거야. 그건 말이야. 음, 새롭게 포맷을 한 컴퓨터라고나 할까? 좀더 단순하고 명확하게 리부팅된 자네는 아마 진정한 행복을 누리게 될 거야.

이미 너무 길어져버렸으므로 짧게 줄이자. 인문학 군의 행적은 거기서 흔적도 없이 사라져 버린다. 아마도 그는 병원에서 수술을 받고 시중에서 판매되는 로봇 인문학 군의 하나로 세상에 방출되었을지도 모른다. 오로지 'YES'와 'HOW'라는 언어로 짜여진 로봇. 그토록 많이 훼손되고 그토록 많이 부착된 기계장치를 떼어낸 채로 그가 오래 온전한 인문학 군으로 재생했을 거라고 기대하기란 어렵다.

그러나 반론도 없지 않다. 인문학 군은 여러 차례에 걸쳐서 기적적으로 살아남았으니 이번에도 그럴 거라는 말이었다. 게다가 꿈 이야기를 포함하는 병원에서 그가 겪었던 생생한 이야기들은, 그가 살아남지 못했다면 전해지지 않았을 이야기가 아니냐고 그들은 주장한다. 지나치게 낙관적인 게 아니냐는 비판에 대해서 그들은 대부분 이렇게 짧게 대꾸했다. 어쨌든 시체를 찾은 건 아니지 않느냐.

병원에서 기적적으로 인문학 군을 구해낸 인물이 다름 아닌 인류 씨라는 설도 있었다. 인문학 군에게 가해지는 수술이 너무 가혹하다는 판단을 그가 했으리란 것이다. 그들은 정말 오랜 세월 깊은 우의를 나눈 사이였고, 그래서 마지막 순간에 인류 씨가 마취의로 변장하고 수술실에 잠입해서 그를 도왔을 거라는 주장이었다. 그렇지 않고는 마취 상태에서 환자가 깨어날 리 없다. 인문학 군이 마스크를 쓴 마취의에게서 낯익은 느낌을 받은 이유가 여기에 있다는 것이다. 이게 얼마나 가능성이 있는지는 모른다. 하지만 나는 그들이 병원에서 탈출해서 그들이 꿈꾸었던 또다른 세상을 만들며 살았으면 하는 희망을, 여기에 마지막으로 피력하고자 한다.

이 보고서를 쓰느라 그의 행적을 쫓는 동안에, 나는 자주 어디선가 그와 마주칠 수도 있으리라는 은밀한 기대와 설렘을 지녔던 것도 사실이다. 내가 확신할 수 있는 유일한 한 가지 사실은 그는 대학에는 존재하지 않으리라는 씁쓸한 사실이다. 그는 대학에 실망했고 대학은 그를 내쫓아버린 뒤에 졸업장 공장이나 취업 알선처로 전락했다. 아마도 이 보고서를 쓰고 있는 내 직업이 무엇인지를 여러분이 안다면, 내가 얼마나 깊은 환멸 속에서 지내는지를 짐작할 수 있을까?

어느 순간에는 확신을 품은 채 어떤 인물을 쫓아간 적도 있다. 인문학 군이 만약에 살아있다면, 청년 예수처럼 가난하고 힘없는 사람들 속에 있으리라고 여겨지는 근거는 명확히 설명하기 어렵다. 그럼에도 불구하고 나는 그가 의외로 가까운 곳에서 평범한 얼굴을 한 채로 살고 있을 거라는 확신을 품고 있다. 나는 아직 그를 만나지 못했지만 어쩌면 이미 만났을 수도 있다. 이 보잘 것 없는 보고서를 읽은 여러분들께서도 길을 걸으면서 유심히 살펴봐주기를 바란다.

그의 온몸은 이미 상처들로 가득할 것이다. 어쩌면 몇 개의 기계장치들이 여전히 그의 몸에 붙어 있을지도 모른다. 기계심장이 제대로 작동하지 않는 탓에 자주 걸음을 멈추고 가쁜 호흡을 내쉬고 있을 수도 있다. 그러나 그의 눈빛은 생생히 빛날 것이며 그의 손길을 부드러울 것이며 그의 혀는 뱀을 베는 칼이자 상처를 감싸는 솜일 것이며 기꺼이 스스로를 바쳐 시대의 어둠을 밝히려 할 것이다. 겨울의 추위에 그는 "사그라져 가는 숯불"(Percy B. Shelly)의 후끈한 온기로 다가올 것이며, 여름의 더운 날에는 "창공에 빛나는 별"로 아름다우리라. 내 언어가 낭만적인 언어로 가득하더라도 여러분은 나를 용서하시라. 그를 찾는 동안에 나는 그를 진심으로 사랑하게 되었던 것이다.

그를 찾아 떠도는 동안, 스스로 인문학 군이라고 자처하는 사기꾼들과도 자주 마주쳤다. 대부분의 그들은 차라리 인문학 군의 변절자에 가까웠다. 그들은 오로지 고전을 읽고 자기를 계몽하고 능력을 키우라고 말하고 있었다. 그들은 스스로를 도구로 만들고 신자유주의의 도금된 훈장처럼 스스로 빛났다. 그들은 강의를 했고 끊임없이 책을 찍어냈으나 스스로 자유로운가도 의문스러웠지만, 인문학 군처럼 기꺼이 다른 누군가를 위해 헌신하려는 그 마음이 읽히질 않았다. 그가 인문학 군인가를 알아보는 가장 손쉬운 척도는 의로움을 위해 이로움을 버릴 수 있는가 하는 점이다. 의외로 이 실험을 통과하는 자는 많지 않았다.

말년의 — 살아있다면 여전히 눈부신 청년이겠지만 — 인문학 군이라면 그들을 향해 이렇게 외쳤을지도 모른다. "산다는 것과 존재한다는 것은 다른 문제죠. 당신같이 썩은 사람은 살아 있지도 않고 살 가망도 없습니다. 산송장이죠. 구더기가 이물이물하는."[6] 죽음을 향해 가는 존재로서, 삶을 다시 정의하는 것, 그리고 실천하는 것, 그것이야말로 인문학 군의 꿈이었을 것이다. 가장 어두운 곳에서 그는 눈부신 꿈을 꾸었고 의지를 불태웠는지도 모른다. 그가 남긴 문서는 다음과 같은 구절로 끝나고 있기 때문이다.

> 너는 내가 무엇을 할 것이며 또 무엇을 하지 않겠는가를 물었지. 내가 앞으로 무엇을 할 것이며 또 하지 않겠는가를 말해 주마. 나는 내가 이제 더 이상 믿지 않는 것을 섬길 수 없어. 그것이 비록 나의 가정이건, 나의 조국이건, 나의 교회건 말야. 그리고 나는 될 수 있는 한 자유롭게, 그리고 될 수 있는 한 완전하게, 인생 또는 예술의 어떤 양식 속에서 나 자신을 표현하도록 노력하겠어. 또한 나 자신을 옹호하기 위해 나 자신에게 허용된 유일한 무기들, 즉 침묵, 유랑, 그리고 간지(奸智)를 사용토록 할 거야."
>
> — 제임스 조이스, 『젊은 예술가의 초상(*A Portrait of the Artist as a Young Man*)』

이를 통해 혁명은 나와 세계 사이에서 끊임없이 진행되어야 할 긴 혁명(Long Revolution)이며, 우리는 우리 존재의 소임을 불씨처럼 짊어지고 있는 힘을 다해 나아가서, 미래에 전달하는 한 존재하는 보람을 다하는 거라는 그의 유언은, 설령 그가 이미 허망하게 죽었다고 하더라도 정말 아름답지 않은가.

---

6 김성한의 소설 『바비도』에 나오는 말.

언어와 고독 그리고 극복

정기훈 / 서울대학교 서어서문학과 2학년

인간은 언어를 사용함으로써 세상으로부터 분리되었다. 여기서 말하고자 하는 언어는 인간의 모든 표현, 즉, 발화, 몸짓, 눈빛 모든 것이 포함되는데, 인간에게 한해서 이 모든 활동은 유난히 기호화되어 있으며 그것이 기호화되어 있기 때문에 우리는 본연의 세상으로부터 영원히 단절되었다. 이를 설명하기 위해서 소쉬르의 언어학 개념을 빌려오지 않을 수 없다. 인간의 모든 표현은 기호의 전달행위로 설명할 수 있을 진데, 그 기의는 죽었다 깨어나도 지칭하고자하는 대상 자체가 될 수 없다. 이것이 인간이라면 필경 빠져버리고 마는 적막함의 기원이자 나아가서는 우리 존재를 설명하는 근본적인 실마리가 된다는 것을 헤아리기 위해서는 치열한 관찰이 필요하다.

언어는 기본적으로 이름 지어주기 행위에 기대고 있으며 이름 지어주기는 인식의 시발점이 된다. 인간은 땅에서 솟아오르는 푸른 잎의 생명에 나무라는 이름을 지어주었다. 사람들의 애틋한 마음에 사랑이라는 낱말을 붙여주었으며 우리 곁을 떠난이의 종착지에 죽음이라는 팻말을 걸어두었다. 나무는 나무라고 불림으로써, 사랑은 사랑이라고 불림으로써, 죽음은 죽음이라고 불림으로써 인간의 곁으로 다가왔다. 단언컨대, 우리는 그 이름들 없이는 나무와 사랑과 죽음을 지금처럼 인식할 수 없을 것이다. 즉, 우리는 이 나무, 사랑, 죽음이라는 음성을 눈으로 삼아 그것들을 인식한다. 그리고 그 음성을 가족들과, 친구들과, 연인들과 나누어쓴다. 언어는 그것이 처음 탄생했을 때의 순간으로부터 탈출해 사회적인 체계가 되며 후세에게 전달된다. 그런데 기호라는 것은 태생적으로 배반의 성격을 타고난지라 오랜 시간이 지나고 그 음성이 처음으로 탄생한 순간을 누구도 염두에 두지 않는 때가 찾아오면 나무가 나무라고 불리지 않고 나무로서 존재할 수 없는 상황이 찾아온다. 사랑에 대해서도, 죽음에 대해서도 마찬가지이다. 대상과 기호의 관계가 역전되는 것이다.

언어는 이중적이다. 우리는 언어를 통해서 세상을 인식하는데 반해 언어화 되지 않은(혹은 기호화되지 않은) 것들에 대해서는 거의 인식하지 못하기 때문이다. 더욱 심각한 것은 언어는 태어나는 순간 직후부터 얼마간 추상화되고 개념화되는 과정을 거치게 되는데, 이로 인하여 인간은 부르고자 했던 그 대상 자체로부터 끊임없이 요원해진다는 사실이다. 단풍나무와 벚나무는 너무나도 다르다. 오히려 그 둘이 같은 이름으로 불릴 수 있다는 것이 새삼스러워질 정도로 너무나도 다르다. 그런데 우리는 '나무'라는 개념화된 기호를 통해 이 둘을 포함하는 모종의 추상화된 대상을 인식한다. 단풍나무라는 낱말 하나에 대해서만 해도 그렇다. 모든 단풍나무는 가지의 모양새를 보나 표면의 결을 보나 동일한 나무가 아님에도 하나의 이름으로 불린다. 단풍나무라는 기호에는 단풍나무를 처음 보는 아이가 나무의 매끄러운 표면을 만져보고, 손바닥 같은 잎사귀에 스치는 바람소리를 듣고, 가지를 타고 오르는 개미떼를 보고 느꼈을 그 생경함 순간이 배제되어 있다. 단풍나무의 삶, 단풍나무 그 자체에 대해서는 말할 것도 없이 턱 없이 부족하기만 한 추상화된 기호인 것이다.

여기서 또 하나 언어의 중요한 특징이 발견되는데, 어떤 대상이 언어화될 때 그 과정에 관여하는 것은 지칭하고자 하는 그 존재 자체가 아닌 다른 것들과의 차이라는 점이다. 결과적으로 나무는 나무나 아닌 것들과의 관계 속에서만 나무이다. 단풍나무는 단풍나무가 아닌 나무들과의 관계 속에서만 단풍나무이다. 죽음은 삶이 없인 죽음일 수 없다. 언어는 의미를 채움으로써 언어가 되는 것이 아니라 의미를 배제시킴으로써 언어가 되는 것이다. 인간이 세상에게 붙여준 이름들이 그 대상 자체의 이름이 아니라 이질성의 이름이라는 얘기가 된다. 그럼에도 불구하고 우리는 그 이름들이 없이는 세상을 의식할 수 없다. 인간이란 존재는 이토록 세상으로부터 멀리 떨어져버린 것이다. 인간이라는 존재의 근거가 되는 언어가 인간을 영원히 세상 자체로부터 유리시키는 결과를 낳아버렸다.

이러한 언어의 불완전성이 얼마나 치명적으로 우리 삶에 작용하는지 들여다보아야 할 것이다. 사실 이에 대해서는 연인들의 대화를 관찰해보는 것만으로도 손쉽게 알아챌 수 있다. 그들은 사랑이라는 단어에 갈증을 느낀다. 자신이 상대방에게 느끼는 이 애틋하면서도 생소한 감정을 표현하기에 사랑이라는 언어 자체의 품은 너무 비좁다. 우리는 사랑하는 누군가에게 나의 사랑을 설명하기 위해서 역설적으로 사랑이라는 어휘를 사용하지 말아야 할 것만 같은 순간을 맞닥뜨리곤 한다. 때로는 미움과 사랑을 분리하여야만 하는 상황에 괴로워하기도 한다. 그 둘은 서로가 서로의 뒷면이 되는 경우가 많은데도 우리는 그 둘에게 서로 다른 이름을 붙여주었기 때문이다. 이처럼 언어를 사용함에 있어 아이러니한 상황이 정도만 다를 뿐 모든 상황과 모든 어휘, 모든 표현에서 동일하게 나타난다. 언어는 지칭하고자 하는 대상을 언제나 배신한다. 인간의 언어생활에는 어느 순간 대상 자체는 사라지고 개념화된 기호가 오가면서 우리 역시 대상들이 자기 자신으로 살아 숨 쉬는 본연의 세계에서부터 멀어진다. 그리고 기호화된 언어는 나의 촉감을, 나의 마음을, 나의 무게와 부피를 담을 수 없으므로 우리 인간은 세상으로부터 뿐만 아니라 서로로부터도 분리된다. 실존 앞에 들이닥치는 영원한 고독은 그가 인간이기에, 인간이라서 언어적 존재이기에 필연적일 수밖에 없는 것이 아니겠는가.

그렇다면 우리는 영원히 이 괴리로부터 벗어날 수 없는 것인가? 우리가 부르고자하는 대상이 기호 속에서 죽어있게 두는 것이 아니라 바로 옆에서 삶의 호흡을 내뱉게 할 수는 없을 것인가? 아니다. 그리고 이 언어에 의한 고립을 해결해줄 단초는 또다시 언어에게 있다. 이 지점에서 비로소 언어는 위대해지며 인간은 언어적 존재로서 가치 있게 되는 것이다.

사물은 이름 붙여졌을 때 태어난다. 언어가 세상으로부터 우리를 분리시키는 것은 기호가 반복되는 가운데 그것이 대상 자체로부터 멀어지기 때문이다. 이때 우리는 대상에게 새로운 이름을 지어줬을 때 그 대상은 새롭게 태어나며 그 순간 우리의 곁에서 삶의 호흡을 하게 되는 것이다. 다시 한 번 연인들의 대화를 들여다보자. 사랑이라는 기호를 사용하지 않고 표현해야만 사랑이 제대로 전달되는 상황, 그것은 그 순간의 진실이 새로운 이름을 획득하게 되는 순간이며 그리하여 마침내 현현하게 세상에 모습을 드러내는 순간인 것이다. 하지만 새롭게 이름부르기가 그처럼 간단하기만 한 문제는 아니다. 인간이 언어적 존재라는 명제는 우리의 표현이 수용자가 있을 때만 비로소 유효하다는 것을 전제로 하고 있기 때문이다. 누군가가 누이를 종이라고 부르게 된다면 그는 타인과의 의사소통에 실패하고 말 것이다. 우리가 언어 위에 군림하고 있는 것이 아니라 언어가 우리를 지배하기 때문이다.

그러나 인간에게는 이 새롭게 이름 붙이기가 관대하게 용인되는 영역지에 존재한다. 그것은 바로 시(詩)이다. 그리고 그렇기 때문에 우리는 시를 필요로 한다. 일상적인 대화에서 우리는 사랑을 미움으로 대체해서 사용함에 있어 곤란함을 느낀다. 시에서는 미움과 사랑이 하나의 이름으로 불릴 수 있다. 누이는 종이가 될 수 있다. 오직 시에서 언어는 이질성의 이름으로서의 성격을 벗어던진다. 일정한 경계를 두고 무언가를 배제하는 것으로 정의되었던 언어가 이제는 발톱을 감추고 다른 것들과 화해한다. 그리고 그 화해는 단순히 양적인 총합이 아니라 부르고자 하는 그 대상에게 충실한 새로운 음성으로서 화해하는 두 대상의 부피를 더한 것 이상의 가치를 지닌다.

시 속에서 대상은 비로소 새롭게 태어난다. 아니, 새로운 이름은, 그리하여 대상을 새롭게 태어나게 하는 그 이름은 기본적으로 시이다. 옥따비오 빠스는 “사물들에게 처음으로 이름을 지어줬을 때, 모든 언어는 시였다”고 진술했다. 새로운 언어는 탄생이자 부활이며 그리하여 세상이 새로운 얼굴을 우리에게 비추는 순간의 다른 이름이다. 그 순간을 우리는 시라고 정의할 수 있다. 즉, 시는 혁명이다. 그리하여 우리의 고독을 극복하기 위해서, 우리의 삶을 혁명하기 위해서 필요한 것은 결국 시이다. 그런데 시는 찰나의 다른 이름이다. 대상은 새로 태어나는 순간부터 늙기 시작한다. 결국 우리는 시를 멈추는 순간, 혁명을 멈추는 순간 고독과 적막함 속에서 죽음만을 기다리게 된다. 인간이 먹고 사는 문제만으로는 인간답게 살아갈 수 없는 이유, 우리가 시인들을 필요로 하고 시인들이 언제나 새로운 이름에 갈증을 느끼는 이유, 그들의 시를 우리네 삶의 충만한 샘으로 삼지 않을 수 없는 이유가 바로 여기에 있다. 그리고 시인은 인간이 언어적 존재라는 명제에서 비롯된 비유이며 이때 시인은 예술가의 다른 이름이다.

3년 전 인사동에서 유럽의 대표적인 재즈 레이블인 ECM의 전시회를 방문할 기회가 있었다. 그들은 최전선에서 음악을 극한을 실험하며 그리하여 음악 그 자체를 매번 새롭게 정립해나가고 있는 이들이다. 당시 전시회의 주제가 매우 인상적이었다. "침묵 다음으로 아름다운 소리"였다. 이것은 시의 본질과 맞닿아 있는 철학이다. 침묵은 언어 이전에 존재하는 세계 그 자체이다. 인간이 아닌 모든 것, 자연이라고도 말할 수 있을 그것들은 절대로 소음을 만들지 않는다. 반면 인간이 내는 소리는 자연과 온전히 하나이지 못하는 그 순간부터 기본적으로 소음이다. 음악에서 침묵은 자연의 다른 이름이며 음악의 돌아갈 수 없는 고향이자 자궁이다. 음악에 있어 침묵은 절대적인 아름다움이다. 침묵 다음으로 아름다운 소리를 발견하는 것, 그것만이 음악의 진정한 목표일 수밖에 없다. 달리 말하자면 음악은 순간을 새로운 소리로 이름 붙이는 작업이며 그리하여 시적인 작업인 것이다. 미술은 공간에 새로운 이름을 붙이는 것이다. 무용은 동작에 새로운 이름을 붙이는 것이며 세상을 새로운 동작에 담는 것이다. 결국 우리는 삶을 예술에게 빚질 수밖에 없다. 우리의 분리감을 극복하기 위해서, 죽음만이 기다리는 낡은 기호의 관으로부터 탈출하기 위해서.

「낮술」 정희성 1945년 경남 창원 출생. 1970년 『동아일보』 신춘문예 시 당선. 시집 『저문 강에 삽을 씻고』, 『그리운 나무』 외.

「가을과 추상명사」 박시교 1945년 경북 봉화 출생. 1970년 『현대시학』 시 추천. 시집 『겨울 강』, 『아나키스트에게』 외.

「언니」 허정분 강원도 홍천 출생. 한국작가회의 회원. 시집 『벌열미 사람들』, 『울음소리가 희망이다』.

「복날 생각 혹은 다리 밑」 이상국 1946년 강원도 양양 출생. 1976년 『심상』 시 추천. 시집 『동해별곡』, 『내일로 가는 소』 외.

「11월 26일」 공광규 1960년 충남 청양 출생. 1986년 『동서문학』으로 등단. 시집 『담장을 허물다』.

신작 시

낮술 _ 정희성

가을과 추상명사 _ 박시교

복(伏)날 생각 혹은 다리밑 _ 이상국

언니 _ 허정분

11월 26일 _ 공광규

낮술

정희성

북에서 핵폭탄을 날린다고
남에서는 설레발을 치고 있는데
나는 낮술 마실 궁리나 하고 있네
나무라지 말게
낸들 왜 괴로움이 없겠는가
흙덩이나 고르며 노래하고 싶었네
요순 같은 시대라면
어디 이런 걸 시라고 내놓겠는가
절규도 노래도 사라지고
풍경만 쓸쓸히 남아있네

가을과 추상명사

박시교

몇 개의 추상명사에 갇혀서 산 하루였다

아직은 기다리면서 여운을 남겨두지만

그 끝에 감겨오는 아픔 견디기가 벅차다

가을볕에 오래 참았던 눈물을 펼쳐 말린다

낙엽처럼 바스락댈 가벼움을 기대하면서

누구를 그리워하는 마음 그 열매도 거둔다

산다는 건 가보지 못한 미로를 헤매는

그 여정의 휘어진 길목 같은 이 가을날

보리라, 맑게 익어가는 추상명사의 적요(寂蓼)를.

복(伏)날 생각 혹은 다리밑

이상국

아직도 복이 되면 다리 밑이 그립다

어렸을 적 같으면 동네 사람들과
똥개 한 마리 앞세우고 솥단지 뒤를
쫄레쫄레 따라가던 곳

지금은 모르는 사람들이 산다

이제 개 추렴 같은 건 너무 촌스럽고
또 다리도 차가 지나가면
무너질 것처럼 우르렁우르렁 하던
옛날 다리가 아니다

어느 해인가
다릿발에 개를 매달고 두들겨 패다가
목줄을 끊고 달아는 바람에 한나절
쫓아다니던 때도 있었다

애를 말린 개는 더 맛있다고
밸까지 먹어치우던 시절이 있었다

전쟁이 끝나고 다리 밑에는
문둥이나 비렁뱅이들이 살았다
처녀를 붙잡아다 애를 만든다고도 했다
다리 밑은 원래 그늘과 바람의 집이었다

복날은 사실 농사꾼들의 명절 같은 거였다
지금은 장사꾼들의 세상이다
그런 줄도 모르고 해마다 복은 와서
비어 있는 다리 밑이 너무 아깝다

언니

허정분

팔순 노파가 코가 땅에 닿는 노파가
어스름 땅거미가 달라붙은 입동 날
낡은 유모차에 의지해 끌고 온
검은 봉지 몇 개 내려놓고
뒤도 안 돌아보고 절룩거리며 간 후
속속들이 후벼 파는 회한
들기름 한 병 마구설기 네 덩이
그리고 어른 주먹만큼 단단히 영근
조선배추뿌리 열 댓 개
땅속 깊이 뿌리박은 저것을 캐내려고
조선배추의 근성처럼 한나절을 보냈다는
귀도 먹고 허리 무릎 안 아픈 데 없다는
쭈글쭈글 남루한 쭈그렁 노파 내 언니
집성촌 사돈들이 판치는 마을에서
열다섯 살 어린 동생인 내가 당신의 큰 보물인양
나의 가장 큰 백그라운드 늙은 언니를
상거지가 따로 없다고 구박하고

일하지 말라고 타박하고
아프면 병원에 가라고 면박주기 일쑤인
명색이 글쟁이라는 참 부족한 나는
먹을 것 지천으로 갖다 버리며
저렇게 늙어 가느니 아니 살아가느니
차라리 황천으로 가시는 게 낫겠다고
공연히 발설한 그 독설조차
— 죽는 날이 내 날인데 마음대로 안 되는구나
염화미소를 짓는 그 늙은 노파 때문에
심장 곳곳을 소금으로 염장을 한
쓰라림에 두 눈이 퉁퉁 붓고 말았다

11월 26일

공광규

오늘은 첫눈이 내리다 비가 되었고
오후 4시도 안되어 차도를 사람들이 점령했다
광화문 앞에서 청와대 쪽을 향해 모여 앉은 사람들
바람에 펄럭이는 깃발과 태극기들
오른손에 어린 아이의 손을 잡은 엄마가
왼손에 붉은 손피켓을 들고 대열을 뚫고 간다
대통령 퇴진! 대통령 하야! 대통령 하옥!
진안에서 징과 꽹과리를 치며 올라왔다
'여성독립운동 기념사업회'가 보라색 깃발을 들고 있다
사회진보연대 깃발은 주홍색 무늬다
철도노동조합이 푸른 깃발을
국민의당 전북도당이 녹색깃발을
정의당이 주황색 깃발을
금융노동조합이 흰 깃발을
민족문제연구소가 결기 넘치는 깃발을 들고 이동한다.
더불어민주당이 대통령 퇴진 결의대회 현수막을 내걸었다
'중고생 혁명'이라고 쓴 깃발도 보인다

전등을 켠 김이 풀풀 나는 포장마차가
오뎅과 뻔데기와 핫도그와 소세지와 호두과자를 판다
대학생들은 동맹휴학을 하고
재벌도 공범이라는 구호가 난무하다
한국작가회의 깃발을 찾아가는데
펄럭이는 서울연극연합 검은 깃발이 보인다
사람이 많아서 더 이상 움직일 수가 없다
오늘은 백오십만 명이 모였다고 한다
효자동 청운동 삼청동 통의동에서 촛불을 든 군중들이
청와대를 둘러싸고 있다는 소식이다

정양 시인은 호남 들녘에서 토탄을 캐듯 정신적 근기가 깊은 시인이다. 2016년 4월에 초판을 낸 시집 『헛디디며 헛짚으며』 안에 「이게 나라냐」라는 시가 실려 있다. 11월에 광화문 촛불 시위가 들어올린 피켓에 이 시 제목 「이게 나라냐」가 적혀 있었다. 세월호 참사의 '세월' 즉 시대의 과녁을 명중시킨 화살이 부르르 떤다고 한 치열한 정신이 광장의 피켓에 옮겨진 것 같다.

도종환 시인은 국회 의정활동에 바쁜 중에 시 창작과 시집 발간에도 정진하고 있다. 시집 『세시에서 다섯시 사이』(2011, 2016, 11쇄)에 실려 있는 시 「지진」은 국내 현실을 넘어서서 세계적 자연의 범주에서 인생을 성찰하는 안목을 보여주고 있다.

박구경 시인의 시집 『기차가 들어왔으면 좋겠다』(2008)에 시 「미국을 생각하며」가 실려 있다. "뜨거워지는 물을 피해 두부 속으로 파고드는 미꾸리"가 소형 비행기를 타고 뉴욕의 무역회관 빌딩 속으로 파고든 아랍 청년을 가리키고 있다. 세계의 평화를 희구하며, 강대국 패권주의의 문제인 9 · 11사건을 시로 쓴 최초의 작품이다. 또한 계속 중요한 문제의식이다.

송경동은 노동자 시인이다. 그의 시는 가난의 현장 고발 차원이 아니다. 희망버스를 동원하며 중요한 노동운동 현장에 행동으로 참여하며 시를 쓴다. 시 「사소한 물음들에 답함」(2009)에서 송경동은 도식적 이념의 이론가로부터 "어느 조직에 속해 있느냐"고 질문을 받으면 "말없는 저 강물에 지도받고 있다"고 대답한다. 다만 삶의 현장에서 치장 없는 인간 몸통으로 시를 쓴다.

박승민 시인은 경북 영주에 산다. 그의 시집 『슬픔을 말리다』(2016)에 시 「대구경북」이 실려 있나. 그가 살고 있는 이른바 티케이 지역을 말한다. 가장 넓지만 가장 좁은 이 나와바리에서 외방의 야유를 맞으며, 우는 듯 웃는 듯 하회탈 같은, 면목 없음을 성찰한다. 이제 이 지역이 면목을 회복하는 역사적 단계가 올 수도 있을 것이다.

다시 읽는 근년의 작품

이게 나라냐 _ 정　양

지진 _ 도종환

미국을 생각하며 _ 박구경

사소한 물음들에 답함 _ 송경동

대구경북 _ 박승민

「이게 나라냐」 **정양** 1942년 전북 김제 출생. 1968년 『대한일보』 신춘문예에, 1977년 『조선일보』 신춘문예에 평론 당선. 시집 『까마귀떼』, 『헛디디며 헛짚으며』 외.

「지진」 **도종환** 1954년 충북 청주 출생. 시집 『고두미 마을에서』, 『접시꽃 당신』, 『세시에서 다섯시 사이』 외.

「미국을 생각하며」 **박구경** 1956년 경남 산청 출생. 1996년 시 「하동포구 기행」 발표. 시집 『진료소가 있는 풍경』, 『기차가 들어왔으면 좋겠다』.

「사소한 물음들에 답함」 **송경동** 1967년 전남 벌교 출생. 2001년 『실천문학』으로 등단. 시집 『꿀잠』, 『사소한 물음들에 답함』.

「대구경북」 **박승민** 1964년 경북 영주 출생. 2007년 『내일을 여는 작가』로 등단. 시집 『지붕의 등뼈』, 『슬픔을 말리다』.

이게 나라냐

정 양

국방부 시계는 거꾸로 매달아도
잘만 돌아간다던데
학살인지 교통사곤지
생목숨들 生水葬 시킨 세월은
맹골수도에 거꾸로 처박힌 채로
유신시대로 삐라시대로 서북청년단시대로
한반도의 세월을 무식하게 되감는다
옛날에 눈 질끈 동여매고도
공중 나는 새를 떨어뜨리던 신궁이 있었다던가
수사권도 기소권도 없이 백성들은
되감기는 세월의 과녁을 정확하게 쏜다
이게 진상이냐 이게 구조냐
이게 루머냐 이게 불온이냐
이게나라냐이게나라냐이게나라냐
바다도 비좁다고 파도는 몸부림치고
꽂히는 화살마다 부르르 떤다

지진

도종환

우리가 세운 세상이 이렇게 쉽게 무너질 줄 몰랐다
찬장의 그릇들이 이리저리 쏠리며 비명을 지르고
전등이 불빛과 함께 휘청거릴 때도
이렇게 순식간에 지반이 무너지고
땅이 꺼질 줄 몰랐다
우리가 지은 집 우리가 세운 마을도
유리잔처럼 산산조각 났다
소중한 사람을 잃었고 폐허만이 곁에 남아 있었다
그러나 황망함 속에서 아직 우리 몇은 살아남았다
여진이 몇 차례 더 계곡과 강물을 흔들고 갔지만
먼지를 털고 일어서야 한다
사랑하는 이의 무덤에 새풀이 돋기 전에
벽돌을 찍고 사원을 세우고 아이들을 씻겨야 한다
종을 울려 쓰러진 사람을 일으켜 세우고
숲과 새의 짐승을 안심시켜야 한다
좀 더 높은 언덕에 올라 폐허를 차분히 살피고
우리의 손으로 도시를 다시 세워야 한다

노천 물이 끓으며 보내던 경고의 소리
아래로부터 옛 성곽을 기울게 하던 미세한 진동
과거에서 배울 수 있는 건 모두 배워야한다
지켜주지 못해서 미안하단 말은 그만하기로 하자
충격과 지진은 언제든 다시 밀려올 수 있고
우리도 전능한 인간은 아니지만
더 튼튼한 뼈대를 세워야 한다
남아 있는 폐허의 가장자리에 삽질을 해야한다
우리가 옳다고 믿는 가치로 등을 밝히고
떨리는 손을 모두어 힘차게 못질을 해야한다
세상은 지진으로 영원히 멈추지 않으므로

미국을 생각하며

박구경

뜨거워지는 물을 피해 두부 속으로 파고드는 미꾸리

눈 깜짝할 사이에
무역 센터로 들어간 한 세기 초유의 증오이고 싶다

한 사람이 또 떠나가는 의료원 앞
숟가락을 들다가 말고

바글바글,
지난 세기를 모두 뚝배기에 섞어 넣고
밤새도록 온 우주로 알 수 없는 신호를 띄워 보내는
텔레비전

한 세기를 괴로워하다 두부 속에 파고든 미꾸리의 생각이고 싶다

사소한 물음들에 답함

송경동

어느날
한 자칭 맑스주의자가
새로운 조직 결성에 함께하지 않겠느냐고 찾아왔다
얘기 끝에 그가 물었다
그런데 송동지는 어느 대학 출신이오? 웃으며
나는 고졸이며, 소년원 출신에
노동자 출신이라고 이야기해주었다
순간 열정적이던 그의 두 눈동자 위로
싸늘하고 비릿한 막 하나가 쳐지는 것을 보았다
허둥대며 그가 말했다
조국해방전선에 함께하게 된 것을
영광으로 생각하라고
미안하지만 난 그 영광과 함께하지 않았다

십수년이 지난 요즈음
다시 또 한 부류의 사람들이 자꾸
어느 조직에 가입되어 있느냐고 묻는다

나는 다시 숨김없이 대답한다
나는 저 들에 가입되어 있다고
저 바다물결에 밀리고 있고
저 꽃잎 앞에서 날마다 흔들리고
이 푸르른 나무에 물들어 있으며
저 바람에 선동당하고 있다고
가진 것 없는 이들의 무너진 담벼락
걷어차인 좌판과 목 잘린 구두,
아직 태어나지 못해 아메바처럼 기고 있는
비천한 모든 이들의 말 속에 소속되어 있다고
대답한다 수많은 파문을 자신 안에 새기고도
말없는 저 강물에게 지도받고 있다고

대구경북

박승민

같은 색을 펼쳐든 카드 섹션 팀 같다.
단일 컬러는 攻守가 가장 간결한 킬러다.

外方에서 날아오는 야유를
맞으며 맞아주며 쩔쩔매며
우는 듯 웃는 듯
하회탈 같은 면모
면목 없음

道界 전체가 위리안치지 같은 이곳에서
일부 가해자는 모든 피해자를 양산하지만
증말이지, 나도 피해자야!
핏대를 세울 수도 없는

이 군벌계통의 족벌들이 남기고간
제철소에서 공단에서 얻어먹고 얻어맞으면서
밥벌이 한 죄

궁극적으로는 그들처럼
되고 싶어 한 죄
아니 그들인 것처럼
착각한 죄

가장 넓지만 가장 좁은 이 나와바리는
더 이상 진도가 나가지 않는다.
집성촌에서 제일 중요한 덕목은 年齒와 門中의 계보이다.

역 앞 분식집에서 면발을 들어 올리는데
철도파업현장을 보면서
"뱃돼지가 불러서 저 지랄들을 함"
이라고 한 말씀 남기고
철가방은 단단히 화가나 부릉거리는 오토바이에 매달려
붉은 신호등 속으로 광속구처럼 날아간다.

역사학자 테느가 말했다. "지난 시대 사람들의 감정을 알게 해 주는 기록 중에서 문학이 특히 절대적으로 중요하다. 사물의 섬세하고 미묘한 변화를 측정하고 식별하는 데 가장 적합하고 민감한 것이 문학이기 때문이다. 문학은 다른 분야의 모든 좋은 점들도 내포하고 있다. 그러므로 인간 사회의 정신사 기술은 문학의 연구를 통해 비로소 가능하게 된다. 문학의 구체적 실체는 작품이다. 따라서 작품을 읽는 것은 문학사 뿐 아니라 역사의 중심을 이해하는 일이 된다." 김정한의 소설 「사밧재」(71. 4.『현대문학』 발표, 소설집 『인간단지』 수록)는 일제하 조선의 저항적 민심 속살을 탁월하게 묘사해 놓았다.

현기영의 소설 「아스팔트」 (1984 창비 신작소설집 발표, 창비소설선 『아스팔트』 수록)는 해방 후 제주도 4 · 3 사태 진상의 역사적 해법이다. 민족 분단의 부조리와 인간 회복의 장면이다.

공선옥의 소설 「목마른 계절」(1993 여름 『창작과비평』 발표, 소설집 『피어라 수선화』 수록)은 광주 민중항쟁 후 서민의 강인한 생존의지를 보여준다. 김대중 대통령 안되면 함께 혀 깨물고 죽어야한다고 젊은 여성 셋이서 약속했다. 김대중이 또 낙선했다. 이제 죽자고 했다. 현순 언니가 말했다. "김대중이가 지 할애비냐? 옘병 죽을 각오로 살자 그거여." 도도한 민중 주체의 긍정적 의지 때문에 이 겨레에 전망이 트인다.

작품으로 읽는 문학사

사밧재 _ 김정한

아스팔트 _ 현기영

목마른 계절 _ 공선옥

「사밧재」 **김정한** 1908년 경남 동래 출생. 1936년 『조선일보』 신춘문예에 소설 「사하촌」 당선. 일제 말엽 절필, 1966년 창작 복귀. 소설집 『인간단지』 외.

「아스팔트」 **현기영** 1941년 제주 출생. 1975년 『동아일보』 신춘문예에 소설 당선. 소설집 『순이 삼촌』, 『아스팔트』 외.

「목마른 계절」 **공선옥** 1963년 전남 곡성 출생. 1991년 『창작과비평』에 소설 「반딧불」 발표. 장편 『오지리에 두고 온 서른살』, 소설집 『피어라 수선화』 외.

사밧재

김정한

'문경 새재가 높다카더만 머 이 사밧재보다 짜다라(그다지) 높지는 않을 꾸로!'

송노인은 흔한 하늘조차 속 시원히 못 보게 가로막는 듯한 먼 잿마루를 벌써 몇 번이나 바라보았다.

안팎 오르내리기가 거의 2십리나 된다는 지루한 잿길의 자락짬에서 그는 아직도 허덕이고 있는 셈이었다. 옛날부터 국도(國道)였다고는 하지만 굽이굽이 골짜기가 으슥해서 대낮에도 곧잘 도둑이 붙던 곳이다. 지금은 다행히 신작로가 나고, 달구지랑 자동차들이 심심찮게 지나다녀서 덜 무섭긴 해도 재넘이 골바람은 여전히 맵고, 때로는 먼지까지 들씌우는 것이 질색이었다.

대한도 벌써 지난 때이지만 눈은 아직도 골짜기마다 허옇게 쌓여 있고, 길섶 따라 서릿발이 그대로 남아 있기도 했나. 그러니까 팔순이 가까운 송노인의 콧방울도 붉을 수밖에 없고, 그 빨개진 코끝에는 말간 콧물이 대롱거리게 마련이었다. 게다가 사나운 재넘이가 이따금 무명 두루마기를 사뭇 벗겨 갈 듯 휘몰아치고, 숨이 턱턱 막힐 때는, 아닌 게 아니라 손자며느리의 말이 문득 머리에 떠오르기도 했다.

"날씨가 좀더 풀리거든 가시지요?"

이른 아침부터 떠날 채비를 하고 있자니까, 그녀는 조심스럽게 이런 말을 했었다.

"날씨 기다리다가 아무 일도 안 대구로(안 되게)!"

그는 이러고서 집을 나섰던 것이다. 그러나 후회는 하지 않았다. 송노인을 아는 사람은 무턱대고 그를 고집장이라고만 하지만, 손발 꼭 옴츠리고 앉아서 날씨니 세월이니를 기다린다든가, 그러고서 기껏 옹알거리거나 하는 따위를 그는 아주 싫어했다. 그래서 그는 덮어 놓고 가물을 불평만 하지 않고, 그의 별똥지기 논귀에다 남들이 잘 안 파는 듬벙(웅덩이)까지 꼬박꼬박 팠던 것이다. 말하자면 그저 고집을 부리는 것이 아니고 힘껏 부딪쳐 보는 거다.

추위도 마찬가지다. 겨울은 으레 추운 것. 춥다고 손만 호호 불고 앉아 있는 건 싫다. 그러니까 그런 날씨에 집을 나선 걸 새삼 후회하기는 커녕 오히려 대한을 넘기고 나선 것이 꺼림했다. — 누부(누님)가 얼마니 기다리고 있을까 생각하면, 걸음이 절로 빨라졌다. 잿길이 더욱 지루했다.

그럴 때 마침 멀리서 자동차 소리가 들려 왔다. 버스였다.

'차빌 오라지기 줄라칼끼라……?'

그러나 그는 버스를 타기로 작정했다. 마침 오솔길에 들어 있던 그는 부리나케 신작로쪽으로 되돌아섰다. 시골길에서 낡아 먹은 버스가 시커먼 목탄연기를 푹푹 내뿜으며 디가왔다.

"보소오, 좀 태아(태워) 주시오!"

송노인은 손에 짐을 든 채 마구 흔들어댔다.

노인이 헐레벌떡 뛰는 것이 우습고도 가엾었던지 차가 저만큼서 무춤 섰다.

문이 안에서 열렸다. 송노인은 들은 말이 있고 해서 우선 갓부터 벗어 들었다. 행여 갓모자를 상할세라 두려웠던 것이다. (그는 난생 처음 자동차란 걸 타게 되었다.)

다행히 빈 자리가 있었으나, 송노인은 그저 어리둥절 어름대기만 했다. 물론 차는 그가 오르기가 바쁘게 움직이기 시작했다. 송노인은 몸의 중심을 미처 잡지 못하고서 넘어질 듯 넘어질 듯 휘뚝거렸다. 다행히 앞줄에 자리잡고 있던 눈이 부리부리한 한 젊은이가 그를 껴안듯해서 자기가 앉았던 자리에 앉히고서 자기는 뒤쪽으로 물러갔다.

송노인은 고맙다는 수인사도 할 경황 없이 엉덩이를 서투르게 시이트에 걸쳤다. 물론 두루마기 자락을 걷어 올릴 겨를도 없었다. 기름 한 방울이 피보다 귀하다고 떠들던 전시라, 목탄가스로 움직이던 버스는 줄곧 뒤흔들리기만 하고 시원스럽게 달리지도 못했다. 그래도 버스를 처음으로 타 보는 송노인에게는 그것이 신기하고 아찔해서 눈이 둥글해져 있었다.

"영감 차를 처음으로 탔소?"

바로 곁줄에 자리잡고 있던, 얼굴이 넓적한 순사 하나가 빙글빙글 웃으며 이렇게 물었다. 말하는 목소리가 몹시 꺽꺽했다.

"야."

송노인은 잠깐 흘끗했을 뿐 다시 쳐다보지는 않았다. 시골 사람들은 대체로 순사를 그다지 좋아하지 않는다. 더구나 송노인은 얼굴이 그렇게 가랫날처럼 넓적한 사람들을 덜 좋이했다. 게다가 그날 본 순사는 얼굴 생김도 그런데다, 두툼한 입술이 흡사 메기입 같이 넓죽하게 째져 있어서, 더욱 인상에 좋지 않았다. 암만해도 만만찮은 행티가 있을 것만 같았다. 송노인의 이와 같은 겉가량은 결코 단순한 억측에만 그치지 않았다.

"가주고(가지고) 있는 그게 뭐지요?"

아니나 다를까, 넓적이는 송노인에게서 눈을 떼지 않고서, 그의 무릎 위에 놓인 보따리를 손으로 가리켰다.

"약입니더."

송노인의 대답은 내처 퉁명스러웠다.

"약이라뇨?"

넓적이는 송노인의 그러한 대답 태도가 숫제 못마땅하기라도 한 듯한 표정을 지었다.

"수시엿(수수엿)이오."

"수수엿?"

넓적이는 차가 별안간 끼우뚱하는 바람에 잠깐 말을 끊었다가,

"병에 든 건 뭔가요?"

목이 더욱 꺽꺽거렸다.

송노인은 아차! 싶었다. 고놈의 병 꼭지가 공교롭게도 보따리 밖으로 빼죽 나와 있었기 때문이다. 그러나 곧이곧대로 안 댈 수도 없었다.

"배미술[蛇酒]입니더."

얼떨결에 이래 놓곤,

"약에 씰라꼬요(쓰려고요)."

란 말을 겨우 덧붙였다.

"배미술? '요—메이슈[養命酒]다나!'"

넓적이는 이렇게 일본말로 꼬리를 달면서 눈을 똥그랗게 떴다. 그러고는, 바로 그의 곁에 새침하게 앉아 있는 또 한 사람의 순사를 돌아보면서 일본말로 무어라고 중얼거렸다. 동행인 듯한 사내는 면돗자리

가 파르족족한 것이 누가 보더라도 일본사람에 틀림이 없었다. 넓적이의 말을 들으며 슬그머니 이쪽을 흘겨보는 눈길도 그랬다.

"그래, 영감 지금 어딜 가는 길이요?"

넓적이는 송노인쪽으로 다시 시선을 돌렸다. 벌써 그의 넉가래 같은 얼굴의 어느 구석에도 아까와 같이 빙글거리는 빛이라고는 요만큼도 남아 있지 않았다. 어느새 밀주나 놋그릇을 뒤지러 다닐 때의 그런 사람들의 기색으로 되돌아 가 있었다. (2차 대전 때 그들은 무기 원료로써 식기까지 뺏어 갔다.)

기차 소리도 들리지 않는 두메산골에서만 살아 온 송노인 같은 시골뜨기들도, 관리들의 그러한 눈치나 표정의 변덕만은 쉬 짐작할 수가 있었다. — 이자가 또 무슨 수작을 걸어올는지…… 송노인은 마음이 조마조마해졌다.

"누부 집에 가오."

역시 사실대로 말했다.

"누부 집에?"

넓적이는 짐짓 놀라는 듯한 표정을 지었다. 송노인의 그러한 대답에 이상한 눈을 한 사람은 비단 넓적이뿐이 아니었다.

곁에 있던 승객들도 모두 송노인을 다시 쳐다보았다. 애들이, 시집간 누나를 찾아 간다는 것은, 우리들의 풍속으로서는 항용 있는 일이지만, 팔순이 다 된 노인이 누나 집에 간다는 것은 거의 없는 일이었기 때문이다.

송노인은 넓적이나 주위 사람들의 그러한 눈치를 비로소 알아챈 듯이,

"누부가 얼매 몬 살끼라면서 나를 꼭 한 분 보고 싶다 안캐 왔능기요. 그래서 천만병에 좋다카는 수시엿도 고고, 마침 약이 댄다는(된다

는) 배미술도 해 둔 기(게) 있고 해서 가주 가는 길임더."

이런 식으로 고분고분 일러바쳤다. 순진하기가 꼭 어린애 같달까? 그러고서야 자기가 생각해도 좀 쑥스러웠든지 숫제 볼을 약간 붉히면서 주위를 슬그머니 돌아보았다.

그러나 이런 어리석은 태도는 관리란 사람들을 대할 때는 도리어 이쪽의 약점을 되잡히기가 일쑤다.

"뱀술은 술이 아니오? 술은 함부로 만들어서 되나요. 그래 누님댁은 어디요?"

넓적이는 이렇게 능청을 떨었다.

"갯목이구만요."

송노인도 달갑게 받지는 않았다.

"갯목이라…… 갯목 누구네 집이오?"

"백씨 가문요."

"백씨 가문이라면, 죽은 백접장네 집안이던가요?"

넓적이의 눈은 한결 날카롭게 빛났다. 이 자가 갯목 일을 잘 아는 모양이로구나 하고, 송노인은 생각했다. 그러면서도 곧이곧대로 대 주었다.

"야, 바로 그분이 우리 자형입니더."

백 아무개라면 인근동은 물론이고, 이웃 고을에서도 널리 알려져 있던 어른이라서, 송노인은 서슴없이 밝혔던 것이다. 그러나 그게 얼뜨기 같은 짓이었다는 것을 이내 깨달았다.

"그래요? 끝내 창씨(일본식 성으로 바꾸게 하던 일)를 안 했죠. 그리고 그분의 손자 하나가 학도병 지망은 안 하고 만주로 도망을 갔겠다? 머 떠나면서 친구들에게, 자기는 독립군에 들어갈 거라고 했다던가?…… 잘 됐소!"

이러고서, 넓적이는 곁에 있는 일인 순사를 돌아 보고 뭐라고 일본 말로 쑥덕이더니,

"그 술 이리 내오! 맘대로 술을 만드는 게 아니오. 영감도 알잖소?"

"이건 약입니더. 천만에 욕을 보고 있는 우리 누부 드릴 약입더."

송노인은 그저 누부라 하지 않고 어린애들처럼 '우리'란 말까지 붙여 가며 얼른 응하지 않았다. 그는 싫다기보다 오히려 애원하는 듯한 표정을 지어 보이며 보따리를 더욱 그러안았다.

"내 놓랄 때 좋게 내 놓으시오!"

넓적이의 목소리는 더욱 꺽꺽해졌다. 동시에 그의 커다란 손은 송노인쪽으로 불쑥 내밀리었다. 이렇게 내미는 순사들의 손은, 상대방의 태도에 따라서는 정말 어떻게 움직일는지 모른다. 결국 송노인은 술병을 내놓지 않을 도리가 없었다. 그러나 뱀술 병을 내주는, 그의 뼈만 남은 얄팍한 손은 애처롭게 보일 정도로 떨렸다.

"이 술은 말요, 여기 있는 이 청년들에게 주는 게 좋을 거요. 바로 이 분들은 학도병으로 지원해 가는 사람이거든요. 그럼 무슨 뜻인지를 알겠지요? 성스러운 출전을 축하하자는 겁니다. 낼모레면 독립군인가 나발인가 하는 나쁜 놈들을 멋지게 쏘아댈 청년들이니까 말이요. 알겠소?"

넓적이는 안성마춤이란 듯이 목이 잘록한 흰 술병을 받아 들더니, 앞에 있는 청년들과 송노인을 번갈아보며 떠벌였다.

송노인은 순사들의 앞자리 — 그러니까 차 앞머리 쪽에 일본 국기 마아크가 벌겋게 박힌 수건들을 머리에 동여 매고 있는 5 · 6명의 청년들을 흘끗하고는 이내 눈을 감았다. 소위 대동아 전쟁에 나가는 학도 지원병들이었다.

'지원? 말이 지원일 테지. 와 도망질을 몬했을꼬? 머저리 같은 녀석들! 헛공부 했지, 헛공부……!'

송노인은 대뜸 이런 생각이 들다가도 불현듯 등골이 섬뜩하는 것을 느꼈다. 더구나 그들 가운데, 넓적이가 수통 뚜껑에 따라 주는 뱀술을 널름널름 받아 마시는 헐렁이가 있는 것을 보자, 한없이 역겨운 한편 또 그만큼 섬뜩하기도 했다. 아닌 게 아니라, 넓적이의 풀이대로 저런 학생은 간도로 빼낸 상덕이(자기가 찾아가는 누님의 손자다.) 같은 독립패들을 만나기만 하면 미친 듯이 쏘아댈는지도 모른다. — 틀림없이 그럴끼라! 먼 후일에 가서 누가 물으면, 시키니까 그랬노라 얼버무릴테지. 또 경우에 따라서는(왜놈들의 형편이 좋아지면) 그걸 도리어 큰 자랑삼아…… 그런 세상이 아닌가! 그러나 송노인은 그 이상은 생각하기조차 싫었다.

더럽고 무서웠다.

그는 차 안에 있는 모든 것이 갑자기 더러워지기라도 한 듯이 눈을 창 밖으로 돌렸다. 응달에 남은 눈더미가 한결 희게 보였다. 그는 눈을 더욱 크게 떴다. 그렇게 눈더미를 지켜 보고 있는 그의 머리 속에는 뱀술이니 순사니 하는 것들은 벌써 남아 있지 않았다. 대신 지금쯤은 독립패에 섞여서 그 같은 눈벌을 헤매고 있을, 아니 어쩜 노루처럼 뛰고 있을는지도 모르는 상덕이의 일이 느닷없이 떠올랐던 것이다.

'간대도 쉬 붙잡힐 놈은 아니지!'

숫제 이런 자신까지 가져 보는 것이었다.

"느그(너히들) 보래, 요놈이 아주 영리할끼데잇!…… 요 눈 생긴 것 좀 보지!"

일찌기 누부가, 말도 잘 못하는 그를 무릎 위에 앉히고서 귀여워하던 옛일까지 오롯이 기억 속에서 풀려 나왔다.

(그녀는 손자녀들을 몇이나 본 뒤에도 며느리랑 어린 손자녀들을 앞세우고 곧장 친정 나들이를 했던 것이다.)

상덕이는 나이가 꽤 든 뒤에도 할머니의 친정 갈래인 송노인의 집을 찾아 왔었다. 그의 고향인 갯목 마을은 강물이 메기들이란 들녘으로 넘어드는 어귀라, 시위가 난 뒤에는 커다란 잉어들이 곧잘 통발에 들었다. 명절 때는 세배 문안으로 으레 다녀 갔었지만, 대학에 들어 가기 직전까지만 해도 잉어가 잡히면 할머니의 심부름으로 종종 그놈을 싸들고 터덕터덕 찾아 오곤 했던 것이다. 그러나 그가 지난 봄에 들른 것이 최후같이 되고 말았다.

"할배, 며칠 쉬고 갈람데이……"

뜻밖에 이런 소리를 하며 찾아 왔었다. 시간도 꽤 늦은 저녁이었다. 나중에 안 일이지만, 그는 당시 극성을 부리던 학도병 지망을 피해서 왔었던 것이다.

"그래, 놈들이 어데 이런 산골에까지사 얼른 찾아 오겠나."

송노인은 수월스럽게 그를 맞이했다.

"누가 묻더라도 모른다 카이소잇!"

상덕이는 신경이 상당히 날카로와져 있었다.

"그래, 염려 말게. 물을 사람도 없을끼고……."

"그래도 알 수 있읍니꺼?"

"괜찮다 얘. 이곳 촌사람들은 도방 사람들하고는 좀 틀린다. 말은 안 하더라도 속은 다 뻔하다 말이다. 징용에 몇(몇)이 끌리 가고부터는 왜놈이라문 다 원수같이 알고 있거든!"

송노인은 이렇게 말해서 딴은 안심을 시켰다. 그러나 상덕이의 집에 순사가 늘 찾아 온다는 말을 듣자, 아닌 게 아니라, 마음이 약간 불안해지기도 했다. 더구나 그날밤 상덕이로부터 시국에 관한 여러 가지 이야기들을 듣고부터는 그러한 불안감이 더 커졌다. 동시에 엽전(조선 사람들이 스스로 얕잡아 부르던 말이다) 신세 더럽게 됐구나 싶었다. — 왜

놈들이 그러는 것은 할 수 없을끼라. 그러나 3 · 1운동 때는 독립 선언선가 뭔가까지 만들었다는 사람이라든가, 그때 앞장을 섰다는 사람, 그리고 글 잘 한다고 소문난 누구누구들꺼정 덩달아서, 학생들을 빨리 군에 나가 일본에 충성을 다 하라고 떠벌이고 댕긴다니 과연 그럴 수가 있을까? 최후의 일인까지 싸워서 독립을 해야 한다고 열을 올릴 때는 언제고, 일본에 충성을 하자고 나발을 불고 댕기는 건 무슨 놈의 소갈머리들일까? 그기(그게) 소위 배웠다는 사람들의 할 일일까? 퉤!

송노인은 담배를 연거푸 태웠다.

"느그(자네) 할배가 일찌감치 돌아가시기 잘 했지. 지금 이 꼬라지(꼬락서니)들을 봤심(봤음) 그 성미에 숨통이 터져서라도 몬 살끼라!"

송노인은 그날밤 자기가 한 말을 지금도 똑똑히 기억하고 있다.

상덕이는 어디서 여러 날 잠도 제대로 못 잤는지 송노인의 곁에 눕기가 바쁘게 그만 곯아 떨어졌다.

그와는 반대로, 송노인은 오래도록 잠을 이루지 못했다. 그는 희미한 호롱불에 비친 상덕이의 입성이 놀랍고 추레한 것과, 또 그렇게 푼더분하던 얼굴이 눈에 뜨이도록 파리해진 것을 새삼 눈여겨 보면서 안타까운 생각을 금하지 못했다. 더구나 할머니를 쏙 빼었다고들 하던 그의 귀 밑이라든가 턱언저리에 시선이 갔을 때는 그러한 심정이 한결 더했다. 하마터면 손으로 어루만지기라도 할 뻔했다.

'우째(어찌) 저렇게도 누불 닮았일꼬?…… 왜놈들을 위해서 절대로 군에 들어갈 놈은 아니지!'

송노인의 시선은 상덕이의 자는 얼굴에 얼어붙었다. — 안 가고 말고! 어느 시러배아들은 숫제 혈서꺼정 써 바쳐 가미 입대를 지망했다지만, 상덕이만은 아무리 위협을 받더라도 호락호락 군에 들어갈 애가 아니라고 믿어졌다. 끝내 일본식 창씨를 않고 버틴 즈(제) 할아버지를 보아서도 알 수 있듯이 결코 그러한 쓸개 빠진 피내림이 아니라고 생각했다. 게다가 방학에 돌아올 때도 사각 모자라곤 머리에 얹어 본 일이 없었고, 다른 유학생들은 해수욕이니 뭐니 하고 흥청거려도 언제나 나이 든 친구들과 어울려서 순회강연이나 다니던 본인의 소행으로 미루어서도 섣불리 그런 위협이나 권유에 넘어갈 청년은 아니었다.

이윽고 송노인은 가만히 자리에서 일어났다. 장죽에 담배를 한 대 꾹꾹 잰 뒤, 등잔불을 불어 버리고서 살며시 밖으로 나왔다. 할멈 곁으로 갈 작정을 했던 것이다. 그럴 때는 누구라도 붙들고 이야기를 해야만 속이 후련해지는 성미였다.

마침 농번기에 접어 든 무렵이라 낮에는 송노인의 집식구들은, 시집온 지 얼마 안 되는 손자며느리를 빼놓고는 모두 들로 나갔다. 모내기를 앞두고 논보리 거두기며 논갈기에 한창 바쁠 때였다. 비단 송노인의 집만이 아니었다. 한 20가구 남짓되는 두메 전체가 그래서 낮에는 온통 빈 듯이 조용했다. 이럴 때일수록 낯선 사람이 들어 왔다는 것은 더욱 알려지기 쉬운 일이었다.

상덕이는 물론 사립밖을 나가지 않았다. 그렇다고 긴긴 봄날을 줄곧 방안에만 처박혀 있기도 무엇했으리라. 그는 심심풀이로 사랑방 도배도 해 주고(처음 들어 갔을 때부터 그런 생각을 했었다) 일손들이 바빠서 하다가 둔 듯한 보리타작도 한 마당 해치웠다. 그러다가 어디서 개 짖는 소리가 들려 오면, 시치름히 뒤란으로 돌아 가서 서성거리더라는 손자며느리의 얘기였다.

밤은 시간 보내기가 더 힘드는 눈치였다. 개 짖는 소리에 더욱 신경을 쓰곤 했다.

"이 동네는 개가 많은가베요?"

그는 뒤통스럽게 이런 질문까지 했다.

"머 많지는 않은데, 밤이 대문(되면) 잘 짖는구만. 복날이나 지나면 좀 덜 할까."

송노인은 이렇게 슬쩍 얼버무렸다.

"요새도 복날에 개를 잘 잡능기요?"

"중복, 말복에는 잡아쌓지. 개 개기(고기) 아니문 일넌 내 가야 개기 구경 몬하는 사람들이거든. 두불 논(두벌 논)꺼정 매고 나문(나면) 몸에 늘치가 나서(몸이 늘어져서) 그기라도 안 먹으문……"

송노인은 농민들이 개를 잡아 먹는 것을 숫제 발명이라도 하듯이 말했다. 물론 그는 상덕이가 개 짖는 소리에 신경을 쓰는 이유를 짐작 못하는 바 아니었다. 그러니까 그도 개가 짖으면 따라서 짜증을 내었다.

"저놈의 짐승들이 밤이 대문 제 동네 사람도 몬 알아 보는 모양이지?"

그러나 그런다고 상덕이가 개소리를 대범하게 들어 넘길이 만무했다. 하루 저녁은 시간이 꽤 늦은데도 불구하고 바람을 좀 쐬고 오겠다면서 집을 나가더니, 어딜 돌아 다녔는지(송노인은 그가 아마 뒷동산에라도 가서 일부러 시간을 보낸 것이 아닌가 생각했다) 자정이 지나서야 돌아 왔다. 그러고서도 늦잠이 들었지만, 그는 마치 열병이라도 앓는 사람처럼 잠꼬대를 자꾸 했다. 그 잠꼬대 속에 뜻밖에 '개새끼들'이란 말이 섞이는 것을 듣자, 송노인은 그건 그저 개를 두고 하는 말이 아니리라 짐작하고, 그의 잠든 얼굴을 유심히 지켜 보기도 했다. 그건 그가 송노인의 집에 온 지 나흘째 되는 날 밤이었다.

이튿날 아침 그는 송노인더러 갑작스레 떠나겠다고 했다.

"와 있기가 불편한가?"

"아임니더. 어데 인제꺼정이라고만 있겠능기요. 전쟁이 어느 때 끝날는지도 모르는데……"

상덕이는 무슨 별다른 궁리라도 있는 듯이 말했다.

"그건 그렇다만…… 우짤라꼬? 요새는 대학생들에 대한 조사가 아주 심하다면서?"

"그렇다고 병신처럼 가만히 숨어만 있음 머하겠능기요."

그는 이미 어떤 결심이 돼 있는 듯한 말눈치였다.

"어데 갈 데가 있나?"

"강을 건닐람더. 바다는 몬 건닐끼고……."

"강을 건니다니? 간도(間島)로 간단 말인가?"

"야."

"이기 어느 때라고? 두만강이나 압록강에는 파수꾼이 꽉 깔리실낀데."

송노인은 그의 용기에 놀라면서도, 당치도 않은 말 말라는 듯한 표정을 지어 보였다.

"할배도 참! 그럼 파수꾼이 없어질 때꺼정 가만히 기다리란 말입니꺼? 그렇게 때만 기다리다가는 아무 짓도 몬해 보고 죽고 마라고요. 군대에 끌려가서 개죽음하는 학생들처럼……"

그는 파수꾼 몇 놈쯤 해치우고라도 국경을 기어이 넘어 보겠다고 했다. 갯목에서 뼈가 굵어진 그는 자맥질에는 어느 정도 자신이 있었던 것이다.

'고집과 담이 크기가 꼭 즈 할배 같구만!'

송노인은 그의 결심이 만만찮음을 깨달았다. — 하긴 그게 사내자식 다운 도릴 테지! 말려 봐야 소용없는 일이라 생각했다.

송노인은 상덕이의 출발을 하루만 더 늦추게 하고, 노자를 얼마쯤 만들어 주었다. 그러고서 거의 달포가 지난 뒤에야 겨우 뒷소문을 들었다. 무사히 두만강을 건너갔다는.

…… 송노인은 넓적이가 '독립군' 운운한 것은 근거가 없는 소리가 아니라고 새겼다. 싸고 싼 향내도 난다니까! 그러나 넓적이의 뻔뻔스

런 장담처럼 상덕이가 간대로, 거기 구겨져 있는 학도병 따위들에게 어찌될 청년은 아니라고 믿었다.

'순사에게 배미술이나 얻어 먹고 시시덕거리는 저런 쓸개 빠진 것들에게싸…… 턱도 아니지!'

송노인은 일본국기 마아크를 이마에 동여 매고, 왜놈식 성(姓)쪽지를 가슴에 달고 있는 청년들의 뒤통수를 동정과 멸시에 찬 눈으로 쏘아보았다.

바로 그때였다. 뒤를 잠깐 돌아 보던 학도병 하나가 송노인의 그러한 시선과 마주치자, 이내 얼굴을 붉히며 고개를 돌렸다.

길은 연신 경사가 심해졌다.

'부르릉, 부르릉……'

목탄차는 엔진소리만 컸지 좀처럼 치닫지는 못했다.

"여보 영감, 가만히 앉아 있지 말고 앞에 있는 그 가로쇠를 잡고 용을 좀 쓰시오. 이럴 때는 모두 그래야만 차가 가는 거요."

넓적이는 별안간 송노인을 보고 이런 말을 했다. 어리석기만 한 송노인은 정말 그런 건가 의심을 하면서도 능청스런 넓적이처럼(그는 일부러 그러고 있었다) 앞좌석의 뒤턱에 붙어 있는 가로쇠를 꽉 쥐었다. 그러나 녀석의 하는 소위가 아니꼬와서 힘을 주어 당기는 체하면서도 실지로는 주지 않았다. 뒤에 있는 손님들이 킥킥거리는 소리를 듣자 송노인은 곧 쥐고 있던 가로쇠를 놓아 버렸다. 그제야 넓적이에게 속았다는 것을 깨달았다.

부르릉거리던 차가 결국 덜그럭 멈추었다. 잿마루까지는 아직도 길이 멀었다. 이렇게 되면 손님들이 내려서 차를 밀어야 한다. 그러나 물론 손님나름이다. 순사와 학도병은 물론이고, 다행히 나이 덕으로 송노인도 차 안에 남았다. 나머지 손님들은 넓적이의 명령에 의해서 죄다 차를 내렸다. 일제히 차체의 옆과 뒤에 지네발처럼 달라붙어서 밀기 시작했다.

"역사, 역사!"

모두들 있는 힘을 다 내었다. 운전수는 계속 기어를 움직이며 액셀러라이터를 밟아댔다. 그러나 차는 내처 부르릉거리기만 하고 좀처럼 나아가지는 않았다. 땅이 녹아 진창이 된 언덕길이라, 바퀴가 줄곧 진흙을 문 채 서기가 바빴다. 언제 잿마루에 이를는지 모를 일이었다.

송노인은 동전 몇 푼을 운전수에게 쥐어 주고 그만 차에서 내렸다. 그는 원래대로 다시 지름길을 걸을 작정을 했던 것이다. 괜히 그놈의 버스를 탔다가 아까운 배미술만 놈들에게 뺏겼다고 생각했다.

걷기는 지름길이 훨씬 나았다. 땅이 녹은 짬이라도 마른 풀들이 무덕지게 덮여 있어서 발이 빠지지는 않았다. 그래서 잿마루에 왔을 때도 타고 오던 버스는 아직도 저 아래쪽에서 뭉그적거리고 있었다. 그 못난 괴물을 부축이라도 하듯 뒷부분에는 내처 손님들이 허옇게 달라붙어 있었다.

재 몬다위는 한결 휘휘했다. 태양이 머리 위에서 이글거렸지만, 하늬바람은 더욱 쌀쌀했다. 마지막 안간힘을 쓴 탓인지, 송노인은 잔등에 가는 땀을 느꼈다. 숨도 가빴다.

그는 매바위란 바윗자락에 엉덩이를 걸쳤다. 그 재를 넘는 나그네들은 꼭 한 번씩 앉아야만 된다는 내림이 있는 바위다. 뾰족뾰족한 뿔이 몇 개나 하늘을 향해서 내민, 거무튀튀한 바위 윗부분에는 매똥이 희끔희끔 말라 붙어 있었다.

내릴막은 좀더 빨리 걸을 작정을 하고, 송노인은 우선 담배를 한 대 피워 물었다. 그 잿마루가 마침 T고을과 Y고을을 갈라 놓는 살피였기 때문에, 두 고을은 산과 분지들이 한 눈에 굽어 보였다. Y고을 쪽의 '천성'이니 '부로'니 하는 높은 봉수산들이 흰 눈을 떠 인 채 아득히 바라보이는가 하면, T고을쪽 봉수대가 있던 '개명봉'은 바로 송노인이 앉아 있는 매바위 왼편에 하늘을 찌를 듯이 급하게 솟아 있었다. 그 너머 큰절이 있다. (사람들은 그저 큰절이라고 불렀다.) 아마 거기에 절이 서고부터 이 재를 사밧재[沙婆嶺]라고 부르게 되었는지도 모른다고 — 옛날 누부가 근친 왔다 자기를 데리고 돌아가면서 하던 말을 그는 문득 생각해 내었다. 그때 자기 나이 아마 열두 살이던가. 머슴과 함께 떡이랑 술을 가지고 그 재를 넘던 기억이 새로와졌다. 공교롭게도 눈에 다래끼가 나서 눈두덩이 복숭아꽃처럼 붉던 누부의 그 당시의 얼굴도 눈에 선해 왔다.

'모든 것이 꼭 어제 일 같그만…….'

어느덧 60여 년의 세월이 흘러 갔던 것이다. 꿈 같았다. 그 사이 우애가 깍듯하기로 널리 알려져 있던 누부는 늦도록까지, 친정 일가친척들의 대소사는 물론, 명절에는 거의 빠짐없이 친정곳을 다녀 갔으니, 아마 줄잡아도 이 재를 오고 가고 2백 번은 조이 넘었을 거다. 길이나 가까운가, 60리나 되는 길을! 친정아버님이 돌아 갔을 때는 그 60리 길을 얼마나 울며! 달렸는지 민다래끼가 났을 때보다 눈이 더 퉁퉁 부어 있던 누부!

'그 눈이 지금 나를 기다리고 있일끼라……!'

송노인은 부랴부랴 사밧재를 내리기 시작했다. 물론 내처 지름길이었다.

큰 절에서는 벌써 사시마지(巳時摩旨)를 올리는 큰 종소리가 꽝……꽝 은은히 울려 왔다. 송노인은 마음이 한결 바빠졌다. 오솔길에는 아직도 눈이 남아 있는 곳이 많았다. 길이 보이지 않는 데도 있었다. 그런 경황 속에서도 그는 재차 상덕이의 일이 머리에 떠올랐다.

'놈은 잘도 뛸 거라, 노리(노루) 새끼처럼……'

송노인은 힘을 내었다. 그러나 조심은 하면서도 궁둥떡을 몇 번인가 찧었다. 나이가 나인 만큼 아랫도리가 어설펐다. 자꾸만 떨렸던 것이다.

"이놈의 달가지(다리)가 와 이래 말을 안 들을꼬!"

그는 이렇게 구두덜거리며 일어섰다.

그러나 메깃들 끝에 있는, 누부의 시갓곳인 갯목 마을이 멀리 시야에 들어 왔을 때는 송노인의 그 주름투성이의 얼굴에도 금방 미소가 담겼다.

"동숭(동생) 오나!" 하고 옛날처럼 달려 나오지는 못하더라도 얼마나 반가와할까 생각하면 웃음이 절로 나왔다. 하지만 겨우내 천만으로 바깥 출입을 못하고, 상덕이로 말미암아 식음을 전폐할 때가 많다니까 무척 수척도 했으리라 염려가 되었다.

— 열일곱에 이름 대신 '잿목 아이'로 불리며 시집간 뒤 반세기가 훨씬 넘도록, 강둑 안팎 개밭에만 엎드려서 살아온 누부! 돈으로서는 남같이 자식들 호강은 못 시켜도 이녁 몸으로서는 남보다 더 해 주겠노라 손끝이 닳도록 상일을 해 가며 여덟 남매를 떳떳이 길러 내고, 못사는 친정까지 돌보려 애쓰던 그녀의 한평생 일을 생각하면, 그저 의젓하다고만 할 수 없는 무엇이 있었다. 송노인은 별안간 눈뿌리 짬이 찡해 옴을 느꼈다.

줄곧 그러한 생각에 잠기면서 사밧재 마지막 자락인 '돌틈이'란 모퉁이를 돌아 왔을 때였다. 송노인은 전연 생각지도 않았던 어떤 광경에 눈이 휘둥그래졌다. — 바로 그 '돌틈이' 끝에 외딴 주막십의 좁은 뜰이며 앞 행길에 웬 사람들이 떼를 짓듯 해서 웅성거리고 있었기 때문이다.

'무슨 일이 있었을꼬?'

송노인은 어리둥절하면서 발을 재게 떼 놓았다.

'돌틈이' 주막 하면, 사밧재의 지름길과 신작로가 마주치는 지점에 자리잡고 있는 단 하나뿐인 주막이다. 그런 주막인만큼 옛날부터 재를 넘나드는 나그네들이나 들르기가 고작이지, 그렇게 많은 사람들이 한꺼번에 모인 예는 일찌기 듣지 못한 일이었다. — 필유곡절이리라! 송노인은 멀리서 우선, 모여 있는 사람들의 모골부터 살폈다.

가만 있자 보니……? '아니……?'

아까 그 버스에서 보던 얼굴들이 섞여 있지 않은가!

송노인은 이렇게 중얼거리며 한결 재게 다가갔다. 이상한 예감 같은 것이 푸뜩 머리를 스쳐 갔다.

"아이구 영감님 인자(이제야) 여게 오는기요?"

아까 차에서 자기에게 자리를 내어 주던, 눈이 부리부리한 청년이 앞으로 썩 나서며 반가와했다.

"야, 빨리 온다고 오는 기 그렇구마. 그런데 차는 우짜고 모두 이래……?"

송노인은 눈을 더욱 크게 떴다. 어떤 이상한 얘감은 내처 머리에서 사라지지 않았다.

"말도 마이소. 차가 그만 비렁(낭떠러지) 밑으로 안 떨어졌능기요."

그러자 키가 작달막한 또 한 청년이,

"거의 재 몬댕이(마루)꺼정 다 와서 안 그랬능기요."

이렇게 덧붙였다.

"저런! 그래, 타고 있던 사람들은?"

송노인은 수수엿이 든 보따리를 하마터면 땅에 떨어뜨릴 뻔했다.

"다 절단(결단) 났지요 머! 타고 있던 사람이라캐야 아까 그 순사들하고 청년들 뿐이었지만, 모르지요, 운전수하고 순사 하나나 제우(겨우) 살아 날까요. 나머지는 모두 떡이 됐지요. 둘은 직사(즉사)를 했고요. 암매 지금 쯤은 다 갔을지도 모릅니더. 차가 온통 편두박살이 났이니칸에요……"

눈이 부리부리한 청년은 이렇게 현장 설명을 늘어 놓았다. 거기 모였던, 지나가던 사람들과 가까운 마을 사람들은 줄줄 따르듯 그의 곁에 바특이 다가섰다. 몇 번 들어도 끔찍스런 얘긴 듯이.

청년의 말에 의하면, 자기들은 내처, 물론 더러는 돈 내고 이게 무슨 꼴이냐 불뚝거리며 아무렇게나 차를 떠밀기만 했는데, 아마 운전수가 실수를 했는지, 막 비렁 끝을 감돌 무렵에, 와장창 하고 차체가 별안간 아래로 곤두박질을 쳤다는 것이었다. 비렁 높이가 거의 스무 길은 될 테니까 적어도 차가 너댓 바퀴는 곤두박질을 했을 거라고 했다. 그래서 쿵, 쿵, 꽝 하는 충격소리를 들었을 때는 벌써 박살이 났겠구나 싶더라고. 다행히 차를 떠밀던 사람들 가운데는 한 사람도 희생자가 없었다고 했다.

순간, 송노인은 자기도 일찌감치 빠져 나오기 만행이었지, 그대로 차 안에 남아 있었더라면, 지금쯤은 영낙없이 황천객이 되고 말았을 거라는 섬뜩한 생각이 들었다.

"그래, 상한 사람들은?"

송노인은 안타까운 듯이 물었다.

"뒤쫓아 내려 가 봤더이, 일이 그 모양이라, 우선 창들을 뿌수고 안끄잡아(끄집어) 냈능기요. 도랑 가에 줄느러미 니피(누여) 놓았지만, 모르지요, 숨이 붙어 있는 사람도 몇이나 살게 댈는지……"

청년은 거의 절망적이란 듯이 고개를 저어 보였다. 그러고서 마침 자전거를 타고 지나가는 손님이 있기에 곧 경찰에 연락을 해 달라고 부탁한 뒤, 일부는 그 자리에 남아있고, 자기들은 갈 길이 멀어서 그렇게 먼저 왔다고 한다.

"영감님이 그렇게 안 내 놓겠다던 배미술을 기어코 뺏어가길래 난 그때 벌써 알아봤지요. 환장한 놈들이라고. 그러니까 천벌을 맞았는지도 모르지요."

키가 작달막한 청년은 이런 악담 비슷한 말을 덧붙이기도 했다. 그의 표정에는 동정에 가까운 빛이라곤 거의 찾아볼 수가 없었다

"씰 데 없는 소리!"

송노인은 그를 흘겨 본 다음,

"군에는 가 보도 몬하고 황천객이 댄 청년들이 불쌍하구만. 결국 그 배미술이 발인주가 댄 심이로구만(셈이구먼)?"

송노인은 이럴 뿐, 즉사를 한 순사가 어느 순사였는지도 묻지 않았다. 다만 이 학도병들이 출전을 하면 독립군인가 나발인가에 가담하고 있을 상덕이 같은 청년들의 뒤통수를 멋지게 쏘아 넘길 거라고 으르대던 그 메기입이 잠깐 머리에 떠올랐을 뿐이었다. 그러나 역시 가엾은 생각이 들었다. 더구나 학도 지원병들 일이. 이왕 그렇게 무의미한 죽음을 할 비에는, 차라리 상덕이처럼 간도까지는 못 내빼더라도 좀더 버티어 볼 것 아닌가 하는 애석한 생각이 자꾸만 들었다.

어느새 소문이 퍼졌는지, 건너편 사밧터란 부락의 젊은 사람들과 아이들이 사고가 난 곳을 향해 급히들 뛰어 가고 있었다. 주막 앞에 모여 있던 사람들은, 산허리를 가로질러 가는 그들을 구경삼아 바라보았다.

그럴 때 마침 반대쪽에서 급히 달려 오던 트럭 한 대가 주막 앞에 덜컥 멈추었다.

"참 내 보따리?"

눈이 부리부리한 청년이 부슨 눈치를 챘는지 잽싸게 주막 안으로

사라졌다. 송노인은 그저 모른 체하고 트럭만 비켜 서 있었다.

트럭 운전대에서 순사 한 사람이 뛰어 내리더니 다짜고짜로,

"사고 버스에 탔던 사람이 누구지요?"

하며 군중 앞으로 다가왔다.

웅성대던 사람들은 모두 어리둥절했다.

"사고 버스에 있던 사람들은 빨리 이리 나오시오!"

마치 그들이 일부러 차를 밀어서 낭떠러지 아래로 떨어뜨리기라도 한 듯한 순사의 어투였다.

"나는 걸어가는 사람이요."

송노인은 지레 무슨 짐작이 갔던지, 태연스럽게 해 던지고서 곧 주막 앞을 떠났다. 물론 돌아볼 필요조차 없었다.

한참 걷다가 뒤를 흘끗하니까, 아까 그 눈이 부리부리한 청년만이 달려오고 나머지 동행인 몇몇 사람은 트럭에 실려서 도로 사밧재를 더위잡고 있었다.

'저놈들도 바보지!'

송노인은 이렇게 중얼대며, 한길을 비켜서 곧 메깃들로 접어들었다.

"영감님, 같이 가입시더!"

뒤에서 청년이 불렀다.

송노인은 잠깐 걸음을 멈추고 돌아 보았다.

"지(저)는 상덕이 친굽니더. 우리집은 잿목 몬 가서 독메에 있임더."

이러면서 청년은 다가왔다.

송노인은 한참 걷다가 입을 떼었다.

"운전수가 실수를 했다캤다?"

그저 예사롭게 물었다.

"글씨요(글쎄요)……?"

눈이 부리부리한 청년은 확실찮은 대답을 했다. 송노인은 굳이 그의 표정을 살피려고도 하지 않았다.

"집이 독메에 있다캤제?"

"야. 잿목 몬 가서……"

둘은 이러고서 묵묵히 봇둑길을 재게 걸었다. 멀리 트인 메깃들을 건너려면 아직도 상당한 시간이 필요했다.

아스팔트

현기영

창주는 개 짖는 소리에 얼핏 잠이 깼다. 선잠 깬 귓속으로 초인종 소리가 탈탈 무디게 파고든다. 아닌밤중에 누굴까? 발바리가 금방 숨 넘어갈 듯이 극악스럽게 짖어대고 머리맡 사발시계의 야광침은 두 시 가까운 시간을 가리키고 있었다. 이리 늦은 시간의 방문객은 처음 겪는 일이다. 잠기가 싹 가신다. 도대체 누굴까? 창주는 기분이 언짢아 마른침을 꿀꺽 삼켰다. 아내가 깨지 않게 이불 속을 살그머니 빠져나와 바지를 꿰입었다. 제까짓 게 기껏해봐야 제 집 잘못 찾은 술주정뱅이겠지. 눈이 녹아 질척거리는 마당을 질러 성큼성큼 대문으로 다가가면서 퉁명스럽게 물었다.

"누구우꽈?"

"저, 새밋드르 사는 강영조 씨 집에서 왔수다."

가슴이 뜨끔했다. 강영조 씨? 혹시 잘못 들은 게 아닐까? 대문 빗장에 손을 대면서 재우쳐 물었다.

"새밋드르 이장 하시던 분 말이우꽈?"

"예."

그 노인네가 도대체 이 밤중에 나한테 볼일이 무언가? 야릇한 불안감에 짜증이 나서 창주는 옆에서 사납게 짖어 대는 발바리 배를 발로 밀어붙이고는 대문 빗장을 땄다. 대문의 누런 전등 불빛에 드러난 얼굴은 과연 강씨의 아들이다. 상고를 나와 어느 조그만 개인회사에서 경리일 본다는 스물 안팎의 앳된 청년이다. 강씨 아들은 자전거 손잡이를 잡은 채 꾸벅 인사를 한다. 얼굴과 잠바 앞가슴이 척척히 젖은 것으로 보아 자전거 페달을 속력껏 밟아 온 모양이다. 전등 불빛 주위로 성긴 눈발이 퍼뜩거리고 있었다.

"웬일인가, 이 밤중에?"

"저, 주무시는 데 죄송허우다. 실은 아버님이 오늘 밤을 넹기지 못함직해서마씸."

"아니, 그리 위독하신가. 와병중이란 말은 얼핏 들었네마는……."

청년의 입에서 한숨이 가냘피 새어나왔다.

"숨 거두기 전에 꼭 선생님을 뵙고 싶다고 하십니다. 선생님한테 유언할 말이 있으신 모양이우다."

창주는 너무 놀라 그민 이안이 벙벙해졌다.

"나한테 유언이라고? 무슨 유언인데?"

"글쎄마씸."

이 무슨 해괴한 소리인가? 이건 번지수가 영 틀리지 않은가. 일 년 가야 길에서 한두 번 마주칠까말까 한 남남인 처지에 유언이라니.

그러나 한밤중 시오리 밖 향리에서 느닷없이 날아든 강씨의 이름은 창주를 아연 긴장하게 만들었다. 30여 년 전 악명 높던 새밋드르 이장 강영조, 불길한 밤의 체취가 물씬 나는 그 이름과 더불어 당시 새밋드르를 뒤덮던 그 무서운 암흑이 일거에 달려와 그를 에워싸는 것만 같다. 그렇다. 비록 서로 얼굴 보는 일도 드물고, 나이도 열댓 살 차이가 나지만 그와 나는 결코 무관한 사이가 아니다. 그것은 오랜 세월에 걸친 은밀한 대립관계였다. 서로간에 내색하는 법은 없었지만, 연기 없이 몰래 내연하는 재 속의 불씨처럼 적대감은 분명 속살 깊이 잠재하고 있었다.

30여 년 지속되어 온 이 불편한 관계는 그 당시 창주가 마을 어른들이 모인 자리에서 두 번에 걸쳐 강씨와 지서주임이던 임영준 씨를 대놓고 면박준 일 때문에 발생했다. 온 섬바닥을 휩쓴 대공황의 난리가 끝난 지 얼마 안 되어 두 사람의 존재가 아직도 두렵게만 느껴지던 그 때, 그는 젊은 혈기에 욱하고 그 금기의 말을 내뱉어 버린 것이었다. 첫번은, "수백 년 묵은 팽나무들을 벌목한 것은 아무래도 처사가 영 잘못된 것 닮수다"였고 그리고 두 달 후 사건의 핵심을 곧바로 찔러, "비라 뭉치를 든 사람이나, 풀통 든 사람이나 매한가지 아니우꽈?"라고 말해 버렸던 것이다. 그후 창주는 혹 보복이 있지 않을까 꺼려 오랫동안 예의 경계심을 늦추지 않았다. 만약 그들이 음해하여 온다면 창주도 일신이 파괴되는 한이 있더라도, 그들의 범죄를 정식으로 문제삼고 싸워 볼 생각이었다. 그러나 끝내 아무 일도 없었다. 세월이 흘러 혈기 방장하던 장년의 그들은 차츰 이울어져 몰골이 추레한 노인으로 영락하고 말았다. 그 오랜 세월 동안 그 일로 오죽이나 부심했으면 강씨가 임종에 나를 부를까. 창주는 평생 그들의 약점에 달라붙은 아픈 가시였던 셈이다. 그렇다. 이제 강씨가 마지막 안간힘으로 보여 주고 있는 저 집념은 나에게 원망과 저주의 욕설을 퍼붓자는 것이 아니다. 나에게 들려줄 유언이라면 "내 죄를 용서해 주게" 하는 말 외에 무엇이 있겠는가. 강씨는 나를 통하여 그 유언이 마을 전체에 알려지기를 바라고 있는 것이다. 어서 가봐야지. 강씨 아들은 눈썹을 파르르 떨며 초조하게 이쪽 눈치를 살피고 있었다.

"곧 택시 타고 뒤따라갈 테니, 어서 먼저 떠나게."

그러자 청년은 안심한 듯 꾸벅 절을 하고는 자전거에 몸을 싣고 이내 골목 밖 어둠 속으로 빠져들어갔다.

창주는 안에 들어가서 옷을 단단히 껴입고 서둘러 밖을 나섰다. 입춘 추위를 하는지 하늬바람 끝이 제법 서슬져 있었다. 토퍼 목단추를 채우고 모자를 올려 썼다. 바람 탄 눈송이들이 동백나무 가로수들 주위에 나긋나긋 휘감기고 있었다. 다행히 아스팔트에는 눈이 쌓이지 않아 차 타고 가기에 무리가 없을 듯했다. 찰기가 없는 눈송이들은 아스팔트에 닿자마자 푸실푸실 풀어져 이내 녹아 버리곤 한다. 동백나무 잎사귀에 달라붙은 눈도 녹아 젖은 솜처럼 후줄근히 늘어졌다. 그런데 큰길까지 걸어나와도 웬일인지 빈 택시는 좀처럼 오지 않는다. 빈 택시는커녕 손님 태운 것마저 지나가는 게 드물었다. 이따금씩 나타나는 택시들은 손을 흔드는 창주를 향해 강한 헤드라이트 불빛을 면상에 쏘아붙이고는 매정하게 달아나버리곤 했다. 여느때 같으면 밤새도록 차 왕래가 그치지 않건만 아마 궂은 날씨에 손님도 적어 일찌감치 들어가 버린 모양이다. 눈이 녹아 질펀하게 젖은 아스팔트는 가로등 불빛에 번들번들 빛날 뿐 휑뎅그레 비어 있었다. 빨리 가야 할 텐데. 강씨가 시방 이승 반 저승 반 하고 있는데 이리 지체해서야. 창주는 조바심에 쫓겨 어느새 새밋드르 쪽으로 발걸음을 떼놓고 있었다. 걸으면서도 혹시 차가 오지 않나, 연방 뒤쪽을 힐끔힐끔 돌아본다. 이럴 줄 알았으면 강씨 아들의 자전거 뒤꽁무니에라도 매달려 갈 걸, 먼저 보내버린 것이 못내 아쉽다. 이렇게 차를 기다리며 얼마쯤 걷노라니 어느덧 주택가는 끝나고 앞길은 가로등도 없이 캄캄한 어둠이다. 어둠 속에 놓이자 본능이 시키는 것처럼 소심증이 뾰죽하게 일어난다. 어둠 속에서 눈발이 날아들어 선득선득 뺨을 핥는다. 어떻게 할까? 그만 돌아가 버릴까? 낮이라면 걸어서라도 갈 텐데…… 인적 끊기고 눈 내리는 이 밤길은 혼자 걷기에는 아무래도 무리인 것 같다. 차를 타면 10분도 채 안 걸리게 가깝지만 걸어가자면 잰걸음이라도 40분 가량은 좋이 걸리는데…… 이렇게 망설이면서도 그의 발걸음은 여전히 자석에 끌린 듯 새밋드르 쪽을 향해 움직였다.

얼마를 더 가니 인도마저 끊겨 발밑에 젖은 흙이 질척거린다. 아스팔트 위로 발을 옮겨 놓는다. 이왕 내친 걸음 할 수 없다. 걸어서라도 가야지. 이렇게 맘을 다잡아먹은 창주는 아예 아스팔트 복판으로 나와 걸음을 빨리 떼놓기 시작한다. 그런데 걸으면서도 어쩐지 구름발을 디디는 것 같은 야릇한 비현실감을 떨쳐 버릴 수 없는 것은 웬일일까? 자신이 오밤중에 눈길 위에 끌려나와 걷고 있는 몽유병자가 아닌가 하는 착각마저 드는 것이다. 내가 진짜 길이 아닌 꿈길을 걷고 있는 것은 아닐까? 차 타면 단 십 분 걸리는 곳을 이렇게 걸어가게 될 줄이야.

걸어가는 고향길이란 버스 노선이 생기기 전인 십여 년 전, 더 정확히 말해서 시내로 이사 오기 전의 이십여 년 전, 과거 속의 길이었다. 그 시오리 길을 창주는, 해방되기 이태 전 소학교에 입학한 뒤 구제 중학교 5학년을 나올 때까지, 십여 년의 긴 세월을 하루같이 타박타박 걸어다녔던 것이다. 시내에서 수의사노릇 하는 당숙 댁에 별로 달갑지 않은 군식구로 얹혀 지내며 학교를 가깝게 다녀본 것은 소학교 1학년 때뿐이었다. 부모의 품에서 갓 떨어져 나온 그는 젖 곯은 강아지마냥 일주일 내내 골골 앓다가도 토요일 오후만 되면 고향길 위로 새 날듯 팔 벌려 달려가곤 했다. 그때마다 어김없이 동산마루까지 마중 나와 그를 등에 업고 데려가주던 아버지. 아버지는 그 해 징용에 끌려간 뒤 다시는 돌아오지 않았다. 고향길은 단 이틀만 걸어도 짚신 앞부리가 수세미 되게 헐어버리고 마차 쇠테바퀴가 왈각달각 불똥 튀기는 생돌짝길이었다. 중도에 비 그을 처마 하나 없고 땀 들일 그늘도 변변치 못한 팍팍한 시오리 길, 걷는 일이 벌 받는 것처럼 괴롭던 아이 시절이었다. 때로는 짐도 지고 다녔으니, 삭정이 땔감을 담임선생님 댁에 지고 가 공책 한 권이나 연필 한 자루와 맞바꾼 적도 여러 번이었다. 그 길은 시련의 도정이었다. 비가 오면 벌건 감탕물이 발목 잠기게 콸콸 흘러 길바닥이 무섭게 패고, 갠 날이면 바람 타고 황진 구름이 뿌옇게 떠올라 무명옷을 벌겋게 물들여놓곤 했다. 그리고 더 큰 시련이 닥쳐왔다. 길가 전신주에, 비라가 나붙고 창주를 비롯한 어린 통학생들이 노상에서 검문당해 비라 뭉치를 찾는다고 책보따리가 헤쳐지곤 했다. 달구지나 다니던 길에 먼지구름을 일으키며 미군 지프차, 스리쿼터가 무섭게 질주했다. 길 가던 젊은 여선생이 미군 지프에 채어 가기도 했다. 그 길을 따라 새밋드르부터 서쪽은 폭도마을로 낙인 찍혀 있었다. 사정은 더욱 파국으로 치달아 전봇대가 톱에 잘려 길바닥에 눕혀지고 절단된 전화줄이 산발한 미친 머리칼처럼 어지럽고, 차바퀴가 빠지게 길바닥에 허궁다리가 패지곤 하더니 급기야는 길가 잔솔밭, 밭담 뒤 여기저기에 떼송장이 늘비하게 널리고 말았던 것이다. 그 모진 시국의 풍우와 폭염에 전신을 드러낸 채 난타당하던 길은 30여 년 후인 지금 매끄러운 아스팔트 밑에 묻혀 감춰져버린 것이다.

바람세가 누그러지면서 눈발은 점점 짙어졌다. 이제 창주와 새밋드르 사이에 놓인 어두운 공간은 숱한 눈송이들로 빽빽이 채워졌다. 가로등 불빛은 등뒤로 가물가물 멀어지고, 대신 시오리 밖 새밋드르의 암흑이 정면으로 밀려와 앞가슴을 답답하게 짓눌러댄다. 그것은 숯더미로 화하여 한낮에도 암흑같이 검던 새밋드르요, 그 폐허의 한 귀퉁이에 돌성 쌓고 들어가 살던 전략촌의 어두운 밤이었다. 창주는 이제 오그라드는 가슴을 심호흡으로 부풀리며 성큼성큼 과거 속으로 걸어 들어가기 시작했다. 시오리 공간에 붐비는 눈송이들이 자꾸만 창주에게 뭐라고 속삭이는 것 같다.

36년 전, 온 섬이 대난리를 만나 북새통일 때 이 시오리 길을 사이에 두고 읍내 순경들과 마을 남정네들 사이에 한때 야릇한 숨바꼭질이 벌어졌었다. 마을 앞 야트막한 도새기동산에서 홀연 울려 퍼지는 나팔 소리와 함께 평소에 없던 소나무 한 그루가 불쑥 솟아오르면 마을 남정네들이 불 깐 돼지 튀어나듯 산 쪽으로 냅다 달음질 놓고, 읍내 쪽에서 검정 스리쿼터가 먼지구름을 끌면서 득달같이 달려들곤 했다.

한마디로 비극은 달음박질에서 시작되었다. 최초의 달음박질은 5 · 10선거일에 있었다. 그날 선거인을 데리러 오는 경찰 스리쿼터 한 대가 동쪽 길 끝에 나타났을 때는 마을 주민들은 농민회 청년들이 뒤에서 감때사납게 몰아대는 대로 산으로 내달린 다음이었다. 중산간 부락은 물론 해변 부락도 반수 이상 선거에 불참한 이 사건이 바로 비극의 발단이었다. 미 군정이 이를 단순히 '좌익의 선거인 납치'로만 보지 않고 '주민의 선거 보이코트'로 보는 데에 문제의 심각성이 있었다. 변혁을 고창하는 농민회 청년들의 눈은 불면으로 붉게 충혈되어 있었다. 경찰도 무서웠지만 머리띠를 두르고 죽창 든 그들의 지시를 거역할 수는 없었다. 비협조자는 자기비판에 회부하여 가차없이 린치를 가했으니, 한밤중 "왓샤 왓샤" 하는 횃불시위 소리가 들리면 마을 사람들은 오늘은 또 어느 집 누구가 애꿎게 당하나 가슴을 졸이곤 했다. 나중에 경찰로부터 호된 고문과 닦달을 당할 줄 알면서도 모이라면 모여야 하고 입산자를 위한 식량과 기부금을 내라면 또한 지체없이 내야만 했다. 농민회에 의탁하여 사사로운 원한을 푸는 자들도 있었다. 좌우

양단간에 어느 쪽에도 정처를 못 두고 양쪽 눈치를 살펴야 하는 괴로운 생활이었다. 아직 장가 안 간 스물 안팎의 장성한 두 아들을 둔 외할머니의 심경은 실로 난감한 것이었다. 읍내 차부에 취직하여 화물차를 끌던 큰외삼촌이 그 무렵 경비대 운전병으로 들어가 있었다. 막내외삼촌이, "절로 죽지 못해 환장난 것들! 제까짓 촌무지랭이들이 사상을 알면 얼마나 안다고 냅뜨는 거여? 공부한 하이카라들이나 하는 멋쟁이놀음일 뿐이여" 하고 투덜거릴라치면 외할머니는 질색하고 손을 홰홰 내젓고는 하였다. "아이고, 야야, 말조심허라. 바람벽에도 귀가 있져." 심지어 할머니는 이런 말까지 더러 하여 퉁을 먹곤 했다. "늬 성이 경비대에 들어갔다고 저것들이 우리집을 사뭇 밉게 보는디, 언제 당해도 당하고 만다. 어느 쪽이 이겨 어느 시상 될런지 당최 알 수 없으니 느랑(너는) 농민회에 나가사 좋음직허다. 해변 사람들 바다에 나갈 젠 부자간이나 형제간에는 절대로 한배에 안 탄다고 하는디 느네들도 한쪽에만 모다져(몰려) 있다가 둘 다 몰사하면 느이 집안에 씨 멸족 아니가. 대가 끊어지는 거여." 그것이 할머니의 시국관이었다.

선거 불참은 이런 정황 속에서 불가피하게 발생한 불상사였다. 아무리 무식한 농사꾼이라도 그 사건의 중대성을 모르지는 않았다. 본의 아니게 나라에 죄진 백성이 되어버린 것이다. 아니 '죄'는 그것뿐이 아니었다. 산에서 기부 형식으로 뺏어 가는 쌀과 돈이 더 큰 문제였다. 그것이 입산자들의 피와 살이 되고 있으니 미상불 이것 또한 본의 아닌 '이적행위'인 셈이었다. 입산자들의 식량은 전적으로 새밋드르와 같은 중산간 부락에 의존하고 있었던 것이다.

이런 곤경에 처하여 마을 주민들은 여간 불안한 것이 아니었다. 특히 젊은 축들은 혹시 잡혀가 피똥 싸고 나오지나 않을까 앉은 자리가 늘 바늘방석이었다. 이러한 주민들의 불안감을 휘어잡고 조직적으로 이용하기 시작한 것이 농민회 청년들이었다. 도새기동산에 나팔이 울고 소나무가 세워지면 대피명령에 응하지 않는 자는 밀고하기 위해 남아 있는 자로 간주하여 철저히 이단시되었다. 일단 경찰심문에 걸리면 아는 대로 답변하지 않으면 무사히 놓여날 수 없는 것도 사실이었다. 그러니, 이 지경을 당하여 어찌하겠는가. 끈 달린 꼭두각시처럼 나팔 소리에 일제히 줄달음질칠 수밖에.

큰외삼촌이 군기대 교육 받으러 육지로 떠난 직후 창주는 난생 처음 팔자에 없는 차를 타보았다. 계엄령으로 길이 차단되어 때이른 방학을 맞고 있던 어느 날이었다. 어머니가 남의 밭에 품앗이 김 매러 가서 창주 혼자 큰길가 조밭에서 김을 매고 있는데 돌연 스리쿼터 한 대가 들이닥쳤다. 밭둔덕 풀숲의 여치 소리가 일순 뚝 끊겼다. 어른들이 벌이는 숨바꼭질에 나 같은 아이까지 덩달아 숨을 필요가 없겠지 했는데, 웬걸 덜컥 걸려들고 말았다. 김매는 척하면서 척후 노릇하고 있다는 혐의였다. 하기는 창주 자신도 마을 아이들처럼 혹 차가 오거나 낯선 사람이 보이거든 즉시 어른들에게 알리라는 다짐을 받고 있는 터였으므로, 그런 오해를 살 만도 했다. 그러나 정작 몇 군데 길목과 도새기동산에 번들며 망보는 아이들은 따로 있었다. 그들은 대개 창주보다 두세 살 위인, 아직 샅에 달린 씨주머니가 채 여물지도 않은 열네댓 살 나이에 한몫의 남정 노릇 하고 있었으니 그들은 이미 아이들이 아니었다. 아이가 나이 먹는 게 두려운 시절이었다. 어머니가 국민학생답지 않게 키가 껑충한 창주를 늘 불안스럽게 여겨 바깥출입에는 꼭 교모를 쓰도록 단속한 것도 그 때문이었다. 그런데 그날은 어쩌다 운이 없었던지 교모를 썼는데도 의심받고 말았다. 차가 오는 큰길가 밭에서 아이 혼자서 김 매는 꼴이 아무래도 수상쩍었던 모양이다. 시키는 대로 김 매던 호미를 그대로 손에 쥔 채 엉거주춤 차에 오르니 어른 셋이 뒷짐 결박진 채 구석에 쪼그리고 앉았는데 그 중에 강영조 씨가 끼여 있었다. 강씨의 얼굴이 벌겋게 상기되어 있길래, 너무 꽁꽁 묶어서 핏독 올라 그런가 했더니 나중에 알고 보니, 낮술 먹은 탓이었다. 아랫마을 어느 초상집에서 술 몇 잔 걸치고 돌아오다가 붙잡힌 것이었다.

차는 엔진 폭음을 엄청나게 부풀리며 돌짝길 위를 무섭게 달려갔다. 간담이 서늘했다. 아무리 처음 타는 차라 해도 붙잡혀 실려 가는 몸이 아니었더라면 그렇게 무섭지는 않았으리라. 졸지에 중죄인이 되어 버린 느낌이었다. 잔뜩 겁먹은 창주의 눈에는, 그 스리쿼터가 생돌짝길을 아가리로 후룩후룩 들여마시는 즉시 먼지구름똥을 만들어 꽁무니로 뿌옇게 내뿜는 무서운 괴물처럼 여겨졌다. 스리쿼터는 단숨에 시오리를 먹어치우고 휑하니 서문 지서 앞에 가 닿았다. 읍내가 그렇게 가까울 줄이야. 창주는 자신이 흡사 강풍에 날린 가랑잎처럼 읍내 한복판에 뚝 떨어진 느낌이었다. 지서 마당 한가녘에 붉은 꽃무더기를 인 협죽도 한 그루를 뒤로 하고 청년 여남은 명이 새끼줄 울타리에 가두어져 뙤약볕을 맞고 있었다. 창주가 가슴을 죄며 다른 연행자와 함께 현관으로 들어서자 한 순경이, "폭도 인솔!" 하고 외쳤다. 그러나 취조는, "우리 삼촌은 국방 경비댑니다" 하고 말할 새도 없이 의외로 싱겁게 끝났다. 주임은 창주 차례가 오자 어이없다는 듯이 한바탕 실소를 터뜨렸다. 아버지 입던 걸 줄여 만든 헌 갈중의 일복에 새똥 깔긴 듯 허옇게 바랜 모자를 눌러쓴 행색이 영락없이 풍우에 삭은 허수아비 꼴인데다 한 손에 김매던 호미까지 그대로 달랑 들려 있는 것이 여간 가관이 아니었던 모양이다. "얼니, 요 새끼폭도가 날 찍으려고 호미까지 들고 있나?" 주임은 이렇게 농까지 섞어 가면서 마을 청년의 동태에 대해서 몇 마디 물어 보고는 그 즉시 석방이었다. "모처럼 출동에 기껏 가서 잡아온 게 겨우 젖내나는 소학생이여? 정신 빠진 것들!" 그 사람이 임주임은 아니었다.

강씨가 정보원의 임무를 부여받은 것도 바로 그날이 아니었을까? 그 임무라면 마을 젊은 축들의 성분을 ○×△표로 분류한 리스트 작성을 돕고 ×와 △표의 동태를 살펴 보고하는 일이었을 것이다.

창주는 그날 스리쿼터를 탄 뒤로는 전에 없던 불안감이 찾아들었다. 졸지에 온 세상이 자기를 어른이라고 지목하고 있는 느낌이었다. 어머니의 말마따나 1월생 꽉 찬 나이 열세 살은 결코 안심할 나이가 아니었다. 큰집이 바로 이웃에 있었지만 뒤늦게 농민회에 나가기 시작한 원두형 대하기가 두려워 출입을 삼가했다. 다음번에 스리쿼터를 타면 원두형 때문에 시달릴지 모른다는 생각에서였다. 그동안 수수방관만 하던 경비대가 마침내 이 사태에 개입하자 날로 스리쿼터 출동은 빈번해지고 이에 따라 남정네의 달음박질도 다급해졌다. 창주도 이제는 어른들 틈에 끼여 산길로 오리 밖까지 내달려 새밭에 몸을 파묻고 숨었다가 돌아오곤 했다.

그랬다. 파국은 그 달음박질에서 비롯되었다. 이 숨바꼭질에서 번번이 한 발짝 늦어 검거 성과가 신통치 못했던 술래 쪽의 노여움도 헤아려볼 만했다. 오죽 분통이 났으면 나 같은 아이까지 데려갔을까. 저들이 죄가 없으면 왜 도망치는가. 나팔수와 소나무까지 등장시킨 대피활동, 출동을 지연시키려고 길에 허궁다리 파놓기, 전신주 절단하기, 식량 조달, 이 모든 것이 진압하는 쪽에서 보기에는 주민들이 좌익에 부화뇌동한 증거일 뿐이었다. 정작 산과 줄을 대고 있는 축은 한줌도 못 되는 농민회 청년들이건만 떴다 하면 이렇게 너도나도 넝날아 달음박질이니, 그런 한심한 시국이 또 있을까. 이러지도 저러지도 못할 궁지에 처하여 오직 달음박질만이 능사인 무식한 농투성이들의 심정을 헤아려줄 만큼 시국은 너그럽지 못했다. 아니, 사태는 더욱 악화되었다. 경비대 병사 백여 명이 반란을 일으켜 연대장을 암살하고 한라산으로 입산한 사건이 발생한 후로는 시국은 한치 앞을 내다볼 수 없는 암흑의 구렁텅이로 곤두박질치기 시작했다. 반란군을 낸 향토부대는 소박맞아 육지부대와 교체되어 섬을 떠났다. 조가 누릇누릇 익을 무렵 해서 정부가 수립되었다는 소문이 들려왔지만, 당장만 모면하려고 시작된 마을 주민들의 달음박질은 여전히 관성처럼 되풀이되고, 달아나는 횟수가 거듭될수록 죄는 눈덩이 불듯 점점 무거워져갔다. 이제 입산자인 '산폭도'와 구별하여 부르던 '도피자' 호칭은 그 본래의 뜻이 퇴색되고 도피자라면 무조건 모개로 싸잡아 폭도로 간주해 버리는 무서운 집단적 편견이 팽배해갔다.

신변에 위험을 느낀 농민회측들은 아예 입산하여 밤중에나 나타나 식량을 털어 가는 밤손님으로 변신해 있었다. 그들의 입산으로 도새기 동산의 대피 나팔 소리는 더 이상 들리지 않았지만 그래도 달음박질은 여전히 멈춰지지 않았다. 아니, 이번에는 이중의 숨바꼭질에 시달리지 않으면 안되었다. 산으로부터 중산간 마을에 만 15세 이상 남정들을 모두 입산시키라는 지령이 떨어져 한밤중 납치극이 벌어지기 시작한 것이다.

밭은기침 소리 하나 없이 돌같이 굳은 밤. 쿵쿵 돌담을 뛰어넘는 소리에 화들짝 잠이 깬 외삼촌은 뒤꼍으로 후다닥 도망쳤다. 그러나 한 발짝 늦었다. 돌담 타고 넘으려는 찰나에 죽창에 허벅지 찔려 아래로 굴러떨어지고, 그 서슬에 무너진 돌덩이들이 와르르 몸 위로 덮쳤다. 죽창 맞은데다 돌에 짓찍히 전신이 피칠갑이었다. 살 가망이 없어보였다. 그래도 어머니는 동생을 살려 보려는 일념에서 계엄령으로 통행이 금지된 그 밤중에 겁도 없이 읍내 걸음질을 했다. 길이 무서워 내내 발위를 걸었다. 발담에 바싹 붙어 몸을 숙여 걷자니 허리가 끊어질 듯 아프고 날카롭게 서슬진 조그루에 찔려 발바닥이 험하게 까졌다. 그러나 수의사 하는 창주의 당숙은 위험한 길 갈 수 없다고 소독약과 붕대만 내주었을 뿐이었다. 이틀 후 외삼촌은 끝내 숨을 거두고 상여도 못 탄 채 지게송장으로 마을 근처 밭에 임시로 가매장되었다. 차마 맨얼굴에 흙을 끼얹을 수 없어 보릿짚을 덮어주었다.

납치된 남정들은 대개 취사를 맡거나 해변 습격 때 무장군을 따라가 약탈한 물건을 날라 오는 짐꾼 노릇을 했으니 비록 죽창을 가졌다고 하나 그것은 단지 짐꾼의 지게 막대기에 불과했다. 이른바 '지게부대'였다. 그러나 이들 역시 '폭도'로 간주되어 가차없는 응징의 대상이 되고 만 것이었다.

이렇게 낮에는 아래에서 오고 밤에는 산에서 왔으니 마을 남정네는 그야말로 안팎 곱사등이 신세였다. 아래에서 보아도 도피자요, 위에서 보아도 도피자였다. 폭도 마을로 낙인찍힌 터라 특히 두려운 것은 해변 쪽이었다. 몸이 땅강아지만하게 오므라들어 단지 속에나 숨는다면 모를까, 석 자 몸을 머리카락도 안 보이게 꼭꼭 숨기기는 어려웠다. 산과 해변으로 붙잡혀가는 남정네가 늘어났다. 도피자를 자식으로 둔 늙은 아비 어미들 또한 무사하지 못했다. 자식의 행방을 대지 못해 얻어맞고 멍든 얼굴들이 생기고 라이타 불에 흰 수염이 타버린 노인들도 있었다. 젊은 자식이란 애물단지에 불과했다.

그 경황에도 조는 간신히 거둬들였으나 막상 보리를 갈려 하니까 사태는 가일층 악화되었다. 들녘에 총성이 낭자하여 도무지 보리갈이 할 엄두가 나지 않았다. 검거가 토벌로, 선별 검거가 전면 도빌로 변했다. 미군 정찰기가 한라산을 감돌고 해안선 따라 노상 미군함이 검은 연기를 뿜으며 오락가락했다. 이제 토벌대의 눈에는 섬주민이라면 모두 산폭도와 한통속으로 보였다. 이에 따라 온 섬이 살기로 충만했다. 지상 2미터 아래로 뜨거운 쇠붙이들이 수없이 난무하여 양민들의 멀렁한 살속을 헤집고 들었다. 한때 중산간과 똑같은 처지이던 해변 마을들은 차 타고 일주도를 무섭게 질주하는 토벌대의 손에 속속 접수되기 시작했으니 마침내 섬은 해변과 산, 두 세력으로 대치되었다. 두 적대세력의 치열한 각축의 와중에 휘말린 중산간 주민들의 운명은 특히 비참한 것이었다. 폭도 마을로 낙인찍힌 그곳 양민들의 희생은 컸다. 죽는 자는 자기가 무엇 때문에 죽는지를 몰랐다. 사소한 변덕이 생사를 판가름하고 생존은 전혀 우연의 소치였다. 새밋드르 청년 다섯 명이 마을 어귀의 늙은 팽나무 밑에서 한꺼번에 처형당한 것도 이때였다. 마침내 소개령이 떨어져 곳곳에서 중산간 부락을 태우는 불길이 치솟아올랐다.

새밋드르 남정네들의 마지막 둔주는 섣달 그믐께에 있었다. 새밋드르 네 개 부락이 완전히 소각되어 주민들이 해변으로 소개되던 그날, 강제 입산을 피해 숨어 있던 남정네들은 이번에도 도리없이 산 쪽으로 줄행랑 놓았다. 그들이 숨이 턱에 닿게 오리 밖까지 내달려, 쫓긴 기러기떼 먼 데 둠벙에 날아가 앉듯 전에 숨던 새밭 안으로 기어들었는데, 새밭에 든 남정네 수십 명이 다른 포수에게 들키는 꼴이 되고 말았다. 산사람들이 거기까지 내려와 있을 줄이야. 입산을 고의로 기피했다는 이유로 본보기삼아 한 명이 그 자리에서 흠씬 얻어맞고 모두가 곧장 산으로 끌려갔다. 그들은 이제 단순한 도피자가 아니라 빼도 박도 못할 입산자로 전락된 것이다. 이리하여 반년 넘게 계속된 마을 남정들의 필사적인 둔주는 결국 파국에 이르는 달음박질로 마감한 셈이었다. 이들 남정네 외에도 늙은이, 아녀자 백여 명이 그날 산에 올랐다. 호가 난 입산자 가족은 물론, 산으로 납치되어 졸지에 도피자에서 입산자로 처지가 바뀐 젊은 남정네들의 가족 다수가 해변이 무서워 스스로 산행을 결정했는데, 그밖에도 창주네처럼 그 경황중에 쌀부대와 옷고리짝을 뒤꼍 채마밭이나 돌담 속에 파묻고 뒤늦게 피난길에 나섰다가 느닷없이 들이닥친 산사람들에게 뒷덜미 잡혀 산 쪽으로 돌려 세워진 사람들도 적지 않았다. 총과 죽창을 거머쥔 산사람 다섯은 무겁게 등짐 진 이재민들을 좁은 목에 돼지 몰듯 오리 밖까지 죽을 둥 살 둥 반달음질시킨 후에야 걸음을 조금 늦춰주었다. 얼핏 돌아본 새밋드르는 거대한 먹구름떼가 내리덮친 듯 검은 연기가 자욱했다. 오리 밖에서도 물씬 풍기는 매캐한 연기 냄새.

개털모자를 눈 밑까지 폭 눌러써 얼굴을 가린 강씨가 소개민들을 임시 수용한 일주 도로변 덕천국민학교 운동장에 나타나 입산자 가족 색출에 결정적 역할을 한 것도 그날이었단다. 눈비가 섞여 치는 매운 날씨였다. 삼엄한 경비 속, 모두들 눈감은 채 숨죽여 앉아 있는 가운데 누구한테 향할지 모르는 그 손가락질, 그 손가락총. 강씨가 우물쭈물하는지, "날래 못하가서?" 하고 무섭게 다그치는 이북 사투리. 손가락질 받은 사람들이 하나 둘 울음을 터뜨리기 시작했다. "아이고, 아이고, 자식 죄가 어찌 부뮈 죄가 됩네까? 자식을 겉 낳지 속 낳습니까?" "아이고, 선상님네들……" 강씨도 제정신이 아니었던지 엉뚱한 사람을 짚기도 했다. 아기 업은 채 열 밖으로 떠밀려 나온 그 젊은 아낙은 곧장 강씨에게 달려들어 소매를 잡고 늘어졌다.

"아이고, 생사름 잡지 맙서! 그놈이 마을 정자나무 아래서 총 맞아 죽은 줄 온 마을이 다 아는 사실인디. 당최 이런 법은 없수다. 죽은 놈이 어떵해연 입산자우꽈? 그놈이사 죄값으로 죽었지만 난 무신 죄우꽈, 아이고, 아이고, 제발 이분들한티 잘 말해줍서."

울부짖는 소리에 강씨는 넋나간 듯 멍한 표정이더란다. 곧 강씨의 실수가 인정되어 그 여자는 무사했다. 그날 길가 옴팡진 밭에 들어 한꺼번에 죽어 널브러진 사람이 십여 명에 이른다고 했다.

임씨가 낯 검은 야차의 모습으로 새밋드르 주민들 앞에 처음 선보인 것도 그날이었다. 우물쭈물하는 강씨를 윽박지르며 그 무서운 장면 속을 휘젓고 다니던 임씨…… 이 두 사람의 동반자 관계는 아마 이때부터 시작되었을 것이다.

창주네 식구는 모두 셋이었다. 서 말들이 퉁퉁한 쌀부대를 짊어지고 어기적어기적 힘겹게 발을 떼놓는 어머니, 그 뒤로 흘러내린 질빵을 붙잡고 종종걸음치며 따라가는 다섯 살박이 용주. 열세 살의 창주는 이불짐을 지고 있었다. 불타는 마을에서 바람에 날린 검은 연기가 머리 풀고 흐느끼며 자꾸만 뒤쫓아왔다. 길바닥에 퍼질러 앉아 한바탕 울음이라도 터뜨리고 싶은데 범 같은 산사람들은 빨리 걸으라고 무섭게 윽박질러 댔다. "하이고, 남은 양식은 이것뿐인디, 이 고생하며 산에 지고 가면 산사람들이 또 얼마나 빼앗아 갈꼬." 어머니는 이렇게 나직이 중얼거리면서 한숨을 토했다. 그래서 그런지 창주도 남의 짐을 얹혀 진 듯, 등에 무슨 악귀가 달라붙은 듯 짐이 그렇게 무거울 수가 없었다.

그런데 의외로 빨리 짐이 가벼워졌다. 괭이오름 모롱이를 굽이돌자 먼저 끌려간 남정네들이 좁은 길바닥에 덜덜 떨며 쪼그리고 앉아 감시를 받고 있었는데 그들이 짊어질 분량만큼 양식을 덜어 내라는 것이 무장군의 명령이었다. 어차피 빼앗길 것, 산까지 고생스럽게 지고 가지 않게 된 것만도 다행이랄까. 순식간에 전체의 삼분지 이 가량의 양식이 남정네 등으로 옮겨졌다. 창주는 어머니와 짐을 바꿔 졌다. 절반이 훨씬 넘게 축난 쌀부대는 거렁뱅이 동냥자루만큼이나 가뿐했다.

덕천국민학교 운동장에 추적거리는 진눈깨비는 산에서는 그대로 눈이 되어 떨어졌다. 괭이오름을 지나자 일망무제로 하얗게 눈 덮인 목장지대가 나와 산길은 눈에 파묻혀 더 이상 보이지 않았다. 백 명 가까운 이재민들은 시키는 대로 일렬 종대로 늘어서서 눈밭길을 허위허위 올라갔다. 불타는 마을은 검은 구름만 무성할 뿐 불길은 햇빛에 바래어 보이지 않았다. 맨 후미에 따라오는 무장군들이 솔가지로 눈 위의 발자국을 쓸어 지우고 있었다. 내내 말 한마디 없이 걸어가던 어린 용주가 마침내 울음을 터뜨렸다. 발이 시리다고 했다. 창주가 쌀부대를 어머니의 이불짐 위에 얹고 질빵을 걸어 동생을 둘쳐업었다. 서편 하늘 옅은 구름장 뒤에 얼굴 가린 해는 어린 동생의 시린 낯빛처럼 창백하게 보였다. 구름자락이 내려와 닿고 있는 한라산 기슭까지 광막하게 펼쳐진 눈 벌판 위에 꾸불거리던 그 실날 같던 행렬. 해변에서 강풍이 들판을 쓸며 치달아올 때마다 뿌옇게 눈보라가 일어나 행렬의 자취를 가뭇없이 지워버리곤 했다. 고난은 벌써 시작이었다. 눈 깊은 산 밑에 이르자 짐 진 채 눈구덩이에 빠져 나뒹구는 사람들이 속출하더니 청년 한 명이 탈출하려고 계곡 아래로 몸을 굴렸다가 총 맞고 죽었다. 청년이 흘린 피는 흰 눈에 번져 소름끼치도록 붉었다. 눈 속에 피는 마을의 동백꽃도 그렇게 붉지는 않았다. 행렬은 저물녘에 한라산 밑굽까지 드리운 구름 아래로 빨려들어갔다.

거기서 죽지 않고 살아 나온 자들은 이렇게 옛날 말을 한다. "비바리가 늙어 가민 맷돌짝 지고 산으로 달음질헌다는 속담은 있어도 멀쩡한 사람 양식 지고 겨울산 눈구덩이에 살림살이하러 갔다는 말 못 들었네. 어찌하여 우리가 그 지경이 되었던가." "다른 굴엔 실제로 맷돌까지 날리다 썼다는 걸세. 우리야 도정 안 한 꺼끌꺼끌한 겉조 거죽째 먹었주만." "연 이태째 거펴 숭년이더니 그해 조농사는 어찌나 잘 되었던지. 조 이삭이 거짓말 보태서 방망이만 했주. 허허 그 난리 불에 죄

태워 먹자고 그리 풍년이던가." "밭담 · 산담(묘지담) 속에 숨겨 둔 것마저 읍내 해변 마을 것들이 들어서 다 털어 갔으니." "그건 그 사람들 원망할 게 아니라. 불탄 마을에 곡식이 남아 있으면 산사람 양석이 된다고 관에서 시킨 거주."

창주가 동생을 업은 채 눈 속 허궁다리에 빠져 발목을 삔 것은 어리목에 다 와서였다. 발목 부상이 오히려 전화위복이 되었다. 설화가 하얗게 핀 상수리나무숲에 이르러, 어린아기 안 데린 젊은 여자, 중늙은이, 열서너 살의 소년 등 여남은 명이 징발되어 짐 진 남정네 뒤를 따라 계속 산으로 오르게 했는데 창주는 발목 부상으로 용케 징발을 모면했다. 산에서도 창주 또래의 나이를 한 몫의 남정으로 보고 있었던 것이다.

머리 위로 드리워진 구름발에서 안개눈이 떡가루처럼 부슬부슬 내리고 날은 저물어가고 있었다. 멀리 불타는 고향 마을이 내려다보였다. 햇빛이 시들자 마을을 휩싸고 있던 검은 연기는 온통 벌건 불로 변해 있었다. 이어서 입산자 가족이 떨어져 나가고 나머지 삼십여 명의 이재민은 근처 계곡으로 들어섰다. 마을은 이제 상수리숲에 가려 보이지 않았지만 하늘에 떠오른 불빛은 시시각각으로 커져 가고 있었다. 일행은 계곡의 비탈에 뚫린 암굴에 수용되었다. 마지막까지 남았다 간 무장군은 한쪽 뺨에 백납 먹은 흰 어루러기가 있어 창주도 마을에서 본 적 있는 농민회 청년이었다. "이 굴은 전에 내가 약초 캐러 댕기다가 봐둔 건데 서른 명 들어갈 만한 곳은 여기밖에 없수다. 고생은 될 텝쥬만 참고 기두립서. 길게 잡아 한 달포면 왼 섬이 우리 손에 해방될 거우다. 당최 도망갈 생각일랑 하지 말아마씸. 여러분 중에 감시자가 몰래 끼여 있수다. 도망치다 들킨 자는 살지 못하니 명심합서. 해변으로 내려가면 살아질 것 같수꽈? 발세 마빡에 입산자 낙인이 꽉 찍혀 부렀는디." 이렇게 말하고는 그는 모자란 양식, 칡뿌리나 캐어 보태라고 삽 한 자루를 던져주었다.

그날 밤 창주는 어른들 틈에 끼여 밤늦도록 동굴 앞에 앉아 상수리나무숲 위 하늘에 질펀하게 번져 있는 불빛을 처연한 심사로 바라보았다. 30리 밖의 불이 그렇게 가깝게 느껴질 수가 없었다. 숲 위 하늘에 번진 불빛은 이상하게도 해가 바뀐 그 이튿날 밤에도 사라지지 않았다. "밤불은 종잡을 수 없는 거여. 아마도 저건 다른 마을 타는 불일거라" 하고 한 노인이 일러주었다. 과연 하늘에 뜬 불빛은 밤마다 여기저기 그 위치가 달랐다. 그제야 사람들은 불행이 자기에게만 닥친 게 아님을 깨닫고 고개를 끄덕거렸다. 하늘을 벌겋게 물들이던 불빛이 아주 사라진 것은 대엿새 후였다. 그동안 해가 바뀐 줄도 몰랐다. 창주는 이제 열네 살이 되었다.

두 달 동안의 암굴생활은 참담한 것이었다. 굴은 목이 길쭉한 호리병같이 생겼는데 입구에다 외풍을 막느라고 청솔가지를 잔뜩 쌓아올리고 굴바닥 역시 청솔가지를 두텁게 덮어 그 위에 이부자리를 깔았지만 얼음 위에 댓잎 자리 본 격으로 노상 냉기가 스멀스멀 기어올랐다. 땔감은 지천으로 많은데 마음놓고 불을 필 수 없는 게 한이었다. 굴 앞이 무성한 잡초덤불로 가려져 자연 은폐가 되었지만 연기와 불빛은 절대 금물이었다. 밤에는 불빛이 샐까, 낮에는 연기가 샐까, 걱정이었으니 그 겁먹은 불이 오죽 컸을까? 가랑잎 한줌 타는 정도 이상의 불꽃은 키울 수 없었다. 눈 맞은 삭정이는 습기가 많아 연기를 많이 내므로 껍질을 벗겨서 때지 않으면 안 되었다.

이렇게 불기가 오죽잖았으니 제대로 어한이 될 리가 없었다. 동상이 무서워 수시로 귀와 손발을 비벼 대고 잘 때는 서른 명이 한 덩어리가 되어 꼭 붙어서 잤다. 양식도 한데 모아 공동취사했다. 빼앗기고 남은 양식은 먹으면 보름도 못 넘기겠기에 죽을 섞어 끼니를 이어 갔다. 그나마도 곡기를 아끼려고 하루 두 끼에 죽 한 사발이 고작이었다. 허기진 배는 칡뿌리를 곱씹어 단물을 조금씩 흘려 넣었다. 눈이 더 쌓이기 전에 칡뿌리를 많이 캐 두어야 하겠기에 매일 세 사람씩 번들며 나가 삽 한 자루에 의지하여 부지런히 눈 덮인 계곡 비탈을 뒤졌다. 아기들마저 어미 젖이 말라붙어 좁쌀 미음을 먹었다. 젖아기들은 모두 넷이었다. 젖에 굶은 아기들의 울음소리가 늘 신경을 곤두세웠다. 저 아기 때문에 언제 들켜도 들키고 말 거라고 사람들의 불평은 대단했다. 아기 데린 아낙네들은 아기 울음소리가 굴 밖에 새어나갈까 봐 맨 안쪽에서 지냈는데 아기가 울라치면 소스라치게 놀라면서 급한 불 끄듯 얼른 이불을 뒤집어씌우는 것이었다. "아래 내려가 배추국 먹으면 젖이 나올 텐데……"

평소에 걸핏하면 울기 잘 하던 용주는 용케 터져나오는 울음을 삼킬 줄 알았다. 어린 속에서도 무서움이 어떤 건지 절실히 깨닫고 있는 모양이었다. 장 없이 먹는 멀건 죽은 매양 싱거웠고 소리없이 뺨을 타고 흐르는 눈물도 염기 없어 싱거웠다. 못 먹어 허기진 몸에 이까지 들끓어 아까운 피가 축났다. 창주는 자다가 무심중에 득득 긁어 손톱자국에 딱지가 앉고 양 오금탱이가 헐어 아물 날이 없었다. 어느 눈 어두운 할머니는 옷솔기에 입을 대고 이를 톡톡 깨물어 죽였는데 피묻어 벌건 입술을 혀끝으로 날름 핥는 모습이란 차마 끔찍한 것이었다. 볕 좋은 날이면 굴 앞에 우거진 덤불 아래 한 가족 서너 사람씩 나가앉아 이를 잡았다. 덤불 새로 비쳐드는 햇볕에 속곳을 펼치면 옷솔기에 붙어 있던 이들이 떼를 지어 스멀스멀 기어나오는데, 이때 옷을 탁탁 힘껏 털어내면 이가 흰 눈 위에 까맣게 떨어지곤 했다. "야! 흰 곤밥에 깨소금 뿌린 것 닮구나" 하고 언젠가 용주가 탄성을 질렀다.

얼굴에 백납 먹은 청년은 새밋드르 이재민 담당인 듯 그 후에도 이따금 굴안에 머리를 디밀고 허기져 늘비하게 누워 있는 사람들을 들여다보다가 돌아가곤 했다. 그때마다 해변에 내린 사람들이 많이 죽었느니, 불빛도, 연기도, 아기 울음소리도 새어나가지 않도록 단속하라는 소리로 잔뜩 주눅을 들여놓곤 했다. 그의 말대로 굴속에 과연 감시자가 있었을까? 그러나 감시자가 없었더라도 감히 도망갈 엄두를 낼 사람은 없었다. 온 섬 하늘이 벌겋던 재앙불에 크게 놀라버린 그들이었다. 산야에 총소리가 그치지 않는데 홀몸도 아니고 식구를 데린 채 허허벌판이 된 중산간 지대를 통과한다는 것은 도무지 상상도 못할 일이었다. 설사 무사히 해변에 닿는다 해도 본의는 아니나 일단 산에 올랐던 사람을 과연 따뜻이 대해 줄지도 의문이었다. 그들에게는 섬 출신 산사람보다 육지 토벌대가 더 두려운 게 사실이었다.

정월 그믐께로 접어들자 산은 구름 벗는 날 없이 연일 눈이 내려 굴 밖의 계곡은 눈보라를 휘몰아가는 바람소리가 스산스러웠다. 토벌대나 산사람이나 모두 눈에 빠져 맥을 못 추는 듯 총성도 뜸해졌다. 맹목적으로 펄펄 끓던 그 무서운 혈기는 겨울의 한기에 차츰 식어 가는 듯했다. 하산하려면 이때가 기회련만 하루 두 끼 멀건 죽으로 한 달 간 버텨온 창주네 굴속 사람들은 이제 심신이 모두 무기력한 상태에 빠져버렸다. 눈이 깊어 칡뿌리는 더 이상 못 캐고 세 사람씩 번갈아 삭정이나무 분질러 오는 일 이외는 퀭한 눈을 허공에 걸고 종일 드러누워 지냈다. 갈무리해둔 칡뿌리를 오래오래 반추하면서. 반듯이 누우면 뱃가죽이 등에 가 달라붙어 괴로왔으므로 새우처럼 몸을 안으로 구부리고 모로 누워 지냈다. 아기가 울어도 기겁하게 놀라거나 아기를 울린다고 타박주는 사람도 없었다. 하기는 못먹어 버썩 여윈 아기들인데 울어봐야 찬바람 맞은 늦가을의 여치 울음보다 더 크지 않았다. 창주는 이따금 고향 마을을 머릿속에 그려 보았으나 그곳은 여전히 무덤 같은 침묵 위로 바람에 날리는 잿가루가 안개처럼 뿌옇게 덮인 죽은 마을일 뿐이었다.

이렇게 한겨울 극지 추위나 다름없는 천 미터 고지에서 겨울 토끼처럼 굶으며 혈거생활을 한 중산간 이재민은 천여 명에 달했다. 총알이 넘나드는 전선의 한가운데 납작 숨죽여 엎뎌 있던 양민들. 죽은 사람은 동사자, 아사자만 있었던 게 아니다. 산사람들의 아지뜨가 산속 깊이 박혀 있는 데 반해 양민들이 처한 동굴들은 대개 산기슭에 있었으니 토벌대 진격에 맨 먼저 노출될 것은 뻔한 이치였다. 두 달 후 해동기를 맞아 본격적인 토벌작전이 벌어졌을 때, 이 동굴들을 해방시키는 과정에서 적의 아지뜨로 간주되어 무참히 파괴된 곳도 있었다.

적설(積雪)을 녹이는 봄, 엠원총의 강인한 무쇠빛 봄이 해변으로부터 낮은 포복으로 기어올라 완전히 한라산을 포위하여 총성을 낭자히 터뜨릴 때, 정찰기 날아간 하늘에서 철 그른 눈발처럼 하얗게 떠내려오던 비라들. 창주가 상수리숲에서 삭정이를 줍다가 주운 비라에는 대강 이런 내용이 씌어 있었다. "이제 정부가 수립된 지 어언 6개월이 지났다. 36년간 일제의 쇠사슬에 묶여 신음한 것도 서러운데, 해방되고 독립된 오늘 무엇 때문에 우리가 서로 죽여야 하는가? 우리는 같은 동포요, 형제이다. 이 글을 보는 즉시 지체 말고 따뜻한 조국의 품안으로 귀순하라. 백기를 들고 하산하는 자에겐 결코 총격을 가하지 않을 것이다. 귀순의 시기를 놓쳐 후회하는 일이 없도록 하라. 만약 불응할 시는 국가가 내리는 벌은 실로 엄격할 것이다." 옆에서 함께 삭정이를 줍던 노인이 질겁하며 산사람이 일면 큰일나니 버리라고 하는 걸 몰래 주머니 속에 집어넣었다. 이튿날 얼굴에 백납 먹은 그 청년이 오랜만에 찾아와서는 비라는 허위선전이니 결코 믿지 말라고 하는 것이었다.

하산의 시기는 의외로 빨리 왔다. 다른 굴과는 달리 용케 한 사람의 동사자도 아사자도 내지 않고 그 혹독한 겨울을 견뎌낸 창주네 동굴은 굴 밖에 송곳처럼 뾰죽뾰죽 얼어붙었던 똥무더기들이 녹아 냄새를 피우는 해동의 봄이 되자 오히려 속수무책이었다. 굴 천장에서 뚝뚝 떨어지는 얼음 녹은 물에 이불과 옷이 젖어들어 여간 고생이 아니더니, 마침내 굴 천장에 눌어붙어 있던 바위만한 얼음 덩어리가 떨어져 그 아래 누웠던 두 모자를 한꺼번에 요절내고 만 것이었다. 죽은 아이는 창주네 학교 2학년짜리였다.

사람을 죽여먹기 시작한 굴 속에 더 이상 머물 수가 없었다. 이튿날 새벽, 사람들은 두 시신 위에 이불을 덮어주고 골안개가 자욱이 피어오르는 시간에 맞춰 굴 밖을 나섰다. 아기들을 울음이 새어나오지 않게 요포대기로 단단히 뒤집어씌웠다. 기운 없어 못 걷는 용주는 어머니 등에 업혔다. 동상 걸린 이들은 발뒤꿈치로 걷느라고 연방 뒤뚱거렸다. 발이 성한 사람도 걸음걸이가 시원찮았으니, 워낙 쇠약한 몸인데다 두 달 만에 처음 하는 걸음걸이라 다리도 허청허청 헛놀았다. 살얼음 밟는 소리, 서리 앉은 풀섶에 미끄러지는 소리가 자꾸만 불길하게 숲의 정적을 깨뜨렸다. 금방이라도 안개를 뚫고 총알이 날아들 것만 같아 가슴이 오그라붙는 듯했다. 산에 안개가 끼면 토벌대는 감히 산으로 발을 들여놓지 못하고 밖에서 안개 걷히기를 기다린다고 했다. 이때를 잡아 하산해야지, 자칫 작전의 와중에 휘말렸다간 눈먼 총알에 목숨을 잃을 판이었다. 어서 안개가 스러지기 전에 산을 벗어나야 했다. 이렇게 불안에 쫓겨 정신없이 안개 밑을 기어가는데 문득 숲이 흔들리며 산바람이 일어났다. 바람 소리에 발짝 소리가 지워져 다행이다 싶었는데, 아뿔싸, 안개가 바람에 밀려 벗겨지는 게 아닌가! 흰 안개가 급류처럼 쇠쇠 소리를 내며 옆을 스쳐가고 눈앞에 새벽 하늘이 번히

트여왔다. 일행은 오도가도 못 하고 그 자리에 주저앉고 말았다. 해가 반공에 치솟자 총소리가 작렬하기 시작했다.

그로부터 이틀간 겪은 일을 창주는 제대로 기억하지 못한다. 세월이 흘러서 잊힌 게 아니다. 하산 직후 읍내 주정공장 창고에 수용되어 심문을 받을 때, 그 이틀간의 경험을 제대로 되살려내지 못해 얼마나 야단을 맞았던지. 그것은 악몽의 뒤끝처럼 흐릿한 기억이었다. 게다가 금방 들은 말도 까먹어 몇 번씩 되묻는 일이 그 후에도 얼마간 계속되었으니 아마도 일시적 기억상실증에 걸려 있었던 모양이다. 이틀 내리 굶고 잠 한숨 못 잔 채, 찬비를 맞아 가며 총소리에 갈팡질팡 쫓겨다녔으니 도대체 제정신이었을 리가 없다. 총도 쌍방이 쏘아대는데다, 꼬리 물고 일어나는 산메아리에 도무지 총소리 방향을 가늠할 수가 없었다. 총소리가 바싹 뒤꽁무니에 따라올 것만 같아 허둥지둥 자리 옮기기를 그 몇 번이나 했던가. 대중없이 퍼붓는 산비에 옷이 흠뻑 젖어 한기가 뼛골에 사무치고 풀 위를 흘러가는 빗물에 잠긴 발은 끊어지는 듯 아팠다. 젖은 요포대기 속에서 아기들이 그악스럽게 울어대어, 사람들이 이를 피해 저만치 달아나면 아기 어미들은 우는 아기 입을 손으로 틀어막고 기를 쓰고 따라왔다. 대여섯 살짜리 아이들도 대개 용주처럼 어른 등에 업혀 다녔는데 퍼렇게 질린 입술을 실룩이며 연상 춥다고 훌쩍거렸다. 그러나 용주는 여전히 어금니를 꽉 사려 물고 울음소리를 내지 않았다.

종일 찬비를 맞았다. 총도 무서웠지만 비가 더 무서웠다. 빗물이 사태져 흐르는 풀숲을 뻘뻘 기어 살던 굴을 다시 찾아갔으나 산비에 내가 터져 건널 수가 없었다. 비를 모면할 도리가 없었다. 한 계집아이가 제 할머니 등에 업힌 채 얼어 죽어 메갈대밭에 버려졌다. 어머니 등에 죽은 듯이 엎드려 있는 용주를 보고 옆에 있던 아주머니가 "그 아기

울지 않는 걸 보니 죽은 것 닮수다. 부려 던져 버립서" 하자 깜짝 놀란 어머니는 동생의 허벅지를 모질게 꼬집어 울린 적도 있었다. 울음소리가 살아 있다는 증거였다. 어머니는 안도감에 주루룩 눈물을 흘리면서 이렇게 말했다. "아이고 창주야, 용주야, 아무래도 못 살 것 닮다. 우리 같이 죽어불자." 그러나 등에 업힌 용주는 완강히 도리질이었다. "아니라, 난 살 커라(살 테야)."

종일 벼락치듯 하던 총소리는 해가 떨어져서야 멎었다. 비도 다행히 그쳤으나 일단 한속이 단단히 든 몸은 좀처럼 더워지지 않았다. 그날 밤 열두 명의 이재민들은 솔수평이에 기어들어가 체온을 잃지 않으려고 한데 엉겨붙어 서로 열심히 몸을 비벼대며 뜬눈으로 밤을 새웠다. 용주는 어머니의 앞가슴을 파고들고 창주는 등에 달라붙어 덜덜 떨었다. 언 몸속으로 자꾸만 졸음이 소록소록 스며 고개를 떨굴 때마다 어머니 손이 허벅지를 아프게 꼬집었다. "졸지 마라. 졸면 죽는 거여." 그날 밤에도 동사자가 발생했다. 그 중 제일 많이 운다고 늘 손가락질 받던 양당장집 아기가 끝내 어미 품에서 싸늘히 식고 말았다.

새벽에 일행은 다시 하산길에 올랐다. 극도의 공복과 추위와 불면으로 창주는 정신이 혼미했다. 내내 고개를 숙이고 어머니 발 뒤축만 보며 터벅터벅 힘겹게 걸어갔다. 어디를 어떻게 해서 내려갔던지, 그날도 한 차례 산비를 만나고 엉덩이까지 차오르는 개울물도 건너고, 시신이 허옇게 널린 참나무숲도 지나쳤다고 하지만 창주는 기억이 아리숭하기만 했다. 그보다도 오히려 앞에서 할딱할딱 젖혀지는 어머니의 닳은 고무신 신창만 지금도 눈에 선하다.

이렇게 이틀간의 막심한 고생 끝에 간신히 산을 벗어난 일행은 토벌대를 만나기 전에 서둘러 여자 머릿수건 두 장을 소나무 가지 끝에 매달아 높이 쳐들었다. 그것이 말하자면 '귀순의 백기'인 셈이었다. 폭도 아닌 양민의 하산이 귀순의 백기를 들어야 할 만큼 시국은 이분법 논리에 철저했던 것이다.

아침 햇살이 홍건하던 그 넓은 들판, 양미간을 망치로 얻어맞은 것처럼 눈에서 불똥이 튀고 심한 어질증이 일어나 창주는 비틀거리면서 자꾸만 눈을 슴뻑거렸다. 그러나 두 달 가까이 굴속 연기에 쏘여 상한 눈에는 여전히 풍경들이 흐릿하게 흔들려보이고 물체마다 언저리에 달무리 두른 듯 야릇한 형상을 하고 있었다. 그때 두 달, 석 달 산생활을 한 사람들 중에는 노년에 들어 눈이 진물러 일쑤 눈물 흘리는 이들이 많은데 아마 창주 자신도 몇 해만 있으면 그 꼴이 될지 모를 일이다. 비만 오면 개머리판, 몽둥이에 얻어맞은 해묵은 장독(杖毒)이 되살아나 삭신이 쑤신다고 드러눕기가 일쑤이고 겨울만 되면 울 일도 없는데 공연히 두 눈에 그렁그렁 눈물을 매달고 다니는 고향 노인네들…… 너무 공포에 질린 나머지 한번 맘놓고 울어 보지 못한 그들에게 겨울만 되면 아무 뜻도 없이 자동적으로 눈물이 나도록 눈병을 선사했으니 시대는 이토록 가혹했던 것이다.

백기를 앞세우고 얼마쯤 내려가노라니, 마른 풀 우거진 둔덕 위로 갑자기 산까마귀가 날아오르면서 토벌대 댓 명이 민첩하게 몸을 드러냈다. "손들엇!" 너무 놀란 나머지 아주머니 몇 명이 손을 든 채 엉덩방아를 찧고 다른 사람들도 부들부들 떨리는 다리를 지탱 못해 무릎이 엉거주춤 오그라들었다. 몸 수색에서 귀순 권고 비라가 창주 것 말고도 여러 장 나왔다. 한 대원이 비에 젖어 곤죽이 다 된 비라를 한데 뭉쳐 땅바닥에 패대기치며 눈알을 부라렸다. "쌍놈의 폭도년들! 이거 갖구 있으문 무사통관 줄 아나? 이것이 통행증이야, 뭐야?" 한 아이가 바지가 무릎 아래로 흘러내린 줄도 모르고 정신없이 손을 쳐들고 있었다. 그러나 그 험악한 욕설은 단지 엄포에 불과했다. 때는 이미 가차없는 응징 일변도에서 선무(宣撫)공작을 겸한 양면작전으로 바뀌어 있었던 것이다. 상급자로 보이는 대원이 결론적으로 말했다. 그의 말은 연설하듯 힘에 넘쳤다. "저 피골이 상접한 얼굴들을 보라. 오죽 못 먹고 얼었으면 저렇게 비참한 꼴이겠는가. 자, 여러분. 이제 따뜻한 조국의 품안에 안겼으니 안심하라. 섬백성도 같은 단군의 자손인데 왜 우리가 미워하겠는가."

이렇게 별 탈없이 귀순의 첫 관문을 통과한 일행은 오라위 근방에서 죽성 부락 귀순자들과 합류, 읍내로 인솔되었다. 중간에 또 한 차례 비를 맞고 지친 다리를 질질 끌며 반나절 넘게 걸린 괴로운 하산길이었다. 들에는 여기저기 고기만 발라내간 마소의 잔해가 앙상하게 버려져 있었다. 그날 오후 이재민들은 읍내 주정공장 창고에 수용되었다. 그제야 비로소 모닥불에 언 몸을 녹이고 주먹밥 한 덩어리로 허기를 끌 수 있었다. 물걸레처럼 젖고 헐디헌 몸들이 허발대며 모닥불을 얼싸안고 김을 모락모락 피웠다. 불은 따뜻하기보다는 차라리 시원했다. 언 속살 녹인 물이 몸속에서 분류처럼 시원스럽게 퍼지면서 응어리진 억하심정도 함께 사르르 녹아버리는 것만 같았다. 소금으로 간한 주먹밥은 또 어찌나 그리 맛이 있던지! 비록 도정 안 한 거친 밀밥이긴 해도 명색이 밥인데 어디 싱거운 좁쌀죽이나 칡뿌리에 비할까. 고소한 소금기, 입안에 쫀득쫀득 달라붙는 그 감칠맛이라니! 창주는 그제야, 이젠 살았구나, 하는 희열이 용솟음쳐올랐다. 산에서 손녀를 잃은 그 할머니는 "아이고, 내 새끼, 하루만 더 살아 이 밥 먹고 죽은들 내 무사(왜) 이리 섧을꼬…… 아이고, 아이고, 불쌍헌 내 새끼" 하면서 끅끅 흐느껴 울었다.

이렇듯 조국의 품안은 따뜻했다. 그러나 두서너 살짜리 어린것들에겐 그 따뜻함이 오히려 과도한 것도 사실이었다. 푸르딩딩하게 시린 아기들은 불을 쬐고 더운 죽 몇 술 먹더니 이내 모두들 촛농처럼 방울방울 녹으면서 축 늘어져버렸다. 아기들은 밤새 열에 떠 비몽사몽간을 헤맸는데 그 중 한 아기가 이튿날 죽었다. 죽성 부락 사람인 그 아기 어머니가 외출허가를 받고 읍내에 아는 유일한 친척인 시사촌 동서를 찾아가 병원비를 꿔달라고 사정했으나 폭도각시라고 문전박대당했다는 것이다. 그 여자를 박정하다고만 탓할 수는 없을 것이다. 입산한 남정네라면 입산 경위가 어떻든간에 일단 산폭도로 간주되어 한 집안의 큰 우환이 되는 것이 저간의 실정이었으니, 그 척족이 혹시 구정물 튀지 않을까 방색하는 것도 당연한 일이었다.

하산한 지 이틀 지나 귀순자에 대한 개별심사가 있었다. 열네 살이 된 창주도 무장폭도를 따라다닌 비무장 폭도로 일단 의심받아 꽤나 추궁이 날카로웠지만 결국 별일은 없었다.

하산자들은 연일 그치지 않고 들어왔다. 새밋드르의 입산자 가족들도 반송장의 참혹한 떼거지 몰골로 돌아왔다. 큰집 식구들도 그 중에 끼여 있었다. 개미목 밑 어느 초기밭 관리인 집에서 겨울을 난 이들은 막판에 들어 창주네처럼 싸움의 한가운데 휘말렸던 것인데 닷새 밤을 한숨 못 자고 이 골짝 저 수풀로 갈팡질팡 헤매다가 총 맞아 죽고 얼어 죽은 자가 십여 명이라고 했다. 입산자 가족에 대한 취조는 특별히 까다롭고 집요했다. 호명 소리가 날 때마다 아주머니들이 파랗게 사색이 되고 조금이라도 동정을 사보려고 업은 아기를 꼬집어 울려 놓는 이들도 있었다. 산에서는 아기가 운다고 입을 틀어막고 해변에서는 일부러 꼬집어 울려 놓고……

보름 후, 주정공장 넓은 창고 두 개는 이재민들로 가득해졌다. 늙기는커녕 발 뻗고 앉을 자리도 마땅찮아 세워놓은 보릿단처럼 서너 명씩 등을 맞대고 말뚝잠을 자야 했다. 창고가 넘쳐 더 이상의 수용이 어렵게 되자, 먼저 들어온 사람들부터 내보내기 시작했다. 창주네는 일곱 밤 자고 나와 수의사 하는 당숙 댁에 머물렀다. 고향길은 여전히 차단되어 있었다. 밥값을 하느라고 창주는 당숙네를 대신해서 성담 쌓는 울력에 나가고 어머니는 그 집 허드렛일을 도맡다시피 했다. 당숙네도 살림이 퍽 오그라들어 전과 같지 않았다. 목장에 방목중이던 마소들마저 난리 만나 혹은 총에 맞아 죽고 혹은 올가미에 걸려 수없이 죽어버린 판국에 가축병 고치는 당숙의 영업이 제대로 될 리가 없었다. 당숙모가 의붓자식 먹여 살리듯 한줌씩 집어주는 먹거리는 검정모래가 잔뜩 섞인 듯 반쯤 탄 좁쌀이었다. 그것은 묻지 않아도 새밋드르나 연동, 오라위 같은 읍내에서 가까운 중산간 부락에서 나온 물건임에 틀림없었다. 소개 직후 중산간 부락에서 타고 남은 양식을 해변으로 실어나를 때, 당숙모도 한몫 끼여 쌀말깨나 가져온 모양이었다. 이를 두고 훗날 중산간 부락 사람들은 해변것들한테 양식을 도둑 맞았다고 한다.

검게 탄 좁쌀을 처음 보던 날, 어머니는 그토록 오래 참아왔던 서러움이 일시에 복받쳐올라 하염없이 눈물을 흘렸다. "아이고, 내 팔자 닮은 이 풀쌍헌 좁쌀의 신세를 보라. 이건 우리집 곡석이여, 우리가 농사지은 거라. 노적가리 불살라 튀밥 줏어 먹는다는 말 그냥 우스갯소린 중 알았더니…… 그 풍년 조 다 불태워불고 이렇게 탄 좁쌀마저 놈(남)한테 빼앗겨 빌어먹어야 하니, 아이고, 창주야, 대관절 이것이 무신 놈의 시상고……" 탄 좁쌀은 그나마도 모자라 주정공장에서 썩었다고 퇴짜놓은 고구마 무거리에 겨우 종지 하나 분량을 섞어 범벅해 먹었다. 어린 용주는 그 시꺼먼 범벅에서 좁쌀만 골라 먹으려고 콕콕 닭 모이 쪼듯 하여 어머니한테 자주 핀잔을 들었다.

하산자의 행렬은 여전히 그치지 않았다. 처음에는 노인 · 아녀자 들뿐이더니 얼마 뒤에 입산자 가족까지 석방시켰다는 소문이 퍼지자 남정네들도 속속 뒤따라 내려왔다. 그들은 하산한 즉시 일정한 귀순 절차를 밟은 다음 선무공작대에 편입되어 토벌대를 도왔다. 귀순자들의 정보 제공으로 산폭도의 아지뜨는 속속 파괴되고 있었다. 이따금 포로로 잡힌 입산자들이 수십 명씩 관덕정 마당에 끌려와 구경꾼이 잔뜩 모인 가운데 큰 소리로 습격 몇 번, 도로차단 몇 번 하는 식으로 죄상을 자백하게 하고는 다시 차에 태워 어디론가 다시는 돌아오지 못할 곳으로 실어가곤 했다. 모두가 한결같이 영양실조로 낮빛이 파리하고 머리칼이 뺨을 덮게 길었다. 때로는 간부급 입산자들의 잘린 머리통이 이름표와 함께 전시되기도 했다. 이제 한라산 정상까지 쫓겨가 하늘로 솟아오를 재주가 없는 바에야 입산자의 운명은 불 보듯 빤한 것이었다.

창주네가 고향으로 돌아간 것은 하산한 지 한달 보름 만이었다. 해변 마을 여기저기에 소개해 있던 사람들도 돌아왔다. 원래 새밋드르는 네 개 부락으로 나뉘어 있었으나 전략촌을 건설해서 살아야 하므로 모두가 창주네 부락인 멍굴로 합쳐들었다. 서로들 살아 돌아온 것이 반가와 손을 부여잡고 눈물을 글썽이고 돌아오지 않은 이웃들 소식에 한숨을 지었다. 육지로 전출되었던 큰외삼촌은 지리산 토벌에서 전사했다는 기별이었다. 두 아들을 한꺼번에 잃은 외할머니는 덕천 부락 이모집에서 머문 채 몸져 누워 있다고 했다. 남정네는 아직 한 사람도 돌아오지 않고 있었다. 살았는지 죽었는지, 가족도 그 행방을 알 길이 없었다. 설사 천행으로 하산하여 보도연맹과 선무공작대에 들어갔다고 해도 그것이 때로는 산사람으로 위장하여 산속 깊이 투입되기도 한다니 어찌 위험스럽지 않겠는가.

축담과 울담만 남은 채 폭삭 주저앉은 집터는 아직도 탄내가 물씬 풍겼다. 축담엔 시꺼먼 그을음이 눌어붙고, 그 안쪽 바람벽의 흙은 불에 구워져 붉은 빛인데 타다 남은 벽지 한 쪼가리가 바람에 너풀대고 있었다. 쌀독, 장독도 죄다 사금파리만 남았다. 혹시나 하고 뒤곁 채마밭으로 달려가 봤으나 쌀항아리를 묻어 숨겨 두었던 곳은 파헤쳐져 빈 구덩이만 입벌리고 있었다.

그러나 슬픔에 젖을 겨를도 없이 당장 축성 울력이 시작되었다. 이때 부락에 일인(一人) 지서가 생겨 그를 임주임이라고 불렀는데 임주임과 새로 이장이 된 강영조씨가 축성 감독자였다. 남자라곤 노인과 아이들뿐이라 여자들이 중심이 되었다. 그 흉물스럽게 서 있던 울담과 축담이 죄다 허물어져 성 쌓는 데 쓰였다. 관에서 잠시 빌려준 천막 속에서 새우잠 자며 보름간 우천을 불문하고 강행한 그 축성작업은 실로 고된 것이었다. 구호양곡으로 나온 밀가루에 들나물 넣어 쑨 풀떼죽 먹고는 도무지 기운을 쓸 수가 없었다. 돌 모서리에 손끝이 닳아 조막손이 되는가 싶었다. 무슨 비는 그리 자주 오던지, 돌짐 지고 젖은 땅을 딛노라면 푹푹 발목까지 빠져 허위적거리기가 일쑤인데 그때마다 임주임의 무서운 호통이 떨어지곤 했다. 때로는 개머리판이 날아들기도 했다.

축성의 진행중에 마을 어귀 한길 가에 서 있는 수백 년 묵은 팽나무 두 그루가 벌목되었다. 그 나무 밑에서 여러 사람이 처형되고 시신이 가지에 매달렸으니 불길하기 짝이 없는 나무들이다, 차라리 베어서 지서 후생비와 마을 건설에 보태 쓰는 것만 같지 못하다고 말을 꺼낸 것이 강이장이었다. 말을 떠듬거리는 걸로 보아 임주임의 성화에 못이겨 마지못해 나선 꼴이 분명했다. 모두들 아무 말이 없자 임주임이 버럭 성을 내며, 다른 부락들엔 경찰 후원회가 있어 보소를 받는데 새밋드르도 뭔가 성의를 보여야 할 게 아니냐고 노골적으로 욕심을 드러냈다. 마을 설촌(設村) 때 심었다는 그 팽나무들은 무더운 여름철에 백평

넘는 무성한 가지로 오고가는 바람을 잡아들여 시원한 그늘을 드리워 주기 때문에 대대로 마을의 큰 대청마루 노릇을 해온 귀물이었다. 잔가지만 꺾어도 베 열자 벌금이었으니 나무를 해치는 것을 철저히 금기로 여겨오던 터였다. 그러나 사람들은 유구무언이었다.

늙은 팽나무들은 통가리톱 세 개를 아주 못쓰게 망가뜨리고 나서 이틀 만에 우지끈 꽝하고 요란한 소리와 함께 땅에 쓰러졌다. 나무둥치에 무수히 박힌 엠원 · 카빈 총알에 톱날이 걸려 톱 세 개가 이빨 빠져 망가졌던 것이다. 새 톱 가지러 읍내에 세 번이나 걸음질한 임주임은 나뭇값보다 톱값이 더 들겠다면서 입이 퉁퉁 부어 있었다.

축성으로 부락 내 돌담이 다 치워지자 곧 양팔 간격으로 촘촘히 움막집이 들어섰다. 창주네는 집터에 타 죽은 감나무를 기둥삼아 꼭 돼지막만한 움막을 지었다. 돌은 성쌓는 데 다 쓰여버렸으므로 억새풀 엮어 둘러치고 지붕을 덮었으니, 이 고장 설화에 자주 나오는 "생기기둥 외기둥에, 거적문 낭(나무) 돌쩌귀에, 별 보이는 막사리"가 바로 그것이었다.

재 속에서 푸르딩딩 불기 먹은 순갈을 줍고 동강난 무쇠솥을 기울여 끼니를 끓였다. 밀가루 배급은 축성기간에만 그쳐 가축사료인 마른 고구마 줄기, 썩은 고구마 무거리, 보릿겨 같은 것을 들나물과 버무린 범벅을 일상으로 먹었다. 그 수많은 마소 · 돼지가 난리통에 죽었으니 망정이지, 하마터면 그 먹이를 놓고 사람과 가축이 다툴 뻔하지 않았던가. 돼지사료를 먹으니 밥과 똥이 구별이 안되어 인분이 돼지똥과 구별 안되고 또 돼지막과 조금도 구별이 안되는 움막에서 이불 대신 검불을 뒤집어쓰고 잤으니, 실로 인축(人畜)의 구별이 어려운 생활이었다. 재 속에서 자루가 타버린 낫과 호미도 찾아냈다. 보리농사를 거른 묵정밭은 잡초만 무성했다. 쟁기 없이 호미질로만 손목이 휘도록 밭을 일구어 좁씨를 뿌렸다. 쟁기는 불에 타 보습만 남고 마소는 방목 중에 도살당했으니 어느 집 할 것 없이 모두 호미농사였다. 저녁 일몰과 함께 성문이 닫히면 야간습격에 대비해서 죽창 들고 여덟 군데 초소에 나가 번들며 성을 지켰다. 성문에는 수류탄 하나 매달려 있고 성 안에는 임주임의 칼빈총 한 자루가 있었다.

모진 게 목숨이라 이렇게 가축사료를 상식하면서도 가을 추수 때까지 병들어 죽은 사람이 없었다. 산사람의 습격도 없었다. 이제 그들의 수는 수십 명에 불과하여 완전히 전투능력을 상실한 채 자멸의 길에 들어섰다는 소문이었다. 산을 탈출했으나 이미 때가 늦어 귀순의 시기를 놓친 이웃 마을의 어떤 입산자는 마을 근처 친척네 고구마밭 한가운데 쌓인 돌무더기 속에 살며 그 밭 고구마를 축내다가 발각되기도 했단다. 돌무더기를 수상히 여겨 지서에 고발한 밭 주인은 차마 그 속에서 제 친척이 나올 줄 몰랐다고 했다. 아뭏든 공식적인 공표만 없었지 난리는 사실상 끝난 거나 다름없어 보였다. 선무공작대로 수자리 살던 남정네들도 그 해 저물 무렵해서 돌아왔다. 일년 반 사이에 마을 남정의 수는 절반 가깝게 축난 것으로 판명되었다.

이듬해 창주는 당숙의 반연으로 남선전기에 급사로 들어가 숙직실에서 기거하면서 중학교 야간에 입학했다. 상급반에는 물론 신입생 중에도 난리를 겪느라고 2,3년간 공부를 놓았던 나이 든 학생들이 많았다. 창주는 이제 열다섯 살이었다. 토요일 저녁마다 고향에 가 하룻밤 성 지키는 불침번 서고 일주일분 양식과 땔감을 지고 돌아오곤 했다. 어머니는 홀로 밭일을 하는 짬짬이 말총갓을 자으면서 한시도 일손을 놓지 않았다. 목장의 말은 죽어서 썩지 않는 말총을 남기고 있었다.

하루는 고향에 갔더니 임주임이 성문 앞에서 창주를 불러세우고 책보 검사를 했다. 일기장을 꺼내 읽던 임씨가 낯을 찌푸렸다. "야, 넌두 입산했던 놈이라 사상이 별로 안 좋구나야." 쓰기 시작한 지 며칠 안 된 그 일기장에는 난리에 고생한 얘기와 애꿎게 죽은 마을 사람들을 슬퍼한 대목이 있었는데, 특히 임씨의 심화를 건드린 것은 마을 정자나무를 벌목한 데 대한 언급이었을 것이다. 창주는 가슴이 철렁했으나 마음을 다잡고 또라지게 응수했다. "아니우다. 일기를 끝까지 읽어 봅서." 당시는 『웅변과 식사(式辭)』라는 책이 중학생들간에 유행하던 때라 창주의 일기는 그 어투를 닮아 다분히 비분강개조였을텐데, 앞부분은 새밋드르 주민이 겪은 고난에 대해 써내려 가다가도 나중에는 반드시 새 나라에 대한 부푼 기대와 새 시대의 역군이 되겠다는 결의가 피력되어 있곤 했다. 임씨는, "좋아, 좋아" 하고 고개를 끄덕거리면서 일기를 돌려주긴 했으나 아무래도 입맛이 떫은 표정이었다. 불안해진 창주는 며칠 후 첫 월급을 받자 어머니와 의논해서 임씨와 강씨에게 필기용구 일 습씩 사서 선사했다. 물자가 귀하던 그 시절에 투명한 유리 잉크스탠드, 철필 두 자루에 잉크 큰 병으로 하나이면 꽤나 값진 선물이었다. 선물 효과는 당장 나타나 임씨, 강씨가 창주를 여러 사람 앞에서 입 모아 칭찬하더라고 어머니가 전해 주었다. 글 잘 쓰고 똑똑한 학생이라고.

그러나 양력 6월 말경에 뜻밖의 위기가 닥쳤다. 밤 사이에 느닷없이 불온 비라가 성담 두 군데 나붙어 온 부락이 대경실색하고 있던 아침 나절에 읍내에서 스리쿼터가 들이닥쳐 범인을 색출한다고 남정네들을 연행해 갔다. 그것이 육지에서 큰 동란이 터져 입산 경력이 있는 남정네들을 대상으로 벌어진 예비검속인 줄 아는 사람은 없었다. 한밤중에 몰래 비라를 붙여 부락 내의 불온분자의 소행처럼 조작극을 꾸민 자가 다름아닌 임씨와 강씨였다. 그러잖아도 예비검속에는 으레 위험시되는 인물들은 가려내어 제거되게 마련인데, 애꿎게도 새밋드르 청년들 여럿이 끼여 죽게 된 것은 순전히 그 조작극 때문이 아니었던가. 그 비라 붙이는 현장을 목격한 사람이 공교롭게도 어머니였다. 그날 어머니는 여느 때처럼 등잔 석유를 아끼려고 동편 성담 근처의 친구 집에 가서 자정이 넘도록 함께 말총갓을 잣다가 돌아오는 길이었는데 우연히 그 장면을 목격하게 된 것이었다. 어머니 혼자만 본 게 아니라, 골목 끝까지 배웅하러 나왔던 어머니 친구도 보았다. 그날 읍내로 헐레벌떡 창주를 찾아온 어머니는 이런 사실을 전하면서, 절대 마을에 나타나지 말라고 신신당부하는 것이었다.

창주는 이제 위험한 나이 열다섯 살이었다. 외딴 가교사 건물에 예비검속자들이 계속 들어오는 것을 보니까 마음이 더욱 불안해졌다. 다른 학생들도 불안한 눈치가 역력했다. 고향 가는 발길을 끊는 것만으로 안심할 계제가 아닐 듯했다. 그런데 뜻밖에도 선택의 기회가 주어졌다. 중학생들을 상대로 육지 전쟁터에 지원할 학도병 모집이 그것이었다. 나중 목숨이야 어떻게 되든, 우선 지긋지긋한 섬 땅을 뜨고 볼 일이었다. 주야간 학생 전원을 운동장에 앉혀 놓고 모병관은 격앙된 목소리로 모병의 취지를 피력했고 몇몇 상급생들이 앞으로 나가 혈서를 썼다. “자, 그러면 제군들! 모두 눈을 감으라. 눈을 감고 잠시 손을 가슴에 얹고 생각한 다음, 지원자만 조용히 눈뜨고 일어나 대열 오른쪽으로 나가라!” 그 말이 떨어지기가 무섭게 여기저기에서 우긋우긋 일어나더니 전 학생이 삽시에 오른쪽으로 이동했다. 남아 앉아 있는 학생은 단 한 명도 없었다. 모병관이 놀라 눈이 휘둥그래졌음은 물론이다. 자기 연설 솜씨에 감화받은 결과라고 자만할 상황이 전혀 아니었던 것이다. 만 열다섯에서 한 살 모자라 하마터면 탈락될 뻔한 창주가 동급생 댓 명을 응원대로 데리고 가 지원을 받아 달라고 씩씩하게 요구했을 때는 모병관은 차라리 어이없다는 표정이었다.

며칠 후 창주네들은 신문사에서 나눠준 'ㅈ중학생 200명 펜 대신 총을 들다'라고 대서특필한 신문지 한 장씩 손에 움켜쥐고 군가를 합창하며 부두를 떠났다.

무명지 깨물어서 붉은 피를 흘려서
태극기 걸어 놓고 천세 만세 부르세
한 글자 쓰는 새야 두 글자 쓰는 새야
나라님께 병정 되길 기원합니다

총알이 스쳐 지나가면서 턱살을 찢어 놓은 흉측한 상처를 달고 삼 년 만에 전쟁터에서 돌아온 창주는 자신이 임씨, 강씨와 대등한 위치에 서 있음을 깨달았다. 고향에 돌아온 날이 마침 어머니 친구 집에 혼인잔치가 있던 날이었다. 창주는 먼저 그 집 부엌에서 아궁이 불을 보고 있는 어머니를 찾아내 부엌 땅바닥에 너부죽이 엎드려 절했다. 어머니의 거친 손을 붙잡고 눈물 한 줄기 쏟을 겨를도 없이 마당에 멍석 깔고 국수 먹던 아주머니들이 좁은 부엌 안으로 우르르 몰려들었다. 어미니는 이에 저만치 제껴놓고 서로 다투어 창주를 만져보면서 그렇게 반가와할 수가 없었다. "아이고, 넌 어떵해서 죽지 않고 살아와져니?" "삼싱할망 복 탄 아이여." 그러나 그 웃음꽃이 활짝 핀 얼굴도 이내 치밀어오르는 오열을 참느라고 처참하게 일그러졌다. 기적처럼 살아 돌아온 열여덟 살 청년의 모습에서 어쩔 수 없이 죽은 남편, 죽은 자식이 생각난 것이었다. 3년간의 육지 난리를 포함하여 5년 계속된 그 무서운 재앙 속에서 끝내 살아남은 마을 젊은 남정네는 여섯에 하나 꼴인 열 명 안팎에 불과했다. 다른 죄는 없고 오직 젊다는 것만이 유죄였던 그들…… 남편 잃고 자식 잃은 슬픔을 무엇으로 달랠까. 창주의 눈에도 더운 눈물이 솟구쳐올랐다. 이때 어머니가 등을 밀었다. "이젠 너두 어른 되어시니, 정지 구석에 있지 말고 어서 안으로 들라."

방에는 임씨, 강씨 외에 마을 어른 대여섯이 자리를 같이 하고 있었다. 정중히 허리를 굽혀 두루 인사를 올린 다음, 창주 입에서 불쑥 튀어나온 인사말이란 게 삼이웃이 다 들리게 언성이 높았다.

"이장님, 그간 마을 재건에 얼마나 노고가 많읍디까? 그런디 마을 재건에 얼마나 보탬이 됐는지는 몰라도 수백 년 묵은 마을 팽나무들을 벌목한 것은 아무래도 처사가 잘못된 것 닮수다." "그리고 임주임님, 아까 오다가 길에서 들은 말이우다만 읍내 칠성굴에 고무신가게 크게 냈다는디, 장사는 잘 되엄수과? 워낙 요지라 집세만 해도 웬만한 농가 두 채 값은 될 거라예."

서른 넘은 노총각이던 임씨는 그동안 순사 옷 벗고 마을 처녀와 결혼도 하여 읍내와 새밋드르 사이를 왕래하며 여봐란 듯이 살고 있다는 것이었다. 늙은 팽나무 두 그루는 임씨의 사복에 들어간 게 틀림없었다. 민간에 행악질이 자심하여 옷 벗기고 쫓겨난 서른 명 가량의 이북 출신 중에 임씨도 끼여 있을 거라는 소문도 있다고 했다. 만약 그것이 사실이라면, 팬츠 하나만 달랑 차고 삼팔선을 넘어온 사람이니까 옷 벗기려면 그 팬츠 한 장만 남겨 놓고 아주 벗겨야 옳지, 읍내 고무신 가게는 무엇이며 아직도 새밋드르를 얼쩡거리며 누구도 범접 못할 위세를 가지고 유지 행세하는 것은 또 뭐란 말인가. 이것이 그때 창주의 생각이었다. 아마도 창주의 말투에서 사나운 전장의 화약 냄새가 물씬 풍겼나 보다. 임씨, 강씨는 어안이 벙벙했던지 한마디 대꾸도 하지 못했다. 이 소문은 곧 온 마을에 퍼졌다.

이렇게 마을의 금기에 도전한 창주는 내친김에 더 깊숙한 곳까지 쳐들어가, 석 달 후 이웃집 소상날에는 장본인들의 면전에서 비라 날

조 사건을 문제삼았다. 현장 목격자인 어머니와 그 친구가 감히 귓속말로도 발설하지 못하고 삼 년 동안이나 묵혀온 그 비밀을 면전에서 보기 좋게 터뜨려버린 것이다. 언성도 높이지 않고 단지 임씨와 강씨를 은근히 암시하면서, "그날 밤에 비라 뭉치 든 사람이나 풀통 든 사람이나……"라고 한 한마디 말이었으나 전후 문맥에 적절히 끼워 놓았기 때문에 듣는 사람은 누구나 그 말이 내포한 충격적인 의미를 충분히 깨닫고도 남았다.

이렇게 두 번에 걸쳐 공공연히 그들의 죄악을 들먹거린 창주는 내심 불안하기 짝이 없었다. 혹시 보복이 있지 않을까 두려워 한번은 제대 학생 열 명쯤을 마을에 데리고 와 어머니가 좁쌀 한 말 들여 곤 소주를 먹여 군가를 불러대게 하면서 은근히 시위를 벌이기도 했다. 그러나 끝내 아무 일도 없었다. 창주도 그 이후로는 여간 처신을 조심하지 않았다. 오고 가는 길에 만나면 어색한 대로나마 인사도 깍듯이 했다. 그때 죽은 자는 모두 폭도다, 폭도가 아니면 왜 죽었겠느냐, 하는 식의 강변과 무서운 집단적 편견이 아직도 세상을 지배하고 있는데 어찌 조심스럽지 않겠는가.

창주는 얼핏 상념에서 깨어났다. 벌써 동산마루에 다다른 것이다. 이 고개를 넘어 조금만 더 가면 새밋드르다. 어린 시절의 낯익은 무섬증이 불쑥 고개를 쳐들었다. 귀신이 나온다고 한때 해만 떨어지면 인적이 끊기던 곳이다. 우르르 소소리바람이 일어 길 양옆의 검은 솔숲을 흔든다. 그 음산한 소리에 몸이 오싹해진다. 죽은 혼령들의 울음인가. 나무들 사이로 희끗거리는 눈빛도 거기에 어지러이 널려 오랫동안 방치되었던 시체들의 흰옷인 양 가슴이 섬뜩하다. 저 키 큰 소나무들은 아직 어린 다복솔일 때의 기억을 여전히 간직하고 있을까? 그러나 지금 창주가 걷고 있는 아스팔트가 저 검은 숲의 기억보다 더 강인하다. 눈이 녹아 흐르는 아스팔트는 냉랭한 강철빛 광택이 떠올라 있다. 풀씨 하나도 받아들이지 않는 아스팔트. 어떤 생명력도 그 강인한 불모성을 꿰뚫지는 못한다. 비정의 아스팔트. 산 자는 이렇게 말한다.

"비행장에서도 사람 많이 죽어 무데기로 묻혔쥬. 아이고, 활주로 넓히길 잘했쥬기. 아스팔트로 꽉 봉해불고 비행기 소리가 벽력 같은디, 귀신들이 당최 맥을 쓸 수 있나. 그렇지 않았으면 지금도 귓것들이 막 해코지하려고 냅뜰 거라."

그렇다. 36년이 지난 지금 그때의 사람들은, 마을의 홀어미들도, 생활이 예전만 못해 간고해진 강씨도, 임씨도 파뿌리마냥 호호 늙어 가고, 20여 년의 교직생활 끝에 모교인 ㅈ중학교 교감이 된 창주도 그 뒤를 따라 점점 늙어 가는데, 유독 그 집단적 편견만은 저제나 이제나 여전히 세월의 풍화작용을 받지 않은 채 견고하다. 과연 얼마나 오래 대를 물리며 이 편견은 살아 있을 것인가? 그러므로 이 밤에 강씨가 죽음에 임박하여 창주를 부른 것은 그 뜻이 각별한 것이다. 도대체 그때의 가해자가 잘못을 뉘우쳤다는 말을 들은 적이 없다. 창주의 발설 이후 마을의 노인 홀어미들이 앞에서는 다소곳이 웃어보이다가도 뒷전에서는 손가락질한다는 사실이 강씨에게 일생 큰 부담이 되어 왔던 게 틀림없다. 그렇다. 양심의 가책으로 괴로와할 줄 아는 것이 인간일 것이다. 그런데 임씨는? 섬 여자와 결혼하여 아이 낳고 이 섬 땅에 뿌리내려 살아왔으니, 그도 역시 갈 데 없는 섬 백성이 분명하다. 그러나 임씨는 이 섬 땅에 그리고 저 반도 땅에 드리워져 있는 그 집단적 편견이 걷히지 않는 한, 아마 끝내 자신의 행위를 합리화하지 않을까?

우르르 솔숲이 또 한번 흔들리면서 음산한 냉기를 후욱 끼친다. 창주는 쫓기듯 얼른 숲을 지나쳐 고개를 내려간다. 눈은 연상 내려 창주의 몸을 너울처럼 감싼다. 부드럽게 뺨을 핥는 감촉. 자정이 넘은 시간 어둠 속에 붐비는 이 눈송이들은 필경 사자들의 혼령이리라. 두런두런 뭐라고 저희끼리 속삭이는 소리. 산야 여기저기 풍우에 곱게 닦인 흰 백골과 삭은 고무신들…… 그러나 눈송이들은 아스팔트를 뚫지도 못하고 덮어싸지도 못한다. 눈송이들은 다만 견고한 아스팔트 위에 부딪혀 허망하게 바스라지고 녹아버릴 뿐이다. 아스팔트는 물샐 틈도 없이 치밀하다. 36년 전의 애닯은 과거를 깔아 봉해버린 아스팔트, 관문인 공항에서 시작하여 비극의 산야를 종횡으로 질주하는 아스팔트의 관광도로…… 창주는 우울한 생각을 떨쳐버리려고 거세게 머리를 흔들었다. 어서 가야지. 강씨가 숨 거두기 전에 어서 당도해야지. 창주는 더욱 걸음을 빨리한다. 이때 맞은편 길 끝에서 불빛이 번쩍 하고 나타났다. 누군가 자전거를 타고 전속력으로 달려오고 있다. 처르륵, 자전거가 금방 앞에 와 멎었다. 강씨 아들이다.

"웬일인가?"

창주는 혹시 강씨가 그 사이에 운명했나 싶어 다급하게 물었다.

"눈길에 얼마나 고생헙디가. 택시 못 잡으신 중도 모르고…… 하도 안 오시길래 눈길에 차 사고라도 났나 하고 급히 가는 길입쥬……"

청년은 사뭇 무안한 듯 뒷머리를 벅벅 긁더니

"자, 선생님, 뒤에 타십서" 했다.

자전거는 물 젖은 아스팔트 위를 처르륵처르륵 기분좋게 달려갔다. 반시간 동안 과거의 애닯은 주술에 걸려들었던 창주는 그제야 세정신이 든다.

"마을 어른들도 와 계신가?"

"예, 모두들 선생님 오기만 고대햄수다."

"임씨도?"

"그인 왔다가 눈치챘는지 돌아가 버렸수다."

"음…… 내 그럴 줄 알았지. 자네도 아버님이 무슨 유언을 하실지 알고 있구먼."

"예……"

혹시 이 청년이 아버지를 설득한 것은 아닌지?

창주는 청년의 넓적한 등을 손바닥으로 찰싹 쳤다.

"좋은 일이여. 참말로 좋은 일이여. 사람 사는 게 이래야 되는 거라."

눈발이 뜸해졌다. 낮게 흐르던 바람이 이제 꽤 높은 공중을 달리는지 구름이 밀려가는 하늘엔 뿌옇게 달무리가 섰다. 어린 시절에는 달무리를 달이 갓 썼다고 했지.

"달아 달아, 밤중에 갓 쓰고 어디 감시니(가니)?"

"섯동네 강서방 집 조문하레 감져."

목마른 계절

공선옥

소음은 끝이 없다. 아파트 뒤편 길은 아직 포장도 제대로 안된 이면도로인데도 불구하고 남해고속도로로 직통으로 빠지는 길이라서 차량의 소통은 큰길의 그것에 뒤지지 않는다. 아니 오히려 시내로 들어가는 큰길의 교통체증을 미리 염려한 운전수들은 아파트 뒷길로 난 이면도로를 선호한다. 버스와 택시와 승용차만의 통행이라면 또 그런대로 참을 만하겠는데 어디서들 오는지는 몰라도 몸체에 흙을 잔뜩 묻힌 덤프트럭과 레미콘, 지게차들의 무서운 행렬이란, 컨테이너와 트레일러와 유조 차량의 육중한 질주란, 그것들이 질주하며 내뿜는 매연과 굉음과 먼지들이란 숨이 탁 막히고 귀가 멍멍할 정도다. 숨이 막히고 귀를 멍멍하게 하는 소음은 뾰족한 촉삼까지 지녀서 골수 구석구석까지 송곳처럼 파고들어, 끝내는 머리를 감싸쥐고 거대한 소음의 벽 속에 갇힌 채 울어버릴 수밖에 없는 지경이 되고 만다.

아파트는 복도식이다. 아이들은 복도에서 논다. 차갑고 딱딱한 콘크리트 바닥을 마당 삼아 아이들은 고무줄놀이도 하고 크레용으로 금을 그어놓고 가위바위보놀이도 한다. 고래고래 고함을 지르며, 어디 찻소리 네가 이가나, 우리들의 고함소리가 이기나 하고.

찻소리가 시끄러우니 아이들의 목소리도 커지고, 목소리가 커지니 텔레비전 볼륨도 올라갈 수밖에 없다. 소음은 저 혼자만 소음이 되는 것이 아니고 충분히 소음이 되지 않을 수도 있는 단순한 소리들을 제 주변으로 끌어당겨 이내 소음화시켜버린다.

아이들이 유아원에 가지 않는 일요일날은 아예 소음의 도가니다. 아이들은 노는 것이 아니고 흡사 싸움질하는 것 같다.

아파트 뒤편의 소음은 그렇다 치자. 그렇다면 아파트 앞편의 소음 사정은 또 어떤가.

아파트는 일렬 횡대로 1, 2, 3동이 늘어서 있다. 일렬 횡대의 1, 2, 3동 앞에 4, 5동이 늘어서 있고, 아파트는 15층이다. 15층짜리 아파트 한 동당 세대수는 한 층에 각 20세대씩 총 300호가 들어가 산다. 일렬 횡대의 세 개 동에 그러니까 900호가 되는 것이고, 앞마당이 따로 없는 앞의 두 개 동까지 합친 1500호의 마당은 세대수가 많으니 의당 드넓은 광장이 되지 않을 수 없는 것이다. 1500호의 마당이 되어야 할 광장, 엄밀히 말해 주차장, 문제는 그 주차장에 있다.

한밤중의 영구임대아파트 주차장을 한번쯤이라도 본 적이 있는가. 그곳은 화물차 터미널이다. 화물 집하장이다.

언젠가 재벌회사가 지은 민영아파트에 사는 친구가 내 집을 방문하고 나가는 길에 그 거대한 주차장의 화물트럭들을 목격하고는 감탄을 금하지 못하는 것이었다.

"바로 이거야, 끔찍한 리얼리티라는 게."

왜냐하면 주차장에는 승용차라고는, 하다못해 국민차라 불리는 조그만 티코 한 대도 섞여 있지 않았기 때문이다. 거대한 화물트럭들 속에 섞여 있는 작은 '차'라고는 오토바이와 자전거와 리어카뿐이었으니.

그러나 진짜 끔찍한 리얼리티는 화물트럭들이 움직이는 신새벽에 있다. 그것은 말 그대로 끔찍의 극치다.

거대한 산이 무너진다. 새벽마다. 땅이 갈라진다. 새벽마다.

아이가 운다.

"엄마, 내가 막 흔들려. 가만히 있는데."

나는 속수무책으로 아이를 끌어안는다.

"조금만 기대려라. 지진은 아니다."

주차되어 있는 화물트럭들이 제각각 해산하고 난 뒤에는 또 쓰레기차의 소음이 아이를 더 잠들지 못하게 한다. 세대수가 많으니, 쓰레기 치는 시간도 길 수밖에 없다.

영구임대아파트의 아침은 이렇게 하여 뒤편의 소음과 앞편의 소음이 어울려 이루어내는 웅대한 소음의 오케스트라로 하루의 서막을 열게 되는 것이다.

견딜 수 없이 화가 났다. 앞과 뒤 중에서 어느 한 곳의 소음만이라도 나지 않게 할 수는 없을까. 앞쪽은 어차피 어쩔 수 없는 곳이라 하더라도, 뒤편에다는 방음벽이라도 설치할 수 있잖은가.

영구임대아파트의 시공자인 주택공사에 전화를 걸었다. 화가 나서 견딜 수가 없는 심정을 꾹꾹 눌러 삼키며.

"시정하도록 건의 올리겠습니다."

첫번째 전화를 했을 때, 주택공사의 여직원이 나긋한 목소리로 답변했다.

"서명을 받아오세요."

무소식을 못 견디다 세 번째 건 전화에서의 답변이다.

서명을 받겠다고 통장 집으로 가서 반상회에 방음벽에 관한 안건을 올려주십사 여쭈었더니, 내 앞에서는 그러마고 해놓고 이 또한 감감무소식이다.

통장 아줌마한테 어떻게 된 사연인지 정중하게 여쭈었더니,

"아줌마가 신경을 꺼부러."

도저히, 도저히 한번 켜진 신경불을 끌 수가 없어서 없는 시간을 틈내 서명을 받겠노라고 내 가까운 이웃집부터 방문을 하였다.

내 바로 옆집인 302호는 낮에는 리어카 행상을 나가느라 아무도 없음을 알고 있었으므로 바로 건너 303호의 초인종을 눌렀다.

나는 이사 와서 한달 만에 처음으로 303호 여자를 만나본 것이다. 그 여자는 이제 마악 외출할 준비를 하고 있었다.

"저는 301혼데요. 이 아파트가 너무 시끄럽지 않으세요?"

"모르겠어요."

"아파트 뒤로 덤프트럭이 질주를 하잖아요."

"어쩔 수 없는 일 아녜요? 이만한 아파트에 살게 된 것도 어딘데."

나는 서명받기를 일찌감치 포기하기로 마음먹을 수밖에 없었다. 그렇다. 이만한 '아파트'에 살게 된 것도 어딘데. 이만한 아파트에 살게 해준 것만도 어딘데. 셋방살이 신세를 면하게 해준 것만도 어딘데 거기다 대고 소음이 어쩌니 환경이 어쩌니, 그것이 도대체 가당키나 한 소리인가. 자고로 중이 저 살기 싫으면 절을 떠날 수밖에.

신경을 끄고 살아버릴 수밖에 달리 길은 없는 것이다.

303호와의 인연은 그렇게 맺어졌다.

우리는 통성명을 하였다.

"인사가 늦었어요. 저는 아람이 엄마라고 합니다."

유정이 엄마는 그러시냐고, 먹고 사는 일에 바빠서 이웃에 사는데도 얼굴을 못 보았다고, 언제 자기 까페에 오면 술 한잔 대접하겠노라고,

오늘은 가겟일 때문에 바빠서 나가봐야겠다고 했다.

"유정이를 데리고 다니세요?"

"봐줄 손이 없어서요."

"우리 애들이 유아원에서 오면 같이 놀게 두고 가세요."

유정이 엄마는 고맙다고, 친절한 이웃을 만났다고 기뻐하며 다섯살 유정이를 두고 까페에 나갔다.

유치원 종일반인 내 아이들이 올 시간까지 유정이는 내가 봐주어야 했다. 유정이는 내 아이들의 장난감을 만지작거리며 혼자서 청승스런 노랫가락까지 흥얼거리며 착하게 놀았다.

"나는나는저팔개왜나를싫어하냐아…… 나는나는저팔개……"

한번도 써보지 않은 장편소설을 무슨 궁리를 써서 쓰겠단다고 덜컥 해버린 출판사와의 약속 때문에 나오지 않는 그놈의 궁리들을 짜내느라 정신없이 워드의 자판과 씨름을 하다 어쩐지 등뒤가 허전한 느낌이 들어 굽혔던 허리를 펴고 뒤를 돌아다보았을 때였다.

청승스레 노랫가락까지 흥얼대며 놀던 유정이가 보이질 않는 것이었다.

나는 서둘러 유정이를 찾으러 아파트 문을 열고 뛰쳐나갔다. 복도에도 아이는 없다. 예의 귀청을 찢는 소음만이 가득할 뿐.

"유정아아!"

겁이 덜컥 나서 아파트 계단을 뛰쳐내려갔다.

아파트 광장에는 오늘도 경로잔치가 벌어졌다. 낮에는 텅 비는 아파트 광장은 아이고 어른이고 뒹굴고 놀고 싶은 유혹을 일으키기 딱 맞게 드넓고도 드넓은 광장이다. 뛰고 춤추고 놀기 딱 알맞은 그 광장을 내버려두면 괜히 서운해져서 아파트의 노인들은 밤에 편한 잠을 잘 수가 없다는 것이었다. 그래서 '경로잔치'는 날마다 벌어질 수밖에 없었다.

때는 바야흐로 봄날, 햇빛은 나른하게 아스팔트 광장으로 쏟아져내리고, 어디서 구해왔는지는 모르지만 '전남대학교 민주동문회' 마크가 찍힌 차일까지 쳐놓고 노인들의 화전놀이가 벌어지고 있던 것이다.

화전놀이는 할머니와 할아버지 편으로 나뉘어 있었고 유정이는 저도 여자라고 할머니들 틈에 끼여 있었다.

술이 오른 할머니들은 덩실덩실 춤을 추었고 다섯살배기 유정이는 덩실덩실 춤추는 할머니들 틈에서 천연덕스럽게 나비처럼 하느작거리고 있는 것이었다. 유정이는 내가 불러도 빤히 내 얼굴을 바라보며 눈 하나 깜짝하지 않고 하느작이는 손동작을 멈추지 않았다. 그리고 그애는 하느작이며 내게 다가왔다. 나비처럼.

이상한 일이었다. 아이의 무구한 눈빛이 하느작이며 내게 다가오고 있을 때, 나는 이상하게 가슴이 뭉클해오는 것이었다. 나는 유정이를 꼬옥 안아주었다. 햇빛이 내 등뒤로 따스하게 쏟아져내리는 봄날이었다.

영구임대아파트로 이사온 지난 일년 동안 내 아이들은 유정이하고 놀았다. 소음 가득한 영구임대아파트의 복도에서. 유달리 겁이 많고 심약한 내 큰아이는 유아원 빼고는 저희 집 문이 빤히 보이는 복도를 벗어나 놀지 않았으므로, 큰아이보다 어린 유정이와 내 둘째아이는 큰아이를 따라 복도에서 놀 수밖에 없었다. 유정이는 밤이 되어도 제 집에 들어가지 않고 내 아이들하고 잤다. 나는 졸지에 세 아이들의 엄마가 되어버렸다.

장마비가 쏟아지는 여름밤이었다. 세 아이들을 겨우 재워놓고 비도 와서였겠지만 이상하게 마음이 착잡해져서 베란나에 나가 흘러간 옛 노래를 소리 죽여 부르고 있었다. 비가 오는 날, 내리는 비를 바라보며 추억 어린 노래를 부를 때면 종종 내가 부르는 내 노래에 내가 위안을 받아오곤 하던 터였다. 아파트 광장에 켜켜이 주차해 있는 화물트럭들에도 체념인지 애정인지는 모르지만 웬만큼은 관대해질 무렵이었으므로 나는 비를 맞고 서 있는 그것들을 아무런 적대감 없이 바라보며, 가사가 생각나지 않으면 내가 새로 가사를 지어낸 노래를 하냥 흥얼대고 있었다. 비를 맞고 서 있는 화물트럭들과 리어카들과 포장마차들을 가만히 바라보고 있자니 기이하게도 어떤 따스한 슬픔 같은 것이 내 가슴을 적셔오고 있었다. 바로 그때 전화벨이 울렸다.

"애들 자니?"

유정이 엄마 현순씨하고는 이제 언니 동생 할 정도로 친해져 있었다.

"응."

"애들 자면 나와라 야."

"왜, 또 장사가 안돼요?"

"장사도 안되고, 비도 오고 싱숭생숭한 게 도저히 그냥은 못 들어가겠다."

아파트 광장으로 나와 택시를 탔다. 비는 억수로 쏟아졌다. 택시 속에서 듣는 유행가 같은 찬송가 가락도 그런 날은 마음을 울렸다.

…… 내 영혼이 은총 입어 중한 죄 짐 벗고 보니, 슬픔 많은 이 세상도 천국으로 화하도다…… 할렐루야아……

니가 오는 가로수 밑에 서서 현순씨는 나를 기다리고 있었다. 심야영업이 금지되어 있었으므로 지하 까페 '소정'으로 내려가는 계단은 어두웠다. 까페로 들어서자 술냄새와 습기냄새가 혼합된 축축한 냄새가 끼쳐왔다. 까페 소정에는 두 여자가 앉아 술을 마시던 중이었다. 주인 현순씨와 그리고 종업원 '미스 조'.

술을 마시던 두 여자를 눈매 선해 보이는 생쥐가 의자 밑에서 올려다보고 있었다. 미스 조는 술집 종업원임에도 불구하고 술은 그다지 잘 하지 못하는 듯했다. 그녀는 내가 자리에 앉자 곧 일어섰다.

"언니, 나 먼저 갈게. 더 있어봤자 손님도 없을 것 같고."

"그래라."

현순씨는 미스 조에게 택시비를 쥐어주었다. 미스 조는 발등까지 덮는 긴 원피스를 입고 있었다. 그녀가 일어서자 긴 원피스 자락이 커튼처럼 그녀의 아랫도리로 쏟아져내렸다. 그래서 나는 그녀가 걸음을 옮기기 전까지는 아무것도 알아챌 수 없었다. 그녀가 절름발이라는 사실을. 물결처럼 흘러내린 아름다운 원피스 자락 속에 슬픈 이물(異物)이 존재한다는 사실을. 미스 조는 현순씨의 부축을 받고 까페 계단을 올라갔다.

현순씨는 미스 조를 보내놓고 돌아와서 자리에 앉자마자 자기 신세타령을 늘어놓기 시작했다. 그래서 내가 미스 조의 불편한 다리에 대하여 물을 수 있는 기회가 주어지지 않았다. 현순씨는 그즈음 목하 실연의 아픔을 달래느라 몸부림치는 중이었으므로 나는 그날 밤 내가 기억해낼 수 있는 한도 내에서 온갖 위로의 말들을 현순씨에게 해주지 않으면 안되었다.

현순씨는 가게에 딸린 골방에서 표구가 안된 그림 한 점을 들고 나왔다. 그림 속의 사내는 실제로 그렇게 생겼는지 일부러 그렇게 그렸는지는 몰라도 굵은 곱슬머리에 곧은 콧날을 지닌 '유럽풍의 미남형'이었고(그 남자는 그러고 보니 이목구비가 뚜렷한 게 예수의 초상화를 닮은 것 같다) 현순씨는 자신이 애써 그린 애인의 얼굴을 발기발기 찢다 말고 또다시 통곡했다.

마흔한살의 여자가, 두 번씩이나 결혼에 실패한 경험이 있는 여자가 그날 밤 울었다. 그날 밤 마흔한살 이혼녀가 울고 서른살의 어린 이혼녀는 말도 되지 않는 위로의 말들을 찾느라 허둥대었다.

소정 까페를 나와 우리는 빗길을 택시를 타고 달려서 해장국집으로 갔다. 광주공원 광장에 즐비한 포장마차들은 빗속에서 퍽이나 이국적인 풍취를 자아내고 있었다. 현순씨는 포장마차들은 턱없이 비싸서 다 먹고 돈 낼 때 속상하므로 머릿고기집으로 가자고 했다. 돼지머리가 지그시 눈을 감고 있는 술청에서 머릿고기집 주인 아낙도 꼭 그렇게 지그시 눈을 감고 졸고 있었다. 현순씨는 더이상 통곡하지 않았다. 더 이상 자신을 배신한 애인 이야기느 뚝 떼어놓고, 우리는 그날 밤 선거 이야기를 하였다.

“하여간에, 김대중이가 당선되어야 해.”

“만약에 김대중씨가 안되면 어떡할 거야.”

“전부 혀 깨물고 죽을 수밖에 없어.”

현순씨는 빨간 루즈가 두텁게 발린 입술을 다소 과격하게 움직여 혀 깨물고 콱 죽을 수밖에 없다고 말했다. 때는 여름이었고, 꼴에 어울리지도 않게 도대체 지금 우리가 왜 선거 이야기를 하는지에 대한 의의를 찾지 못한 채 우리는 그렇게 다소 정치적인 이야기를 나누었다. 나중에 생각해도 기묘한 느낌이 들던 밤이었다.

현순씨의 장사는 여름이 가고 가을이 와도 별로 신통하지 않은 모양이었다. 아파트 입구의 우편함에서 관리비가 내리 석 달째 밀려 있는 303호의 관리비청구서를 발견하고 나는 가슴이 아팠다. 그녀는 이 달에도 관리비를 내지 못하면 ‘가옥명도소송세대 유의사항’에 나와 있듯이 ‘제부금이 3개월 이상 체납되었으므로’ 가옥명도 청구소송에 제소되든지 아니면 경매처분에 들어갈 입장에 놓인 것이다.

나의 소설쓰기 또한 지지부진하였다. 소설도 쓰지 못하고 취직도 못한 상태에 놓여 있었으므로 나 또한 관리비를 못 내게 될 형편임은 마찬가지였다. 이래저래 우울한 계절, 가을이 영구임대아파트에 찾아왔다.

어미들의 민생고 문제야 어찌 됐든 아이들은 예의 소음 가득한 복도를 치달리며 기를 쓰고 놀았다.

노인과 모자(母子)세대가 주를 이룬 아파트였으므로 '거택보호자'인 노인들에게는 한달에 한번씩 동직원이 아파트 한구석에서 쌀을 나눠주었다. 쌀을 타려는 노인들이 부대자루 하나씩을 들고 엄숙하게 줄을 서 있었다. 그것은 언젠가 한국전쟁 당시를 찍은 기록사진첩에서 본 것도 같은 광경이다. 그러나 그 사진에서의 초조하고 수척한 사람들보다는 영구임대아파트의 노인들은 좀더 건강하고 경건한 모습니다. 한 순간 나는 내가 태어나지도 않은 50년대로 되돌아간 기분이었다. 노인들은 그때나 지금이나 구호양곡으로 생명을 부지해온 사람들인지도 모른다. 하여 영구임대아파트의 거택보호자들에게 50년대와 90년대는 별반 차이 없는 세월인지도 모를 일이다. 어쨌거나 나는 50년대와 90년대를 별반 차이 없이 사는 노인들 곁을 나 또한 엄숙하게 가로질러 갔다. 거택보호자가 아닌 나는 내 손으로 돈을 벌어 일용할 양식을 사야 했으므로, 취직을 하기로 마음먹고 지역정보신문에서 본 취직자리를 찾아가보기로 했던 것이다. 가을 햇살이 비끼는 아파트 구석에서 배급쌀을 타는 노인들을 스쳐가며 나는 내 가계의 엥겔계수를 계산하였다. 그리고 밀린 광열비(난방비, 도시가스비 등)와 통화정지처분이 임박한 전화료와, 체납금과 연체료를 물지 못하여 소송에 들어간다 한들 소송비용조차 아득한 영구임대아파트 임대료, 목숨 붙이고 산다는 일의 끔찍함.

취직을 하자고 찾아간 곳은 일종의 인력수급 용역회사였는데, 내 수척한 몰골을 한눈에 훑어본 용역회사 직원은 고개를 흔들었다.

"아줌마, 주식만 먹지 말고 앞으로 부식들을 좀더 기름기있는 걸로 섭취하셔야겠는데요."

용역회사를 나오며 나는 아닌게아니라 지방분이 부족해서였는지, 다리가 좀 휘청였다.

휘청이는 다리를 끌며 그날은 좀 많이 걸어다녔다. 내 집이 없는 대한민국 사람이 가장 싼 값의 주거비용을 치르고 살 수 있다는 영구임대아파트의 임대료도 못 물고 사는 주제에 소음을 탓하다니, 소음타령을 타령으로 끝냈으면 좋으련만 먹혀들지도 못할 서명이네 전화질이네 그 주접을 떨었다니 스스로가 한심스러웠고 그리고 서글픔을 견딜 수가 없어서 미친듯이 걸어다녔다. 미친듯이 걸어다닌 보람이 있어서였는지, 길거리에서 '시인'을 만났다. 시인은 산동네에서 셋방을 살 때 바로 옆집에 살았었다. 그의 원래 직업은 교사였는데 전교조 일로 해직을 당하고 난 뒤부터는 그야말로 '시'만 쓰면서 살고 있었다.

때는 가을이어서였는가, 시인의 이름에 걸맞게 시인은 바바리코트 깃을 세우고 수심이 잔뜩 서린 얼굴로 바람 찬 광주천변 길을 걸어오고 있었다.

시인은 나의 행선지를 물었다.

"취직을 하려는데, 몸에 기름기가 없어서 안된대요."

"거 골치 아픈데요. 기름기를 채울래도 일단 취직을 해야 되는 것 아닙니까."

"누가 아니랩니까."

"그렇다면 약소하나마, 제가 오늘 약간의 기름기를 보충시켜드리지요."

휘청이는 다리를 이끌고 미친듯이 헤매고 돌아다녔느지라 피곤하였고 어느덧 날도 저물었으므로 나는 시인의 제안을 받아들였다.

시인은 나에게 기름기를 보충시켜주기 위해서였는지는 몰라도 이인분의 삼겹살을 시켜놓고 자신은 한점도 먹지 않고 깡소주만 들이켰다.

나는 고깃점을 씹으며, 어미를 닮아서 그 또한 기름기라곤 없는 내 아이들이 걸려서 마음이 조급해져왔다. 그러나 시인이 하는 말의 허리를 자르고 일어설 수는 없었으므로 죄없는 고깃점만 질겅질겅 씹었다.

시인은 말했다.

"아줌마가 발표한 글 두 개 있지? 그것도 내리 ㅊ지에다가."

나는 본능적으로 어깨가 움츠러들었다.

"이젠 아줌마도 광주에서 벗어나야 해요. 2,30년대의 신파가 그보다 낫거든. 한마디로, 아직도 광주? 웬 광주? 거든."

씹고 있는 고깃점이 단물 빠진 껌처럼 입속을 굴러다녔다.

시인과 헤어지고 나서 나는 좀 씁쓸했다. 사실은 아이들이 저녁도 굶고 기다리고 있을 영구임대아파트 301호로 당장에 들어가야 옳았다. 그것이 어미 된 자의 도리였다. 아직은 제 손으로 끼니를 챙겨먹을 줄을 알지 못하는 어린 아이를 굶긴다는 것은 이유야 어떻든간에 죄악이었다.

그런데도 나는 시인과 헤어지고도 저 혼자만 기름기를 채운 부도덕한 어미가 되어 거리를 헤매었다.

가을날 찬바람에 가로수의 잎은 지고 있었다. 다가올 겨울은 무엇으로 양식을 살까. 미물인 산짐승들도 겨우살이 준비를 하는 이 가을에 나는 무엇으로 두 아이의 양식을 사고 무엇으로 추위를 막을 의복을 살까.

주부사원 모집의 광고가 붙어 있어서 들어가본 방직공장은 노동쟁의 중이므로 차후에 소식을 주리라 하였다. 용역회사의 직원은 기름기를 더 채워서 오라 하였다. 그렇다면 오늘 밤 나는 다소의 기름기를 채웠으니, 내일 다시 그 용역회사에 가보리라. 그들이 다시 외고개를 흔들면 나는 기름기를 채운 내 뱃속을 까발려 보여주어야 하리라. 그러나 뱃속을 열어 보일 방법은 없다. 내 손으로 내 배를 갈라 내가 죽고 난 연후가 아니고서는. 그것 참 난감한 일이로구나.

어이, 현순씨. 당신이라면 대답해 줄 수 있을지도 모르겠소. 죽지 않고도 뱃속을 열어내 보일 방법을 말이오.

용왕님 앞의 토끼처럼. 어떻게든 뱃속을 열어 보이지 못하면 나와 내 아이들이 굶어죽게 된단 말이오.

"토깽이는 뭐 열어 보이기나 했간디? 다아 지혜로써 목숨들을 연명해가는 것이지."

현순씨는 새끼들이 불쌍타며 내게 된호통을 치고 좌우당간 자리에 앉기나 하라고 내 지친 몸을 가게 구석방으로 끌어다 앉혔다.

"웬거요?"

나는 골방에 가득 차려진 음식들을 보고 눈이 휘둥그래져서 물었다.

"내 생일이란다. 에미 생일이라고 우리 딸년이 저렇게 솜씨를 부려놨어."

나는 그때 처음으로 유정이 말고 현순씨에게 큰딸이 있음을 알았다.

"저것이 말도 못하고 듣도 못하지만 손재주하고 인정은 있어서……"

현순씨는 울먹이고 있었다. 현순씨의 딸, 잔디는 말하자면 첫남편에게서 난 아이인데, 어미 생일이라고 서울서 내려온 모양이었다. 그 아이는 서울에서 장애인 고등학교에 다니고 있다고 했다. 현순씨는 딸을 서울의 장애인학교에 넣은 것을 대단히 자랑스러워했다.

"학교는 어떻게 하고 왔어?"

"아파서 며칠 쉬기로 했난다."

잔디는 만성 열병이 시달리는 와중에서도 제 어미의 생일상을 알뜰히 차려주고 영구임대아파트로 돌아갔다.

"우리 잔디가 어떤 애냐 하면, 내가 말이다, 애비 없는 자식 낳는 게 우세스러워 오일팔 때 죽은 귀신들 묻힌 산골짝 동네로 들어가지 않았겠니. 애를 방바닥에 쏟아놓고 뭐가 잘못됐는지 하혈이 멈추지 않아 이제는 죽었구나 하고 누워 있는데, 그애가 우리 잔디가, 이제 열살먹은 우리 잔디가 그 험한 산골짝 동네에서 십리나 떨어진 약국으로 비가 억수로 쏟아지는 밤중에 약을 사러 간 애라구. 말도 못하고 듣도 못하는 애가 약국 문을 손으로 때리고 발로 차서 어떻게 어떻게 구해왔는데, 그게 진통제야. 그걸 먹고 나는 그대로 떨어져버렸는데 한참만에 눈을 뜨고 보니까, 우리 잔디가 말도 못하고 듣도 못하는 애가 이렇게, 이러어케 귀를 내 배 위에 대고 있는 거야, 뭐를 듣겠다고, 제 에미 살았나 죽었나 볼라고."

나는 현순씨에게 홍도야 우지 마라가 따로 없네 얼씨구, 어쩌고 하며 일부러 타박을 주었다. 타박을 주며 울지 않으려고 무진 애를 썼는데 나중에는 그렇게 애를 쓰는 자신이 영 내가 아닌 것 같아져서 결국에는 울어버렸다. 아무리 독한 사람이라 할지라도 조금이라도 인간의 마음을 가진 사람이라면 어떻게 그런 사연들을 듣고 울지 않을 수 있단 말인가.

나는 매번 현순씨의 딸들에게 알 수 없는 감동을 느끼곤 한다. 하느작이며 춤을 추던 유정이, 그리고 말도 못하고 듣지도 못하지만 어미의 생일상 하나는 그렇게 멋있을 수 없이 차려낸 잔디. 사람의 신체기능 중 어느 한 곳이 이상이 있으면 어느 다른 한 곳의 감각은 발달하는지도 모른다. 맹인이 청각이라든가 촉각은 성한 사람 이상이듯이. 그런 의미에서 잔디는 특히 미각이 발달되어 있는 것 같았다. 미각과 함께 손재주도. 듣지 못하고 말하지 못하니, 오직 제 눈앞에 보이는 손으로 온갖 '만들기'를 하는 것이다. 음식을 만들고 공작을 하고.

그날도 손님은 들지 않을 모양이었다. 현순씨는 자신의 장사가 안 되는 건 길목이 안 좋아서도 아니고 제 수완이 나빠서도 아니고, 순전히 서민들의 경제를 파산시킨 정권 때문이라며 술 한잔 들어간 김에 다소 과격한 발언을 서슴지 않았다.

"한참 술 마실 시간에 딱하니 영업을 금지시키니, 죽어나가는 건 요런 외진 곳에 있는 나 같은 사람들이지."

현순씨는 그녀가 데리고 있는 유일한 종업원인 미스 조를 불렀다. 나는 그제서야 소정 까페의 미스 조를 내가 깜빡 잊고 있었음을 알았다. 미스 조는 술을 못 마실뿐더러 도통 말도 없었다. 나는 현순씨에게 미스 조도 들을 수 있을 만큼 노골적으로 물었다.

"주인장 아줌마, 저렇게 얌전한 사람을 써서 장사 되겠어요?"

미스 조는 커튼이 드리워진 구석 테이블 속에서 천천히 걸어나오고 있었다. 그녀는 오늘도 언젠가 보았던 하얀 원피스를 늘어뜨리고 있었다. 그녀는 내게 조용히 다가와 술잔을 내밀었다. 나는 미스 조에게 술을 따랐다. 그녀는 술잔을 가만히 응시하고 있다가 단숨에 들이켰다. 술을 마시고 제 잔을 내게 내밀었다. 나는 술을 받았다. 이상한 고요로움. 미스 조의 손동자은 섬세하고 고요했다.

참 이상도 하다. 내 감정이 헤퍼서 터무니없는 감동을 이 사람 저 사람에게 느끼는 것인가. 나는 미스 조가 따라준 술을 방금 전 미스 조가 내 잔을 받고 그랬듯이 또한 가만히 응시를 해본 뒤에 사셔지는 것이었다.

못난이 생일에 못난이들의 축제도다. 스텝 바이 스텝.

현순씨가 손가락을 튕겨내며 노랫가락같이 읊조렸다. 현순씨의 소음 속에서 미스 조의 낮은 노랫소리가 은은히 흘러나오고 있었다. 미스 조의 노랫소리가 이어지는 동안 현순씨는 끊임없이 한옆에서 자작을 하며 떠들어대었다.

…… 그러니까 이 가게를 처분하고 단란주점이라는 것을 해봄이 어떻겠음? 에또 그러니까, 한달에 보증금 백에 12만원씩이면 단란주점을 단란허니 꾸릴 수는 없단 계산이란 말임?

지혜구나. 죽지 않고도 뱃속을 열어 보이는 방법. 목숨을 붙여나갈 수 있는 지혜. 한참을 혼잣말로 장광설을 늘어놓던 현순씨가 느닷없이 목청을 돋구어 노래를 부르기 시작했다.

…… 오월, 그날이 다시 오면 우리 가슴에 붉은 피 솟네, 오월 그날이……

갑자기 쏟아지는 고음이었으므로 미스 조와 나는 잠시 어리둥절하지 않을 수 없었는데, 그러나 금방 무슨 노래인지를 알았으므로 따라 부르지 않을 수 없었다. 세 여자는 발까지 쾅쾅 굴렀다. 현순씨는 발을 구르고 팔을 휘둘렀다. 노래가 끊어지는 것이 두렵다는 듯 행진곡이 끝나고 나면 너도나도 침울해질 것을 미리 염려하여 우리는 되도록이면 고성방가를 하였다.

"웬 흘러간 노래여?"

고성방가를 한 덕분에 누가 들어온 것도 몰랐다. 우리는 부르던 노래를 딱 멈추고 까페의 입구로 일제히 눈동자를 고정시켰다. 그중에도 유독 현순씨의 눈빛은 먹이를 발견한 고양이의 것처럼 반짝이고 있다는 느낌이 들었다.

하참, 내 정신 좀 봐. 장사할 생각은 않고. 딸년 덕분에 오랜만에 스트레스만 풀고 앉았었네. 현순씨는 순식간에 말끔한 까페 주인 본연의 얼굴빛으로 돌아갔다. 미스 조도 굼뜨게 일어섰다.

축제는 끝났다. 나는 이제 내 집으로 돌아갈 일만 남았다. 탈탈 굶었을 아이들이 불쌍해 나는 또 울컥 목이 메었고 목이 메이므로 다리가 휘청거렸다. 내 죄를 사하여주소서. 주신(酒神)이여. 나는 기도하는 마음으로 마지막 한잔의 술을 마저 마시고 자리에서 일어섰다.

까페 안은 시끄러웠다. 늘 있는 일이겠거니 하고 나는 현순씨에게 손을 번쩍 들어올려 작별인사를 했다.

"봐요. 아줌마, 심야영업은 불법이란 말이오."

"불법 좋아하네. 동생들하고 생일파티 한 것도 불법이여?"

"어이, 지금 나가려는 사람 내려와."

사내는 비위 틀어지는 반말지거리를 썼다. 나는 올라가려던 계단에서 돌아섰다.

"지금이 새벽 한시람 말요. 불법영업을 하려면 간판불 끄고 샤타 내리고, 커튼 치고 소리죽여 하든지, 뭔 배짱이요들?"

들어온 사내는 손님이 아니고 심야영업 단속을 나온 형사였고 현순씨와 미스 조와 나는 셋이 한 오랏줄에 묶일 판이 된 것이다.

심야영업이 아니었다고 증명해 보일 어떤 증거도 없는 것이다. 상황이 이렇게 된 판이라 나는 이제 불쌍한 새끼들한테로 가기는 다 틀렸구나고 생각하며 계단에 쭈그리고 앉았다. 형사가 먼저 앞장을 서며 따라오리고 말했다.

"어이, 당신도 같이 가줘야겠어."

형사는 현순씨와 미스 조에게는 말을 높이면서 유독 나에게만은 반말을 썼다. 나는 불법영업을 하지 않았는데도(영업을 하려 했대도 손님은 없었을 것이다) 새벽까지 불을 켜두었다는 이유만으로 법을 어긴 죄인이 되어야 하는 현순씨의 상황도 화가 났지만 형사가 꼬박꼬박 나에게만 반말을 쓰는 데도 화가 났다. 그래서 일어서지 않았다. 형사의 미간에 심지가 돋치고 있었다. 현순씨가 변명조로 말했다.

"내 동생인데, 내 생일이라고 축하인사차 온 거라구."

형사가 내게 했던 것과 반대로 현순씨는 형사에게 반말을 쓰고 있었다.

"동생이란 증거 있소?"

"동생이라면 동생이지. 그것도 소설가 동생이라구."

형사가 쌍심지 돋음 미간에 이번에는 조롱기를 담뿍 띄우고 나를 바라보았다.

"쓴 소설 제목이나 한번 읊어보시지?"

늘 침을 뱉고 싶은 순간을 참아내며 살아오는 데는 이골이 나 있는지라 나는 형사의 조롱기 어린 미간을 여유있는 미소까지 띠고 가만히 맞받아 보았다. 이번에도 현순씨가 나서서 동생을 변호했다.

"위대한 대로망이지, 그런 샤쓰빤쓰하며. '사랑의 종말'이라고 요번에 출간될 거야."

실은 현순씨는 내가 무슨 글인가는 몰라도 글을 좀 끄적거리는 것으로는 알고 있지만 구체적으로 내가 쓴 글을 한번도 읽어본 적이 없었으므로 되나캐나 주워섬길 수밖에 없었던 모양이다. 그래도 현순씨의 변호가 효험이 있었던지 형사의 미간에 돋쳐 있던 심지가 풀어지면서 현순씨에게 협상의 제스처를 보낼 기미가 보이기 시작했으므로 '사랑의 종말' 작가는 이제 쭈그리고 있던 계단에서 일어서서 까페 '소정'의 출입문을 나섰다.

내가 출입문을 나섬과 동시에 지하 까페의 간판불이 내려졌다. 바야흐로 심야영업은 그때부터 시작되었던 것이다. 나는 현순씨가 쥐어준 택시요금을 확인한 뒤에 멀리서 다가오는 택시를 향해 내 빈곤한 팔뚝을 번쩍 들고 사정없이 뒤흔들었다.

목이 말랐다. 속쓰림과 갈증이 한꺼번에 덮쳐와 죽을 것만 같았다.

통증과 갈증을 참을 수 없어 불을 켰다. 오늘은 네 명의 아이가 내 집에서 자고 있었다. 현순씨의 큰딸 잔디와 그 밑으로 조무래기들 셋. 잔디를 정점으로 아이들은 구도도 정교한 대각선을 이루어 난장판을 만들어놓고 널브러져(자고 있다기보다 널브러져 있다는 표현이 적합할 그런 모습으로) 있었다. 어미는 있되 바람난 어미의 자식들모양. 쓰린 속에서 나를 향한 욕지기가 마른 목구멍을 타고 넘어왔다. 나는 아이들의 널브러져 있는 모습을 대충 일별하고 욕설 서너마디도 주절주절 뱉어내가며 부엌이 딸린 복도로 나가 물주전자를 기세도 좋게 기울였다. 기세 좋게 기울인 보람도 없이 물주전자에서는 물이 나오지 않았다. 냉장고에도 물은 없었다. 끓인 물은 아무데도 없어서 수도꼭지를 틀었다. 이상했다. 수도꼭지에 힘이 없다. 가르륵가르륵, 수도꼭지 속에서 가래 끓는 소리만 난다. 어디서 수도공사를 하나? 아침까지 나오던 물이 나오지 않았다. 나는 온수가 나오는 쪽의 수도꼭지를 틀었다. 온수는 콸콸 쏟아진다. 할 수 없다. 나는 김이 펄펄 오르는 뜨거운 수돗물을 마셨다. 뜨거운 물도 물은 물이니까. 뜨거운 물이라도 마시고 나니, 갈증은 여전하지만 속쓰림은 좀 나아진 듯했다.

제한급수는 그때부터 시작되었다. 가뭄이라 하였다. 수원지의 물이 모자라서 격일제 급수를 하는데, 이상하게 뜨거운 물은 계속 나왔다.

아래층의 물 쏟아지는 소리도 격일제 급수가 시작된 그때부터 시작되었다.

찬물이 나오지 않는 날은 물소리가 나지 않다가 찬물이 나오는 날엔 여지없이 폭포수 쏟아지는 소리가 밤이고 낮이고 들려왔다. 물소리는 바로 201호에서 올라오고 있었다.

처음에는 물소리 자체가 시끄러워 견딜 수가 없었다. 그러나 참기로 했다. 찻소리도 그랬지 않은가. 참고 살다보면 난청이 되든 어쩌든 그래도 어떻게 살아지던 것이었으므로 물소리도 마찬가지라 여겼다. 물이 나오지 않는 날 주인이 깜박 잊고 수도꼭지를 열어둔 채 어디 외출을 한 모양이다. 이제 곧 집주인이 돌아오겠지. 하루만 참으면 될 것을. 날마다 하루만 참으면 되겠지였다. 그러다가 한달이 갔다. 폭포수 쏟아지느 소리를 하루 건너 하루씩 보름을 들은 것이다.

가을은 짧아, 겨울이 왔다. 물소리는 계절이 바뀌어도 끊이지 않았다. 관리사무소에 신고를 했다. 진작에 신고하지 못한 것을 입술을 깨물어 후회하며 급박한 어조로.

"물소리가 계속 나거든요. 소리도 소리지만 물이 아까워서요."

내 입에서는 차마 '혹시, 속에 무슨 사고가 나 있는지도 모르거든요' 소리는 나오지 못했다. 설마, 그런 사고가 나 있을 리는 없을 것이다.

그런데 관리사무소측의 대답은 내 급박한 어조와는 사뭇 대조적으로 느긋하였다.

"문이 잠겨 있으면 어떻게 해볼 수가 없거든요. 나중에 집주인 오면 크게 혼내주십시오."

혼을 내주라니. 그러면 나는 아래층 주인이 돌아와서 물을 끌 때까지 기다리고 있다가 혼내줄 일만 남았는가. 아래층 201호 옆집 202호의 초인종을 눌렀다.

"201호에 사는 사람 어디 가신 줄 모르세요?"

"그러고 보니, 어째 요새는 토옹 뵈지를 않네요."

"혼자 사시는 분인가부죠?"

"예에, 거택보호자 할머니예요."

202호 아줌마의 거택보호 할머니라는 말이 내 머리끝을 쭈뼛 잡아당겼다. 하지만 내식을 할 수는 없었다.

나는 형사처럼 물었다.

"혹시 할머니가 어디 갈 만한 데는 없나요?"

"글쎄, 딸이 하나 어디 살고 있다던데 거기 갔나. 아니 근데 왜 그러시우?"

"요새 물이 나왔다 안 나왔다 하잖아요. 근데 물 나오는 날에 201호에서 물소리가 그치지 않거든요."

"위층에 살우?"

"예에."

"당신이 캐고 다닐 일이 아니지. 관리사무소에 신골 하시구랴."

"예에."

나는 비루먹은 강아지모양 어깨를 움츠리고 내 집으로 가는 계단을 오를 수밖에 없었다. 202호 아줌마 말대로 관리사무소에 재차 전화를 걸었지만 대답은 처음처럼 어쩔 수 없으니 주인이 돌아올 때까지 기다렸다가 혼내주자는 것이었다. 화가 났지만 그럽시다 하고 전화를 끊었다. 사람이 죽어 있든지 말든지 당신들이 알 바 아니란 말이지.

영구임대아파트에서 거택보호 노인이 죽다. 죽은 지 몇달 만에 하냥 쏟아지는 물소리에 의심을 품은 위층 여자에 의해 발견되다.

물소리가 시끄럽다. 그리고 아깝다. 이 가뭄에 낭비되는 물들이. 그 말까지는 콸콸 나왔다. 그러나 정작 중요한 그 말, 혹시 사람이 죽었을지도 모른다는 소리는 이상하게 목구멍 밖으로 나오지 못했다.

현순씨는 내가 물소리와 싸우는 그동안 감방엘 들어갔다. 그것도 빚만 몽땅 지고서. 어느날 젊고 예쁜 계집아이 둘이 현순씨네 까페에서 일을 하겠다고 왔더라 했다. 병든 아버지 약값과 동생들 학비를 대야 한다며. 현순씨는 그러냐고, 가륵도 하다고 또 솔직히 장사 욕심도 나서 그애들이 요구하는 목돈을 일수를 내서 주고 일을 시켰는데 바로 그날 단속에 걸렸다는 것이다. 일수 돈을 챙긴 계집아이들은 온데간데

없이 사라지고 현순씨만 미성년자를 고용한 악덕업주가 되어 쇠고랑을 찬 것이다.

면회를 가서 퍼런 죄수복을 입고 고무신을 신은 현순씨한테, 그녀의 말대로 '그놈의 미(미성년자)자가 들어 있는 줄을 몰랐던 죄로 빚지고, 장사 못하고, 몸 버리고, 우세 사고, 전과자가 되어버린' 현순씨한테 나는 한가하게 물소리 타령을 하였다.

"우리 미스 조는 어찌 지내고 있든?"

그제서야 나는 미스 조를 한번도 찾아가보지 않은 것이 생각났다.

"잘 지내고 있겠지. 언니보다야 더하겠수?"

"아니야, 엊그저께 걔 애인이 죽었거든. 면회 와서 울더라야."

"애인이 죽었는데, 그럼 울지 안 울어요? 그러다가 또 새 애인 사귀는 거고."

"그랬으면 오죽 다행이겠니. 그애는 그게 아니야."

"그럼 뭐란 말이우?"

"그애 애인이 오일팔 때 시민군이었대. 감옥 나와 십년을 시난고난 앓다 요번에 제 명을 다 못 살고 죽은 거라. 914호에 산다. 내 대신 한번 찾아가서 위로나 해줘."

우리는 미스 조의 죽은 애인 얘기를 하느라고 정작 자신들 이야기는 하지 못하고 말았다.

"그럼 미스 조 다리도 그해 오월에 다친 거다요?"

"아니, 사고로 그랬다더라. 열차 사고가 나서 양친 다 잃고 저는 다리 한쪽 나가고. 아파트로 이사 오기 전에 철도변에서 살았던가보더라. 경비 영감이 소개시켜줄 때만 해도 신찮더니, 그래도 애가 지 딴에는 살라고 버둥대는 것이 안타까워 쓰기는 썼는데 영 마음이 아퍼야. 애인을 사귔는데 그 애인도 심신이 그리 건강허지는 않았던가보더라.

결혼을 하기에는 또 미스 조가 책임져야 할 동생이 둘이나 되고."

나는 현순씨가 나올 때까지 유정이를 맡을 수밖에 없었다. 현순씨 말로는 다섯살이라는 유정이는 일곱살인 내 딸보다 몸집이 컸다. 그래서 나는 그애의 나이를 의심하지 않을 수 없었다. 내 딸에게 취학통지서가 왔다. 면회 가서 취학통지서 얘기를 꺼냈다. 현순씨는 그제야 유정이의 나이를 실토했다. 유정이는 올해 학교에 들어가야 할 나이였다.

"어떡허지? 호적에도 안 올렸는데."

"성은 누구 성으로 할 거야?"

"지 애비 성이 박가이긴 하지만 종적을 알 수 없으니 할 수 없는 일, 내 성을 따를 수밖에. 아이고야, 아다리가 딱 들어맞아분다. 우리 잔디 애비도 김가, 그래서 우리 잔디도 김가. 나도 김가, 그래서 우리 유정이년도 김가."

현순씨는 발까지 굴러가며 좋아라 했다.

요번 참에 성도 박가가 김가가 되었으니, 일습으로 이름도 새것으로 짓자 하여 즉석에서 유정이의 호적에 올릴 성과 이름을 지어냈다. 김향아.

향아. 향항. 교도소를 나와 마침 '향항'이란 선술집 간판이 눈에 띄어 그곳으로 들어갔다. 속이 쓰린지 마음이 아픈지 분간이 안되었지만 나는 좌우간 술을 마셔야만 답답한 속이 풀릴 것 같아 막걸리 두 병을 들입다 마셔버렸다. 그래서 나는 실지로 목로주점 향항에서 향항을 보았다. 향항의 부두에서 향아가 하냥 웃고 서 있었다.

나는 그 다음날 내 손으로 작성한 현순씨 이름의 위임장을 들고 동회로 가서 벌금 오만원을 물고 김향아를 주민등록시켰다.

그러노라고 나는 또 미스 조를 깜박 잊고 말았다. 잊자고 해서 잊은

건 아니고 지척에 있는 미스 조를 찾지 못한 어떤 이유가 있었다. 발을 삐었던 것이다. 발을 삐어서 이틀을 꼼짝 못하고 누워 있는 중이었다.

발은 왜 삐었는고 하니, 시끄러웠다. 물소리가. 시끄러운 찻소리를 견디며 살고 있듯이 물소리도 견디며 살 수 있다고 이를 악물었다. 소리쯤은 견디며 살 수 있다고 하자. 그러나, 이 가뭄에 하수구 속으로 속절없이 버려지는 물이라니. 그것은 견딜 수가 없었다. 지금까지 쏟아져내린 양만 해도 아파트 전체가 하루 쓰는 양보다 많으면 많았지 덜하지는 않을 것이었다. 왜냐하면 물이 나오는 날은 여지없이 밤이고 낮이고 한시도 쉬지 않고 쏟아졌으니까.

진정 물이 아까워서인가. 그러나 진정으로 내가 이층으로 들어가려는 이유는…… 그랬다. 거기에는 노인이 죽어 있을 것이었다.

노인은 지금쯤 썩어서 형체조차도 남아 있지 않을지도 몰랐다. 관리사무소에 근무하는 주택공사 공무원(공무원인가 공무원이 아닌가?)들에게 할머니의 처참한 주검을 보여주어야 할 것이었다. 이보세요, 이래도 사람이 올 때까지 기다리고만 있으란 말입니까? 당신들은 부모도 없습니다? 노인이 이렇게 죽어 있는데, 어쩔 수 없으니 기다려 보자구요? 사람 죽일 양반들 같으니라구.

나는 베란다의 철책에다 로프를 묶었다. 현관문이 잠겼으니, 베란다의 새시문을 통해 들어갈 생각이었다. 창문이 열리지 않으면 깨고라도 들어가볼 참이었다. 들어가서 나는 할머니의 시체를 관리사무소의 무정한 공무원들에게 보여줄 것이다. 격렬한 항의와 함께. 이러고도 당신들이 아파트관리비를 챙길 수 있단 말입니까? 사람이 죽어나도 나 몰라라 하는 사람들이 관리비가 웬말입니까?

향항에서 술을 마셔서였는가. 술을 마신 혼미한 내 의식이 아래층으로 로프를 타고 내려가지 않으면 안되게 내 가라앉은 도덕성을 자극

했다. 세상 사람들 이래서는 안된다구요. 옆집에 사람이 죽어나는데, 누구 하나 알려고 들지 않는 이런 삭막한 세상을 만들어서는 안된다구요.

아래에서 휘파람 소리가 났다.

"어이, 당신 도둑이야?"

나는 엉겁결에 로프를 놓아버렸고 잔디밭으로 떨어져내렸다. 그날 밤 나는 사람 없는 이층을 털려던 도둑까지는 안되었어도 로프 도둑까지는 되었다. 왜냐하면 로프는 내가 이층으로 내려가기 위하여 아파트 지하실에서 관리실의 허락도 없이 가져왔던 것이기 때문에.

다친 첫날은 그런대로 견딜 만하여 김향아 주민등록도 시키러 가기도 했는데, 주민등록시키고 난 이튿날부터 어디가 잘못됐는지 발목이 시큰거리며 부어오르기 시작했다. 그래서 그날부터 연이틀을 누워버렸다.

사람이 누워 있으면 잠이 한도 끝도 없이 왔다. 황소처럼 미련스럽게, 무작정 부기가 빠지기를 기다렸다. 한숨 자고 나면 나도 모르는 새에 빠져 있겠지. 잠을 잤다. 그리고 눈을 떴다. 발목을 내려다보았다. 부기는 그대로였다. 실망을 하려다가 이상하게 실망을 하지 않아도 될 어떤 변화가 있음을 알아챘다. 물소리. 물소리가 나지 않는 것이다. 시계를 보았다. 오후 한시. 물이 나올 시간인데도 물소리는 나지 않는 것이다. 역시 발목을 삔 보람이 있었구나. 발이 아파 밖으로는 못 나가고 베란다로 나가 이층의 창문이 열려 있는지를 확인하고 싶었다. 열려 있으면 아마 할머니의 시체를 발견했을 터이다. 베란다로 나가려고 내가 막 일어서려는 순간이었다. 딩동댕, 인터폰이 울렸다.

"사람이 죽었습니다, 신원을 확인해주십시오."

나는 발목 아픈 것까지도 다 잊어버렸다. 정신없이 이층으로 내려갔다. 드디어 이층 201호 현관문을 열었다. 그런데 이상했다. 문이 열리지 않는 것이다. 이층 복도에는 사람이 없었다. 사람들은 아파트 뒤편으로 몰려가고 있었다. 바람이 거셌다. 엊그제 내린 눈이 아직 덜 녹아 아파트 뒤편 응달은 황량하기 그지없었다. 황량한 그곳으로 사람들이 몰려가고 있었다.

시체는 응달에서 퍼렇게 얼어들고 있었다. 나는 그때 보았다. 시신의 아랫도리를 적신 물기가 플라스틱 다리 위에서 얼음이 되어가고 있는 것을.

나는 더이상 시체 곁으로 다가가지 못했다. 경찰차가 삐용거리며 달려왔고 사람들의 접근을 허용하지 않았다. 영구임대아파트 뒤껼 햇빛 한줌 들지 않는 싸늘한 응달의 시멘트바닥 위에 미스 조는 퍼렇게 얼어들고 있었고, 사람들은 이만큼 비껴서서 시체를 건너다봤다. 죽음과 삶의 거리가 꼭 그만큼인 듯. 죽은 시신이 얼어들듯 산 사람들도 얼어가고 있었다.

미스 조가 죽은 며칠 뒤 나는 201호 할머니를 보았다. 그것도 우연히. 일층 현관을 들어서는데, 할머니가 무거운 짐가방을 들고 선 채 경비원으로부터 된타박을 듣고 서 있었다.

"이봐요, 할머니. 어데를 가면 간다고 말을 하든지, 말을 안 하려면 집단속이나 잘 하고 다니시든지. 할머니 집에서 물이 계속 쏟아져서 민방공 훈련허드키 사다리까지 동원했단 말이요."

할머니는 중죄나 저지른 사람처럼 하냥 머리를 조아리고 있었다.

"제가 들어드리지요, 할머니."

할머니가 웃었다. 합죽하게.

"어디 멀리 갔다 오시는 모양이지요?"

"딸년이 애를 났거든. 백일까장 세고 온다우."

할머니는 201호 문앞에 멈추었다.

나는 말없이 돌아섰다. 뒤에서 할머니가 호물거리는 목소리로 말했다.

"애기 엄마 고맙소."

돌아서 오는 내 눈에 이상하게 그럴 이유도 없건만 뜨거운 것이 용솟음치고 있었다. 할머니는 짐까지 들어다준 여자가 왜 느닷없이 우는지 영문을 모른 채 자기가 무슨 잘못이라도 저지른 듯 허둥대고 있었다. 나는 계단을 올랐다. 내 집과 현순씨의 집이 있는 3층을 지나 자꾸자꾸 올라갔다. 이제서야 나는 미스 조가 살았던 9층에 올라가볼 생각을 먹은 것이다. 9층으로 올라가는 계단에는 소음의 공명이 가득하였다. 늘 그랬듯이, 늘 참고 살아왔듯이, 소음이 대수랴. 나는 소음을 뚫고 계단을 올라갔다. 올라가는 동안 눈물은 어언 말라 있었다.

914호의 문은 굳게 잠겨 있었다. 그래서 913호의 초인종을 눌렀다. 고개를 내민 사람은 키가 몹시 작은 사람인 게라고만 여겼더니, 그것이 아니었다. 913호 사람은 아랫도리가 뭉턱 잘려나가고 없었다. 그는 썰매를 타듯 제 남은 몸뚱이를 양손으로 밀고 와서 문을 열었던 것이다.

"옆집엔 아무도 없습니까?"

"죽은 아가씨의 동생들이 있어요. 밤에 올 거예요."

913호의 남자는 현관문의 손잡이가 닿지 않아서인지 문따개로 쓰는 듯한 둥근 쇠막대를 만지작거렸다. 속도 모르고 초인종을 누른 것이 한량없이 좌송스러워져서 나는 허둥지둥 눈을 낮아주었다. 문이 닫혀지는 순간에 남자가 꾸벅 인사하였고 그리고 나는 남자가 다시 제 남은 몸뚱이를 밀고 들어가는 소리를 들었다. 실평수 일곱평 반의 삶의 공간 속으로 제 온몸을 밀고 들어가는 소리.

미스 조가 없는 미스 조 집의 굳게 닫힌 문과 쇠막대로 문을 열고 닫고 하는 옆집의 닫힌 문 앞 복도에 서서 나는 저 아래 찻길을 내려다보았다. 그리고 미스 조가 이렇게 서서 제가 뛰어내릴 곳이라고 미리 봐두었을 것이 틀림없는 시멘트바닥, 고소공포증인가. 어지러웠다. 찻소리하고는 구별되는 이명도 들렸다. 미스 조의 목소리. 나는 확실하게 미스 조의 목소리를 들었다. 그리고 느꼈다. 그녀의 딱딱한 플라스틱 다리가 내 등을 툭툭 차고 있는 것을. 죄가 있다면 살아 있다는 것이야. 살아 남음이 죄라구. 싸늘한 추위가 내 등뒤를 훑고 지나갔다. 나는 복도 난간을 붙잡았다. 더이상의 죄를 짓지 않기 위하여. 그때, 913호의 문이 왈카닥 열리며 거기 앉은뱅이 남자가 눈을 부릅뜨고 앉아 있었다. 아니 그는 서 있었다. 방바닥을 짚은 팔뚝에 푸른 힘줄이 파득거렸다.

그는 눈을 부릅뜨고 내게 소리쳤다.

"못난 짓거리 하지 말아요! 나도 살아요. 나 같은 인간도 산다구요."

나는 쫓기듯 9층 복도를 내려왔다. 뒤에서 앉은뱅이 남자가 계속 소리질렀다. 내려가, 한정없이 내려가. 내려가서 살라구. 기를 쓰고 살라구. 밑바닥을 박박 기어서라도 살아내라구.

현순씨를 보고 왔다. 하혈이 계속 쏟아진다고 해서 두툼한 생리대도 차입해주었다. 김항아 주민등록시킨 것도 보고하였고 미스 조의 죽음도 알렸다. 현순씨는 충격을 받거나 깊은 슬픔을 느낄 때는 늘 하는 버릇인 듯 입술 끝을 일그러뜨리고 그렇잖아도 큰 눈을 땡그랗게 치켜뜨며 말했다.

"아이엔진 거라."

"뭐라고?"

"현재진행형이라구."

"뭐가?"

"그만 얘기하고 그만 덮어두고 그만 울고 그만 그만하고 싶어도 할 수 없어. 역사란 그런 거야. 갑오년이 따로 없고 기미년이 따로 없다구. 그러드키 오일팔이 따로 있는 게 아냐. 기미년의 삼일운동은 임신년에도 삼일운동으로 이어지듯이 경신년의 오일팔은 계유년의 오일팔로 새로 시작되는 거라구. 역사는 귀신이여. 귀신은 상관 있는 놈도 물고 늘어지지만 상관 있는 놈하고 끈이 맺어진 상관 없는 놈들도 끌고 가거든. 그것이 바로 역사귀신이거든. 상관 없는 년이 어쩌다 상관 있는 놈을 만나 덜커덕 물린 게라고. 그 귀신한테, 배곯은 귀신한테 잡아먹힌 거거든. 거 멋이냐, 역사 앞에서 자유로운 사람은 없는 거거든. 그런 거거든."

현순씨는 계속계속 거거든, 거거든 하고 말했다. 현순씨의 꼴에 어울리지 않는 '……거거든' 소리가 슬며시 지겨워져서 나는 냅다 큰 소리를 냈다.

"아니야, 그게 아니라 미스 조는 김대중이 대통령 안되었다고 죽은 거야. 단순한 걸 왜 그리 복잡하게 얘기해. 미성년자 고용한 악덕업주 주제에."

나는 퍼런 죄수복을 입은 현순씨 앞에서 터무니없이 씨근덕거렸다. 내 입속에서는 아직도 나오지 못한 말들이 소용돌이치고 있었다.

'미성년자 고용한 악덕업주 주제에 역사를 입에 올리지 말라구. 그런 식으로 역사를 해석하지 말라구. 당신에게는 역사를 운위할 자격이 없어. 왜 죽음으로 시작되어야 해? 역사가 이어지는 건 살기 때문이야. 죽어서는 안돼. 죽음으로는 아무것도 이룰 수 없고 이을 수도 없는 거야.'

터무니없이 큰 소리를 내는 나에게 현순씨는 화내지 않았다. 화낼 시간도 없었다. 현순씨가 충분히 화낼 시간이 없는 것이 화가 났고 이유없이 화가 나는 자신이 경멸스러워져서 나는 또 화가 났다. 현순씨는 면회시간에 쫓기며 재빨리 말했다.

"김대중이가 지 할애비냐?"

"언니가 그랬잖아. 김대중 대통령 안되면 모두들 혀 깨물고 죽어야 한다고."

"옘병. 죽을 각오로 살자 그거여. 누구 좋으라고 죽냐 죽기를."

이제 또다시 봄이 왔다. 영구임대아파트로 이사온 지도 일년이 되어간다 그리고 귀청을 찢다 못해 뇌수까지 파고드는 듯한 소음은 여전하고 현순씨는 벌금형이 떨어지긴 했지만 벌금 낼 돈이 없어 아직 징역을 살고 가뭄은 해갈되지 않고 있다. 관리실에 연결된 인터폰이 울린다.

"광주시의 식수 사정이 여의치 못하야 격일제 급수를 삼일제로 실시코자 하오니 이점 양지하시기 바랍니다."

나는 서둘러 고무통에 물을 받는다. 물을 한움큼 떠서 입속으로 흘려넣는다. 이상하다. 물을 마셔도 마셔도 갈증이 인다. 나는 아예 고무통 속에다 얼굴을 처박는다. 그리고 허겁지겁 마신다. 찬물 속에 내 눈에서 나오는 미적지근한 액체가 섞인다. 그것을 감추기 위해서라도 나는 물속에 처넣은 얼굴을 들지 않는다. 아이들이 들어온다.

"엄마 세수를 거기다 하면 어떡해. 삼일 동안 마실 물인데."

"그래. 미안해."

고개를 든다. 눈물 섞인 물을 아이들에게 먹일 순 없다. 반쯤 찬 물을 버리고 다시 물을 받는다. 그러나 이미 수도꼭지에서는 가르륵 소리가 나기 시작한다. 다시 물을 받으려는 순간에 물은 끊어지고 만 것이다. 나는 또다시 내 딸에게 된호통을 맞는다.

"물을 버리면 어떡해. 거 봐, 인제 하나도 안 나오잖아."

아이는 거의 울상이다. 울상인 아이를 달래느라고 나는 또 허둥댄다.

아이들은 허둥대는 나를 남겨둔 채 복도로 달려나간다. 소음 가득한 복도에서 이윽고 아이들의 고함소리가 들려온다. 아파트 광장에는 햇살이 속절없이 쏟아져내리고 그 햇살 아래 올해도 어김없이 영구임대 아파트의 거택보호자들이 모조리 나와 화전놀이를 벌이고 있다.

나도 저 속에 들어가 춤이라도 추어볼거나, 때는 바야흐로 만화방창 호시절, 문민시대의 위대한 신한국이 열리지 않았는가, 열리지 않았는가 하고 내려갈 참인데, 아파트 광장으로 육중한 컨테이너 트럭이 질주해와 화전놀이를 벌이던 거택보호자들이 혼비백산하는 것이 보였다.

단상

솔라 스크립투라

허 이냐시오 / 시인

70년대 초 어느 여름날 장충동 경동교회에서 모임이 있은 후, 점심 식사를 하러 길 건너 평양면옥으로 갔다. 종업원이 자리로 안내하자, 강원용 목사가 "우선 시원한 맥주 서너 병 주세요" 하고 주문하는 게 아닌가! 목사의 술 주문에 엄청 놀랐던 일이 40여 년이 지나서도 잊혀지지 않는다.

강남의 어느 대형교회 장로로 솔라 스크립투라(Sola Scriptura, 오직 성경만으로)를 외치는 친구도 회식 때 술을 곧잘 마신다. 그런데 교회에서 거행된 그의 자녀 결혼식 피로연에는 안주만 잔뜩 있고 술이 없었다. 흥겨워야 할 자리가 불쾌하고 황당했다. 비슷한 경험을 몇 번 하고나서 그런 결혼식에는 축의금만 보낸다.

교회에서 술을 금했던 것은 가난하고 먹을 것이 없었던 시절, 술로 인한 낭비와 가정파탄과 범죄가 심각했기 때문이었다. 술을 금하는 것이 성경에서 가르치는 삶에 도움이 되기도 했다. 그러나 성경에는 술에 취하지 말고 술에 빠지지 말라고 했을 뿐이다. 오히려 "그대의 위장이나 잦은 병을 생각하여 포도주도 좀 마시십시오"(「1티모」 5 : 23) 하고 권하기까지 했다. 삼손의 어머니에게 "이제부터 몸을 조심하여 포도주나 술을 마시지 마라"고 한 것은 임신 중이기 때문이었다.

축제나 절기, 특히 혼인잔치에서 술은 필수품이었다. 흔히 예로 드는 가나촌 혼인잔치에서 예수는 첫 번째 기적으로 술을 여섯 동이나 만들었다. 잔치에서 술이 떨어지면 혼주는 수치를 당하는 곤경에 빠지고 심하면 고발까지 당하는 게 당시의 관습이었다. 예수의 기적은 이 점도 감안했을 것이다.

예수는 사람들로부터 '먹보요 술꾼'이라는 소리를 듣고 있다고 말했다.(「마태」 11 : 19; 「루카」 7 : 34) 유월절 최후만찬에서 술은 마침내 구세주의 피로까지 승화되었다. 예수는 술잔을 들고 기록한 건배사(?)를 했다.

"너희는 모두 이것을 받아 마셔라……"

솔라 스크립투라!

단상

촛불 시위날 맛집

박경분 / 시인

올해 10월 말 토요일부터 매주 주말 토요일에 서울 광화문 광장을 중심으로 한 도심에서 시민 대중의 촛불 시위과 있었다.

광화문 광장에 연결되는 서울시청 광장과 수송동 청진동 골목길들도 시위 인파로 가득 메워졌다. 사람들이 들고 걷는 촛불과 깃발들로 광장은 꽃밭처럼 찬란하다. 마치 축제의 마당같은 분위기이다. 촛불 외에 다른 한 손이 들고 있는 피켓들엔 감히 대통령의 퇴진을 요구하는 구호들이 씌어 있다. 이러한 시위는 주말마다 전국의 지방 도시에서도 일어나 나라 안의 참가 인원이 2백만 명을 넘는 날도 있다.

사태가 이러한데도 나라의 정치 질서에는 흐트러짐이 없고 태평하기만하다. 다만 민주주의와 정의를 주창하는 자유가 과시되고 있는 것이다. 세계의 어느 나라에서도 보기 드문 풍경이라고 한다.

가까운 이웃 나라들을 보아도 중국은 공산당 1당 독재이고, 일본에서는 우익 폭력조직이 배후에서 국가 정치를 조종한다고 한다. 세계 각국의 언론들이 한국의 평화적 촛불 시위를 가리켜 독특한 한류문화라고 한다.

이 촛불 시위는 한두 달 후에는 엉뚱하게 잘못되었던 이른바 최순실 농단 사건을 시정하고 떳떳하고 신선한 민주사회를 이룩할 것이다.

이러한 낙관과 희망을 품고 시위 날 광화문 근처 식당가는 호황을 누린다. 시위 도중에 삼삼오오 친한 사람들끼리 한 차례 저녁식사 자리도 마련한다. 곁들이는 술잔들도 풍성하게 오고 간다. 청진동 네거리 실내포장마차 '품앗이' 식당에서 작가회의 문인 동료들이 자주 어울린 즐거움은 뒷날에 역사적인 추억이 될 것이다.

서평

부르주아 진보 지성의 무기력한 관념화 _ 편집실
로랑 조프랭, 『캐비어 좌파의 역사』(양영란 역, 워드앤코드, 2012)

스스로 이루는 조용한 혁명 _ 편집실
라부페티, 『호세 무히카 조용한 혁명』(박채현 역, 부키, 2016)

김석범의 『화산도』를 생각하며 4 · 3을 보내다 _ 권성우
김석범, 『화산도』(김환기 · 김학동 역, 보고사, 2015)

고독한 문사의 시학 _ 안미영
권성우, 『비평의 고독』(소명출판, 2016)

부르주아 진보 지성의 무기력한 관념화

『캐비어 좌파의 역사』(로랑 조프랭 저, 양영란 역, 워드앤코드, 2012)

편집실

세계사의 '근대'를 연 것이 프랑스 대혁명이라면 그 혁명을 계몽한 선구자가 볼테르이다. 그는 페르네 성(城)이라는 전원 영지를 가지고 있는 부자였지만 진보적 시민민주주의 운동에 앞장을 서 투옥을 당한 실천가였다.

소설 『레미제라블』을 쓴 빅토르 위고도 마찬가지로 상류층 사회 출신이었지만 민주적 시민혁명을 추구해 수난을 겪었다. 그 시대에는 이처럼 이기적 처세를 버리고 순수한 이상주의로 사회에 공헌한 사람들이 있었다.

'캐비어'는 철갑상어알로서 가장 값이 비싸 돈 많은 귀족층의 요리 재료이다. 그러니까 '캐비어 좌파'는 부르주아 계급에 속해 있으면서 가난하고 힘없는 서민 계급을 옹호하는 진보주의자들을 가리키는 말이다.

좌파와 우파라는 개념은 프랑스 대혁명기 국민회의 의장이 수구파 성향 의원들과 개혁파 성향 의원들의 대립적 토론을 분명하게 진행시키기 위한 편의에서 수구파를 오른쪽에 개혁파를 왼쪽에 갈라서 앉게 한 데서 생긴 지칭이다.

오늘의 한국 사회에서 반독재 민주화 추진 계열을 가리켜 종북 좌파 또는 좌빨 즉 좌익 빨갱이라고 하는 것은 무지한 억지의 험담이다.

세계 역사가 오래 흐르는 과정에서 사회적으로 제조업 분야가 축소되면서 노동자 계층의 세력이 약화되어간다. 반면에 기득권 지배계층이 언론 매체마저 불공정하게 운영하는 영향으로 사회 공동체의 민주 질서는 고전을 겪는 사례가 각 나라의 현실에 나타난다.

사회 현실이 복잡해지면 이성적 논리가 보편적 가치에 잘 일치되지 못하는 갈등의 현상이 있게 된다.

이제는 프랑스 대혁명 초기에 부자 신분을 스스로 버리고 시민 대중의 편에 서던 건전한 이상주의자들이 드물다. 입으로는 민주화를 말하면서 개인 생활은 부르주아적이므로 학자와 지식인들도 관념적으로 겉노는 현상이 많다고 비판받는다. '캐비어 좌파'는 시민 대중에게 영향력이 없는 위선자로 비판받는 지칭이 되어 있다.

이러한 시대 단계에서는 철학과 사회학도 분석주의로 파편화하지 말고 보편적 가치관 위에서 문제 해결의 원칙을 이룩해내야 한다.

이것이 로랑 조프랭의 저서 『캐비어 좌파의 역사』에 제시된 시대 현실의 성찰이다.

스스로 이루는 조용한 혁명

『호세 무히카 조용한 혁명』(라부페티 저, 박채현 역, 부키, 2016)

편집실

현대 세계에서 어떤 인물이나 나라가 선의의 지도적 위치에 있는가. 미국의대통령 당선자 트럼프와 러시아의 대통령 푸틴은 최근에 각기 미국과 러시아의 핵미사일 전력을 강화하겠다고 선언했다. 역사를 퇴보시키는 제2의 냉전선언 같다.

강대국들의 패권주의에 의해 가장 피해를 입은 나라는 국토가 분단된 한국이지만 제3세계 개발도상국들도 늘 피해를 입고 있다. 남미 대륙 나라들의 민중 현실이 그러하다. 나라의 주권과 민주적 정치에 어려움이 있다.

남미 우루과이의 국가 현실에서도 사유롭고 공정한 민생의 구현이 어려웠다. 이 나라의 호세 무히카 대통령 일대기는 고난 속의 성공 사례로서 크게 돋보인다.

1935년 가난한 농가에서 태어난 무히카는 인간다운 생활 여건의 실현을 위해 일찍이 정치활동에 나섰으나 가능한 방도를 찾을 수 없었다. 그는 혁명적 무장투쟁을 위해 게릴라 활동에 들어갔다가 정부 경찰에 체포되어 14년간의 옥고를 겪었다.

자유의 몸이 된 후에는 선거를 통한 민주적 활동에 나서서 1995년에 국회의원이 되고 2010년에는 대통령이 되었다. 무히카 대통령의 모범적 공직생활은 다만 검소하고 겸허하게 사는 것이었다.

그는 수도 변두리의 농촌 주택에 살면서 손수 음식을 만들었으며 30년을 탄 폭스바겐 차를 손수 운전해 대통령 집무실까지 출퇴근을 했다. 어려운 경제 현실에 맞추어 과소비 문화를 비판하고 인간적으로 소통하며 향상하는 정책들을 개발해 시행했다. 이러한 삶과 활동의 철학을 2012년 리우 20개국 정상회담과 2013년의 유엔총회에서 발표해 전세계 사람들에게 감동을 주었다.

무히카는 2015년에 국민 대다수의 지지를 받으며 대통령직을 퇴임하고서도 다시 국회의원으로 활동한다. 그의 곁에는 게릴라 시절의 동지였던 아내 루시아가 역시 국회의원도 하면서 충실한 협력자로 함께 살고 있다.

오늘의 세계에도 스칸디나비아처럼 비동맹 중립지역 나라로 자유로운 복지를 구가하는 경우가 있다. 지정학적 연관관계에서 자유롭지 못하더라도 평화적이고 인간적인 삶의 철학으로 스스로 돕는 자립 발전의 길을 가는 데에는 어떤 강대한 패권국가가 방해할 수는 없을 것이다. 이 밝은 세기에 이 정도의 양식은 마련되어 있다. 호세 무히카의 조용한 혁명은 가능한 최선의 현실적 선망이 될 수 있다.

김석범의 『화산도』를 생각하며 4·3을 보내다

김석범, 『화산도』(김환기 · 김학동 역, 보고사, 2015)

권성우 / 숙명여대 교수, 문학비평가

2016년 4월 3일은 여느 해에 비해 내게 좀 더 각별한 날이었다. 1997년 일본어판 완간 후 18년 만인 작년에 한국어로 번역된 김석범 대하소설 『화산도(火山島)』 전 12권을 독파한 후에 맞이한 첫 4 · 3이었기 때문이다. 김석범의 필생의 역작 『화산도』는 양석일을 위시한 재일 한인 작가뿐만 아니라 유수한 일본인 학자와 지성으로부터 노벨문학상을 충분히 수상할 만한 가치가 있는 '일본어문학의 금자탑'으로 높이 평가받고 있다.

그렇다. 『화산도』는 일본어로 씌이졌다. 그러나 이 작품은 한국어로 발표된 어떤 작품보다도 제주 4 · 3의 슬픈 역사와 참혹한 비극에 대해 총체적으로 묘사하고 있는 한민족문학의 빛나는 성과에 속한다.

『화산도』만큼 제주 4 · 3의 상처와 역사적 기원에 대해 면밀하게 형상화한 작품, 4 · 3을 둘러싼 한국인의 삶과 죽음, 항쟁, 망명, 밀항에 대해 생생하게 묘사한 작품은 존재하지 않는다.

1988년 『화산도』 1부가 실천문학사에서 간행되었을 때부터 이 작품은 일종의 신화처럼 문인과 연구자들 사이에 회자되었다. 그 신화는 한국어 완역에 의해 내게 비로소 구체적인 실감으로 다가왔다. 작년 10월 『화산도』 한국어판이 발간되자마자 주문하여 거의 밤을 새며 설레는 마음으로 1권을 읽었다. 그러나 나는 더 이상 읽을 수가 없었다. 『화산도』를 계속 읽기 시작한다면, 내게 주어진 여러 가지 일을 기간 내에 마치지 못할 수도 있다는 초조감이 엄습했기 때문이다. 그러니 오히려 내 소설 읽기의 오랜 역사에서 드물게 강렬하고 흡인력 있으며 감동적인 독서에 속했다는 게 그 이유다. 결국 겨울방학까지 기다려 지난 1월 한 달여에 걸쳐 200자 원고지 22,000매에 이르는 『화산도』 12권을 완독했다.

과연 명불허전이었다. 마치 1948년 봄 제주도 관덕정 어디쯤에선가 4 · 3 현장을 직접 목격한 것처럼 박진감 있는 스토리 전개가 돋보였다. 『화산도』를 높이 평가하는 것은 4 · 3이라는 민감한 역사적 소재를 정면으로 다루었다는 평면적인 사실을 훌쩍 뛰어넘는다. 『화산도』는 소설미학의 차원에서 보더라도 엄연한 걸작이다. 무엇보다 탄탄한 구성과 인물에 대한 장악이 돋보인다. 특히 참으로 비극적인 역사적 사건을 다루면서도 심리묘사가 탁월하며 캐릭터의 창출에 뛰어나다. 가령 주인공 이방근의 복합적 심리에 대한 치밀한 묘사는 이 소설의 백미다. 그는 한편으로는 허무주의에 마음을 깊이 빼앗기면서도 다른 한편으로는 혁명의 언저리에 발을 담그는 문제적 존재다. 한마디로 이방근은 혁명(항쟁)의 동조자이면서도 비판자에 해당한다. 『화산도』를 온전히 이해하는 첩경은 주인공 이방근의 복잡다단한 내면을 깊이 이해하는 과정에 다름 아니다. 이렇게 본다면 『화산도』는 작가의 지적인 통제에 의해, 예술성과 사회성이 성공적으로 결합되어 있는 작품이라고 할 수 있겠다.

제주도에서 김석범을 임신한 채 일본으로 밀항한 어머니에 의해 오사카에서 태어난 김석범은 몇 차례에 걸친 제주도와 서울 체류를 거쳐 1946년 여름 한 달 예정 차 일본으로 밀항한다. 그러나 결국 오랜 세월 동안 조국에 돌아오지 못한 채 일본에 정착하게 되는 기구한 운명에 처한다. 말하자면 그는 4 · 3을 직접 체험하지 않고 오로지 증언과 자료, 기억, 상상력에 기대 『화산도』를 쓴 것이다. 역설적인 의미에서 일종의 망명지인 일본에서 씌어졌기에 『화산도』는 비로소 온전히 문학작품으로 발표될 수 있었으리라. 그래서일까. 김석범은 『화산도』 한국어판 서문에서 아래와 같이 적었다.

> 『화산도』를 포함한 김석범 문학은 망명문학의 성격을 띠는 것이며, 내가 조국의 '남'이나 '북'의 어느 한쪽 땅에서 살았으면 도저히 쓸 수 없었던 작품들이다. 원한의 땅, 조국상실, 망국의 유랑민, 디아스포라의 존재, 그 삶의 터인 일본이 아니었으면 『화산도』도 탄생하지 못했을 작품이다.

일본이라는 망명지가 아니었다면 탄생하지 못했을 작품 『화산도』, 이 얼마나 통렬한 아이러니인가. 1925년생으로 올해 우리나이로 아흔 둘에 이른 김석범의 국적은 남한도 북한도 일본도 아닌 일종의 무국적 상태에 가깝다. 그는 일본으로 귀화하라는 권유를 수차례 받았지만 여전히 '조선적(朝鮮籍)'을 고수하며 고독한 디아스포라 작가로 살아가고 있다. 분단 이전의 조국인 조선 국적을 유지하며 평화 통일을 묵묵히 기다리겠다는 게 그의 오롯한 신념이다.

『화산도』와의 만남을 통해 내 비평적 시선도 한층 깊어지고 넓어졌다는 생각을 했다. 그 성숙의 계기는 나만의 것은 아닐 터이다. 이제 한일 양국의 시민사회에 『화산도』에 대한 관심이 일어나고 있다. 일본 지식사회에 『화산도』를 읽는 모임이 꾸준히 존재해왔거니와, 최근에는 서울 부산 제주 등지에서 『화산도』를 함께 읽는 시민모임이 생겼다고 들었다.

문학이 역사와 정치를 바꾸지는 못하리라. 대신에 문학은 그 과거의 역사와 정치에 대해 근본적으로 다시 되묻게 만든다. 그 비극의 맥락과 이유는 무엇이며 우리는 어떻게 화해할 수 있는가에 대해서. 우리는 서로를 어떻게 이해할 수 있는가에 대해서.

정치적 입장이 다르면 서로를 쉽게 적대시하는 착잡한 시대이다. 이럴수록 『화산도』를 읽으며, 4·3의 역사적 비극과 그 정치적 기원을 면밀하게 이해할 필요가 있다. 그 과정을 통해 이 시대 한국문학과 한국사회는 한 걸음 더 나아갈 수 있지 않을까.

김석범 작가의 생이 다하기 전에, 그가 남과 북이, 한국과 일본이 기꺼운 화해에 이르는 아름다운 풍경을 볼 수 있게 되기를 마음 깊이 염원해본다. 그 순간을 위해서라도 우리는 먼저 『화산도』를 읽어야 한다.

고독한 문사의 시학

권성우, 『비평의 고독』(소명출판, 2016)

안미영 / 건국대 교수, 문학비평가

자본과 대중의 사랑, 사회 변혁의 추동력에서 멀어진 문학은
스스로 상처가 되어 세상에 자신의 존재를 입증하는 그런 희한한 문학이다.
스스로 상처가 되는 문학은 마치 타들어가는 촛불처럼 이제 빼앗길 것이 없다.
그 자체가 그대로 존재의 근원이자 본질이므로,
그러나 문학이 세상과 맞서 스스로 곡진한 슬픔이 되기 위해서는
그러한 문학을 배태한 사회의 그늘과 주름, 역사적 굴곡과 윤리적 지평,
타인의 상처와 절망을 투시해야 한다.(56~57쪽)

1. 문사의 고독

권성우의 신간 비평집이 출간되었다. 『비평의 고독』은 그간 고독과 은둔을 각오하며 문단시스템과 부정적 관행에 맞서 온 문사의 문학적 자존과 시학을 보여준다. 그는 소수자와 망명자의 언어에서 진실을 발

견하고 그들의 상처가 만들어내는 고통의 언어에 공감하는가 하면, 고립을 초래할 것을 알면서도 당대 문학권력에 맞서 비판과 성찰을 수행했다. 문학적 상처를 담담히 견디는 과정에서, 그는 다음과 같은 문예 시학을 확인했다.

> 세상에서 패배하고 좌절한 자의 아름다움을 보여주면서 스스로 상처가 되는 글쓰기야말로 비평가로서 내가 궁극적으로 지지해야할 문학(53쪽)

> 좋은 시란 '상처받은 자의 아름다움'에서 비롯된다는 (…중략…) 오히려 시는 실패와 슬픔, 몰락, 상실을 연료로 하여 비로소 생성되는 '마음의 진주'이리라. 시인의 고통과 슬픔을 통해, 독자인 내가 행복해질 수 있다니(312쪽)

> 한 실존적 개성의 고유한 무늬를 형상화하는 순간에도 세계와 인류를 향한 목소리를 담았다는 사실을 기억할 필요가 있다. 그것은 지성과 역사의식, 그리고 정교한 사유의 힘을 필요로 한다.(264쪽)

그는 다른 학문과 달리, 문학이야말로 어떤 상황에서도 비판적 사유와 전복적 성찰을 전개할 수 있음을 알고 이를 실천했다. 지금 이 곳의 문제에 아낌없는 애정을 보였고, 과감하게 논쟁적 대화를 수행해 나갔다. 작가의 권위 및 친소관계에 좌우됨 없이, 명확한 비평의 잣대로 예리하게 분석하고 부재요인과 방향성을 제시했다. '가능성'과 더불어

'결여'를 직시했고 이를 직언하며, 작가와 작품에 대한 비평가로서의 애정을 다했다. 그는 『비평의 고독』에서 문학에 대해 진지하게 성찰하며 독자들에게 다음과 같은 화두를 던진다. '정치적 올바름은 미학적 품격과 만날 수 있는가.'

2. 예술적 역량

그는 첨예한 정치적 문학도 미학이 동반되었을 때 의의를 발한다고 보았다. 정치적 올바름과 미학적 품격이 성공적으로 결합된 예를 서경식의 에세이에서 찾는다. 서경식의 예술론을 인용하여 작가의 역량을 다음과 같이 설명한다. "예술적 역량이란 원래 무엇인가. 그것은 기교를 말하는 것이 아니다. 진실을 직시하고 그것을 독창적인 수법으로 그려내는 인간적인 역량이다."(389쪽) 다시 말해 작가의 역량은 현실의 어두운 곳과 고통받는 대상을 직시하는 힘이며, 그것을 창조적인 방식으로 형상화하는 능력을 일컫는다.

그는 서경식의 글에서 정신의 독립을 쟁취하려는 격렬한 고투를 읽었다. 우리는 서경식이 재일 조선인 에세이스트라는 점에 주목할 필요가 있다. 비평가 권성우는 진실을 직시하고 현실에서 고투하는 예술적 역량을 동시대 한국소설이 아니라 재일 조선인 에세이에서 찾았던 것이다. 이는 서경식이 지닌 예술적 역량의 우월함과 더불어, 정신의 독립을 쟁취하기 위한 고투를 보인 작품이 오늘날의 한국 문학 판에는 드물다는 것을 시사한다. 이러한 사실은 그가 수목하여 가치를 논한 작품들의 특징을 통해서도 확인된다.

그는 최인훈의 소설과 에세이, 김연수의 『밤은 노래한다』, 조정래의

『허수아비의 꿈』, 김석범의 『화산도』등에 많은 지면을 할애하여 작품의 의의와 부재요인을 탐색했다. 일련의 작품들은 현실(역사)의 어두운 곳과 고통받는 사람들을 직시하고 있다. 기교면에서 다소 미흡한 영역도 지적하고 있으나, 그들이 어두운 현실에서 고통스럽게 진실을 직시하는 예술적 역량을 발휘했다는 점에서 찬사를 보였다. 이 외에도 시와 그 밖의 다른 소설에 대한 논평이 있으나, 500여 페이지를 상회하는 분량에서 예술적 역량이 상찬되는 작품은 찾아보기 어려웠다.

"아름답고 개성적인 글이야말로 아름다운 세상을 형성하는 가장 핵심적인 구성요소라고"(112쪽) 말했거니와, 그는 예술적 역량을 갖춘 작품이 단순히 한 작가의 기량을 보여주는 데 그치지 않음을 잘 알고 있다. 정치적 올바름과 미학적 품격을 갖춘 작품은 이를 읽어 들일 독자의 역량을 향상시킬 것이며, 그들이 만들어 내는 문화의 수준과 시민의식을 향상시킬 수 있다.

그는 정치에 대한 날선 감각과 더불어 언어의 섬세한 결을 읽어내는 감수성도 가지고 있다. 작가들에게는 그들의 사유 과정을 읽어 들이고 고뇌의 본질적 기원을 탐구하여 방향성을 제시하는가 하면, 비평가들에게는 비평이 공론의 장에서 풍요로운 담론을 생산해 낼 수 있도록 자신의 목소리를 숨김없이 드러냈다. 비평가 권성우의 예술적 역량은 장르와 권위의 경계를 허물고 인문학의 지평을 확장시키는 데 기여했다.

3. 문학정신의 확인

권성우의 비평집에는 '자유'가 살아 있다. 그것은 문학정신의 본질이다. 그는 마르셀 라이히 라니츠키를 인용하여 "모름지기 평론가에게

적이 없다면 엉터리나 다름없고, 그게 두렵다면 다른 밥벌이를 찾아야 하는 법"(161쪽)이라고 제언한다. 비평집을 읽으면서 다음과 같은 질문을 스스로에게 던졌다. 다소 도발적이더라도, 대담한 비판정신으로 문제를 제기한 글을 쓴 적이 있는가. 문학장의 권위적 이데올로기에 대해 성찰을 촉구하는 글을 쓴 적이 있는가.

작가와 문단, 그리고 제도 그 어디에도 맞서지 않는 안전한 비평을 해 오지 않았던가. 권성우 비평집을 읽는 내내 불편했는데, 그 이유는 비평의 매혹적인 가치는 동경했지만 결코 불편한 일은 만들고 싶어 하지 않는 소심한 자의식과 마주했기 때문이다. 더 솔직히 말하자면, 분명한 선을 긋기보다 밥벌이 할 수 있는 적당 선에서 글을 써 왔기 때문이다. 도저한 문학정신은 자신과 세계에 대해 책임질 수 있는 광활한 자유에 기반하고 있음을 확인할 수 있다.

그의 비평집에는 자유에 기반을 둔 문학정신 외, 또 하나의 특징이 두드러지게 나타나는 데 그것은 허무에의 경도이다. 허무에 대한 경도는 그로 하여금 망명문학과 디아스포라 정서에 깊이 조응하게 이끌었다. 문학이 상처를 기반으로 일구어 낸 꽃이라 하더라도, 현실과 문학에 대한 허무의 늪이 깊고 넓어 보인다.

> 손쉬운 허무주의가 지닌 문제점과는 별도로 누군가는 인간과 세상을 정직하게 바라볼수록 깊은 허무와 마음의 폐허에 도달할 수밖에 없는 것 아닐까. 특히 이 시대 한국의 참담한 정치 · 사회적 현실을 목도하면 누군들 깊은 허무에 빠지지 않을 도리가 있을까. 어떻게 보면 현실적 삶은 그 허무 및 환멸과 지속적으로 대결하면서 희망을 향한 희미한 불빛을 찾아가는 과정일지도 모른다.(534쪽)

그는 참담한 한국의 현실에서 허무를 느끼지만, 그에 앞서 인간의 본원적인 조건인 삶에서 허무를 느낀다. 다시 말해 그는 문학에 앞서 '삶'을 '허무'로 보며, 현실의 삶을 허무와 대결하며 희망으로 향하는 과정으로 여긴다. 그 결과 그의 글에 내재해 있는 페이소스와 냉소가 작품에 대한 것인지, 현실에 대한 것인지, 아니면 인간 삶이 지니고 있는 본질에 대한 것인지, 나아가 이 모든 것에 대한 것인지 다소 불투명하게 느껴질 때가 있다. 문학이 현실의 반영임을 알지만, 그의 짙은 허무의식은 비단 문학에서만 온 것은 아닌 듯하다.

비평집에서 맥박이 뛰는 활달한 글은 논쟁과정에서 쓰여진 것이다. 비평가 권성우가 살아서 꿈틀대는 생생한 언어의 향연을 펼칠 수 있도록 문학장이 자유로운 논쟁의 텃밭이 될 수 있기를 소망한다. "논쟁을 통한 대화야말로 한국문학의 내성을 키우고 진정한 의미의 다양성과 경쟁력을 확보하게 될 것이라"(104~105쪽)는 그의 지적처럼, 논쟁은 그의 비평세계를 더 생산적으로 자극할 것이며 문학은 현실의 한복판에서 삶의 자정능력을 견인할 수 있는 이정표를 제공할 것이다. 그의 소망처럼, "이 시대를 부유하는 그 자극적이며 현란한 미디어의 표현에서는 찾아보기 힘든 서늘하고 진진한 성찰의 힘, 현실에 대한 근본적이며 전복적인 상상력을 이 시대 문학에서 확인하고 싶다.(518쪽)

안완식

이은순

흙의 인문학

지역사회 삶의 현장에서

왜 토종을 지켜야 하는가? _ 안완식

자연에 기대어 풀과 뭇생명들과 함께 짓는 농사, 자연농 _ 이은순

불편을 지속할 수 있는 힘—불편감과 불안감 _ 정민철

고산권 벼농사 모임—식량주권 · 생태가치 일구는 '두레' 꿈꾼다 _ 차남호

신앙으로 세우는 '가족농(家族農)' _ 이영재

주민주도의 공론장 그리고 공공성
—서울시 찾아가는동주민센터 주민주도마을계획을 중심으로 _ 하경환

정민철

차남호

이영재

하경환

왜 토종을 지켜야 하는가?

안완식 / 토종 씨드림 대표

'굶어죽어도 씨앗 자루는 베고 죽는다'는 말은 예로부터 씨앗이 농사의 밑천으로서 얼마나 중요한가를 단적으로 나타내는 말이다. 그런데 왜 생산력 좋고 품질 좋은 개량된 씨앗도 많은데 토종이 중요할까? 토종이 중요한 것은 당장 겉으로 나타나는 생산성이나 크기, 모양이나 색택의 우수성보다는 토종 그 속에 들어있는 숨어있는, 토종이 갖고 있는 고유의 특성이나 의미 때문이다.

무엇보다도 우선 토종과 한국인은 '신토불이(身土不二)'이기 때문이다. 사람은 땅에서 태어나서 땅으로 돌아가게 되므로 태어난 땅과 몸은 둘이 아니요 하나라는 말이다. 사람은 자기가 태어난 땅에서 난 음식이나 채소를 먹어야 한다고 한 석가의 가르침에서 유래하였다고 한다. 오천 년을 한반도에서 난 음식을 먹고, 입고, 살아 온 우리들의 선조가 물려준 우리들의 몸은 오천 년 동안 이 땅에서 이 땅의 환경에 적응하면서 살아온 토종씨앗으로 생산된 음식을 먹고 사는 것이 좋다는 말로 이해하는 것이 좋지 않을까. '강남의 귤이 강북으로 가면 탱자가 된다'고 하는 말은 자연의 섭리를 잘 표현해 준다. 백 리만 떨어져도 말과 풍습이 다를 수 있고 산과 들에 나고, 사는 동물이 다르다. 북극에 가까운 만년 동토인 곳에서 사는 에스키모인들이 열대지방에 와서는 살 수 없고 적도에 가까운 열대지방에 사는 사람들은 북극에 가까운 고위도 추운 지방에서는 짧은 기간이라도 살기 어렵다. 자기들의 선조가 살아온 곳에서 사는 것이 비록 자연 환경이 좋지 않다 해도 가장 살기 좋은 곳이다. 그러므로 수천 년을 한반도에서 살아온 우리 민족은 이 땅의 기후 풍토에 잘 적응되어있는 이 땅에서 나는 토종곡식을 먹는 것이 마땅하다.

토종씨앗 속에는 그 속에 숨어있는 유용하고 귀중한 '휴면유전자'가 수없이 많이 들어 있다. 그 예로 키가 작아서 붙여진 이름 앉은뱅이밀은 본래 오랜 옛적에 밀의 원산지 아프카니스탄으로부터 중국을 거쳐 한반도에 전파되어 이 땅의 기후와 풍토에 적응되어 살아남았다. 그런데 이 하잘것없이 보였던 앉은뱅이밀이 그야말로 세계적인 큰 공헌을 하였다. 임진왜란 당시 일본인들이 앉은뱅이밀을 가져가서 '달마'라는 키가 작은 밀 품종을 선발해 냈다고 한다. 달마는 다시 '후르츠'라는 미국 품종과 교잡되고 터키 품종인 '터키레드'를 만나서 1935년 '농림10호'가 탄생되었다. 미국 밀의 절반 정도 키밖에 안 되는 이 농림 10호가 1945년 미국인 생물학자 이며 진주군 농업고문이었던 사몬 박사에 의하여 곧바로 어머니의 나라 미국으로 건너갔다. 당시 미 농무성의 밀 육종가였던 보겔 박사는 워싱턴지방의 '브레보아종'을 농림10호와 교배시켜 '농림10호/부레보아14'를 육성하고 다시 '버트'라는 품종을 교배시켜 '게인스'라는 밀 신품종을 만들었다. 게인즈는 농림10호를 닮은 키가 작은 밀인데 한 시험 포장에서 10a당 1,409kg라는 놀랄 만한 수확량을 기록하였다. 당시 미국 밀의 평균 수량 200kg

의 무려 7배의 수량을 기록하였다.

한편 멕시코에 있는 국제옥수수맥류연구소(CIMMYT)에서 밀 유종 책임자이었던 노만 보우로그박사가 '농림10호/부레보아14'를 들여와서 여러 가지 멕시코 품종들과 수천 조합의 교배를 반복한 결과 '소노라종'을 비롯한 많은 키가 작은 반왜성 멕시코 밀 신품종을 탄생시켰다. 소노라종은 멕시코 밀의 평균 2배의 수량을 기록하였으며 멕시코를 비롯한 인도, 파키스탄에서 순식간에 그 지방의 밀들을 바꾸어 나갔고, 일시적이긴 하였으나 수입국이던 인도나 멕시코에서는 밀을 수출하기도 하였다. 그야말로 녹색 혁명을 가져온 것이었다. 보로그 박사는 그 공적으로 1970년 노벨평화상을 수상하였다. 농림10호의 만남이 아니었으면 보로그 박사도 모르긴 하여도 농촌지도원으로 아니면 그냥 밀육종가 정도로 남아 있었을 것이다. 보로그 박사도 앉은뱅이밀의 고마움을 잘 알고 있었기에 1973년 당시 당신의 제자였던 필자에게 앉은뱅이밀이 원산지로부터 중국을 거쳐서 한반도에 들어와서 오랫동안 한국의 농민들의 손에서 선발되고 살아남았던 것으로 그것이 일본으로 건너가서 농림10호가 태어나게 된 기초가 되었을 것이라는 사실을 믿는다고 말해주었던 기억이 난다. 사실 앉은뱅이밀이 아니었다면 일본에서 농림10호가 어떻게 생겨 날 수가 있었을까. 지금 미국의 밀 90% 이상 속에는 앉은뱅이밀의 피가 흐르고 있다. 그야말로 앉은뱅이밀 한 알의 종자가 세상을 바꾼 것이다.

한반도를 포함하여 만주 일대가 원산지인 토종 콩은 아직도 전국의 농촌 곳곳에서 발견된다. 한반도가 원산지이기에 콩으로 만들어 먹는 음식이 여러 가지로 발전해왔다. 된장이나 간장을 비롯한 여러 종류의 발효음식, 쌀과 함께 밥에 넣어 먹는 콩밥, 발아시켜 먹는 콩나물 등이다. 콩의 종류도 그래서 크게 장콩, 밥밑콩, 나물콩 등 세 가지로 크게 분류된다. 그러나 한국, 중국, 일본을 제외한 특히 미국을 비롯한 유럽의 여러 나라에서는 직접 식용으로 보다는 대두유, 인쇄용 잉크 등 다양한 공업용 혹은 가공식품으로의 용도가 더 크다. 미국은 1900년대 이후로부터 2000년 초까지 한반도에서 콩 5,600여 점을 수집하여 갔으며 현재 일리노이 대학에 3,500여 점을 보존 중이며, 그중 6가지의 콩 품종들을 주로 활용하여 200여 품종을 육종하였다. 현재 미국, 브라질, 아르헨티나가 세계 콩 생산량의 80%를 생산한다. 콩의 종주국이었던 한국은 콩의 자급률이 10%를 넘지 못하고 있다. 내 토종자원을 내주고 사먹는 안타까운 일이다.

그 외에도 토종이 세계적인 가치를 창출한 예는 많다. 유럽에서 크리스마스트리로 가장 큰 각광을 받는 구상나무는 한라산과 지리산에서 자라는 우리 고유의 토종이다. 구상나무 신종 발표에 관련된 일화가 있다. 구상나무를 신종 식물로 발표한 사람은 영국 식물학자 어니스트 헨리 윌슨(1876~1930)이다. 포리(1847~1915)는 1907년 5월부터 10월까지 6개월 동안 한라산에서 구상나무를 채집하여 당시 미국 하바드대 아널드 식물원의 식물분류학자인 윌슨에게 제공했다. 윌슨은 포리가 준 표본을 보고 이를 직접 확인하고자 1917년에 직접 제주를 찾아 왔다. 그리고 연구 끝에 1920년 아널드식물원 연구보고서 1호에 이 구상나무가 다른 곳에 존재하는 분비나무와 전혀 다른, 신종이라 발표했다. 윌슨은 이 나무를 제주도 사람들이 '쿠살낭'이라고 부르는 것을 보고 구상나무라 이름 지었다고 한다. '쿠살'은 성게, '낭'은 나무를 가리키는 것으로 구상나무의 잎이 성게가시처럼 생겼다고 해서 제주도 사투리로 쿠살낭이라고 불렀다고 한다. 한편, 함께 제주도 채집 여행을 했으며, 한반도의 식물 대부분을 조사하고 현대적 분류를 했으므로, 많은 학명의 명명자였던 나카이는 구상나무를 분비나무와 구별하지 못하여 자신이 신종의 명명자가 되지 못한 것을 두고두고 억울해 했다고 한다. 구상나무는 한국이 원산지로 학명도 'Abies koreana'로 한국을 뜻하지만 구상나무와 관련된 각종 재산권은 미국 스미소니언 박물관이 가지고 있다. 현재 해외에서 사용되는 구상나무는 개량된 것인데, 해외 반출 당시 유럽 학자가 미국에 기준 표본을 기증했기 때문이다. 기준 표본을 가진 나라가 해당 동식물을 상품화하면 재산권을 주장할 수 있다. 해외에서는 구상나무 활용이 증가하고 있지만 기후 온난화 영향으로 구상나무의 서식지가 한라산 해발 1,300m에서 1,700m까지 상승하면서 원산지인 한국의 구상나무 군락지는 점점 줄어들고 있어 안타깝다.

우리나라가 원산지인 미스김라일락은 널리 알려진 이야기이다. 1945년 9월 해방 직후 서울에 미육군사령부 군정청('미군정청')이 설치되었다. 1947년 당시 미군정청에 행정 관료로 근무하던 미국 연구기관에서 파견 나온 학자인 식물 채집가 엘윈 M. 미더(Elwin M. Meader)가 북한산 국립 공원 내 도봉산에서 자라고 있던 작은 라일락의 일종인 털개회나무 종자를 채취하여 미국으로 가져가 뉴햄프셔대학의 원예학과 실습장에 파종했다. 일곱 그루가 성공적으로 자라났는데, 1954년 미더는 그중 유달리 키가 작고 꽃향기가 진한 나무 한그루를 대량 증식하여 새로운 품종 미스김라일락(Miss Kim Lilac, Syringa patula "Miss Kim")을 만들어 냈다. 자신이 한국에 있을 때 곁에서 식물자료 정리를 도운 한국인 타이피스트 '미스 킴'의 이름을 붙여 미스김라일락이라고 불렀다고 한다. 미스김라일락은 일반 라일락보다 향기가 더 진하고 꽃이 더 오랫동안 피어 미국 라일락 시장의 30%를 점유하고 있다. 1970년대 이후 우리나라에도 수입되어 로열티를 물면서 애용하는 관상식물로 심고 있다.

총성 없는 종자전쟁에 대비하기 위해서 토종씨앗이 지켜져야 한다. 미니파프리카 종자 값이 금값의 무려 5배이다. 금값은 187,000원/3.75g인데, 미니파프리카 가 750,000원/3g이다. 종자회사들은 몸집을 불려 대규모화 되어가고, F1, 자살 종자인 터미네이터, 자사의 농약을 써야 성능을 발휘하는 트레이터 등 1회성 종자의 생산 판매로 농민으로부터 종자주권과 우리의 식량을 마음대로 할 수 있는 국민의 식량주권마저 앗아간 지 오래전이다. 우리가 즐겨 먹는 매운 고추 청양고추를 먹으면서 몬산토에 로열티를 내야한다. 1998년 IMF를 겪으면서 한국의 주요 종자화사들이 외국회사에 인수합병 당시 넘어갔던 토종 종자 중에 하나였던 청양고추가 2005년 거대회사 몬산토로 넘어갔다. 다행스럽게 2012년 우리나라의 동부한농이 몬산토코리아를 인수하였는데 당시에 매출이 많고 중요한 작물인 고추, 시금치, 토마토 등은 내어놓지 않았기에 아직도 소유권이 몬산토에 남아있다. 2015년 LG화학이 동부한농으로부터 다시 인수하였다. 현재 세계 10대 종자기업의 한국 내 시장점유율이 70% 정도이다. 종자 전쟁에서 승리할 수 있는 길 중의 중요한 요인은 역시 토종 종자가 갖고 있는 특수 유전 인자의 발견 활용에 그 비결이 있다.

재배 작물의 유진인지 획일화에 의한 재앙에 대비하기 위해서 토종은 지켜져야 한다. 아이러니하게도 품종 개량 보급은 생산성의 증대나 품질 개선 등 일시적으로 농민들에게 이익을 주는듯하지만 장기적으로는 유전인자의 획일화에 따른 크나큰 재앙의 가능성을 안고 있다는 사실이다. 유전자 획일화에 따른 지구의 재앙은 아일랜드의 감자대기근이나, 인도 벵갈 지방의 벼 흉작 또는 우리나라의 통일벼 대흉년에서 본바와 같다. 1845년과 1950년 사이에 아일랜드에서는 재배하는 감자가 한꺼번에 역병이 만연하여 모두 말라 죽어버린 끔찍한 일이 벌어졌다. 감자를 주식으로 했던 아일랜드 사람들이 감자를 한 품종만 심었기 때문에 일시에 모든 밭으로 번져 나갈 수밖에 없었다. 이 사건으로 5년간에 아일랜드국민 800만 명 중 100만 명이 굶어죽고, 150만 명이 바다 건너 아메리카로 이주해야만 했다. 인도의 벵갈 지방에서는 쌀을 주식으로 하였는데, 1942년 벼에 깨씨무늬병이 만연하여 벼의 대흉작으로 200만 명이 굶어죽었다. 우리나라에서도 1970년대 통일벼의 육성 보급으로 4000년 역사 이래 처음으로 쌀을 자급한 녹색혁명을 이루었다. 쌀 생산량을 늘리기 위하여 논 재배면적의 80%를 노풍과 래경을 비롯한 통일계 품종을 심었는데 1978년 벼의 이삭목에 번지는 목도열병이 전국의 논에 퍼져서 그해 벼 수확량의 반이 더되는 230만 섬이 감수되었다. 이 모두가 새 품종 육성 보급에 따른 단일유전인자를 갖는 품종의 대 확산재배에 따른 유전인자의 획일화에 따른 큰 재앙이다.

토종을 지키는 것은 지구환경을 지키는 길이다. 인류가 농사를 짓기 시작한 농업역사 1만 년간 1만 종 이상을 작물로 재배해 왔는데 현재 150여 종의 작물만 주로 재배되고 있다. 지금 지구는 여섯 번째의 대량 멸종 중이라고 한다. 중요한 사실은 이것이 사람에 의한다는 데 있다. 지난 100여 년간 세계 작물의 다양성은 75%로 감소했으며 미국은 95%가 사라졌다. 전 세계 음식의 60%가 밀, 쌀, 옥수수 단 세 가지 작물에 의존한다. 또 그 종자 생산량의 90%는 몇 안 되는 품종에 의한다. 전 세계 사과 생산량의 90%는 4가지 품종에 의한다. 세계 생물 종 중 매년 27,000종이 멸종되고 2050년에는 아마도 전 세계의 생물종이 1/3 정도로 축소될 것이라고 한다. 한국의 토종작물도 1985년부터 2000년까지 15년간에 86%가 사라졌다. 지구환경을 살리고 토종 종자의 획일화를 막기 위하여 적극적으로 토종을 살려야 한다.

지구환경을 살리고 무공해 먹거리 생산을 위한 유기농업에 적합한 종자는 토종 종자다. 토종은 농약이나 비료가 많이 생산 보급되기 이전부터 재배하여오던 품종이어서 현재의 유기농업과 비슷한 재배법에 적응되기가 쉽다. 대체로 키가 커서 거름을 많이 요구하지 않으며 농약 또한 살포하지 않아도 견딘다.

토종을 심고 보전하는 것은 종자주권을 지키고 나아가서는 식량주권을 지킬 수 있는 교두보가 될 수 있다. 시판되고 있는 F1종자나, 종자를 생산해도 발아도 되지 않는 터미네이터나 특수한 약제를 처리하여야만 성능을 발휘하는 트레이터 등은 종자를 한번 밖에 쓸 수 없다. 또한 처음에는 잘 되다가도 언젠가는 재해저항성 등 그 성능이 떨어질 수도 있다. 농민들이 시판되는 종자에만 매달리게 되면 종자가격이 격상하여도 그 종자를 살 수밖에 없다. 더 큰 문제는 토종 종자가 다 없어지고 시판되는 종자만을 심는다면 유전자의 다양성이 살아지고 단순화됨으로서 앞서 언급한 바와 같이 유전인자 획일화에 의한 재앙을 면치 못 할 수도 있다. 토종 종자는 유전인자의 다양성을 지키면서 해마다 농민의 손으로 쉽게 씨를 받아서 마음대로 뿌리고 나눔할 수도 있어서 농민들이 종자회사에 빼앗겼던 종자주권을 찾는 길이다. 나아가 내 땅에 내 종자를 마음대로 뿌려 기꿈으로서 우리의 식량주권을 지켜갈 수 있는 것이다.

수백 년 전통적으로 토종 종자로 농사를 짓고 토종과 함께 살아가는 곳은 항상 상호 협동하고, 따뜻한 이웃이 함께 살아온 우리 민족의 두레정신이 깃들어있다. 토종이 사라진다는 것은 수천 년을 조상들이 대물림하여 농사지으며 내려오면서 씨앗 속에 쌓아온 우리 민족의 역사와 문화와 지혜가 함께 사라짐을 뜻한다. 토종이 사라진 곳에서는 정과 한의 노래 판소리나 신명나는 탈춤이며, 농악과 꽹과리가 어울리지 않는다. 구성진 아리랑 소리가 일회성 농작물과 어울릴 것 같지 않다. 토종과 함께 우리가 살고 토종이 살아야 지구가 살 수 있다.

토종이란?

토종이란 무엇일까?

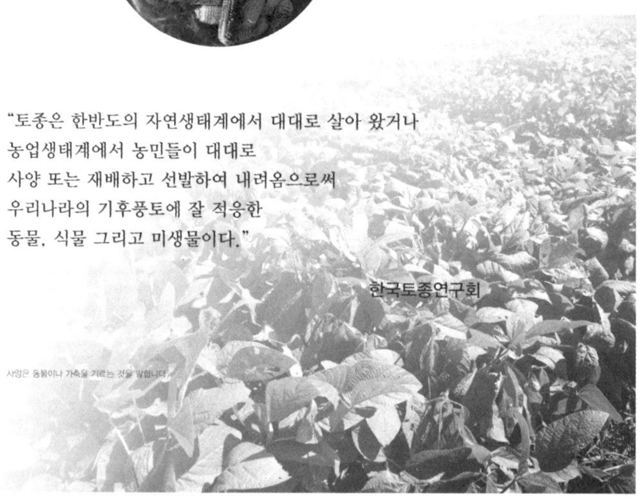

"토종은 한반도의 자연생태계에서 대대로 살아 왔거나
농업생태계에서 농민들이 대대로
사양 또는 재배하고 선발하여 내려옴으로써
우리나라의 기후풍토에 잘 적응한
동물, 식물 그리고 미생물이다."

한국토종연구회

사양은 동물이나 가축을 기르는 것을 말합니다.

토종이 중요한 이유

세계적으로 작물 종자 3/4이 사라졌다.

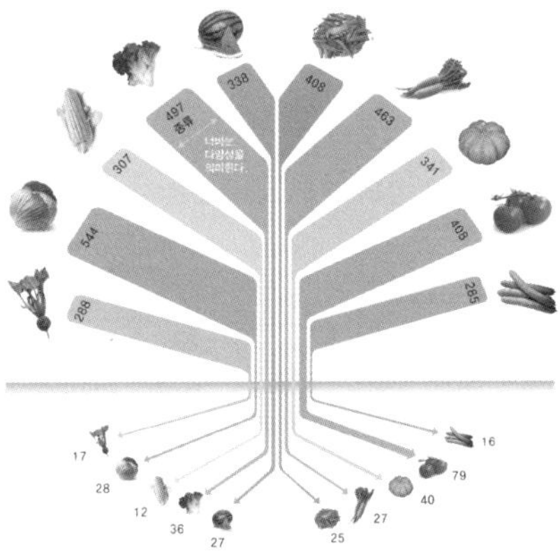

100년 후 사라저가는 토종들

- 토종은 민족의 가장 큰 유산이며 생명공학 신품종육종, 생물학, 연구의 기본 자료인 유전자원으로, 한국토종은 세계에 유일무이하여 타국 자원확보의 밑천이 된다.
- 작물다양성을 지켜내 환경변화의 충격을 덜어주는 지구환경 보전의 근본이다.
- 다국적 종자회사로부터 식량주권을 살리는 근간이다.
- 환경변화와 병해충에 적응한 결과물로 친환경 유기농업에 유리하다.

토종과 먹거리 운동

우리 밥상을 위협하는 GMO 식품

야생동물도 GMO를 먹지 않는다.

GMO(Genetically Modified Organism)는 우리말로 '**유전자 재조합 생물체**'라고 하며, 그 종류에 따라 유전자재조합농산물(GMO농산물), 유전자재조합동물(GMO동물), 유전자재조합미생물(GMO미생물)로 분류된다.

현재 개발된 GMO의 대부분이 식물이기 때문에 GMO는 통상 유전자재조합농산물(GMO농산물)을 의미하기도 한다.

GMO는 유전자재조합기술을 이용, 어떤 생물체의 유용한 유전자를 다른 생물체의 유전자와 결합시켜 특정한 목적에 맞도록 유전자 일부를 변형시켜 만든 것이다. GMO는 정부의 안전성 평가를 거쳐야만 식품으로 사용될 수 있으며, 이러한 농산물 또는 이를 원료로 제조한 식품을 유전자재조합식품(GMO식품)이라고 한다.

2014년 2월기준 우리나라에서 인전성 심사를 거쳐 식용으로 승인된 것은 7개 농산물(콩 · 옥수수 · 면화 · 카놀라 · 알팔파 · 사탕무 · 감자)과 미생물 1건으로, 107개 품목이며 이 중 대표적인 것이 콩과 옥수수라고 할 수 있다.

토종이 사라지게 되면서 상상하기 어려울 정도로 환경이 파괴되고, 믿겨지지 않을 만큼 심각하게 오염된 곡물을 비롯하여 GMO농산물이나 오염된 식품의 무분별한 수입, 그리고 서양화된 음식문화로 비만이 급격하게 늘게 되었다.
그 결과 고지혈, 고혈당 등 혈관계 질환이나, 당뇨와 각종 암 등 성인병 발생 연령이 조기화되어 사회적으로 크게 문제시되고 있다.

슬로푸드 운동

우리를 구원할 맛의 방주는 어디에 있는가?

현재 '맛의 방주'에 승선한 음식 현황 ※2014년 8월 기준

슬로푸드 운동의 발상지인 이탈리아가 583개로 가장 많고, 다음으로는 미국(181개), 스페인(121개), 아르헨티나(85개), 영국(79개), 프랑스(41개), 스위스(34개), 독일(32개), 오스트리아(32개), 일본(29개), 브라질(29개) 등의 순이다.

- 슬로푸드는 패스트푸드에 대립하는 개념으로 지역의 전통적인 식생활 문화나 식재료를 다시 복원하는 운동이다.
- 맛의 방주는 온 인류가 지켜야 할 토종음식과 종자 품목을 담은 목록으로, 선정 기준은 재료 본연의 독특한 특성을 지닌 맛이 있고, 그 지역 전통과 연결된 음식으로 소멸위기에 처한 것들이다.

2014년 한국 '맛의 방주'에 등재될 예정 품목 ※8월 기준

●파주 현인재래닭 ●어육장 ●울릉 홍감자 ●울릉 옥수수엿청주 ●울릉 손꽁치 ●마이산 청실배 ●남양주 먹골 황실배 ●예산집 ●예산 삭힌 김치 ●감홍로 ●을문이 ●먹시감 식초 ●어간장 ●강술 ●펑멋 ●냉뉴시 ●순다리 ●제주 재래 감 ●제주 재래 도새기 ●토하

농부권을 지키자

씨앗받기 참 쉬워요.

씨앗을 받아 전통의 방법으로 농사를 짓는 생태농업은 지구환경을 보호하고 지속가능한 발전을 추구하는 농부의 유일한 권리(farmers' right)이다.

초보자를 위한 채종법

채소	채종주기	수분방식	수분매개자	격리거리	종자수명	비고
강낭콩	매년	자가		30미터	2~3년	종자 신선도
메주콩	매년	자가		30미터	2~3년	시장에서 파는 종자보다는 간격 넓혀 심어야 한다.
비트/근대	2년	타가	바람	800미터	3~5년	비트와 근대는 서로 교잡된다
브로콜리	2년	타가	곤충	800미터	3~5년	십자화과와 교잡된다
당근	2년	타가	곤충	460미터	2~3년	야생종들과 교잡된다.
셀러리	2년	타가	곤충	460미터	2~3년	
옥수수	매년	타가	바람	800미터	2~3년	적절한 수량을 확보해야 한다.
오이	매년	타가	곤충	460미터	5~10년	완숙될 때 까지 기다려야 한다.
가지	매년	자가		46미터	2~3년	
파	2년	타가	곤충	460미터	2년	
양파	2년	타가	곤충	460미터	1년	
상추	매년	자가		15미터	2~3년	
참외	매년	타가	곤충	460미터	5~10년	참외는 수박과 교잡되지 않는다.
배추	매년/2년	타가	곤충	800미터	3~5년	다른 십자화과와 교잡된다.
완두	매년	자가		15미터	2~3년	죽은 작물에서는 채종하지 마라.
고추	매년	자가/타가	곤충	150미터	2~3년	일부 종은 쉽게 교잡되기도 한다.
무	매년/2년	타가	곤충	460미터	3~5년	
시금치	매년/2년	타가	바람	800미터	2~3년	
호박	매년	타가	곤충	460미터	2~5년	쥬키니, 단호박, 맷돌호박은 서로 교잡되지 않는다.
토마토	매년	자가		8~30미터	5~10년	감자잎 모양을 한 종류는 격리 거리를 더 두어야 한다.

채종주기 : 겨울 이전에 채종하는 것을 매년, 겨울나서 봄에 채종하는 것을 2년이라고 한다.
수분방식 : 자가수분은 자기 스스로 꽃가루를 받는 것이고, 타가수분은 다른 꽃에서 꽃가루를 받는 것이다.
격리거리 : 다른 종류와 섞이지 않게 하기 위해서 확보해야 할 거리를 말한다.
종자수명 : 평균 수명으로 종자 보관상태에 따라 크게 변할 수 있다.
최소개체수 : 퇴화하지 않고 수분이 원활하게 이뤄지기 위해서 갖춰야 할 개체수로 오이, 호박, 참외는 25개, 무, 배추, 브로콜리는 50~100개, 옥수수는 200개는 되어야 한다.

- 마른 열매 : 상추, 콩, 고추 등은 충분히 말려서 씨앗을 털어낸다.
- 젖은 열매 : 참외, 오이 등은 충분히 익힌 다음에 씨앗을 받아 컵에 물을 넣고 반나절 정도 두었다가 물로 씨앗을 싸고 있는 젤을 벗겨내고 말린다.
- 겨울을 나야 하는 작물과 영양채(배추, 무, 당근, 고구마 등) 종자용은 얼지 않고 너무 마르지 않도록 스티로폼 등에 넣어서 보관했다가 이른 봄에 심어서 싹을 길러낸다. 그러면 배추, 무는 꽃이 핀다.

수원이 고향이랍니다~!

수원딸기

- 대학 1호 딸기라는 이름으로 서울대 농대에서 국내 처음으로 만들어 낸 딸기이다.
- 서둔동 일대 푸른 지대에 노지딸기로 재배되어
  해마다 현충일이면 수도권 일대 시민들이 즐겨 찾는 명소가 되었다.

기타 수원 토종

- 수원조(벼)

- 수원가지

- 수원고추

자연에 기대어 풀과 뭇생명들과 함께 짓는 농사, 자연농

이은순 / 진안 자연농으로 농사짓는 목사

아직도 늦더위가 기승을 부리고 있지만 올 여름은 뜨거워도 너무 뜨거웠다. 밭에 나가기가 무섭게 굵은 땀방울이 뚝뚝 떨어지고 한낮의 밭의 식물들은 그 뜨거움 견디느라 숨죽여 잎을 늘어뜨리고 있었다. 가뭄에 심은 들깨는 뜨거움을 온 몸으로 견뎌내느라 채 자라지 못하여 제때 꽃을 피우지 못했다.

예측보다 훨씬 빠르게 진행되는 기후 변화, 오늘은 어찌 살아야 하나.

우리 식구는 전북 진안 깊은 산골 마을에 살고 있다. 2008년 봄에 귀농해서 9년째 자연농으로 밭농사를 짓고 있다. 자연농, 자연에 기대어 짓는 농사. 땅 갈이를 하지 않고 온갖 풀들과 벌레들, 눈에 보이지 않는 무수한 생명체들과 함께 하는 농사. 풀을 '웬수'로 여기지 않고 오히려 풀에 고마워하며 짓는 농사. 이제는 동네 분들도 뭐라 하지 않으시지만 처음 몇 해, 풀이 가득한 우리 밭을 보고 동네 어르신들 엄청

놀라셨다.

내가 밭에서 낫으로 풀을 베고 있으면 아랫집 할머니는 어김없이 "애고~ 내가 그 집 농사짓는 것 보고 웃어부렀데니까. 풀을 뽑아 없애 버려야지 풀을 베는 사람이 어디 있디아~"라고 말씀하시곤 하셨다. 맘 좋은 동네 아저씨는 "돈 안 받고 로타리 쳐 줄 테니까 로타리 쳐어~"라는 말씀도 하셨다.

풀이 가득한 밭에서 자라고 있는 김장배추, 어린 무, 고추, 콩, 토종 옥수수, 토마토 등. 9년여의 시간이 흐른 지금에서야 풀이 가득한 이 밭이 내 눈에는 한없이 풍요로워 보이고, 이 풍요로움 앞에서 비로소 깊은 감사를 하게 된다.

1980년대 중반 나는 한 기독교 기관에서 일을 했다. 그때 얼핏 들은 '식량 무기화 정책'. 깊이 토론한 것도 아니고 그냥 얼핏 들은 이야긴데 그 말이 아주 강하게 내 마음에 새겨졌다. '그래, 먹을거리는 정말 중요한 거야. 식량주권을 포기하는 것은 내 목숨 줄을 내어 놓은 것이지.' 그냥 그렇게 농사라는 것을 우리 삶에 있어서 절대적인 것으로 인식하게 되었다. 그렇다고 그때 내가 농사를 지으며 살아야겠다는 계획을 세운 것은 아니었다. 또 하나 이 시대를 살아가는 그리스도인으로서 마음에 담게 된 삶의 화두, '정의 평화 창조 질서의 보전'. 이 길에서 만난 책 한 권, 후쿠오카 마사노부의 『짚 한오라기의 혁명』. 책의 내용을 제대로 이해하기나 했을까? 그러나 그렇게 농사지으며 살고 싶다는 꿈을 꾸기 시작하였다. 자연의 순리에 순응하며 자연농으로 농사지으면서 살고 싶다는 꿈을 꾸기 시작하였다.

2001년, 우리 부부는 전주 외곽에 있는 작은 교회를 섬기면서 난생처음 삽과 괭이로 밭을 일구었다. 자연농을 시작했다. 땅을 경운하지 않고, 밑거름을 하지 않고, 농약과 화학비료와 제초제와 비닐을 쓰지 않으며, 풀을 베어 땅을 덮는 게 우리가 하던 전부였다. 무식하면 용감하다고 했던가? 농사 경험이 없는 우리에겐 갈등의 요인도 없었고(물론 몸은 많이 힘들었지만), 그냥 농사란 당연히 그리하는 것으로 여기며, 책에서 보고 이해한 만큼 우리가 할 수 있는 부분들을 적용하기 시작했다. 그 밭은 원래는 논이었는데 밭으로 바꾸고, 나무를 심었다가 분을 떠 나무를 판 아주 박한 땅이었다. 콩을 심는데 땅이 얼마나 딱딱한지 호미가 팅~하고 튕겨 나갔다. 일 자체가 서툰데다 땅은 그러하니 우리 부부는 꽤나 티격태격했다. 땡볕 아래서 콩 심는 것을 보며 놀던 당시 여덟 살이던 우리 아이 갑자기 큰 소리로 말한다. "엄마. 여기 지렁이 있어." 지렁이가 땅을 기름지게 한다는 말을 들은 적이 있는지 손에 지렁이를 들고 와 엄마 아빠에게 나름 위로의 선물이라고 준다. 그때 우리 부부가 한 것이라곤 풀을 베어서 이랑을 덮어 준 것이 전부였지만, 일 년 뒤, 땅은 놀랄 만큼 달라져 있었다. 그 딱딱하던 땅이 부슬

거리는 땅으로 변했고 지렁이가 무척 많아지고…… 우리는 수확과 관계없이 자연의 신비와 그 생명력에 놀랄 수밖에 없었다.

그렇게 농사를 지으면서 하나님을 참 가까이서 만났다. 농부는 하늘을 쳐다 볼 수밖에 없는 존재라 했던가. 그 텃밭 농사를 지으면서 하늘을 많이도 쳐다보았고 간절한 마음으로 '하나님……'을 부르곤 하였다. 1996년도에 부안에서 당시 유기 농사를 20여 년 지으신 분을 만난 적이 있다. 그 농부님 하시는 말씀이 '유기 농사짓는 농부가 참 많은 노력을 기울이는 농부라 해요. 그러나 농사를 지어 보면 그렇게 사람이 애쓴다 해도 사람이 애쓰는 부분은 5%밖에 안돼요. 나머지는 조물주가 하시는 거지요. 참 농사를 짓다 보면 조물주에 대해, 신에 대해, 존재의 근원에 대해 저절로 생각하게 돼요.' 맞는 말이다. 아주 작은 규모의 텃밭 농사를 짓는 것이었지만 그 분의 말에 깊이 공감하고 또 공감하였다.

진안에 와서도 밭농사는 여전히 자연농으로 짓고 있다. 땅을 갈지 않고, 비닐로 땅을 덮지 않고, 제초제나 농약을 살포하지 않고, 화학비료를 주지 않고, 밑거름을 하지 않는다. 풀을 베어서 이랑을 덮어줌으로 자연으로부터 얻고, 자연에게 돌려주는 방식으로 농사를 짓는다. 처음 두 해, 폭우가 쏟아지면 여지없이 밭 곳곳에 물길이 생기고 흙이 쓸려 내려가더니 삼 년째부터는 큰 비가 내려도 흙이 쓸려 내려가지 않는다. 온갖 풀뿌리가 땅을 꽉 잡고 있기 때문이다. 물 빠짐도 대단히 좋다. 땅은 자연이 준 유기물로 가득하고, 유기물이 있기에 그 유기물을 먹이로 삼는 온갖 생명들이 가득하다. 그리고 그 온갖 생명들은 우리가 짓는 농사의 최고의 동반자가 되어 준다.

자연농, 땅을 갈지 않는 농사

우리는 농사를 지을 때 땅을 갈지 않는다. 9년째인 우리 밭의 모습은 이랑이 약간 넓어지고 평평해 진 것 말고는 9년 전 모습 그대로다. 이른 봄, 대부분의 농부들이 퇴비를 넣고 땅 갈이를 하고 관리기로 이랑과 고랑을 만들고 비닐 멀칭을 하느라 바쁠 때 우리는 그리 바쁘지 않다. 고랑에 누워 있는 지난해 가을 풀들을 이랑으로 올려 주는 게 이즈음 우리가 하는 일이다.

왜 땅을 갈지 않는가? 자연농은 자연의 힘에 의존하여 농사를 짓는 것이기에 식물이 뿌리를 내릴 땅을 자연에 가깝게 만드는 것이 최우선의 과제이다. 자연은 땅을 인위적으로 갈지 않는다. 땅 위에서의 생명을 다한 식물은 자신의 모든 것을 뿌리로 내리고 있던 땅으로 되돌린다. 이들은 땅을 덮어 시간이 지나면서 유기물이 되고 뿌리 또한 땅속 유기물이 된다. 이 유기물을 집 삼아, 먹이 삼아 수억의 미생물들이 표토층과 땅속에 또 하나의 세계를 이루어 살아간다. 그리고 유기물과 미생물은 땅을 건강하게 하고 다음 세대의 식물들이 건강하게 자랄 수 있도록 돕는다. 농사를 짓는 데도 마찬가지의 도움을 준다. 도움을 주는 정도가 아니라 농사의 주역이라 해도 과언이 아니다.

그러기에 자연농의 기본은 땅을 갈지 않는 것이다. 밭의 토양을 가능한 자연 그대로의 생태로 유지되게 하기 위함이다. 그래서 농부는 자연이 주는 은덕을 온전히 입고자 한다. 그러나 인위적인 땅갈이는 어떠한가? 인위적인 땅갈이 — 특히 요즘과 같이 육중한 기계가 들어가서 땅을 누르고 부수는 밭갈이 — 는 앞서 거론한 표토층의 세계를 완벽하게 파괴시킨다.

인위적 땅 갈이를 살펴보자. 기계가 들어가 땅 갈이 하는 깊이는 대

략 표토 20~30cm 층이다. 표토층은 식물들이 뿌리를 내리고 건강하게 자라는 데 결정적인 역할을 하는 토양층이다. 땅 갈이를 하면 처음에는 이 표토층이 보슬보슬해진다. 그러나 비가 오면 흙은 금새 딱딱해지기 시작한다. 원래 토양은 미생물과 풀의 뿌리 등에 의해 아주 깊은 곳까지 연결되는 통기 구조를 가지고 있다. 자료를 보면 식물의 뿌리가 2m까지 자라 땅속 깊은 곳까지 통기가 이루어지게 함을 볼 수 있다. 그러나 땅 갈이는 이러한 통기 구조를 차단한다. 통기 구조가 파괴되었기 때문에 비가 오면 물이 들어차고 흙은 딱딱해진다. 통기가 제대로 되지 않기에 땅의 배수도 보습도 좋질 않다.

또한 땅을 갈면 표토층의 벌레들과 미생물들의 생태계가 완전히 흐트러진다. 미생물들은 각각 있는 곳이 다르다. 인위적 땅갈이는 순식간에 이 세계를 뒤집어 놓는다. 땅속에 살던 균들이 땅 밖으로 내동댕이쳐지고 강한 햇빛에 노출되면서 죽임을 당하고 반대로 표면에 살던 것들은 땅속에 들어가게 되어 또한 죽임을 당하게 된다. 지렁이를 비롯해 셀 수 없이 많은 몸집 작은 동물들도 죽임을 당한다. 미생물과 작은 벌레들이 살 수 없는 땅은 그만큼 건강하지 못한 땅이 된다. 우리를 돕는 훌륭한 농사꾼들이 죽어가는 것이다.

그러나 인위적 땅 갈이를 하지 않고 토양 내 미생물과 수많은 몸집 작은 동물들, 그리고 이들과 식물이 서로 주고받는 순환구조가 살아있으면 그 흙은 갈수록 건강한 흙이 되어 간다. 육중한 기계 대신 수많은 벌레들과 미생물들이 자유롭게 그들의 세계를 돌아다니며 자연스레 땅 갈이를 하며 일부러 부수지 않아도 땅은 늘 부슬거리는 상태로 있게 된다. 배수와 보습이 저절로 잘 되는 땅이 된다. 자연의 기운을 가장 잘 담고 있는 건강한 식물로 자라난다. 물론 그 식물의 모습은 시장이 정한 상품의 모습과는 많이 다를 수도 있다.

그래서 우리는 육중한 기계로 밭을 갈지 않고, 호미로 풀을 뽑는 대신 낫으로 풀을 벤다. 가능한 땅속 세계를 흐트러뜨리지 않고, 베어진 풀로는 이랑을 덮고 풀뿌리는 땅속에 있게 하여 작물이 자라는 데 도움을 주는 유기물이 되도록 한다. 해가 더해 질수록 작물을 심을 때도 호미보다 손이 편할 때가 많다. 그만큼 땅이 부슬거린다. 작물을 심기 전에 비가 많이 와도 우리는 걱정하지 않는다. 경운할 일이 없기 때문이다. 더 이상 질퍽거리지도 않기에, 흙이 쓸려가지도 않기에 비 온 다음날 작물을 심는 데 불편함이 없다. 오늘도 나는 이제 꼬투리가 영글어가는 서리태 옆 고랑 풀과 고구마 고랑 풀을 베기 위해 낫을 들고 밭으로 간다.

자연농, 풀과 함께 짓는 농사

종종 농사는 '풀과의 전쟁'이라 한다. 풀 메고 뒤돌아 보면 또 풀이 자라고 있다고 한다. 풀이 양분을 다 빼앗아 먹어 작물이 못자란다고도 한다. 그래서 풀은 농사에 있어서 절대적인 '적'으로 여겨진다. 동네 할머니는 어느 날 풀을 메시면서 "내가 풀을 이겨 먹어 볼라했더니 풀이 나를 이겨 먹네~" 하신다. 풀은 그렇게 농사에 있어서 절대적인 적이기에 파릇파릇 새싹이 돋아나는 이른 봄부터 우리의 논밭을 온통 갈색으로 만드는 제초제는 그렇게도 끊임없이 뿌려진다.

그러나 우리 밭에는 우리가 심은 작물만이 아니라 온갖 풀들이 함께 자란다. 작물이 풀에 치일 정도가 되었을 때 풀을 베기에 여름 한 시기에 모르는 이가 보면 그냥 풀밭이라 여길 정도이다. 한꺼번에 밭의 풀을 전부 베지도 않는다. 작물을 중심으로 한 고랑을 베면 그 옆 고랑의 풀은 그냥 둔다. 그래서 수많은 벌레들과 곤충들의 거처가 한꺼번에 사라지는 일이 없도록 한다. 사실 한꺼번에 풀을 다 베어버리면 농사를 짓는 우리에게도 해가 된다. 한순간에 갈 곳 잃은 벌레들이 갈 곳은 남아 있는 작물에 집중될 수밖에 없지 않겠는가?

다양한 풀들이 함께 자라는 우리 밭에는 육안으로 볼 수 있는 벌레들이 다양할 뿐만 아니라 우리 눈으로는 볼 수 없는 미생물들이 다양하게 살아가고 있을 것이다. 그러기에 우리 밭에는 하나의 충이나 균이 독점하는 일은 거의 발생하지 않는다. 예를 들어 고추 하나가 탄저병에 걸렸다 해도 탄저균이 고추 전체를 휩쓰는 일은 없다. 그냥 탄저병에 걸린 고추를 따서 버리기만 하면 된다. 탄저균이 독식을 하지 못한다는 것이다. 아마도 그 까닭은 탄저균만이 아니라 다양한 균들이 공생함으로 서로를 적절히 제어하기 때문일 것이다. 이처럼 다양한 생물이 공존하는 까닭은 다양한 풀들이 함께 자라기에 가능한 일이다. 다양한 균들이 살아갈 삶의 자리가 식물의 다양함으로부터 제공되기 때문이다.

농사 1년차는 풀이 거의 없었다. 2년차 역시 이랑을 풀로 멀칭하기엔 턱없이 풀이 부족했다. 3년차부터 풀이 잘 자라기 시작했고, 이제는 해를 달리하는 풀들이 풍부하게 이랑을 덮고 있다. 그런데 참 신기한 것은 풀이 잘 자라는 곳에서는 우리가 심은 작물도 잘 자라더라는 점이다. 역시 토양의 문제였다. 지금도 풀의 세력이 좋은 곳에는 어김없이 작물의 세력도 좋다. 처음에는 풀과 함께 작물이 자라야 한다는 철학적 당위가 앞섰다면 풀이 가져다주는 많은 은덕을 입는 지금, 나는 진심으로 풀이 고맙고, 풀이 가득한 우리 밭이 난 참 예쁘고 좋다.

또한 풀과 함께 농사를 지으며 얻게 되는 큰 도움은 풀 뿌리의 역할이다. 식물의 뿌리는 흡수만 하는 기관이 아니라 배출도 하는 기관이다. 뿌리가 배출하는 액을 '삼출물(滲出物)'이라고 하는데, 이 삼출물은 토양 미생물에게 풍부한 양분이 된다. 이 삼출물 때문에 뿌리 주위에는 다양한 미생물이 모여 있다.

또한 죽은 식물의 뿌리는 중요한 토양 내 유기물이 된다. 자료에 따르면 호밀의 경우 한 포기에 약 1,300여 만 개의 잔뿌리가 있고 이 잔뿌리의 총연장 길이가 약 600Km가 된다고 한다. 또한 약 140억 개의 실뿌리가 있고 이 실뿌리의 총 연장 길이는 16,000Km나 된다고 한다. 이 호밀이 죽고 그 뿌리를 뽑지 않는 한 그 뿌리는 고스란히 땅속 유기물로 남게 되는 것이다. 풀과 함께 농사를 짓는다는 것은 작물의 뿌리만으로는 부족한 삼출물과 유기물을 다른 풀들로부터 얻게 됨을 뜻한다. 더군다나 많은 풀뿌리들은 농기구로는 갈아지지 않는 심토(心土)로부터 미네랄을 끌어다가 표토 쪽으로 옮겨다 주는 역할을 한다고 한다. 그 덕분에 우리가 심은 작물들은 그 미네랄을 먹을 수 있게 되고 우리 또한 그 작물을 통하여 그 미네랄을 먹게 된다.

작물이 자라는 데는 미생물의 역할이 절대적으로 중요하고, 이를 위해서는 유기물이, 다양한 풀뿌리들이 꼭 필요하다. 이를 위해 우리는 작물의 부산물과 잔사, 주변 풀 등을 가능한 있던 곳으로 온전히 돌려주고자 한다. 그곳으로부터 취한 것을 가능한 그곳으로 돌리려 한다. 그래서 우리는 풀을 베어 이랑을 덮고, 작물을 수확할 때도 뿌리 작물이 아닌 한 뿌리를 뽑지 않고 베어 뿌리는 땅속 유기물이 되게 하며 수확 이후의 부산물도 모두 그곳으로 돌린다. 이들은 토양 미생물의 서식처가 되고 결국 작물의 양분이 되어 우리에게 다시 돌아온다. 그러기에 우리는 풀과 함께 농사를 지으며 풀이 주는 도움을 입고 있다.

자연농, 미생물과 함께 짓는 농사

평생 농사로 뼈가 굵으신 마을 분들을 볼 때면 여전히 나 자신을 농사꾼이라는 부를 엄두가 나질 않는다. 일머리에 있어서도, 능력에 있어서도, 부지런함에서도 나는 감히 그들을 따라 갈 수가 없다. 그래서 그 분들이 우리 밭에 오셔서 볼 때면 주눅이 들곤 했다. 그런데 몇 해 전 동네 아저씨가 오셔서 우리 고추를 한참 보시더니, "어떻게 해서 이렇게 고추에 병도 벌레도 없데? 희한하네~" 그러셨다. 그렇다. 몇 해 전부터 우리 고추에는 병이 없다. 서리 내릴 때까지 고추를 딴다. 몇 년째 같은 이랑에 고추를 심는데도 말이다.

자연농 밭에는 병이 오지 않는 걸까? 그렇지 않다. 병을 가져 오는 균도 오고 충도 온다. 우선은 작물들의 자가 면역력이, 자정 능력이 강한 것이라 생각한다. 아울러 다양한 벌레와 미생물들이 공존하기에 가능한 일이라 여겨진다.

앞서 거론했듯이 우리 고추 밭에도 탄저균이 찾아오지만 작물의 자가 면역력과 밭에 살고 있는 다양한 균들이 탄저균의 독점과 독식을 막고 있다고 본다. 이웃집 고추처럼 그렇게 키가 크거나 많은 수확량을 내는 것은 아니지만 어떤 약을 주지 않더라도 고추는 제 스스로 그렇게 건강하게 자란다. 또한 균이 균을 제어하는 것이다.

최근 들어 농사, 먹을거리, 건강, 사람의 피부에도 미생물의 작용이 중요하다는 점들이 연구 자료들을 통하여 밝혀지고 있다. 농사에 있어서 작물이 영양분을 흡수하는데 미생물의 역할이 매우 중요하다. 흔히 이야기되는 공기 중의 질소를 고정한다는 콩과 식물의 뿌리혹박테리아, 이 또한 미생물이 아니던가. 질소를 식물이 먹을 수 있도록 하는 것도, 인산을 식물이 먹을 수 있도록 하는 일도 모두 미생물들이 하는 일이다. 이처럼 미생물과 식물은 절대적 공생 관계에 놓여 있다.

균근균이라는 미생물이 있다. 식물 뿌리의 표면 혹은 뿌리 내부에서 식물체와 공생하는 균이다. 식물의 뿌리에게서 영양분을 받아먹고 동시에 뿌리가 필요한 양분을 준다. 이 균이 돌려주는 영양분으로 인해서 식물은 더욱 더 잘 자란다. 균근균의 중요한 역할이 밝혀지면서 외국에서는 이 균을 배양, 판매하기에 이르렀다.

병을 가져 오는 균을 박멸할 것이 아니라 다양한 균들이 공존하는 생태계를 만드는 것이 지속적으로 작물을 더욱 건강하게 자라게 하는 길이다. 이를 위해서 앞서 거론했듯이 다양한 풀들이 자라게 하고 뿌리를 뽑지 않으며 그들을 땅으로 되돌리는 것은 다양한 미생물들의 공존을 위해, 건강한 농사를 짓기 위해 꼭 필요한 일이다.

땅을 갈지 않는 것 또한 미생물들의 삶의 터전을 해치지 않기 위해서 꼭 필요한 것이다. 내가 눈에 보이지 않을 정도의 작은 생물체라고 상상해보자. 사람의 발걸음과 내딛는 힘도 엄청날 터인데 하물며 거대한 기계가 들어가서 땅을 헤집는 데야 나의 삶의 터전이 남아날 방법이 있겠는가?

자연농, 지속가능한 세상을 꿈꾸는 농사

자연농으로 농사를 지으면서 농사를 잘 짓기 위해 자연스레 관심을 가지게 된 부분 중 하나가 씨앗 문제이다. 왜냐하면 시중에 파는 대부분의 씨앗들은 산업화된 농업방식에 맞게 육종된 씨앗들이기 때문이다. 이들을 잘 키우기 위해서는 많은 퇴비와 농약과 비닐멀칭 등의 환경이 필요하다. 이런 씨앗들은 예상했던 환경과 전혀 다른 우리 밭에서는 심하게 몸살을 앓는다. 그래서 자연스레 자가 채종과 토종 씨앗 등 채종 가능한 씨앗에 관심을 기울일 수밖에 없었다. 자가 채종하거나 종자 나눔에서 얻은 씨앗들은 우리 밭에서 해가 더할수록 확실히 건강하게 잘 자란다. 고추도, 토마토도, 배추도.

재작년 종자상에서 파는 당근 씨를 심고 지난해에 채종하여 혹시나 하면서도 올해 그 씨앗으로 봄 파종을 하였다. (우리 밭의 경우, 당근을 봄 파종하면 장마철에도 무르지 않고 가을까지 자란다. 그 당근을 가을에 수확하여 땅에 묻고 겨우내 먹곤 한다. 아마도 배수와 보습이 뛰어나고 밑거름을 주지 않고 다(多)퇴비를 하지 않는 까닭일거라 여겨진다.) 아니나 다를까, 봄이 무르익을 무렵 원뿌리는 비대해지지 않는 채 꽃대를 올리기 시작한다. 종자상의 종자 대부분은 대물림이 되지 않는다. 그 씨앗으로는 지속가능한 농사를 짓는 게 어렵다는 얘기다. 땅은 있으나 씨앗이 없어서 농사를 못 짓는 날이 올 수도 있다는 말이다.

초국적 기업의 종자에 가능한 의존하지 않으며 대물림이 되는 농사를 꿈꾸며 채종을 위한 나의 실험과 나눔은 오늘도 계속되고 있다.

또 하나, 현대 농업의 지속 불가능성에 대한 자각이다. 농업의 전 과정을 살펴 보자. 이른 봄, 가장 먼저 제초제를 뿌리고, 농약사에서 파는 토양 살균제를 뿌리고 대량의 닭 똥이나 소 똥, 또는 공장에서 생산된 퇴비를 기계를 이용하여 밭에 뿌리고 트랙터로 밭을 갈고 관리기로 이랑을 만들고 비닐을 씌운다. 그리곤 종묘상의 씨앗이나 모종을 심는다. 그리곤 때때마다 살충제와 성장호르몬제를 뿌리고.(성장 호르몬제를 너무 뿌려 고추의 키가 지나치게 자라 성장 억제제를 뿌리는 웃어넘기기엔 너무 심각한 일도 발생한다) 이 중 어느 것 하나 석유 없이 이루어지는 게 있을까? 과연 이런 농업 방식은 언제까지 지속 가능할까? 우리 아이들의 시대에도 과연 가능한 일일까? 일용할 양식이 아닌 나의 탐욕스런 배를 채우기 위하여 오늘 나는 나의 아이들에게 참으로 못할 짓을 하고 있는 건 아닐까? 오늘 우리의 삶의 자리에 대한 근본적인 성찰이 절실한 때라 여겨진다.

얼마 전 한 신문 기사를 보면 올 여름 전국을 용광로처럼 달군 기록적인 폭염은 사람뿐 아니라 동물들에게도 힘겹게 했다고 한다. 더위에 폐사한 농장동물의 수는 424만 마리에 달한다고 한다. 이상 기후의 주원인은 급속도로 더워지고 있는 지구 온난화이다. 지구 온난화의 주범으로 농업이 지적되고 있다. 축산업과 식가공을 포함하면 지구를 덥히는 탄소 발생량의 40~50%가 농업으로부터 비롯된다고 한다. 이제 잠깐 멈추고 돌아봐야 할 때가 아닌가?

동력 기계를 들이지 않고 농약과 다(多)퇴비와 비닐도 밭에 들이지 않고 낫과 호미로 농사의 전 과정을 이루어내는 자연농은 지속불가능에 대한 우려의 목소리가 높은 이때에 함께 머리 맞대고 이야기 나누어 봄직한 삶의 방식이 아닐까? 문화인류학자인 쓰지 신이치는 『신비한 밭에 서서』의 저자이자 자연농의 대가로서 이 시대에 많은 이들에게 영향을 끼친 가와구치 요시카즈와의 대담집의 제목을 『자연농, 느림과 기다림의 철학』이라 명명하고 있다. 이 책의 일부를 인용함으로 글을 마무리하고자 한다.

> "현대의 농민들도 그렇지요. 옛날에는 농민의 삶 그 자체였던 농사가 언제부터인가 해결해야 할 문제로서의 농업이 되어버렸습니다. 목표하는 수확량, 연 수입 목표를 달성하기 위해 여러 가지 수단을 강구하지요. 설계도의 포로가 되어버린 것입니다. 그리므로 지금의 농업은 씨뿌리기 때나 모내기 때에는 불안이 가득합니다. 과연 계획대로 싹이 나올까? 벌레가 생기지는 않을까? 미래에 대한 불안이 끓어오르는 것입니다. 그러나

본래 농민이 밭에 씨를 뿌릴 때에는 아무런 불안이 없었습니다. 마음 놓고 안심할 수 있으므로 즐거운 것입니다. 미래에 사로잡히지 않는다. 지금을 살아간다. 현재 안에는 과거도 미래도 떨어지지 않고 들어와 있다. 대답하는 마음으로 살아간다는 것은 그런 것이라고 생각합니다."

점점 수치가 커지는 확대 지향과 덧셈의 발상 앞에서는 불안이 끓어오른다. 거꾸로, 논밭을 갈지 않는다. 농약도 사용하지 않는다. 동력 기계도 사용하지 않는다. 논밭에 아무 것도 넣지 않는다. 논밭에서 아무 것도 가져가지 않는다. 벌레나 풀이나 새를 적으로 삼지 않는다와 같이 '하지 않는 것 투성이'의 뺄셈이야말로 큰 안심을 가져다 준다. 하지만 현실은 어떠한가? (…중략…) 사람들의 불안과 초초는 심해지고 세계의 위기는 점점 더 깊어져 가는 것처럼 보인다. (…중략…)

세계는 드디어 전환점에 서 있다. 지금이야말로 다시금 자연농이란 무엇인가 다시 물어 보도록 하자.

화학에서 질병으로, 질병에서 건강으로, 추악함에서 아름다움으로, 인공에서 자연으로, 자멸에서 상생으로. 드디어 진정한 대전환점의 순간에 서 있는 세계에 던지는 근본적인 질문! 인간 행위의 근본으로 돌아가기 위한 그만둠과 뺄셈은 무엇일까?

땅을 갈지 않고, 약을 치지 않고, 비료를 주지 않는 자연농의 삶을 삶으로써 우리는 우리 스스로의 질병과 고통과 악습을 이겨내 튼튼하고 굵고 강인한 본연의 삶을 회복할 가능성을 얻는다.

— 쓰지 신이치 · 가와구치 요시카즈, 『자연농, 느림과 기다림의 철학』 中에서

불편을 지속할 수 있는 힘

불편감과 불안감

정민철 / 홍성 청년협업농장

젊은협업농장에서 일하는 농부들은 대부분 젊은 사람들입니다. 새벽부터 10대 후반~20대 초의 청년들이 땀을 흘리며 농업 노동을 하는 것을 보고 대단하다고 말을 하는 사람도 있습니다. 보통 청년들이 처음 농사를 접하면서 힘들어하는 것은 익숙하지 않은 노동에 의한 육체적 힘듦이 아니라 일상성과 기존 규칙성의 변화입니다. 노동의 강도가 아니라 노동의 일상성과 달력에 있는 빨간날(토, 일, 공휴일)을 기준으로 하는 것이 아니라 계절에 따라 일상이 계속 변화한다는 것 말입니다. 매일 아침 눈을 뜨면 반복되는 노동이 있다는 것과 계절에 따라 일을 시작하는 시간이 달라지고 작업의 종류와 일정도 변화해야 하고, 작물의 생육 속도에 따라 일의 양도 달라지는 등의 변화는 계속됩니다. 그런데 이것이 1년 단위로 바뀌다보니 몇 년을 지나야 겨우 흐름을 읽어 낼 수 있게 됩니다. 누구나 조금만 지나면 예측이 가능한 — 어쩌면 그렇게 지낼 수 밖에 없는 — 도시 생활과 달리 충분히

경험이 쌓이지 않으면 일상적인 생활조차도 명확히 규정할 수 없음에 따른 불안감은 다가올 가까운 미래조차도 계획과 집행을 완전히 통제할 수 없을 때 나타나는 불편감 때문이라고 할 수 있습니다.

젊은협업농장에 사람들이 자주 들락날락하다 보니 그 농장은 도통 몇 명까지 받을 수 있냐는 질문도 받습니다. 계속 받을 수 있다고 답하면 농장에 사람이 계속 들어오면 농장을 계속 확장해야 하는 것이 아니냐는 질문이 되돌아옵니다. 농장은 분화해 나가는 것을 목표로 하기 때문에 농장에서 농업을 배워 독립하면 되니 굳이 더 이상 확장하지 않아도 계속 사람을 받을 수 있다고 답합니다. 농장의 이러한 구조 — 배워서 독립해서 나가는 — 로 인해 농장에서 일하는 사람들은 매년 바뀌게 됩니다. 또, 그해에 어떤 사람이 있냐에 따라서 성격과 방향이

© 민태기

조금씩 달라집니다. 매일 쌈채소를 수확하고 납품하고 택배 보내고 하는 일의 양은 비슷하지만 그해에 함께 일하는 구성원에 따라 농장 운영과 접근 방식이 상당히 달라지게 됩니다. 농장에 몇 년째 있는 스태프(고용된 것이 아니기 때문에 직원은 아님)의 입장에서는 언제쯤 우리 농장은 안정될 것 같냐는 질문을 종종 합니다.

비슷한 상황으로 농장엔 많은 사람들이 찾아옵니다. 지금 현재도 농장에서 1년 이상 같이 일하자고 협의하고 함께 하는 사람(스텝)보다 1주일, 한 달, 기한 없이 또는 느닷없이 와서 일하는 사람이(오는 이유도 모두 다름) 더 많습니다. 일손이 많아져서 좋다고 생각할 수 있지만, 농장 사람들 입장에서는 같이 일하는 사람들이 자주 바뀌니 그때마다 농장의 흐름이 너무 심하게 흔들리게 되고(보통 한 그룹이 아님에도 한꺼번에 몰려오고 사라지고 하기 때문에) 또, 바뀐 사람들의 그 다양한 분위기 속에서 농사 흐름을 유지하기가, 또 물밀듯이 왔다가 돌아가고 난 뒤 처음 고려한 상황으로 되돌아가기가 너무 힘들다고 합니다. 아마, 내가 맡은 일 또는 할 일이 명확히 규정되었을 때의 안정감을 찾으려는 마음은 주변 사람의 변화에 의해 그 익숙함이 깨어짐에 따른 불편감, 또 그에 따른 새로운 접근 방식을 찾아야만 한다는 불편감 때문인 듯합니다. 어쩌면 뭔가 내가 조절할 수 없다는 것에 대한 불안감이 원인이 아닐까 생각합니다.

젊은협업농장에서 일하는 청년 — 고등학교를 졸업하고 오는 친구들이 종종 있습니다 — 들은 모두 농촌, 농업을 처음 접하는 경우가 대부분입니다. 물론, 농고를 나온 학생들도 있지만 부모님이 농사를 짓지 않아 실전 농업은 처음이고, 농지나 농기계 등 자본이 하나도 없는 경우가 대부분입니다. 농장에서 함께 일하면서 배우겠다고 오는 청년들의 불안감은 말로 표현 못할 듯 합니다. 동일 세대의 거의 대부분이 선택하지 않는, 아니 아예 선택 사항에 들어가지도 않는 또한 동시대의 대부분의 사람들이 진로라고 생각하지도 않는 농업을 하겠다고 오는 청년들의 미래에 대한 불안감은 상상 이상입니다. 물론, 대학으로 진로를 선택한 청년들조차 잠시의 안정감 이후엔 불안감과 대학 생활 중의 불편감을 끊임없이 말합니다만, 학교라는 공간이 가지고 있는 소속감에 따른 안정감, 모든 사람들이 이 길을 선택했기 때문에 그래도 한줄기 가능성은 남아 있을 것이라는 위로감은 이를 잠시 잊게 해 줄 수 있습니다. 물론, 졸업 시기가 되면 다시 그 불안감은 시작되고 취직 이후에도 그 불안감은 계속되는 것이 지금의 시대가 아닌가 생각합니다. 농장에 온 청년들의 불안감은 더할 것이라고 생각합니다. 자신 있게 농업을 배우겠다고 왔지만 그 일상으로 조금만 들어가면 이것이

내 진로가 맞는가하는 불안감을, 내가 너무 뒤떨어지고 있는 것이 아닌가 하는 불편감은 어쩔 수 없을 것 같습니다. 소수 어른들이야 장하다고 말은 할 수 있지만, 칭찬의 효과는 며칠 아니 몇 시간도 가지 못합니다. 농사일을 함께 하면서 그 청년들의 마음 깊은 곳에서 진동하는 미래에 대한 불확실성, 뭔가 뒤떨어지고 있다는 불안감, 이런 일상이 인생의 전부인가라는 불편감을 끊임없이 느낄 수 있습니다.

젊은협업농장에 젊은 청년들이 있다고 하니, 귀농하려는 사람들이 문의하러 종종 찾아옵니다. 그들이 가장 많이 하는 질문은 무엇을 준비해야 하는가 입니다. 일부는 계획서를 만들어오기도 하고 또는 생존을 위해 무언가 하나를 붙잡고 농촌으로 왔으면 하는데 그 무엇이 무엇인지 모르겠다는 질문하기도 합니다. 아마, 난생 처음 하는 일, 더군다나 메스컴에서만 본 너무나 — 기대되지만 — 생소한 즉, 그 오랜 교육기간을 통해서도 배운 적도 없고, 평생 한 번도 경험해보지 못한 곳으로 뿌리를 옮겨야 하는 그 불안감이야 누구나 예상할 수 있을 듯합니다. 그러다보니 경제성 있다고 하는 작물을 찾아보기도 하고 그 작물을 키우는 농업기술을 명확하게 또 많이 배우면 그 불안감, 불편감이 사라지고 안심이 되지 않을까 생각합니다. 아니면 자기의 전공을 살려 유통이나 농촌에서 할 수 있는 무엇인가를 계획하기도 합니다. 농업기술만이 아니라 집짓기, 수지침, 옷 만들기, 가공 등 그 많은 기술을 모두 배워 두면, 더불어 농촌에서 이루어지는 그 많은 현장실습을 경험해보면 좀 자신감이 생기지 않을까 생각합니다만, 알면 알수록, 배우면 배울수록, 경험하면 할수록 그 불안감은 더 깊어지는 것이 현실입니다. 또, 무엇인가를 배워야겠다고 생각하는 순간 머릿속에 떠오르는 '학교'라는 곳을 통하여 준비를 하면 훨씬 안정적이 되지 않을까라는 생각을 합니다. 지금 하고 있는 일을 위한 배움이 학교에서보다 현장에서 더 많이 배웠다는 것을 누구보다 더 잘 알면서도 우리는 또 익숙하게 실행을 뒤로 미루는 것에 불과한 학교를 선택하는 경우도 많습니다.

비슷한 사례로 젊은협업농장을 협동조합으로 운영한다고 하니 농장에 취직하려면 어떻게 하냐는 문의도 간혹 옵니다. 지금까지 살아오면서 추구한 방식이 그리고 해야만 하는 것이 취직이라는 접근방식이었으니 당연하다고 이해를 하면서도 어떻게 설명을 해야 할지 난감한 경우에 해당합니다. 물론, 산업적으로 접근한 특정 방식의 농업은 취직의 방식을 결합하는 경우 — 대부분은 대자본이 투입된 기업적 방식의 농업 — 도 있습니다만, 취업이라는 사회 관계구조의 한계를 느끼고 다른 관계구조를 찾으면서도 이전에 알고 있던 방식으로 접근할 수밖에 없는 것이 아닌가 싶습니다. 농업이라는 것이 규칙적인 출퇴

근 시간과 휴가, 정기적인 월급, 자기의 역할과 맡은 일 등 책임 범위가 명확한 직장이라는 곳에 취업했을 때와는 달리 본인 스스로가 모든 문제를 대면하고 그것을 풀어가고 책임을 질 수 밖에 없는 영역, 그렇게 혼자 할 수 없기 때문에 다른 주변 사람들과 도움을 주고받을 수 밖에 없는 (싫어하는 단어인 소위 공동체적인) 곳이다 보니 이를 소원하면서도 또 두려운 것도 사실입니다.

농업, 농촌은 한 번도 경험해 보지 않은 곳이고, 한 번도 경험해 보지 않아 책을 통해 머리로만 이해한 그 무엇인가를 위해 계획을 세우는 것은 불가능한 일 — 대부분 지금까지 자기가 경험한 그리고 익히 알고 있는 것을 기준으로 계획을 세우는 것에 불과한, 그렇기 때문에 그 기준이 다른 곳에 가면 무용지물이 될 가능성이 높은 — 이기 때문입니다.

농업이라는 것 그 자체가 불안감의 연속이 아닌가 생각합니다. 가장 크게는 기후, 토지와 같은 자연환경에 의해 즉, 나의 의지나 능력을 벗어난 다른 어떤 것에 의해 더 큰 영향을 받기 때문입니다. 지금 우리의 불안감이 높다고 하지만, 사실 우리(나라)는 불과 40년 전만(주곡자급률 100%를 달성한 1975년을 기준으로 하면) 하더라도 세끼 식사를 모두 쌀로 할 수 없던 시기였습니다. 그렇게 본다면 그 자랑스러워하는 5천 년 한민족 역사에서 4,960년 동안을 세끼 식사를 자급할 수 없는 그 농업에 인구의 대부분이 참여하고 있었습니다. 젊은협업농장이 있는 장곡면의 인구는 1960년 13,992명 → 1980년 9,960 → 2005년 3,426명으로 변화합니다. 1980년 이후에 급격히 지역 인구가 감소한 것을 보면 불과 40여 년 전에도 많은 인구가 농촌에서 그 불안한 농업에 매달려 있었다고 예상할 수 있습니다. 인류 역사 전체를 거치면서 당연히 그 불안감과 불편함은 지금보다 더했을 것입니다. 즉, 인류 역사의 대부분은 어쩌면 그 불안감과 불편감을 어떻게 하려는 과정이 아니었을까라는 생각도 해 봅니다. 사실 농업 과정의 그 무수한 불편함과 그 큰 불안감은 쟁기와 축력 이용, 저수지의 확보, 수로의 정비 등 새로운 기술의 개발과 혁신을 이끌어 왔고, 이를 통한 농업 생산력 증가는 다시 사회 구조의 변화를 이끈 동력이 되었다는 역사책의 문장도 기억납니다.

근대에 와서 과학기술의 혁신, 녹색혁명 등의 그 화려한 수식어들이 붙음에도 불구하고 지금도 농업의 불안감, 불편감은 여전합니다. 매년 일어나는 배추파동이나 갑자기 치솟는 채소나 과일 가격의 등락을 보면 알 수 있습니다. 사람이 달나라로 간지가 언제인데 아직 농산물 조절도 못하는가라는 한탄의 소리도 들립니다. 최근에는 이러한 농산물 부족 상황은 외국 농산물 수입으로 미리 대체해 버리기 때문에 잘 표면화되지 않는 경우가 많습니다. 이때는 농민들만 농사를 망쳐 피해가 심하다거나 이를 해결할 기술이 개발되었다는 농업연구자의 소식으로 대체되기도 합니다. 과잉의 상황에서는 소수 농민의 문제이지 다수

인 소비자에게는 큰 문제가 되지 않아 농업의 어려움으로 수익이 나지 않는, 과잉임에도 그 작물을 심는 농민의 이해 못할 행위로 머리만 갸우뚱해지고, 단지 농업의 앞날을 걱정하는 신문의 한 꼭지기사 정도로 치부되는 경우가 많이 있습니다. 그 많은 정부 사업비를 투자했음에도 이러니 농업은 더 이상 경쟁력이 없는 산업이라는 말이 눈치 보지 않고 심심찮게 나옵니다.

이 불편함, 불안삼을 없애는 과정이 극대화된 것이 — 없앨 수 있고, 또 그렇게 하는 것이 최고의 선이라는 생각 — 산업화, 근대화, 도시화였고, 이는 사람들에게 발전이라는 말로 대표되는 것이었습니다. 표준화할 수 있고, 예측이 가능하고, 어떤 단위로 발전을 표현할 수 있는 그 무언가 말입니다. 이것이 완성되면 또 이 한길(선진국)로 나아가면 우리는 그 불편함과 불안감을 완전히 말소하여 행복해 질 수 있다는 생각으로 말입니다.

농업에서도 그러한 시도가 진행되었습니다. 농지를 정리하고 기계화, 여러 화학 자재 등을 통해 농사 기술을 표준화시켜 온 과정을 거쳐서 이제는 인공적으로 주변 환경 조건을 완전히 인위적으로 조절(빛, 물, 온도, 습도, 양분 등)할 수 있는 폐쇄된 공간에서 농산물을 생산하는 농업 공장을 넘어 이제는 통제 불가능하던 농업에서조차도 그 불편함, 불안감을 말소할 수 있게 되었다는 뉘앙스의 기사가 나오고 있습니다.

불안, 불편감을 없애는 과정인 도시화, 근대화, 산업화에 의해 따라온 먹을거리 문제, 환경 문제, 더 나아가 인간 존재 자체에 대한 의구심과 생존 가능성까지 의심받는 것을 보면 지금은 그 이전 농업의 불안감보다 우리에게는 더 많은 불안감과 불편감을 발생시켰다고 할 수 있습니다. 그 불안, 불편이 더 커질수록 또 더 빠르게 모든 곳에 산업화를 진행시키려고 합니다. 즉 불가능할 것으로 판단했던 농업에조차 산업화를 완전히 구축하면 불안감이 사라질 것이라는 믿음으로 더 강하게 집착하는 것 같습니다.

불편감 · 불안감을 없애는 또 다른 방식이 있습니다. 당위성을 강조하는 방법입니다. 이렇게 사는 것이 맞고, 진짜 농업은 이래야 하고 등의 특화된 당위는 현재 사회의 불안감이 커질수록 추상적인 논의 수준에서 사람들의 동의가 늘어난다는 것이 현실입니다. 하지만 이러한 당위적인 것이 구체적인 실제에서는 하지 말아야 하는, 금지해야만 하는 것들의 무수함과 어떤 것이 더 근본적인 것인가에 대한 실존적 논의로 들어갈수록 당혹해지는 경우가 많습니다. 당위적이면 당위적일수록 불안함은 사라지고 이래야만 한다는 (종교 수준의) 믿음 속에서 덜 당위적인 것에 대한 비판을 통해서 자기 당위성에 대한 믿음을 강화해 나가는 경향이 나타납니다. 대부분 자기희생적인 경우가 많아서 앞의 방식에 비해 지적하기 어려운 경우가 있습니다. 어쩌면 이러한 방법은 산업사회의 문제, 근대화의 문제를 정확히 지적하면서 나온 대안임에도 불구하고 불안감, 불편함을 없애려 한다는 점에서는 동일합니다. 어쩌면 이는 미래에 대한 긍정적인 전망보다 미래에 대한 비관적인 전망을 기반으로 대안이라기보다 절망이라는 불안감 속에서 전체를 한꺼번에 해결하려는 몸부림이라고 할 수 있습니다. 그러다보니 둘 다 내부에 존재하는 이질감을 도저히 참아내지 못한다는 공통점이 있습니다. 어쩌면 이전의 방식을 벗어나려고 하지만 익숙한 방식을 벗어나지 못하면서 발생하는 것입니다.

미래 연구를 하시는 분들이 간혹 마을을 방문합니다. 고령화된 농촌에서 고령화될 도시의 미래의 상황을 확인하기 위해서 오는 경우도 있고, 생각과 달리 경제적 성장만을 추구하는 현재의 모습이 미래가 아니었으면 하는, 그리고 미래는 다른 접근 방향을 찾아야 한다는 조사를 위해서 찾아오는 경우도 있었습니다. 하지만 이전과(선진국을 우리의 미래라고 바라 본) 달리 새로운 사회가 무엇인가에 대해서 협동, 공동체, 배려 등의 몇 가지 추상적인 수준에서는 쉽게 동의하겠지만, 명확히 보여줄 무엇이 없는 상황입니다. 간혹 옛것이 좋은 것, 전통적인 최선, 가능한 먼 과거로 되돌아가야 한다는 근본적인 접근이 있습니다. 이전 선진국에 도달하면 된다는 미래의 지향점이 명확했던 시기의 달리기 시합과 같던 것과 달리, 이제 우리가 바라는 그곳은 한번도 보거나 경험해보지 못한 것이기 때문입니다. 누구도 가 보지 못한 미래를 위해 무엇을 해야 할 것인가를 찾기 위해 열악한 농촌 지역의 경험이 필요한 것 같습니다. 앞에서 말한 젊은협업농장의 수많은 불안감보다 더 큰 불안감이 집단적으로 발생할 것 같습니다. 이를 헤쳐나가지 않으면 새로운 미래라는 것은 있을 수 없을 것입니다. 하지만 이 마저도 앞에서 말한대로 너무나 근본적인, 또 다시 내가 배우고 경험한 방식(긍정하거나 부정하거나)으로 불안(편)감을 없애는 방식으로 접근하게 됩니다.

새로운 미래에 대해 선호하는 단어는 농업, 협동 등의 뻔한 이야기는 수 많은 책에서 반복되어지지만 한번도 직접 경험해 보지 않은 사람들이 그러한 추상적인 단어, 방향성에 동의하고 함께 하다보면 지금까지 경험한 — 아니라고 생각하던 — 방식이 먼저 나오거나 이전 방식에 대한 무조건적 거부의 방식이 튀어 나와 버립니다. 소위 더 합리적이고, 더 효율적이거나 아니면 더 생태적이고 더 진보적인 방식이 기준이 되어버리고 머리로 이해한 추상적인 가치는 한순간에 사라져 버리는 것이 현실입니다,

일례로 농장에 청년들이 모여 일하다보면 지역에서 요구가 많습니다. 대부분은 힘을 필요로 한 일이 있거나, 비가 오기 때문에 오늘 급하게 처리해야 하는 일이 남은 상황에서는 저희에게 손을 빌려 달라고 하는 또는 동네 행사에 일손이 필요하니 참여해 달라는 요청도 참 많이 들어옵니다. 농장에도 당장 처리해야 할 일이 많지만 가능하면 가자고 합니다만, 농장에서 일하는 사람들의 입장에서는 참가의 필요성과 중요성을 모르는 바는 아니지만 우선, 우리 농장 밀린 일의 처리하여, 농장 운영을 안정화시킨 다음에 지역 일에 참석하는 것이 더 합리적이지 않은가라고 말합니다. 우리와 너희라는 구분이 아니라 지역 속의 일원으로 문제를 바라보라고 하지만 한번도 경험하지 못한 지역이 무엇인지 혼란스러워합니다. 대부분은 나의 자립, 나의 독립을 기본으로 하면서 옆집 할머니와 친하면 된다는 사적 영역을 넘어서지 못하는 경우가 대부분입니다. 지역이라는 공적영역에서 공공의 자립, 공공의 독립을 위해 협력이 필요함에도 불구하고 말입니다. 이 역시 눈에 보이지 않고 잡히지 않는 공공의 지역이라는 영역이 물이 빠져 잡을 게 없는 상황과 비슷할 정도의 불안감으로 나타날 것이라고 생각합니다. 농장의 안정화와 주변 지역과의 깊은 관계는 한 단계씩 상

호 성장하는 것이지 우선하는 것이 있지는 않을 것이라고 말합니다.

우리는 불편감, 불안감을 없애는 힘이 아니라 응시하는 힘, 견뎌내는 힘이 필요한 것이 아닐까 생각합니다. 이겨내고, 극복하고, 사라지게 할 방법을 찾는 것이 아니라 불안감을 조용히 응시하고 이를 내 삶의 하나로 받아들이는 힘 말입니다. 앞에서 말했듯이 농업이라는 것은 수천 년 동안 그 원초적인 불안감 속에 존재한 것이고, 이를 해결하겠다는 최근의 경향과 달리 오랫동안 이를 삶의 한 부분으로 함께 한 것이 아닌가 생각합니다. 그 속에서 불안과 불편을 어떻게 이해를 하고 어떻게 바라볼 것인가의 역사를 만들어온 것이었고 그러한 지혜를 삶 속에 녹여올 수 있었던 것이 아닌가 생각합니다. 물론 이 불안감을 해결하고 난 뒤 다시 나타나는 불편, 불안감을 응시하는 힘 말입니다. 우리는 그 긴 역사의 짧은 순간동안 이루어진 불안제거, 설명방식에 익숙해짐으로써 그 힘을 잃어버리게 된 것이 아닌가 생각합니다. 하지만 이제는 그 불안자체가 삶과 함께 할 수밖에 없는 상황에 봉착하게 됨으로써 다시 인문학을 불러낸 시기가 아닌가 생각합니다. 하지만 역시나 그것조차도 불안을 해설하고 설명하고 정답만을 제출하려는 방식이지 스스로가 성장해온 응시의 힘을 키우지는 못하는 것 같습니다.

젊은협업농장은 농산물을 생산하고 판매하여 먹고 살아가는 곳으로 '농장'이라는 고정된 목적과 함께 교육이라는 것을 동시에 진행하는 것을 목표로 합니다. 물론 농업 실천 역시 그러한 교육의 기본이라고 할 수 있습니다. 하지만 이는 단지 농업 기술만이 아니라 농장 운영을 청년들이 주도적으로 진행해가는 것을 포함하여 땅과 자연을 어떻게 이해하고, 주변 지역과 지역 사람들과 어떻게 만나 관계를 형성하며, 지역의 역사와 문화와 전통을 어떻게 받아들여 나의 것으로 소화시켜 나갈 것인가를 포함하는 것입니다. 그 길고 지루한 교육의 환경과 과정을 거칠 수 있는 것은 그 불안감을 응시하는 힘을 키우는 것이 필요하기 때문에 역시 인문학을 배워야 한다고 말합니다. 소위 감수성 있는 생활 글을 잘 쓰고, 생태적인 철학을 말하고, 자연과 동화되는 예술과 생활을 하는 것이 아니라 그 불안한 과정을 응시할 수 있는 힘을 통해 배움을 지속할 수 있는 겸손의 능력과 다른 사람의 지혜를 통해 스스로 자기의 성장을 지속할 수 있는 능력을 키워야 한다는 점에서 농업과 인문학은 큰 차이가 없는 것 같습니다.

젊은협업농장의 청년들에게 이곳은 영원히 안정되지 않는 곳이 되었으면 좋겠다고 말합니다. 아니 더 나아가 그 불편감과 불안감을 스스로 만들어내고 이를 통해 스스로의 동력을 만들어 갈 수 있는 힘을 키웠으면 한다고 말합니다.

고산권 벼농사 모임[1]

식량주권 · 생태가치 일구는 '두레' 꿈꾼다

차남호 / 고산 어우리 사는 농부

일주일 넘게 '폭염특보'가 이어지던 지난 7월 24일 저녁. 완주공동체지원센터 안에 자리한 '숟가락콩빵' 공간은 또 다른 열기를 내뿜었다. '양력백중놀이'라는 희한한 이름의 '놀자판'이 벌어진 것. 한 가지씩 가져온 나물을 넣고 비빈 '두레비빔밥'으로 저녁을 먹고, 시원한 맥주잔이 도는 가운데 '한여름밤 낭만 콘서트'가 열렸다.

거창한 이름과는 달리 놀고 있는 사람은 스무 명 남짓. 초청공연도 없고 그저 참가자들의 '장기자랑'이 전부다. 누구는 클래식기타와 하모니카를 연주하고, 누구는 기타반주에 노래를 부르고, 이도저도 없는 이들은 노래방 기계에 맞춰 노래 솜씨를 뽐내는, 영락없는 동네 놀이판이다. 한 번 달아오른 흥은 밤이 이슥토록 식지 않아 11시가 가까워서야 다들 아쉬운 표정으로 자리를 떴다.

---

1 기승전결을 갖춰 벼농사모임을 다룬 첫 번째 글이다. 지면을 내준 동상연구소 『인문예술』에 감사드린다.

물론 '매급시' 놀자고 모인 건 아니다. 행사 이름에서 알 수 있듯 농사와 관련이 있는 자리다. 실은 고산권[2] 주민들로 구성된 벼농사모임이 절기풍속인 백중놀이 형식을 빌려 마련한 잔치판이다.

백중놀이는 원래 세 벌 김매기가 끝나는 즈음인 음력 7월 15일(8월 중하순)에 푸짐한 술과 음식으로 일꾼들의 노고를 위로하는 전래잔치다. 그러나 요즘엔 제초기법이 발달해 옛날처럼 세 번이나 김을 매지 않아도 될 만큼 형편이 나아졌다. 벼농사모임 또한 '우렁이 농법'으로 풀을 잡고 있어, 7월 중하순이면 김매기를 비롯한 큰일은 얼추 마무리가 되는 국면이다. 해서 굳이 백중까지 기다릴 것 없이 그동안의 노고를 스스로 위로하는 잔치를 벌이는 것이다. 지난해에 이어 올해로 두 번째.

그러니 복날 복달임하듯 먹고 마시는 것으로 끝날 일이 아니다. 실제로 오후 한두 시간 동안 회원들이 짓고 있는 논을 둘러보며 작황을 살펴보고, 궁금증도 풀어보는 '논배미투어'가 있었다. 낭만 콘서트 전에는 벼농사 모임의 올해 활동을 영상기록을 통해 돌아보기도 했다.

그런데 이날 잔치는 '흥행'에 실패했다. 미친 날씨 탓이다.(적어도 그렇게 믿고 싶다) 최고 34도를 예보된 기온에 논배미투어 시간을 늦췄는데도 찜통더위는 식지 않아 참가자는 다섯 손가락을 겨우 채웠다. 심지어 해가 진 뒤에도 기온이 33도를 찍었으니 콘서트 행사에 함께 할 엄두를 내기 어려웠을 게다. 논배미투어 참가자가 스물을 넘고, 저녁 뒤풀이는 쉰 명 넘게 북적였던 지난해와는 격세지감이 아닐 수 없다.

여기까지 풀어놓은 얘기를 바탕으로 '벼농사를 핑계로 노는 모임'을 떠올릴지 모르겠다. 물론 그렇지 않다. 이날 발표된 활동보고 자료에

---

2 고산은 보통 완주군 고산면을 말한다. 완주군은 일제 강점기인 1914년 전주와 고산현을 통합한 전주군이 모태다. 1935년 전주읍이 전주부로 승격되면서 전주군은 완주군으로 이름이 바뀌었고, 15개 면을 관할했다. 조선시대 고산현 지역은 현재 고산, 화산, 비봉, 경천, 운주, 동상면으로 나뉘었다. 고산권이란 흔히 '고산6개면'이라 불리는 완주 북부지역을 말한다.

나온 모임의 주요현황을 보면 이렇다. 2014년 12월 발족. 경작자 12가구(팀)와 벼농사에 뜻을 둔 사람으로 구성. 전체 경작면적 2만여 평. 주요활동으로 농사철학과 기술 학습-토론, 정보와 농기계 공유, 품앗이와 공동작업, 농촌공동체 전통의 창조적 계승을 꼽고 있다.

이리 보면 그럭저럭 틀을 갖춘 조직체 같지만 실상은 그렇지가 못하다. 거의 '무정형'이라 할 수 있다.

무엇보다 '이런 모임이다'고 딱 부러지게 얘기하기가 모호하다. 이름부터가 보통명사에 가깝고, 그마저 명확히 합의된 것도 아니다. 회원들이 생각하는 모임의 성격은 저마다 제각각이다. 정관이나 회칙 따위가 없으니 당연한 일이다. 회원에 대한 기본적인 자격규정조차 없다. '회원의 권리와 의무' 따위가 있을 리 없다. 대체로 공감하는 회원규정이라면 '오겠다는 사람 막지 않고, 나가겠다는 사람 붙잡지 않는다' 쯤이 되겠다. 심지어 누가 회원이고 아닌지 뚜렷하지도 않다.[3]

그 시작은 미미했으나

모임이 이처럼 무정형성을 띠게 된 것은 첫발을 뗄 당시의 사정과 무관하지 않다.

2014년 12월. '역사적인' 첫 모임을 찍은 사진에는 여섯 명이 등장한다. 이 여섯과 정확히 일치하지는 않지만 애초 모임의 취지는 '유기농 벼농사를 짓고 있는 사람들의 네트워크'였다. 농사 정보와 기술교

3 '단톡방'으로 불리는 SNS 채팅방에 등록된 사람들(2016년 7월 현재 34명)이 회원이지만, 개중에는 사업에 참여하지 않는 이가 더러 있다. 반면 단톡방에 등록되지 않았거나 아예 SNS 이용이 불가능한 이 중에서 열심인 경우도 꽤 된다.

류가 목적이었던 것이다. 일단 주제를 정해 농한기 동안 2주에 한 번 학습프로그램을 돌리기로 했다. 이 고장에서 20년 남짓 유기농 벼농사를 지어온 회원을 '사부'로 모시고.

사실 모임을 꾸린 이들은 당시 고산권으로 귀농(귀촌)한 지 2~5년 되었고, 벼를 유기재배하면서 저마다 사부로 위촉된 회원한테 기술자문을 받아오던 터였다. 어차피 사정이 그렇다면 따로따로 자문을 할 게 아니라 한데 모아서 효율을 높여보자는 취지가 컸다.

그런데 뜻밖에도 일이 커졌다. 당장은 아니지만 머잖아 벼농사를 지어보겠다는 이들이 대거 문을 두드리기 시작한 것. 미처 예상치 못한 사태였다. 그러나 끼리끼리 이익을 구하자는 게 아니었던 만큼 모임의 문을 닫아걸 까닭이 없었다. 더욱이 우리 사회에 생태농사를 짓는 이가 늘어난다는 것은 두 손 들어 반길 일 아닌가. 결국 회원구성에서 현업 농사꾼보다 예비 농사꾼이 더 많아지게 되었다. 나아가 벼농사에 뜻을 둔 이들의 참여는 지금까지도 꾸준히 이어지고 있다.

한편 관세화를 통해 쌀수입이 전면 개방되는 등 우리 쌀의 입지가 좁아지면서 벼농사의 미래도 갈수록 어두워지고 있다. 이런 상황에서 벼농사에 대한 관심이 높아진다는 건 여간 다행스럽지가 않다. 반면 모임 운영방향을 잡는 데는 어려움이 따랐다. 다시 말해 경작자 위주로 기술교류나 공동작업에 중점을 둘 경우 숫자가 더 많은 예비경작자들은 소외될 수밖에 없다. 그렇다고 언제까지 예비경작자에 초점을 맞춘 기초학습에만 매달릴 수도 없는 노릇이었다. 이에 따라 꾸준한 의견수렴을 통해 두 그룹 사이의 이해관계를 조율하고, 시기에 따라 적절한 프로그램을 마련하는 식으로 대처해왔다.

중층의 회원구조 아래서는 피할 수 없는 선택이었다. 나아가 아무리 균형을 맞춘다 해도 모임은 경작자 중심으로 돌아가게 되어 있다. 특히 농사철로 접어들면 예비경작자들이 활동에 참여할 여지는 크게 줄어든다.

이런 한계 때문에 벼농사모임은 첫발을 뗀 지 2년이 가깝도록 대의체계나 집행기구도 갖추지 못하고 있다. 모임의 대표자나, 하다못해 총무(간사) 같은 책임자도 없다. 회비를 정기적으로 걷지도 않는다. 일이 있을 때마다 그때그때 '기획팀'을 꾸려 일을 벌이고, '참가비'를 걷어 재원을 마련한다.

선부르게, 그리고 무리하게 체계를 갖췄다가 한순간의 충격파로 쉽게 무너지기보다는 모두가 뜻을 같이하는 일을 하나하나 해나가면서 여건이 무르익기를 기다리자는 공감대가 형성돼 있다고 할 수 있다.

반면 회원구성이 느슨하고 체계를 갖추지 못했다고 해서 시시껄렁한 모임으로 속단하는 것 또한 섣부르다. 이 고장에서는 누구도 벼농사모임을 실체가 없거나 무정형의 조직으로 보지 않는다. 그동안 의미있는 사업을 꾸준히 해왔고, 일반주민에게 참여를 개방하는 대중적 프로그램도 몇 차례 선보인 까닭에 주목받는 존재이기도 하다.

그동안 우리가 펼쳐온 사업은 크게 다섯 가지 범주로 나눌 수 있다. 회원연수 프로그램, 벼농사 공동작업과 협업, 공동의 휴식과 놀이, 농촌공동체 복원을 위한 문화사업, 사회적 실천이 그것이다.

농한기 강좌

회원연수 프로그램인 '농한기 강좌'를 보면 모임의 특성이 그대로 드러난다. 앞서 살펴본 대로 모임은 애초 '경작자 사이의 교류'를 핵심기조로 설정했다가 예비경작자까지 아우르게 되면서 변화를 맞게 됐다. 이에 따라 '기술교류' 중심으로 짜려던 학습 프로그램 또한 방향을 틀 수밖에 없었다. 벼농사를 처음 접하는 회원이 다수인 현실을 감안해 기초부터 하나하나 공부하기로 한 것이다.

격주로 열리는 농한기 강좌를 이끌게 된 회원은 흙, 물, 씨 같은 키워드를 주제로 (벼)농사의 기초를 풀어냈다. 나아가 우리 전통농업과 바이오다이내믹(생명동태) 같은 새로운 농법을 버무려 생태농업을 소개하고 그 가치를 설파했다.

비농업인 대상의 교양강좌가 아닌 만큼 벼농사에 실제 도움이 되는 내용을 다뤄야 마땅했지만 한겨울에 생생한 실습교재가 있을 턱이 없다. 결국 사진(영상)자료를 바탕으로 한 해 벼농사 과정을 훑어보는 것으로 만족할 수밖에 없었다.

첫 해(2015년) 농한기 강좌는 이런 방식으로 농사철을 앞 둔 4월 초까지 이어졌다. 이를 통해 경작회원들은 벼농사의 기본원리를 다시 확인하는 한편 자신의 경험을 새롭게 간추릴 수 있었다. 새내기들은 벼농사에 비로소 눈을 떠 손수 경작에 뛰어들 수 있는 동기를 얻었다.

올해도 새해 초부터 농한기 강좌를 굴렸다. 이번에는 강좌기조를 둘러싼 상황이 복잡해졌다. 그 사이 늘어난 새 회원한테는 여전히 기초소양이 필요했다. 하지만 이미 지난 강좌를 수강한 회원들로서는 중복학습에 따른 시간낭비가 될 공산이 컸다.

이에 따라 올해는 강좌를 시작하기에 앞서 '연찬회'를 열어 한 해를 되돌아보고 강좌계획도 함께 세웠다. 다들 벼농사에 기대가 컸고, 한 배미라도 손수 지어보겠다는 의지를 내보였다. 회원들 사이의 협업은 지난해 경험을 기본으로 그 수준을 높이기로 했다. 모여서 함께 일했던 경험이 너무 좋았다고 저마다 입을 모았다. 새내기 경작자 지원방안도 검토했는데, 선도그룹이 '농작업 사전 예고'를 통해 현장체험과 실습 기회를 제공키로 했다.

농한기 강좌는 지난해와 같이 격주로 6~7회 열기로 했고, 농사철학과 인문학에서 농업정책에 이르기까지 폭을 넓히기로 했다. 강사나 발표자도 주제에 따라 가장 적합한 이를 선정키로 했다. 최종 확정되어 진행된 학습주제는 다음과 같다.

① 쌀의 정치, 경제, 사회, 문화와 벼농사의 가치

② 회원들이 생산한 유기농산물 유통망 구축방안

③ 농사꾼 건강관리와 건강 먹거리

④ 벼 자연재배의 원리

⑤ 벼농사 농지확보방안과 놀이판 짜기

⑥ 벼농사 협업(공조)체계 구축방안

이밖에 농기구(삽, 낫, 쇠스랑, 괭이 따위) 쓰는 요령과 농기계 조종 실습, 친환경 농자재 제조법도 계획했으나 때마침 비가 많이 내리는 바람에 뜻을 이루지 못했다.

한편 우리의 농한기 '강좌'는 그 이름과 달리 보통의 그것과 분위기 사뭇 다르다. 치밀한 발제와 진지한 토론은 벼농사모임과 어울리지 않았다. 강의나 발제를 듣기 위해 둘러앉는 교자상이나 테이블 위에는 늘(!) 술과 간단한 안주가 놓여 있었다. 늦은 시간에 학습모임이 시작돼 시간이 빠듯하니 강좌와 뒤풀이를 따로 할 여유가 없었고, 모임의 특성상 회원들의 유대관계가 매우 중요했기 때문이다.

강사(발제자)도 막걸리로 목을 축이고, 좀 불콰한 기분으로 발표하기 일쑤였다. 때로는 누군가 정성들여 준비해온 홍어찜에 정신이 팔려 발제-토의가 연기되기도 했다.(물론 참석자가 너무 적기도 했다)

농한기 강좌를 통해 벼농사를 짓는데 필요한 기본소양을 갖출 수 있었고, 그 과정에서 회원들 사이의 유대는 더욱 굳어진 것으로 평가된다. 강좌 수강자도 지난해보다 갑절 넘게 늘어 모임방은 늘 북적거렸다.

강좌가 마무리될 즈음 마침내 벼농사에 새로 도전하는 회원들이 확정됐다. 물론 선정심사 같은 절차는 없었다. 오직 해보겠다는 의지를 내보이는 것으로 그만이었다. 그 결과 모두 여섯 가구(팀)가 새로 벼농사에 합류하게 됐다. 첫 농사라 경작면적이 부담스러우니 대부분 2백 평~1천 평 규모의 한두 배미를 짓기로 했다. 농지를 구하기가 쉽지 않으니 기존의 대규모(?) 경작자가 자신이 짓던 농지를 일부 떼어줬다. 이로서 경작자는 한 해 사이에 두 배로 늘어났다.

협업 — 함께 짓는 벼농사

먼저, 정리하고 넘어갈 게 있다. '함께 농사를 짓는다' 했을 때, 가장 까다로운 '동업'부터 인정미가 있는 '품앗이'까지 여러 갈래다. 우리는 저마다 소유하거나 임차한 농지를 스스로 책임진다. 함께 노동하고 책임지며, 비용을 댄 뒤 수익을 나누는 동업이 아니다. 다만 서로 합의해 공동작업을 하거나 품을 나누는 수준에서 공조를 한다. 때로는 형편이 나은 쪽이 조건 없이 지원하기도 한다. 대체로 '협업' 개념에 가깝다고 할 수 있겠다.

크게 '모농사'와 '본답농사'로 나눠 자세히 살펴보기로 한다. 모농사란 볍씨를 골라 싹을 틔우고, 못자리에서 볏모를 길러내는 공정이고, 본답농사는 모내기부터 가을걷이에 이르기까지 본답에 옮겨 심은 벼를 기르는 공정이다.

우리는 모농사를 함께 짓는데, 이 과정은 실상 '동업'에 가깝다고 할 수 있다. 경작면적에 비례해 소요비용을 대고, 공동노동에 참여하는 방식이다. 실제로는 큰 농가가 자재비 같은 비용을 부담하고, 작은 농가는 노동력을 대는 식으로 이루어진다. 이처럼 공동의 모농사가 가능한 것은 서로의 이해가 맞아 떨어지기 때문이다. 예컨대 고작 2백~5백 평 농사를 짓기 위해 따로 볍씨를 구해 소독하고, 파종기계와 모판을 사서 볍씨를 넣고, 저마다 작은 못자리를 조성하는 것보다는 공동작업이 훨씬 경제적이고 효율적이다. 큰 농가로서는 무엇보다 노동력이 모자라므로 추가비용을 대더라도 공동작업을 택하는 게 훨씬 낫다.

여기서 모농사 공동작업에 대해 좀 더 자세히 살펴보겠다.

먼저, 볍씨 담그기. 큰 농가가 구입하거나 자가채종한 볍씨를 골라 소독하고, 찬물에 담그는 공정이다. 물에 소금을 풀어 비중을 높인 뒤 볍씨를 부어 쭉정이를 골라내고, 끓는 물(섭씨 60도)에 10분 동안 열탕소독한 뒤 찬물에 담근다. 닷새쯤 지나 볍씨에 촉이 트면 모판에 뿌린다.

우리는 '포트모 시스템'을 쓴다. 흔히 쓰는 통짜모판 대신 4백여 개의 포트(씨방)로 된 모판에 볍씨를 넣는다. 당연히 전용 파종기계가 따로 있다. 최소 4인 1조로 일하는데 단순반복 작업이라 여유인력이 필요하다. 지난해는 파종작업에 하루 반나절이 걸렸는데 올해는 꼬박 이틀이 걸렸다. 첫날은 전형적인 화창한 봄 날씨 속에 마치 소풍이라도 온 듯 신록을 즐기며 여유있게 일했다. 둘째 날은 날씨가 돌변해 굵은 비가 내리고 세찬 바람까지 불어 애를 먹었다. 다들 비 맞은 생쥐 꼴에 몸을 덜덜 떨어야 했다. 아무튼 볍씨를 넣은 모판을 사흘 남짓 쌓아두면 싹이 올라오고, 못자리에 옮기게 된다.

우리는 온실에 모판을 쌓고 스프링클러로 물을 주는 육묘장 대신 '물못자리'를 조성한다. 논을 갈아 고랑을 파고 두둑 위에 모판을 가지

런히 늘어놓는다. 부직포를 덮어 보온을 하고, 고랑으로 물을 흘려보내 물공급을 관리하는 방식이다. 2만여 평에 심을 모를 기르는 데 필요한 못자리 면적은 4백 평 남짓.

못자리 조성작업은 벼농사 공정 가운데서 단위 시간당 가장 많은 노동력이 든다. 옛날에야 모내기와 벼베기가 큰일이었지만 기계화된 오늘에는 사정이 다르다. 못자리 만들기는 반드시 사람 손을 거쳐야 한다. 게다가 바닥을 판판하게 골라 두둑을 만들고, 그물망을 깐 뒤 그 위에 모판을 앉히는 작업을 하루 안에 해치워야 한다. 2만 평 농사에 들어가는 모판은 2천 개를 웃돈다. 그 하나하나를 사람 손으로 옮겨 배열하는 장면을 상상해보라.

지난해는 공동 못자리를 꾸미는 데 열댓 명이 매달렸다. 전체 경작 면적이 늘어난 올해는 못자리를 두 곳으로 나눴고, 못자리 작업도 이틀에 걸쳐 나눠서 했다. 첫날은 면적이 적어 어렵잖게 끝났지만 둘째 날은 해를 넘기고도 모자라 자동차 전조등을 켠 채 야간작업을 해야 했다. 돌아보면 올해는 모농사 공정에 유난히 우여곡절이 많았다.

못자리만 제대로 조성하면 그다음은 어려울 게 없다. 간혹 두둑 평탄작업이 부실하거나 물관리를 잘 못해 심하면 못자리를 다시 만드는 경우도 있는데 올해는 모농사가 잘 된 편이다. 한 달 조금 넘게 기른 모는 모내기를 통해 여기저기 논(본답)으로 이사를 가게 된다. 이때부터 경작자들은 저마다 자신의 책임 아래 벼농사를 짓게 된다.

먼저 못자리에서 다 자란 모판을 떼어 본답으로 날라야 한다. 모판을 나르려면 트럭 같은 운송수단이 필요하므로 공동작업이 불가피하다. 따가운 햇볕을 받으며 모판을 떼이 나르는 일은 중노동이다. 사실 1만 평 농사를 짓는 나로서는 첫 손에 꼽는 부담스런 농작업이 바로 모판 나르기다.

모내기. 아직도 못줄을 앞에 두고 수십 명씩 길게 늘어서 모를 내는 장면이 떠오르는지 모르겠다. 하지만 그건 이미 수십 년 전에 사라진 풍경이다. 새참을 가득 담은 광주리를 이고 오는 아낙네, 노란 막걸리 주전자를 들고 뒤따르는 아이는 이미 역사 속의 한 장면이 된 지 오래다. 일부러 손모내기 체험행사를 하는 게 아니라면 어림도 없다. 요즘 모내기는 '2인 1조'다. 한 사람은 이앙기를 몰고, 다른 한 사람은 모판을 대주고 뒷정리를 한다. 한산한 들판에 이앙기 엔진소리가 들리고, 이따금 "삐익삑~" 모판을 공급하라는 신호음이 메아리칠 뿐이다. 싱겁다 못해 따분하다.

우리라고 예외일 수 없다. '포트모 시스템'이니 전용 이앙기를 쓰는 게 다를 뿐이다. 일본에서 수입한 기계인데 완주군에는 2016년 현재 단 한 대 뿐이고, 포트모판을 갖춘 농가들이 순번을 정해서 이용한다. 그나마 수명이 다 되었는지 올해만 서너 번이나 앞바퀴가 빠져나와 애를 먹어야 했다. 이앙기 조종은 숙련된 작업자에게 맡기고 있다. 물론 면적에 비례해 작업비를 지급한다. 차례가 돌아오면 모판을 대주는 보조작업을 하게 된다. 이따금 직장일로 바쁜 회원들을 위해 나 같은 전업농이 그 작업을 대신해주기도 한다.

예외가 없는 건 아니다. 올해 처음으로 벼농사에 도전한 청년팀이 있는데, 이들은 다른 고장 청년들과 '일손 돕기 네트워크'를 꾸려 4백 평 논에 손모내기를 했다. 열 명 남짓한 인원이 못줄을 잡고 줄모를 냈는데, 실질적이지 않더라도 농작업을 이해하는 데는 의미가 크지 않나 싶다. 오직 '체험'이 목적인 손모내기 행사도 열리는 마당이니 그나마 진정성이 살아 있다고 해야 할까.

모내기가 끝나면 곧바로 제초용 우렁이를 넣는다. 열대지방이 원산지로 토종 우렁이와 달리 풀을 뜯어먹는 걸 우연히 발견하면서 10여

년 전부터 제초에 활용한다. 요즘은 제초효과를 높이기 위해 써레질이 끝난 직후에 넣는 편이다. 논풀은 벼와 거름성분을 다투므로 벼의 생장을 저해한다. 그 결과 소출이 떨어지게 되니 벼농사에서 제초는 매우 중요한 작업이다.

우렁이를 이용한 제초에서는 물을 깊이 대는 게 중요하다. 물을 깊이 대면(심수관리) 피 같은 호기성 잡초가 싹을 틔우는 걸 막는 효과가 있다. 설령 발아를 하더라도 물을 깊이 대면 우렁이가 논풀을 쉽게 뜯어먹을 수 있다. 논풀이 물 밖으로 올라오면 그게 불가능해진다.

써레질이 부실해 논바닥이 판판하지 않거나 물을 잘 대지 못하면 우렁이를 이용한 제초가 실패하기도 한다. 논풀이 듬성듬성 하면 손으로 매는 것으로 충분하다. 올해는 논풀이 많이 올라오지 않았다. 회원들끼리 날짜를 맞춰 함께 서로 도와가며 김을 매기도 했다. 그러나 논풀이 논바닥 전체에 빽빽하게 올라오면 제초기계를 쓸 수밖에 없다. 제초기계 대신 여기저기 사람을 불러 모아 김매기를 하는 경우도 있다. 우리 청년팀이 모내기에 이어 손 김매기에 도전했는데, 그 결과야 뻔하지만 나는 박수를 보내고 싶다.

김매기 국면이 끝나면 농작업은 얼추 마무리되었다고 할 수 있다. 논두렁에 우거진 풀을 베거나, 웃거름을 주는 일 정도가 남는다. 예초기와 살포기 같은 기계의 힘을 빌리게 되는데, 폭염주의보(경보)가 이어지는 혹서기와 겹쳐서 이 또한 힘겨운 작업이 된다. 그다음에는 물관리에 신경 쓰고, 태풍을 잘 견디면 가을걷이가 기다린다. 이 국면의 농작업은 온전히 각 개인에게 달려 있다. 물관리나 풀베기 따위는 누가 대신 해줄 수 있는 일이 아니다.

콤바인을 이용한 가을걷이 → 나락 말리기 → 방아 찧기로 이어지는 공정은 해당 기계나 시설을 갖춘 이에게 맡기는 형편이다. 거둬들인 쌀은 지금까지는 각자 알아서 처분하고 있다. 나는 그 대부분을 직거래 방식으로 내다 판다. 반면 경작지가 넓지 않은 경우는 자급이 일차목표가 된다. 남는 쌀은 친지들에게 나눠주거나 팔기도 하는데 2백~1천 평 규모는 소득 측면에서는 그리 의미가 없다. 올해 농한기 강좌 프로그램의 하나로 공동의 판로나 유통망을 모색한 바 있으나 이 때문에 흐지부지되고 말았다.

무슨 '재미'로 벼농사를 짓느뇨?

'돈이 곧 밥'인 세상이니 돈을 우습게 볼 일은 아니지만, 보람이나 가치보다 앞세울 건 아니지 싶다. 생태나 공생 같은 가치를 일구면서도 농사가 즐겁다면 좀 적게 벌더라도 훨씬 괜찮은 삶이 아닐까? 그래서 나는 어떻게든 더 벌어볼까 아등바등 일에 매달리는 대신 더불어 여유롭게 살아가는 것이 이 시대, 그 가운데서도 시골살이의 바람직한 모습이라 믿는다. 그러려면 무엇보다 '시장원리'라는 이데올로기에서 벗어나야 한다고 본다.

시골에는 그래도 공동체의 인간미가 아직은 살아 있다고들 한다. 그러나 시골도 돈이 지배하는 자본주의 체제에 편입된 지 오래다. 농가소득 가운데 농사로 벌어들이는 '농업소득' 비율은 30%(2015년)에 지나지 않는다. 농사가 이젠 '부업'의 지위로 떨어졌다는 뜻이다. 그러니 농민들로서도 농사소득에 별 기대를 하지 않게 되는지도 모른다.

더 심각한 것은 농사의 극단적인 '산입화'다. 농촌사회에는 지금 농반진반의 씁쓸한 얘기가 떠돈다. 얘기인 즉 '농사지어서 돈을 버는 수'라 할 수 있는데, 요컨대 이런 내용이다.

전체적으로 풍년이 들면 안 된다. 공급초과로 값이 떨어지기 때문이다. 심하면 멀쩡한 작물을 갈아엎는 '산지폐기'까지 감수해야 한다. 따라서 돈을 만지려면 흉년이 들어야 한다. 그런데 흉년이 들더라도 너무 심하면 안 된다. '소비자 물가'를 핑계로 정부(농수산물유통공사)가 재빨리 외국농산물을 수입하기 때문에 다시 똥값이 되는 것이다. 결국 흉년이 들되 '적당히' 들어야 한다. 여기에는 대전제가 있는데 다른 사람은 흉년이 들더라도 내 농사만은 잘 되어야 한다는 것이다.

자, 이 '사악해진' 농민들의 심성에 침을 뱉을 것인가. 이게 바로 시장원리 아니던가. 시장원리는 이렇듯 농민에게 괴물이 되도록 강요한다. 농민 또한 자본주의 사회에서 살아가야 하기 때문에 농사의 산업화를 막을 수는 없다. 하지만 농사의 기본까지 허물어버리는 산업화는 곤란하다. 그중의 하나가 투기현상이다.

처음부터 투기에 뛰어드는 농민은 거의 없다. 하지만 작목선택이 농사의 성패를 가르고 만다. 경작면적, 그에 따른 생산량이 수요보다 적은 품목은 '대박'을 터뜨리는 거고, 공급량이 수요를 크게 웃돌면 '쪽박'을 차게 되는 것이다. 여기서 재배기술 향상, 소출증대, 고품질화 따위 농업전략은 큰 의미가 없게 된다. 결과적이긴 하지만 이런 현상을 설명할 수 있는 용어가 투기 말고 또 있는가. 국정 최고책임자인 대통령부터 "농업은 대박산업"이라며 투기현상을 옹호하고 나선 건 우연이 아닐 것이다.

문제는 끊임없이 대박을 터뜨릴 수 있는 '전략'이 따로 있는 게 아니고, 억세게 '운빨'이 좋은 농민이 따로 있을 수도 없다. 농업 전체로 보면 결국은 평균소득에 수렴될 수밖에 없는 것이다. 결국은 이리 될 걸 사람의 심성을 스스로 갉아먹으면서까지 노심초사, 아등바등할 까닭이 뭐냐는 거다. 그래서 나는 우리 벼농사모임이 농촌사회를 옥죄고 있는 수요-공급, 경쟁, 선점 따위의 시장원리를 뿌리치기를 바라고, 그렇게 되도록 애써왔다. 국가수매제 폐지, 쌀수입 완전개방, 밥쌀 수입으로 이어지는 농업정책은 벼농사의 입지를 허물어왔다. 단언컨대 벼농사로 의미 있는 소득을 올리기란 어렵게 됐다. 그렇다면 벼농사모임은 스스로 해체하고 다른 길을 찾아나서야 하는가. 다른 농사를 지어봤자 뾰족한 수가 없다는 건 이미 살펴봤다. 어찌됐든 처음 시작하던 그 마음으로 벼농사를 이어갈 수밖에 없다. 그 속에서 벼농사의 경제적 한계를 뛰어넘을 수 있는 길을 찾아야 하지 않을까.

나는 '더불어 짓는 즐거운 농사'에서 답을 찾고 싶다. 우리 벼농사모임이 몇 가지 어려움을 무릅쓰고 공동농사를 이어오도록 애를 쓴 것은 그런 까닭이다. 함께 지으면, 단순한 협업만으로도 시너지효과가 생긴다. 나아가 심리적으로 노동의 힘겨움을 덜어주고 흥을 돋운다. '생산성'을 높이기 위해 일부러 실시하는 '멤버십(유대관계) 강화 트레이닝' 같은 산업적 발상을 말하는 게 아니다. 노동과 놀이의 경계를 허물어버리는 신명나는 노동, 놀이 같은 노동을 추구하자는 것이다. 그래서 우리는 '어떤 핑계를 대서라도' 함께 놀 수 있는 기회를 '창출'해왔다.

맨 처음에 다룬 '양력백중놀이'가 대표적인 경우다. 이를 두고 '날짜가 다르고, 호미걸이를 빠뜨려 전통에 어긋나는 처사'라고 문제 삼을 이는 아마 없을 것이다. 중요한 것은 이런 계기를 통해 벼농사의 다양한 가치를 일깨우고, 서로의 격려 속에 기운을 내는 것이다. 그것으로 족하다고 나는 생각한다.

지난해의 경우 양력백중놀이 뒤 한 달쯤 지난 음력 7월 15일 즈음에도 '진짜백중놀이'라는 이름의 잔치판을 벌였더랬다. 이 또한 핑계라는 걸 누구나 눈치챘을 것이다. 프로그램도 논배미투어-뒤풀이로 거의 비슷했다. 다만 '왕우렁이 초무침' 같은 의미 있는 먹거리를 새로 준비하고, 음식준비를 맡은 이들이 놀이판에서 소외되는 문제를 바로잡는 등의 변화가 있었다. 올해는 특히 참가자들의 '노는 재미'를 더해 프로그램을 짰다. 이렇듯 잔치판은 갈수록 풍성해지고, 짜임새가 높아진다.

진짜백중놀이 다음의 핑계는 '풍년 자축'이었다. 잔치판 이름은 '황금들녘 나들이'. 황금물결이 일렁이는 들녘을 돌며 메뚜기 잡고, 감 따고, 알밤 줍고. 막걸리 한 잔 걸치고 풍물가락에 덩실덩실 어깨춤을 추어보자는 거였다. 아쉽게도 날을 잡는 족족 비가 내리는 바람에 결국은 뜻을 이루지 못하고, 벼농사모임 회원들끼리 저녁을 드는 것으로 만족해야 했다.

우리는 벼농사모임 회원들만의 패쇄적 잔치가 아니라 동네(지역사회) 주민 모두가 함께 어우러지는 자리로 꾸미려 애써왔다. 거기엔 이미 무너져버린 농촌공동체를 되살려보자는 뜻도 담겨 있다. 물론 새로운 공동체는 농업 중심의 전통 공동체와는 다른 모습을 띨 것이다. 아직은 욕심일 수 있다. 나아가 그것이 회원 모두의 뜻인지 확인한 바도 없다. 분명한 것은 아무도 그런 대의를 대놓고 거부하지는 않을 거란 점이다.

이 점에서 우리가 야심차게 마련한 것이 바로 '정월대보름 잔치'다. 요즘 세상에 대보름은 전통사회의 유물일 뿐이다. 피붙이끼리 쇠는 설 명절은 지금도 명맥을 잇고 있지만 대보름은 마을공동체의 명절인 탓이다. 집안 살림에서 농사 비중이 줄어들고, 그나마 축산, 시설채소, 원예, 특작 따위로 제각각이라 시골에서도 마을잔치는 그리 절실하지가 않은 것이다. 그러니 마을에 생기를 불어넣고, 공동체를 살리자면 거꾸로 대보름잔치 만한 게 없다. 그래서 판을 더 키우기로 했다. 고산권 농사문화의 중심지라 할 어우마을 청년모임과 함께였다.

벼농사모임이 먼저 나서 놀이판을 짜고, 마을 청년모임은 그 전처럼 소머리국밥을 준비하기로 했다. 며칠 전부터 여기저기 땔감을 그러모으고 대나무를 베어다가 달집을 세웠다. 회원들이 십시일반으로 오곡밥을 짓고, 보름나물을 무치고, 갖은 먹거리를 마련했다.

아침부터 부산을 떨어 마을 어르신들께 소머리국밥 점심을 대접하면서 잔치가 시작됐다. 어스름이 깔리자 달집을 세운 마을 앞 논배미로 사람들이 모여들더니 금세 왁자해졌다. 현장에서 급조한 풍물패였지만 몇 번 호흡을 맞춘 끝에 왕년가락이 되살아난다. 덩실덩실 춤판이 벌어지면서 분위기가 확 달아오른다. 아이들은 불 깡통을 돌리고 불장난을 하느라 신이 났다.

동녘 하늘에 둥근달이 떠오르면서 소원지를 매달아 둔 달집에 불을 댕겼다. 엄청난 불길이 하늘로 치솟으며 활활 타오르자 일시에 탄성이 터져 나온다. 여기저기 두 손을 모으고 소원을 비는 모습도 눈에 띈다. 다시 풍물가락이 울리고, 불길을 싸고도는 기다란 행렬의 강강술래가 펼쳐진다. 저녁나절 시작돼 줄잡아 1백 명이 함께 한 잔치는 밤이 이슥해서야 막을 내렸다.

마을잔치는 더불어 하나 되는 '어울마당'이기도 하지만 그 한 사람 한 사람한테는 '풀이'이기도 하다. 한풀이, 넋풀이, 신명풀이…… 그렇게 기운을 쌓아 농사철에 대비하는 것이겠다. 나는 이 소중한 잔치판을 벼농사모임이 주도했다는 점에 주목하고 싶다. 쌀은 우리 문화의 토대이자 원형질이다. 그것을 짓는 이들이 시골마을 대동놀이판을 이끌고 농촌공동체를 새롭게 일궈내고 있다는 건 그 의미가 결코 작지 않기 때문이다. 나는 그 점에서 이제 2년이 다 되어 가는 벼농사모임이 전통시대의 두레 같은 공동체로 커가길 꿈꾼다.

벼농사, 뭐가 중헌디?

앞서도 잠깐 언급했지만 벼농사를 둘러싼 환경은 팍팍하기 그지없다. 쌀을 자급하지 못하고 있지만(자급률 90%) 의무수입물량을 더하면 공급량은 이미 차고 넘치는 실정이다. 여기에 안 해도 될 밥쌀까지 수입하니 국내쌀값은 폭락세를 이어가고 있다. 지난 가을 이후 떨어지기만 할 뿐 회복할 기미가 전혀 없다. 실제로 현지쌀값은 이미 20년 전 수준으로 떨어졌다. 농업정책은 이미 오래 전부터 '살농정책' 한길을 걷고 있다. 차라리 농업부처를 없애고 그 예산을 농민들한테 고루 나눠주는 게 훨씬 낫겠지 싶다. 이런 흐름이라면 결국 벼농사를 포기하는 농민이 늘어날 수밖에 없다.

그런데도 고산 땅에서는 벼농사를 지어보겠다고 벼농사모임에 합류하는 사람이 늘어나는 건 어인 까닭인가. 이미 살펴본 대로 벼농사로 소득을 올릴 뭔가 뾰족한 수가 있어서가 아니다. 경제적 이득을 안겨주지는 않지만 그 속에 소중한 가치가 담겨 있고 그것을 함께 나누려 함일 것이다. 그렇다면 벼농사가 지닌 가치, 우리가 찾으려는 가치는 무엇인가.

우리 벼농사모임 회원 가운데 벼농사를 의미 있는 소득원으로 하는 이는 단 둘이고, 그나마 전업농은 사실상 나 혼자다. 나머지 한 사람은 경작규모가 5천여 평에 이르나 전업농은 아니다. 둘을 뺀 나머지 회원은 앞에서 살펴봤듯 소득원보다 '주곡자급'이 일차적 목표라 할 수 있고, 직장이 따로 있다. '내가 먹을 식량을 스스로 짓는' 일이 말처럼 쉽지 않다는 걸 잘 알 것이다. 시골에 사는 비농업인 가운데 텃밭을 가꾸는 이는 꽤 되지만 벼농사에까지 손을 뻗치는 경우는 무척 드물다. 무엇보다 '논'에서 일하는 게 부담스러운 탓이다.

그러나 바로 그 논이 지니는 공익적 가치가 매우 소중하다는 점을 놓치지 말아야겠다. 먼저 논은 천연의 만능댐으로서 홍수를 조절하고, 지하수를 길러내며, 여름철 뜨거운 공기를 식혀준다. 또한 토양유실과 지하수오염을 막고, 수질과 대기를 정화하는 등 환경을 보전한다. 나아가 자연경관을 유지하고, 오염과 공해를 줄이는 효과가 있어 지구생태계를 보호한다.[4] 논이 인류에게 보탬이 되는 일은 이밖에도 헤아릴 수가 없다. 따라서 벼농사를 짓는 것만으로도 공익에 크게 기여하는 셈이 된다.

벼농사를 지으면 쌀을 생산하게 된다. 쌀은 우리의 주식이다. 아쉽게도 1인당 쌀 소비량은 갈수록 줄어 지난해는 62.9Kg를 기록했다. 이에 견줘 밀 소비량은 35Kg(자급률 1%)으로, 하루 세 끼 중 한 끼는 분식으로 해결한다는 얘기가 된다. 만약 수입밀 반입이 중단되는 사태가 벌어지면 주곡(쌀) 자급률은 60%대로 주저앉고 만다.

사실 우리의 식량안보는 살얼음판을 걷고 있는 형국이다. 식량자급률은 고작 25.4%로 OECD국가 중 꼴찌다. 이래저래 쌀이 남아돈다고 하지만 언제까지고 식량이 남아돌까? 뜻하지 않은 문제로 식량수입이 불가능하게 될 위험은 없는가? 결코 낙관할 수 없는 일이다. 기후변화에 따른 생산량 급감이나 국제분쟁에 따른 교역혼선 등이 일어나지 않으리란 보장이 없다. 만약 그런 사태가 벌어지면 우리는 어찌되는가.

스스로 주곡을 자급할 수 있는 여건을 갖추는 노력을 멈춰선 안 된다. 하지만 우리 농정당국, 아니 이 나라 주도세력은 식량주권을 포기한 지 오래다. 오직 자본의 논리에 따라 움직일 뿐이다. 사람은 자동차와 휴대폰 없이도 살 수는 있지만 식량 없이는 살 수 없다. 나아가 고기와 과일,

4 김동수 외, 『논 왜 지켜야 하는가』, 따님, 2000.

신선채소 따위를 먹지 않아도 목숨은 부지할 수 있지만 곡식(곡기)을 끊으면 살 수가 없다는 사실도 지적해야겠다. 축산업, 시설채소, 특용작물 따위의 가치를 굳이 폄하할 생각은 없지만, '뭐가 중헌지'부터 확인해야 하지 않을까. 그래서 벼농사는 소중해도 너무 소중한 것이다.

사실 이러한 농업의 난맥상은 근본적으로 '개방경제체제'에서 비롯됐다고 할 수 있다. 이제 와서 그걸 돌이키기도 어려우니 대책 또한 마땅치 않음을 모르는 바 아니다. 그래도 그렇지, 우리의 농업정책은 어찌 모두가 죽는 길로만 돌진하는가. 무책임하고 뻔뻔하다.

쌀을 자급하지도 못하는 처지에 '과잉생산'이 문제라면서 '농업진흥지역' 지정을 해제하고, 논에 벼 대신 밭작물을 짓도록 강권하는 대증요법으로 일관하고 있다. 이거, 언 발에 오줌 누는 짓이다. 설령 쌀 과잉생산이 문제라 하더라도 예컨대, 유기농 벼농사를 크게 늘리도록 이끄는 방안도 있을 것이다. 이 경우 소출은 줄더라도 질 좋은 쌀을 공급할 수 있으니 누이 좋고, 매부 좋다. 당국이 그걸 모를 리 없다. 문제는 철학이요, 정책기조다.

우리 벼농사모임은 바로 그 유기농이 절대원칙이다. 무엇이 유기농인지는 여러 견해가 있을 수 있지만, 우리의 기준으로는 적어도 농약과 화학비료를 쓰지 않는 것이다. 물론 '무위자연'의 노장사상을 바탕으로 '무경운'과 '무제초'까지 더해 '4무 철학'을 내세우는 후쿠오카 마사노부[5]나 이를 실천에 옮긴 가와구치 요시카즈[6]의 자연농법도 있긴 하다. 그것이 지니는 의미와 가치가 소중하다고 여기지만 현실성이 떨어지는 것 또한 사실이다. 이에 따라 우리 벼농사모임은 농약과 화학비료를 쓰지 않고, 볏짚을 썰어 넣는 걸 기본으로 한다. 다만 천연비료

5 『짚 한오라기의 혁명』 참조.(최성현 역, 녹색평론사, 2011)

6 『신비한 밭에 서서』 참조.(최성현 역, 들녘, 2000)

를 쓰는 경우와 그마저 안 쓰는 '무투입' 농법이 공존한다.

농약과 화학비료를 쓰지 않는 것은 그것이 사람의 건강을 해치고, 흙과 생태계를 망치기 때문이다. 농약이야 두말할 것도 없고, 화학비료 또한 발암물질을 합성함으로써 건강을 해치고, 질소과잉에 따른 환경(토양과 물)오염을 부르는 것으로 알려져 있다.

나아가 요즘 사회문제로 떠오른 유전자조작농산물(GMO)에도 관심을 갖고 대응해오고 있다. 우리나라는 세계 2위의 GMO 수입국이지만, 이 땅에서 재배되지는 않는 걸로 알려져 왔다. 그런데 2015년 이후 전국 7곳에서 10종의 GMO 작물을 시험재배 중이라는 사실이 드러났다. 최근 농민단체와 환경단체가 정보공개를 청구하자 농촌진흥청이 밝힌 내용이다. 더욱 놀라운 사실은 그 가운데 들잔디, 유채, 국화, 감자, 콩, 사과, 벼 등 7종이 전주와 완주에 집중돼 있다는 점이다.

GMO의 효능이나 문제점을 둘러싼 논란은 아직 끝나지 않았다. 분명한 것은 안정성이 검증되지 않았다는 사실이다. 특히 몬산토 같은 거대자본의 돈줄을 동원한 압력과 통제 속에서도 GMO의 치명적 위험성은 각종 연구와 동물실험으로 속속 밝혀지고 있다. GMO의 영향이 의심되는 피해사례는 이루 헤아릴 수도 없다.

이런 상황에서 우리나라에서도 개발단계를 넘어 시험포를 가동하고 있다는 거 아닌가. 그것도 초국적종자기업이나 민간업체가 아닌 농진청이라는 국가기관이 앞장서서 말이다. 게다가 상용화를 추진하고 있다니 실로 벌어진 입을 다물 수 없는 노릇이다.

동물의 유전자를 식물에 접붙인 괴상한 생물체, 그것도 사람과 동물에 치명적일 수 있는 먹거리가 시험포라곤 하지만 우리 고장에서 버젓이 자라고 있다는 건 끔찍한 일이 아닐 수 없다. 농진청 쪽은 오염될 가능성이 없다고 우겨대는 모양인데 미국 사례를 보면 천만의 말씀이다. 곤충이나 미생물, 예상치 못한 사고로 괴생물체의 유전자는 얼마든지 다른 농작물과 교잡될 수 있다. 설령 만에 하나라도 그러면 끝이다. 사정이 이러니 우리 벼농사모임 또한 감시의 눈길을 거두지 않고 집회와 시위에 적극 참여하는 등 실천에 함께하고 있다.

요컨대 우리는 유기농 벼농사를 통해 식량주권을 지키고, 사람과 흙을 해치지 않는 건강한 먹거리를 생산함으로써 지구생태를 살리는 길을 가고자 하는 것이다.

글을 맺으며

지금까지 살펴본 대로 벼농사모임은 여러 점에서 불완전한 집단이다. 나아가 의문부호가 수없이 따라 붙는다. 통상의 조직체계도 갖추지 않아 자칫 언제라도 작동을 멈출 수 있다. 몹시 불안정해 보인다. 나는 이를 '무정형'으로 규정했다. 적어도 시스템을 보면 그렇다.

하지만 그동안 지나온 자취를 돌아보면 그 무정형성이 무색해질 만큼 활동 폭이 넓고 짜임새가 있음을 알게 된다. 회원들 사이의 일상적 소통 또한 온라인-오프라인을 넘나들며 활발히 이루어지고 있다. 소소한 나눔과 연대, 협동이 끊이지 않는다. 시스템이 불안정한데도 회원들 사이에 안정된 조직구조를 갖추려는 움직임이 보이지 않는 건 지금 상태로도 만족한다는 뜻으로 풀이된다.

그러나 갈수록 조직규모가 커지고, 경작자 또한 늘어날 터인즉 언제까지 무정형으로 버티긴 힘들 것이다. 조직체계를 갖춰야 함은 물론이고, 계층이나 기능에 따른 분화도 필요할 것이다. 그게 언제가 될지 또한 어떤 형식일지 지금으로선 가늠하기 어렵다. 분명한 것은 현재 활동 중인 농업단체와는 다른 유형이 될 공산이 크다는 점이다. 그 점에서 벼농사모임은 주목할 만한 실험이라고 할 수 있겠다.

신앙으로 세우는 '가족농(家族農)'

이영재 / Ph.D., 전주화평교회, 전주성경학당

들어가는 말

연전에 UN이 '협동조합의 해'를 선포하더니 이듬해에는 '가족농(家族農)의 해'를 공표한 적이 있다. 협동조합은 대규모의 에너지를 소비하는 국가보다는 작은 규모의 지역 · 순환 에너지를 사용하는 지역공동체를 추동하는 운동으로 제시되었다. 이번에 유엔은 농업의 지속가능한 대안으로서 '가족농'의 형식을 권고하고 나섰다. 식량을 대량으로 생산하고 유통하며 소비하는 상업 목적의 농업을 지양하고 소규모의 가족농을 권장하자는 것이다. 대도시를 위해 대량으로 생산한 농산물을 국경을 너머서 전 세계에 유통하는 초국적 기업의 농사에서는 대안을 찾을 수 없기 때문이다. 상업 농사를 포기한 지역의 농부들이 자신의 땅에 다양한 작물을 재배하여 가족과 지역을 먹여 살리는 가족농을 보존하고 영위해야 한다. 이것은 국가체제의 폐기를 바라보는 '지역화(localization/localizierung)'운동이다.

대안사회를 추구하는 지역화 운동은 인간의 존엄성을 유지하려는 현대 인문학의 동향과 맞물린 것이다. 철학과 인문학은 자본주의가 사람답게 사는 데 불편하다는 사실을 직시하고 어떻게 하면 자본주의보다 더 나은 사회체제를 계발할 것인지 논구하고 있다. 어떻게 보면 현대의 철학과 인문학이 신학보다도 더 열심히 성경의 메시지를 선포하고 있다. 한국 교회와 신학자는 이데올로기의 여파에 갇혀서 성경말씀보다는 서구 교회의 신학을 무비판적으로 수용하고 전파하고 있다. 정신을 차려서 성경을 다시 정독해야 할 때가 왔다. 귀먹은 교회와 신학자가 눈 감고 벙어리 노릇하는 동안 성령님은 교회 바깥으로 나가셔서 철학과 인문학을 하나님의 나라의 일꾼으로 동원하고 있다.

도시와 국가, 그리고 제국

카인이 아벨을 죽였다. 폭력으로 자신의 욕망을 채운 카인은 아들을 낳고 그의 이름을 따서 에녹성을 건설하였다.(창 4 : 17) 이것이 인류 최초의 도시였다. 가인의 자손 라멕에게서 폭력은 문명의 형태를 띠고 더욱 심해졌다. 라멕의 자녀들이 도시의 행복한 생활을 위하여 도시 근교농업과 축산업과 유흥업과 광공업을 개발하였다.(창 4 : 20~25) 도시의 문명은 성곽을 축성하는 대량의 노예 노동력을 요구하였으며 대규모의 노동력과 재화를 취득하기 위해서 성곽을 소유하고 있는 폭력배들 사이에서 전쟁이 빈발하였다.(창 14) 이들 영웅이 세상을 폭력으로 지배하게 되었다.(창 6 : 1~4) 노아의 아들 함의 자손들이 대도시들을 창설하고 도시들의 연맹체제로서의 '국가'를 건국하였다.(창 10 : 10) 국가 건설을 정당화하기 위해서 이데올로기가 도시민들의 사상으로 정립되었다. 도시 문명은 자연의 폭력에 맞서서 인간을 지켜낼 인간의 총화단결체라는 이념을 산출하였다.(창 11 : 4)

엘리트들의 지배로 인하여 도시 문명의 고도로 발달하여 이집트와 가나안 지역과 메소포타미아 지역에 도시국가들이 가득 들어서게 되었다. 아브라함과 이삭과 야곱은 도시국가들의 숲 속에서 이러 저리 유리하고 방랑하면서 도시의 폭력에 시달려야 했다. 이윽고 하나님의 택한 백성조차도 도시의 폭력 문명의 영향을 받고 스스로 폭력의 죄에 물들어갔다. 창세기는 인류의 죄가 도시의 폭력으로 나타난다고 지적한다.

신앙으로 세운 나라와 교회

로마제국 시대에 예수님은 하나님의 나라가 가까이 왔다고 선포하였다. 예수님의 선포는 로마제국의 시대와 국경을 넘어 고대 이집트제국과 바빌로니아 제국들과 페르시야 제국과 헬레니스토 제국에게 공히 적용되는 예언이었다. 애급(이집트)을 탈출한 노예들이 광야에서 받은 하나님의 말씀을 참되게 준행하는 공동체가 신앙으로 세운 나라임을 각성시켰다. 예루살렘을 중심으로 지배체제를 구축한 헤롯의 정치력과 사두개 · 바리새인의 지배체제가 신앙으로 세운 나라일 수 없다. 시내산에서 주신 십계명과 계약법을 강령으로 광야를 행진했던 말씀의 공동체가 하나님의 나라의 원형이었다. 율법은 사랑법으로 요약되며 사랑은 대형화된 도시에서 익명으로 이루어질 수 없다. 사랑은 작은 마을 단위의 작은 공동체 안에서만 가능하다.

그래서 성경의 율법은 하나같이 국가체제의 통치에는 부적합한 내용으로 채워져 있다. 대형화된 예루살렘 체제와 로마제국의 체제는 우상숭배의 체제이며 하나님의 나라에 적합하지 않다는 것을 성경은 보여주고 있다. 하나님의 나라는 십자가에 처형된 예수의 부활과 오순절 다락방 120문도에게서 다시 확정되고 확립되었다. 초기 교회는 대형화되어 가는 도시들 속에서 작은 말씀공동체들로 세워져서 대도시들의 연맹체로서의 제국을 뿌리 채 근본에서부터 뒤흔들기 시작했다.(행 20:23) 세상의 폭력적 권세를 허물어뜨리는 성령의 능력이 교회이다. 세상을 지배하고 있는 자본주의의 권력을 무너뜨릴 사명을 교회가 생래적으로 담지하고 있음을 성경은 성도들에게 알려주고 있다.(요 16:33)

교회, 참 농부의 부활

창조주 하나님은 땅을 갈 사람이 필요해서 사람을 창조했다.(창 2:5) 생명의 힘을 지닌 물로 땅을 적신 후에(창 2:6) 하나님은 그 젖은 흙으로 사람을 만드셨다. 하나님의 형상을 닮은 그 조형의 코에 숨을 불어넣어서 사람이라는 생명체를 창조하셨다.(창 2:7) 하나님의 성령으로 살아가도록 물과 흙으로 지음받은 존재자가 사람이다. 그의 사명은 흙에 생명력을 북돋우고 물길 따라 생명을 꽃피우며 땅에 사는 모든 생명을 먹여서 살리는 일이었다. 하나님께서 일하시는 들녘에서 창조사역의 조력자로서 창조된 존재자가 곧 사람이다. 그는 곧 농부였다. 참된 농부의 정체성을 여기에서 찾아야 한다. 농부가 누구인가? 생명을 살리는 존재이며 흙에 생명력을 불어넣는 일꾼이 농부다.

농부 아담이 선악과를 먹고 타락했다. 하나님의 사명을 망각했으며 하나님과 나누는 우주적 소통이 끊어졌다. 좋고 나쁨과 호불호를 따지는 자기중심성에 갇혀 버린 타락한 농부는 에덴동산에 있는 생명나무에 접근할 수 없도록 추방되었다. 에덴을 상실한 농부에게 이기적 욕심이 점점 발달하여 형제를 살해하는 폭력에 몸을 담고 마침내 하나님과 불통되어 도시를 건설하여 흙을 저버리고 떠나고 말았다. 땅에 남아 있는 농부조차도 도시의 지배와 폭력에 종속되었으며 마침내 도시를 유지하는 수단으로서의 농업이 주종을 이루게 되었다. 농사는 어느새 재화를 얻는 수단으로 변질하고 그 본래의 사명인 생명 돌봄의 과제를 까마득하게 망각하고 말았다. 농부가 다 타락하고 말았다.

타락한 농부가 회개하고 돌아와야 새 사회의 길이 열린다. 돈 버는 농부가 아니라 생명을 살리는 농부로 거듭나야 한다. 하나님의 백성은 창조의 원형으로 회복된 새로운 존재이다. 예수 그리스도를 믿고 거듭나서 그의 말씀을 준행하는 사람들이 곧 신앙으로 세운 나라의 담지자들이다. 이들이 곧 교회다. 그러므로 교회는 신앙으로 세운 나라를 일구는 농부다.

나가는 말

성경은 도시와 국가를 경계하며 도시연맹체로서의 국가를 대신할 수 있는 선한 체제로서 '하나님의 나라'를 제시한다. 국내 선교나 세계 선교는 수많은 작은 교회 공동체를 세우는 방향으로 진행해야 한다. 수많은 작은 말씀공동체들이 농부로 지음 받은 본래의 사명을 자각하고 이 땅에 계속 세워져야 한다. 작은 말씀공동체들이 이 땅을 가득 덮어서 대형화된 도시와 국가가 스스로 해체하도록 줄기차게 인도해야 한다. 하나님의 나라는 대형 국가를 마침내 해체하고야 말 것이다.

성경은 이런 맥락에서 지역화(localization)의 사명을 교회에 던져주고 있다. 대형의 도시와 국가의 구조적인 악에서 상처받고 절망한 모든 영혼을 교회는 불러 세워서 말씀으로 치유하고 참 생명으로 거듭나서 인도해야 한다. 도시민과 국민이 모두 참 농부로 거듭나서 생명의 일꾼이 되고 자본의 노예로 사는 도시의 삶을 거부하도록 교회가 도와야 한다. 교회가 대형의 도시와 국가 안에서 대형화하는 길을 걸어가면 안 된다. 교회는 작은 공동체여야 한다. 교회는 지구 위에서 수백만 개의 작은 사랑의 공동체들로서 존재해야 한다. 교회는 자본주의의 구조악과 국가의 폭력성과 도시의 물질주의에 대항하여 자신을 주님 앞으로 항상 돌이켜 세워서 신앙으로 세운 나라의 현실로서 존속해야 한다. 이 사명을 감당하기 위해서는 먼저 교회 자신이 땅에서 일함으로서 흙에 생명을 불어넣는 농부의 삶으로 온전히 거듭나야 한다. '가족농사'의 해를 맞이하여 세계의 온 교회가 생명을 살리는 농부의 교회로 거듭나야할 것이다.

주민주도의 공론장 그리고 공공성

서울시 찾아가는동주민센터[1] 주민주도마을계획을 중심으로

하경환 / 서울시마을공동체종합지원센터

들어가며

지난 10여 년, 한국사회에서 '주민참여'라는 용어가 유명세를 타고 있다. 주민과의 열린 토론은 정책수립의 중요 과정이 된지 오래되었고, 정책수립을 위해 주민과 행정공무원이 모여 숙의(熟議)하는 각종 위원회는 법적으로 보장되었다. 더 나아가, 주민이 참여하여 세금의 쓰임새까지 결정하는 주민참여예산, 지역 문제 해결은 주민이 결정하고 실행한다는 도시재생, 마을만들기, 커뮤니티비지니스까지 다양한 주민참여의 경로와 정책이 만들어져 실행되고 있다.

하지만, '주민참여'의 유명세에 비해 주민의 실질적 참여가 이루어

---

1 '찾아가는동주민센터' 사업은 2014년 6월 지방선거에서 '복지플래너 도입'과 '사회복지 인력 대규모 확충'으로 복지전달체계를 강화하겠다는 박원순 후보의 "동 복지허브" 공약에서 출발했다. 복지 공약이었던 이 사업은 당선 이후 서울시가 9월에 발표한 「서울시정 4개년 계획」에서 복지, 보건, 마을공동체, 행정 분야를 아우르는 일종의 '종합적인 동주민센터 혁신' 사업으로 확대 · 발전했다.(허윤선 · 안현찬, 『주민참여형 공공시설 공간개선 및 자율관리 방안 연구』, 서울시마을공동체종합지원센터, 2015)

지고 있는가에 대한 평가는 상당히 인색하다. 주민은 참여일 뿐, 의사결정의 핵심권한은 누리지 못한다는 평가가 지배적이기 때문이다. '주민참여'라는 것이 민원을 제기하는 것처럼 말만 하는 것은 아닐 텐데, 주민은 여전히 동원되어 말만 하는 대상이 되어 있다.

이유는 여러 가지이겠지만, 그중에서도 우리 사회가 '실질적 주민참여'의 경험이 부족하기 때문이라는 평가가 많다. 주민만 경험이 부족한 것은 아닐 것이며, 관도 경험이 부족한 것은 마찬가지다. 다시 말해, 우리 사회에서 실질적인 주민참여를 통해 스스로에게 절실한 사회문제를 해결해본 적이 있는가? 문득 떠오르지 않는다. 민 · 관거버넌스의 패러다임이 우리 사회를 폭넓게 감싼지 오래이지만, 실제 민 · 관의 평등한 협업을 통해 다양한 문제를 함께 통치(거버넌스)해본 경험이 너무나 부족하다.

'민'이라는 주민은 '관'이라는 행정에 민원을 제기할 수는 있지만, 권한과 책임을 가지고 그 문제를 함께 풀어본 경험이 적고, '관'이라는 행정은 '민'이라는 주민이 자기문제만을 중요하게 생각하는 민원인으로 여겨질 뿐, 함께 어려움을 해쳐나갈 협력자로 인식해 보질 못했다. 주민의 말은 공공성이 부족하고 그저 개인의 이해관계에 기반한 요구로 인식된다. 이것은 단순히 행정이 주민을 바라보는 시선을 넘어, 나 이외의 주민을 바라볼 때의 내가 가진 일반적인 시선일 것이다.

주민 공론장과 공공성은 '실질적 주민참여'의 기반을 다지기 위한 경험의 장(場)에서 다뤄야 하는 핵심 주제이다. 실질적 주민참여를 위해서는 '여럿이 논의함'[2]이라는 공론을 통해, '국가나 사회의 구성원에게 두루 관계되는 것'[3]이라는 공공성을 민 · 관이 함께 만들어 내는 경

2 네이버국어사전, http://krdic.naver.com/detail.nhn?docid=3266000

3 네이버국어사전, http://krdic.naver.com/detail.nhn?docid=3193200

험이 필요한 것이다.

주민 누구나 자신의 어려움을 편하게 얘기할 수 있는 그런 논의 자리, 쓰레기 문제이든, 교육의 문제이든, 먹거리의 문제이든 무조건 꺼내놓을 수 있는 그런 자리, 그 어려움들이 쌓이고 쌓여, '여럿이 함께 논의'하여, 그중에서 '구성원에게 두루 관계되는 일'을 추려내고 이것을 정책에 반영하기도 하고 주민들이 스스로 해결하는 그런 경험의 장! 이 과정을 통해서 주민은 민주적 의사결정 방법과 대표성을 취득하고, 행정은 주민의 원활한 참여와 진행을 적절히 지원해 주는 것! 이것이 지금 유명세를 타고 있는 민 · 관거버넌스에서의 실질적 주민참여가 가능하기 위해 우리가 경험하고 축적해야할 숙제이다.

주민주도 마을계획이라는 경험의 장

찾아가는동주민센터의 '주민주도 마을계획'은 주민 공론장을 통해 주민에게 공공성이 부여되는, 그런 경험의 장을 만들기 위한 도구로서 시행되었다. 여럿이 함께 모여 논의하기 위해 멍석을 깐다고 주민들이 모이지 않는다. 모여 논의한다고 해서, 모두가 남의 문제까지 경청하며 합리적인 결정을 하지는 않을 것이다. 민 · 관이 무지해서가 아니라 그런 경험이 없고, 그런 지원체계와 사회적 지원이 없기 때문이다.

마을계획의 과정은 단순하다. '참여를 원하는 개인 100여 명 이상이 모여 동(洞)[4]에서 필요한 과제를 찾고 실행계획을 세운 후, 가능한 인적 · 물적자원을 찾아 스스로 실행하는 사업'이라고 정의한다. 18개

4 서울시의 행정동은 424개이며, 평균적으로 2~3만 명의 주민이 거주한다. 적게는 1만 명에서 많게는 6만 명까지 거주하기도 한다.

월 동안, 주민중심 — 그렇다고 행정이 완전히 배제되는 것은 아니다 — 마을계획단을 구성하여 마을계획을 수립하고, 주민공람과 마을총회를 통해 주민들과 공유하며, 세워진 계획을 주민주도, 민관협력, 행정주도의 3가지 분류로 직접 실행하는 활동이다. 첫해에는 18개월 동안 진행하고, 차년에는 1년 단위 점검을 통해 실행을 확대해 나간다. 이를 위해 주민과 가장 밀접한 행정기관인 동주민센터를 거점으로 삼고, 마을활동가를 배치하여 기나긴 과정을 주민이 주도할 수 있도록 지원해 나간다.

주요 진행 과정은 아래와 같다.

구분	세부활동	기간
지원 체계 만들기	해당지역(행정洞) 선정, 활동가 배치	
주민역량 모으기	마을계획단 모집, 기초교육, 발대식	2개월
마을계획 세우기	의제 찾기, 분과구성, 실행계획수립	5개월
마을계획 결정하기	공람, 마을총회(투표)	2개월
마을계획 실천하기	실행조직 재구성	6개월
마을계획 성찰하기	과정 돌아보기	1개월

※ 구체적인 내용은 '[메뉴얼] 2016 찾아가는동주민센터 업무메뉴얼_마을' 참조. http://wish.welfare.seoul.kr_복지通자료실.

이러한 과정은 '15년 7월, 서울시 424개 동 중 14개 동에서 시작하였다. 현재 마을총회를 마치고 각 마을계획을 실행하고 있으며, '17년 사업 방향 설정을 위해 논의 중에 있다. 진행 과정의 요약을 보면, 일반적으로 진행되는 마을만들기 과정과 크게 다르지 않다. 다소 차이가 있다면 계획수립 기간이 길고, 중심 활동가가 배치되며, 100여 명 이상의 주민이 움직인다는 것 그리고 계획을 실행하는 예산이 배정되지 않는다는 것 정도이다. 그럼에도 마을계획이 주민공론장을 활성화하고 공공성을 높이는 활동으로 의미가 있을 수 있는 것은 진행 과정에서 새로운 시도와 질문이 있기 때문이다. 새로운 시도와 질문이 각 단계별로 어떠한지 간단하게 정리해 보았다.

○ 마을계획 지원체계 만들기

마을의 거리적 범위를 어떻게 산정할 것인가?

대상지역은 행정동으로 하였다. 대도시에서만 가능한 선택일 것이다. 대도시에서 주민들에게 행정동이라는 것은, 감성적 마을을 잃어버린 사람들이 유일하게 자신의 지역적 정체성을 표현하는 방식이기도 하며, 자연환경에 의해 지역적으로 분리되지 않는 대도시에서 거리로 마을을 구분하는 유일한 방식이다. 물론 '통', '반'이라는 골목단위 개념도 존재하지만, 도시에 사는 어느 누구도 '저 ○○통 살아요'라고 이야기하지 않는다.

또 하나 마을계획에서 행정동을 거리적 범위로 선정한 이유는 동주민센터 때문이다. 주민참여를 기반으로 한 민 · 관 협력은 마을계획의 핵심사항이다. 이를 위해서는 주민 최접점에 있는 행정기관이 필요한데, 그것이 동주민센터이다. 실제로 동주민센터의 직원들은 자치구청, 서울시의 공무원들보다 주민참여에 대한 경험과 욕구가 매우 높다. 10여 개 이상의 자생단체와 함께 일하며, 항시적으로 주민들과 상대하는 경험적 노하우가 있기도 하고, 주민자치 제도를 20여 년 지켜보면서, 실질적 주민의 자치가 필요하다는 인식이 매우 높다. 그렇기 때문에 마을계획에서는 행정적으로 정책 결정권이 높지 않은 동주민센터를 가장 중요한 협력대상으로 선정해야 했다.

어떤 동(洞)을 선정할 것인가?

원칙적으로 2가지 선정 조건을 두었다. 첫째는 동지역사회의 주민활동이 다른 곳에 비해 상대적으로 활발한 곳을 선정했다. 100여 명 이상의 주민이 모인다는 것은 기존의 행정중심의 자생단체만으로는 불가능하다. 동지역사회와 상관없이 자발적 활동 혹은 관심을 갖는 다양한 사람이 있어야만 가능하다. 둘째는 동지역사회의 첨예한 의제가 존재하는 않는 곳을 대상으로 하였다. 예를 들면, 재개발, 범죄상습지역, 소각장, 정치이슈 등의 첨예한 문제를 가진 곳을 제외한다. 이런 지역은 마을계획을 위한 의제가 다양화되기 어렵고, 기존의 의제로 주민 갈등이 내재화 되어 있을 가능성이 높다고 판단하였기에 피하고자 하였다.

핵심인력을 민 · 관 어디에 배치할 것인가?

마을계획 진행을 위해서는 핵심활동가가 필요한데, 활동가를 민간인으로 배치할 것인가? 아니면 공무원으로 배치할 것인가?에 대한 고민이다. 결과적으로, 마을활동가를 임기제공무원으로 동주민센터에 2년 한기제로 배치하였다. 마을활동을 위해 공무원을 채용하여 2만 5천여 명 난위의 최집점 행정조직에 채용하는 것은 전국 최초가 아닌가 싶다. 여러 가지 의미가 있지만, 마을활동가에게 동주민센터라는 행정기관이 갖는 공신력을 보태어 주고 싶었다. 마을활동을 한다는 것은 기본적으로 사람을 만나는 일인데, 공신력을 갖는다는 것은 50%이상의 인센티브를 가지고 진행하는 것이라 생각했다. 일정한 부작용이 나타날 수 있고, 나타나기도 했지만, 실제 일을 진행하는 데는 수월했다는 평가다.

결과적으로, 서울 424개 행정동 중에 1단계 14개 동, 2단계 35개 동을 선정하여 운영 중이다. 1단계 14개 동은 마을총회를 마치고 계획 실행단계에 와 있으며, 35개 동은 마을계획단 모집 중에 있다.

— '15년 7월~'16년 12월 : 14개 동 / 성북구(종암동, 동선동), 금천구(독산1동, 독산4동, 시흥5동), 성동구(성수1가2동, 행당1동, 마장동, 금호1가동), 도봉구(방학1동, 방학3동, 창2동)

— '16년 7월~'17년 12월 : 35개 동 / 강동구(천호3동, 길동, 명일2동), 강서구(화곡3동, 화곡6동, 방화3동), 관악구(성현동, 서림동), 구로구(개봉1동, 오류1동), 노원구(상계1동, 공릉2동, 중계4동), 동대문구(전농2동, 제기동, 이문1동), 동작구(노량진동, 대방동, 사당2동), 마포(공덕, 서교, 성산2동), 서대문구(연희동, 남가좌1동, 북가좌1동), 양천구(목2동, 신월5동, 신정3동), 영등포구(여의도동, 문래동, 양평2동), 은평구(갈현1동, 응암2동, 역촌동), 종로구(청운효자동)

○ 주민역량 모으기

몇 명이 모여서 마을계획을 세워야 공공성이 만들어질까?

공공적이기 위해서는 100여 명이 모이는 마을계획단에게 대표성이 있어야 한다. 하지만, 대표성이라는 것이 인원수를 늘린다고 해서 자연스레 가질 수 있는 성질인가? 평균 2만 5천여 명이 거주하는 행정동에서 우선, 100명이라도 모여서 마을계획을 시작할 수 있도록 하였다. 1만 명이 모인다고 대표성이 자동으로 부여되는 것은 아니기 때문이다. 투표와 다수결이라는 방식으로 형식적 대표성을 얻고 이를 통해 내용의 공공성을 유지할 수는 있겠지만, 마을계획은 형식적 공공성보다는 실질적의 공공성을 중요하게 생각하였다. 실질적 공공성은 무조건 많은 사람이 참여한다고 만들어지는 것이 아니라 공론의 과정이 민주적이고, 세워진 마을계획이 상식적으로 동지역사회의 어려움과 미래의 가능성을 담고 있어야만 가능한 것이기 때문이다. 결국 공공성을 높이는 것은 인원수가 아니라 내용과 과정 그리고 계획을 실행하는 단계에서 자연스레 주민들로부터 보장되어야 하고, 될 것이라 생각했다. 실제 처음 100여 명의 주민을 모으겠다는 계획이 나왔을 때, 대부분은 상당히 무리한 계획이라고 보았다. 왜냐하면, 동지역사회에서 100여 명의 주민이 모여 18개월 동안 무엇을 해본 경험은 거의 없기 때문이다. 특히 직접 사업을 실행하는 것이 아니고 공론의 과정을 말이다.

어떤 주민이 모여야 공론장, 공공성이 부여될 것인가?

기존 동지역사회활동을 하지 않던, 새로운 주민이 모이는 것이 핵심이라 생각하였다. 할 얘기가 있는 주민들의 새로운 등장이 필요했다. 좀 더 구체적으로 표현하면, 주민자치위원회, 통장, 자생단체 활동을 하지 않던 사람들이 동지역사회 활동에 관심을 갖도록 해야 한다는 것이다. 이를 위해, 마을계획단의 참가는 개인 1인의 자격만 부여하였다. 마을계획단에 단체 이름으로 또는 단체를 대표해서 들어오지 않고, 모두 개인 1명으로 자신의 역할과 발언을 하도록 했다. 이를 통해 새롭게 동지역사회 활동에 관심을 갖는 사람끼리 이질감을 줄이고자 했다. 둘째, 다양한 홍보방식을 도입하였다. 마을에서 입소문 외에 더 좋은 것이 있을까마는 그래도 마을의 분위기를 내야 했다. 익명이 보장된 서울의 마을에서 축제, 이벤트와 같은 마을에 뭔가 이상한 일이 일어나고 있다는 분위기를 만들고, 그 기반하에 인적 관계망을 통한 눈덩이 표적 타깃팅을 하도록 하였다. 주요한 참여자를 이끌어내기 위해서 마을활동가들이 삼고초려한 사례는 아주 일반적이다.

모이기만 하면 될까? 교육은 필요 없는 것일까?

교육이라는 이름이 상투적이기는 했지만, 필요했다. 21세기 1천만 도시에서 마을은 무엇일까? 다시 마을을 한다는 것은 무엇을 의미하는 것일까? 마을계획은 무엇이며, 왜 지금 우리가 해야 하는가? 어떻게 하면 되고, 마을계획단원인 나는 무엇을 하면 되는가? 이런 주제들로 마을계획 기초교육을 실시했다. 하지만, 지식과 이론을 주입하는 것을 주목적에 두지 않았다. 기초교육 시간은 마을계획이라는 생소한 과정에 각지각색의 이유로 모인 사람들의 첫만남 시간이다. 때문에 무엇보다 중요한 것은 관계형성이다. 재미있어야 했고, 지식을 쌓는다기보다는 우리가 할 수 있다는 '으쌰으쌰'의 분위기를 만드는 데 주력하였다.

마을계획단 발대식은 어떻게 해야 하는가?

마을계획단 발대식은 기존의 행사와는 달라야 한다는 중압감이 있었다. 주민이 주인공이라는데, 기존의 주민참여행사는 그렇지 못했기 때문이다. 주민이 주인공이라는 것은 세부적 기획에서 상당한 질문을 만들었다. 마을계획단에게 위촉장을 주어야 하는가?, 주민주도 마을계획인데, 동장 혹은 구청장이 위촉을 하는 것이 맞는가?, 자리배치는 어떻게 해야 하는가? 늘 핵심 자리에 구의원, 고위공무원이 배치되어야 하는가?, 각 개인이 주인공인데 100여 명이 한 마디씩 할 수 있는 방법은 없는가? 등등의 구체적 질문이 꼬리에 꼬리를 문다. 정답은 없었고, 현장의 토론과 의사결정을 통해 진행하였다.

결과적으로, 14개 동 총 1,058명, 1개 동 평균 75.6명의 마을계획단이 구성되었고, 그중 동지역사회활동을 하지 않던 주민들이 비율이 83.3%(881명)로 나타났다.

○ 마을계획 세우기

비전수립이 먼저인가? 의제 실행계획 수립이 먼저인가?

주민주도 마을계획에서는 실행계획 수립이 먼저이고, 이를 모으고 토론하는 과정에서 비전을 세우는 것으로 결정하였다. 전문가들이 진행하는 마을계획에서는 설문조사와 자원조사를 통해 비전을 세우고, 그 비전하에서 의제를 선정하고 실행계획을 세우게 된다. 비전이 있어야 실행계획의 구체적 방향의 논쟁을 줄일 수 있기 때문이다. 하지만, 주민들이 하는 방식은 다를 수 있다고 생각했다. 주민이 공론장에서 이야기하는 것은 모두 공공적일 수 없다. 당연히 그래야 한다. 어찌 주민모두가 자신의 문제가 아닌 국가와 사회를 위해 헌신하고 사고하겠는가? 가장 자연스러운 것은 자기의 어려움, 문제를 이야기하는 것이다. 자신의 이해관계를 얘기할 때 진실성이 있고, 필요가 높아지며, 마을계획 활동의 의미가 부여된다. 먼저 자기의 이야기와 자신이 하고 싶은 계획을 세워보는 것이 자연스럽다. 그것의 집합을 자연스레 비전으로 세울 수 있도록 하였다.

마을계획단장, 주민간사를 두어야 하는가?

100여 명의 주민이 모이면 의사결정을 위한 조직체계를 두는 것이 일반적이다. 효율적 의사결정과 운영의 효과성을 위한 당연한 조치이다. 하지만, 조직체계에서 권한을 부여받은 사람이 생기면, 특정사람에게 책임과 권한이 늘고, 나머지 사람들은 활동이 위축되는 현상이 나타난다. 14동 대부분이 단장, 간사를 두어 마을계획단의 집행력을 강화하기는 했지만, 일부동에서는 단장과 간사를 뽑지 않은 경우도 있다. 단장은 분과장, 간사 모임으로 대체하여 집행력을 보완하고, 최대한 집중되는 권한을 분산하기도 했다. 역시 정답은 없다. 현장의 결정 과정이 더더욱 중요하다.

분과활동이 핵심인데, 어떻게 동기화될 것인가?

마을계획 수립에서 가장 중요한 주민주도의 과정이 발현되는 지점을 분과활동을 생각했다. 마을계획 초기 진행단계, 즉 마을계획단 모집, 기초교육, 전체 워크숍 등은 동주민센터에 있는 마을활동가가 주도할 수밖에 없다. 이것이 좀 더 주민주도의 공론장으로 전환되어야 하는 시점을 분과활동시기로 보았다. 관심과 활동 경력이 비슷한 소수의 사람들이 잡담을 시작하는 분과에서 그 주도성이 발휘될 것이라 생각했기 때문이다. 그렇기 때문에 분과장의 역할이 중요하고, 분과장을 지원하는 체계가 중요했다. 일부동에서는 분과에 일정 예산 활용권을 부여하여 자체적으로 수다와 놀기 그리고 의제수립이 동시에 일어나도록 진행하기도 했다. 또한, 분과간에 호혜적 경쟁이 일어날 수 있도록 중간중간 모임을 통해 분과 활동을 공유하기도 하였다.

결과적으로 마을총회를 마친 14개 동에서는 동별 평균 5.4개의 분과가 운영되었고, 235개의 실행계획이 세워졌다. 1개 동 평균 17개의 계획이 만들진 것이다.

○ 마을계획 결정하기

마을총회는 무엇을 목적으로 하는가?

마을계획은 법적으로 보장된 계획을 세우는 것이 아니다. 아직은 제도적 기반이 없는 임의적인 계획일 뿐이다. 때문에 계획의 결과가 모두 정책으로 반영하는 것도 아니다. 그런데다가 계획을 실행할 수 있는 예산도 배정되어 않다. 그렇기에 자칫 목적이 애매한 총회가 될 수 있다. 마을총회는 3가지를 목적으로 진행하였다. 첫째 마을계획단 활동 과정의 공유다. 100여 명의 주민은 전체주민 중 일부일 뿐이다. 마을계획의 과정을 주민들과 공유함으로서 공감을 만들어야 일정한 공공성을 만들 수 있다고 생각했다. 이를 위해 전시회, 찾아가는 설명회, 거리 홍보, 발표회 등을 실시하였다. 둘째는 마을계획의 숙의이다. 좀 더 많은 사람이 모여 마을계획단에서 도출한 의제와 실행계획을 곱씹는 과정이 필요하였다. 이를 위해 타운홀 미팅, 공청회 등이 실시되었다. 셋째, 마을계획의 확정이다. 일반적으로 투표방식으로 진행되었는데, 엠보팅(mvoting)[5]을 활용하여 주민전체를 대상으로 투표를 실시하여 마을계획의 찬성/반대, 계획의 우선순위를 결정하기도 하였다.

마을계획의 실행계획과 행정정책계획과의 중복을 어떻게 방지할 것인가?

마을계획을 통해 발굴된 마을 의제와 의제 해결방법으로서의 실행계획은 과정직으로 의미가 있다. 하지만, 결과적으로 보면 행정정책계획과의 중복이 문제가 될 수 있다. 행정도 마을의 문제에 대한 해결 정책을 세우고 순차적으로 시행해 가는 것이 사명이기 때문이다. 그렇기에 주민이 마을계획을 확정하기 위해서는 행정정책을 명확히 파악하는 게 우선이다. 마을계획으로 어린이집 의제가 나왔다면, 자치구, 서울시의 어린이집 정책계획을 파악하여 우리마을에 언제 어린이집을

5 서울시에서 제작한 모바일 투표 어플리케이션으로 '모두를 위한 모바일 투표 앱'으로 정의한다. 누구나 주제를 올리고 투표를 할 수 있도록 공유된 앱이다.(https://play.google.com/store/apps/details?id=com.oniontech.mvoting&hl=ko)

들어서는 지를 알아야만, 실제 실행 가능한 마을계획을 세울 수 있는 것이다. 이를 위해 자치구 정책 간담회를 실시한다. 하지만, 우리가 흔히 알고 있는 간담회 방식으로 오해하지 말아야 한다. 주민의 민원을 행정이 받아들이는 것이 아니라, 주민이 필요한 정보를 행정에 요청하고, 행정에서 직접 주민에게 설명하는 방식으로 진행하며, 이 과정은 유연하고, 전폭적이고, 자연스러워야 한다. 실제 원활하게 진행되지는 못했지만 이후의 과정에 주요하게 집중해야 하는 부분이라 생각한다.

○ 마을계획 실행하기

마을계획 실행예산을 배정할 것인가?

마을계획 사업은 계획을 실행하기 위한 예산이 없다. 보통의 주민참여형 정책사업은 계획 실행예산을 배정하여 일을 진행하다. 이를 통해 주민참여의 동기를 높이고, 일의 목적성을 분명히 한다. 하지만, 이는 주민간의 갈등을 유발하기도 하고, 실행사업비를 쓰기 위한 계획을 세우는 데 몰입하게 되어, 다양한 주민의 참여와 숙의를 어렵게 하는 단점이 있다. 마을계획에서는 계획수립을 위한 인건비, 워크숍, 회의, 교육 등의 예산을 배정하지만, 계획을 실행하기 위한 예산은 배정하지 않았다. 마을계획의 목적이 공론장과 공공성의 형성이기 때문에 보다 다양한 주민이 참여해야 하고, 보다 다양한 의제가 나타나는 것이 가장 중요한 핵심이다. 하지만, 실행을 전제하지 않는 계획의 무의미성과 주민의 동기 저하 문제를 해결해야만 했다. 마을계획을 시작하는 단계부터 실행예산이 없다는 것에 대한 전체 공유가 가장 우선이며, 마을계획의 실행의 핵심은 사람에 있지, 예산에 있는 것이 아님을 진행단계마다 합의하고 공유하고 질문을 던졌다.

주민주도 마을계획이니, 모든 계획은 주민이 직접 실행해야 하는가?

마을계획의 실행 방법을 3가지로 분리하도록 하였다. 각 계획별로 '주민주도', '민관협력', '행정주도'로 분류하고 주민주도인 경우에는 주민들이 필요한 자체 기금을 모아 진행하거나, 주민참여형 공모사업(마을만들기, 사회단체보조금, 복지공모사업, 사회적경제 등)에 참여하여 예산을 확보하도록 하였다. 민관협력형인 경우에는 주로 주민참여예산제도를 활용하여 사업제안을 하였고, 행정주도로 해결이 가능한 계획은 적극적인 행정협의를 통해 일반예산 반영이 가능토록 하였다.

'마을계획 성찰하기' 과정을 제외한 각 단계별 주요한 질문을 정리해 보았다. 하지만, 마을계획의 진행과정에서 나타는 쟁점과 질문은 위에서 다룬 것들 이외에도 수백 가지는 될 것이고, 실제 진행과정에서 상당한 장벽이 되었다. 하지만, 어떤 질문에도 정답이 있을 수도 없고, 누군가가 명확한 정답을 가지고 있는 것도 아니다. 마을계획에서는 현장의 상황과 특성에 따라 질문과 쟁점으로 직접 현장에서 결정해 갔다. 그렇게밖에 할 수 없다. 선택사항이 아니다. 중요한 것은 현장 내 민 · 관이 우선 질문에 동의하고, 함께 해결책을 논의하고, 함께 결정하여 책임지는 문화와 체계를 만드는 것이다.

주민 공론장과 공공성 형성의 가능성

마을계획이 시작된 지 이제 1년이 갓 지났고, 한창 진행 중이기에 마을계획을 통해 주민의 공론장과 공공성이 형성되고, 이를 통해 주민의 실질적 참여의 경험이 누적되고 축적되었다고 함부로 평가할 수 없다. 아마도 2년, 3년 지난 후에도 이런 평가는 어려울 수 있다. 공론장과 공공성이라는 것이 단기간에 드러나거나 외부로 표출되지 않는 사람의 성장 과정이기 때문이다. 그럼에도 불구하고 지금까지의 과정 중에 유의미한 수치 몇 가지로, 마을계획이 향후 주민의 공론장과 공공성을 형성하는 유용한 도구로서 의미가 있는지 살펴보았다.

○ 공론장의 전제로서, 주민의 참여 다양화

1개 동 평균 75.6명 : 봉사, 안전, 교통 등 특정 주제를 대상으로 하지 않고, 마을계획단이 15개월간 주1회 정도를 만나며, 활동이 진행된 경우는 동지역사회에서 매우 드문 현상이다. 공론장의 내용, 기간, 인원 등에서는 유미한 결과로 받아들인다.

남 28.9%, 여 71.1% : 마을계획단 성별 구성 비율이다. 낮시간 활동이 가능한 여성의 비율이 높다는 현상을 표현하기도 하지만, 실제 젊은층 주부들의 참여가 늘어났다는 현상으로 이해되기도 한다. 공론장의 주제 다양성을 가능케하는 조건으로 받아들인다.

50대, 60대비율 81.% → 61.1% : 마을계획 이전의 주민자치위원회/통장의 50,60대 비율과 마을계획단의 비율을 조사한 결과이다. 50, 60대가 상대적으로 적고, 40대의 참여가 늘어났으며, 마을계획 이전에 없었던 10대, 20대의 참여가 생겨나기 시작했다.

동지역사회활동을 하지 않는 주민 비율 83.3% : 주민자치위원회, 통장 등 기존의 동지역사회활동에 직접 참여하지 않는 주민이 83.3%로 마을계획단이 구성되었다. 동지역사회 기존 주민리더와 새로운 주민리더와의 만남과 융합이 장이 되었다.

마을계획단은 기존의 동지역사회활동 단체에 비해 많은 사람들이 모여, 집중적인 공론을 오랫동안 해왔다는 것, 그 활동이라는 것이 직접사업 실행이 아니라, 마을을 조사하고 문제를 찾고 해결방법을 찾는 토론과 의사결정의 결과였다는 것, 이것이 마을계획이 공론장으로서의 가능성을 보여주는 핵심이라 생각된다. 또한, 그 공론의 장이 가능했던 이유가 마을계획단 구성원이 세대별, 분야별 다양성에서 기반한다는 것을 증명하는 수치들이기 의미가 있다고 판단된다.

○ 공공성 전제로서, 의제의 다양성과 구체성

235개의 실행계획수립

14개의 소주제로 의제가 발굴되었다. 한 영역에 집중되지 않고 동 지역사회의 생활 전반을 다루는 계획으로 확대되었다.

대주제(8)	소주제(14)	해당 내용 및 분과명
생활/안전	생활	주차, 쓰레기, 악취, 흡연,
	안전	놀이터, 보행안전(통학로), 치안, 방재
건강/복지	건강	노인건강, 스포츠
	복지	복지, 자원봉사, 사각지대 발굴
문화/역사	문화(예술)	문화, 예술, 축제, 역사
교육/돌봄	교육	교육, 청소년
	육아	보육, 아동
공유/경제	공유	공유, 자원재활용, 벼룩시장
	경제	지역경제, 수익창출
자연/생태	생태	환경보호, 생태학습
소통/미디어	소통(공간)	세대/가족 통합, 갈등해소, 이웃교류, 다문화, 소통공간
	마을미디어	마을신문, 라디오
인프라/미화	환경미화	벽화, 화단 조성 및 식재, 가로 및 천변 정비
	도시인프라	대중교통 체계, 정류장 개선, 공공 및 편의시설 신축

출처 : 찾아가는동주민센터 추진지원단 내부자료, 마을공동체조성사업 중간성과 보고, 2016.

주민주도 실행방법 50.6% : 마을계획의 실행방법으로 주민주도 실행 50.6%, 민관협력 28.1%, 행정주도 21.3%로 나타났다. 민 · 관이 협력적으로 동지역사회문제에 관여하는 실질적 거버넌스의 시작점에 의미가 있다.

총투표자 2.6% : 14개 동의 전체 인구 286,649명의 2.6%가 마을계획 투표에 온 · 오프라인으로 참여하였다. 마을계획단 이외에도 마을주민의 상당수 마을계획에 의견을 보태어 마을계획의 공공적 확장을 보여 주었다.

마을계획의 공공성이라는 것이 형식적이고 법적으로 보장되는 것은 아니다. 실제 마을계획이 담고 있는 의제와 실행계획이 주민의 일상생활과 맞닿을 수 있어야 하고, 그 내용에 공감하고 참여할 수 있는 주민이 많아야만 공공성이 확보되는 것이다. 의제의 확대와 투표를 통한 주민참여는 마을계획의 공공성 확장에 상당한 의미가 있다고 생각된다.

나오며

이제 한 바퀴도 제대로 진행되지 않은 마을계획을 글로 정리한다는 것은 무리스럽다. 그럼에도 불구하고 글로서 누군가와 소통하고자 하는 것은 주민의 공론장, 공공성이라는 질문과 과제를 고민하는 다양한 사람들이 각 지역에서 마을계획과 같은 과정에 헌신하고 있고, 시행착오를 함께 하고 있기 때문이다. 짧고 부족한 경험이지만, 함께 과정을 공유하고 함께 시행착오를 융합해 가야만, 그 과정의 힘겨움이 조금이라도 덜어지지 않을까 기대하며 글을 정리하였다.

마을계획을 진행하면서 수많은 어려움이 있었지만, 그중 가장 어려웠던 점은 '마을', '계획', '주민참여'라는 말들이 주는 기존관념과 오해에서 벗어나지 못한다는 것이었다. '생활권계획', '도시계획', '지역복지계획', '농촌종합개발계획' 등 기존의 주민참여형 계획들이 만들어왔던, 전문가 그리고 행정 중심 계획 경험이 '주민주도 마을계획'을 바라보는 시선에도 그대로 담겨 있었기 때문이다. 다시 한번 마을계획의 핵심을 짚어보면 이렇다.

계획만 세우는 것이 아니라, 실제 실행할 계획을 세우는 것이다.

마을계획에 참여한 개인은 공적의사를 대변하지 않는다. 대변하지만 대변하지 않는다. 중요한 것은 자신의 문제를 꺼내 놓는 것에서 시작하여 이해관계가 드러날 수 있는 공론장으로서의 확대를 기대한다. 예를 들면, 아동교육정책의 나아갈 바를 제안하는 것이 아니라, 동네 놀이터 폐쇄에 대한 어려움과 걱정을 토로하는 자리인 것이다. 이것을 마을총회에서 결정하고, 직접 자원을 만들어 실행한다. 돈을 직접 모으기도 하지만, 공모사업에 참여하기도 하고, 지자체의 일반예산에 포함하기도 한다. 직접 제안하고, 결정하고 실행하는 과정이다. 때문에 실행계획, 부문계획, 비전이 유기적으로 연결되어야 하며, 결국 실행계획을 통해 주민은 실질적인 권한을 부여받는 근거를 마련하는 것이다. 이렇게 공론장을 통해 확정한 계획을 실행함으로서 실질적 공공성을 확보하는 것이 핵심이다. 계획을 세우는 것이 아니라, 실행할 계획을 세우는 것이 핵심이다.

보고서를 만드는 것이 아니다. 토론과 협동의 경험, 즉, 공론장을 경험하는 것이다.

'yes냐 no냐를 묻는 것이 아니라 yes but, no but 하면서 자유토론하는 것이니까요.'[6]

스위스 주민총회인 란쯔게마인데[7] 참여자의 인터뷰 내용이다. 투표는 결과적인 행위이며, 참여의 실제적 의미는 토론에 있다는 것이다. 마을계획이라는 용어 때문인지 이 활동이 계획서를 만드는 사업으로 오해되기도 한다. 하지만, 토론과 숙의의 과정이 12개월이다. 기초교육과 워크숍, 분과활동, 총회, 공람 등 토론하고 협동하는 것이 대부분이다. 1인이 평균 10회 이상의 모임에 참여하는 부단한 토론의 과정이다. 결과가 보고서에 있지 않다. 과정적 활동에 있다.

주민 주도, but 주민이 모든 것을 하는 것은 아니다.

주민주도라는 것이 주민들이 모든 것을 해야 한다거나 할 수 있다는 것을 의미하지 않는다. 주민이 주도한다는 것은 주민이 직접하는 것, 주민이 행정정책 수립에 관여할 수 있는 것, 주민이 행정의 자원을 활용할 수 있는 것을 모두 포함하는 의미이다. 마을계획이 동주민센터에 일하는 마을활동가만의 일이 되는 순간 어려움에 봉착한다. 동주민센터 전체의 관심과 참여가 없이는 그저 그들만의 리그에 불과하다. 동장은 마을계획의 생소함에 어리둥절한 동직원의 협조적 문화를 만드는 데 힘을 쏟아야 한다. 특히 이를 전담하는 마을활동가가 동네와 동직원 사이의 관계 속에 잘 정착할 수 있도록 끊임없는 지원과 세부적인 전략을 가지고 있어야 한다.

---

6 투게더광산나눔문화재단, 『마을복지, 자치로 풀다』, 2014, 29쪽.

7 스위스에서 열리는 직접투표제의 청공의회로서 광장에 전 유권자들이 모여 중앙 연단에서 의장이 읽어내는 의제에 대해 거수로 표결을 하는 스타일.(출처 : 스위스 관광청) 구체적인 사항은 유투브 영상(https://www.youtube.com/watch?v=zxmin97oy_Q)을 참조하기 바란다.

공공성은 협약서로 만들어지지 않는다. 민의 문제해결능력이 우선 전제되어야 한다.

민관이 함께 거버넌스(통치) 한다는 것은 상호 장점을 가지고 있어야 한다. 민간은 문제제기, 행정은 해결이라는 구도로 함께 통치할 수 없다. 민간도 민간이 실행할 때 효율적이고 효과적인 문제에 대해서는 직접 해결당사자로 나서야 한다. 자칫 마을계획이 행정 민원으로만 해석되어질 경우 기나긴 공론의 과정과 주민의 공공성의 멀고 먼 이야기가 된다. 공론의 과정은 결과적으로 주민이 실력을 키우는 일이다.

SBS 다큐멘터리 〈최후의 권력〉 5부작 중에 마지막회의 카피가 '최후의 권력은 바로 국민이다'였다. 다소 선동적이면서도 원론적인 마지막회의 내용은 다양한 경로로 주민이 직접 정책에 관여하고 결정하는 사례를 통해 민주주의 발전에서 국민의 직접참여가 얼마나 중요한지 보여주는 내용이다. 그중에서도 필자에게 가장 충격적이었던 사례는 스위스 주민직접투표 '란츠게마인데(Landsgemeinde)'였다. 3천~5천 명 규모의 행정단위에서 주민이 직접 법을 제안하고, 직접 투표하여 결정하는 광장직접민주주의 란츠게마인데는 마을계획이 하고 싶은 그것이었다. 마을주민 간의 신뢰를 바탕으로 투표라는 도구를 통해 공론장과 공공성을 확보하는 행위였다. 마을계획이 '최후의 권력'으로서의 '국민'이 되는 데 어떤 도움이 될지 지금은 알 수 없다. 그럼에도 아직 시도해 보지 않았던 마을계획과 같은 활동이 시도된다는 것만으로도 우리 사회의 변화가 상당한 수준에 왔음이 느껴진다. 좀 더 관심 갖고 함께 한다면, 분명히 의미 있는 과정으로 해석되지 않을까 싶다.

이영미

일상의 의미

완주에서 겪는 늦깍이 사춘기 _ 이영미

호미 한 자루와 책 한 권—낮일 더하기 밤읽기 _ 최종규

어쩌다 보니 진안 _ 심수진

꿈을 꾸다 _ 김지영

무너진 논둑을 메꿔주는 마음 _ 김다솜

연속현장_ 이재후 도마 신부 이야기(2) _ 구술 이재후, 기록 · 정리 하채현

최종규

심수진

김지영

김다솜

완주에서 겪는 늦깍이 사춘기

이영미 / 완주 숟가락 공동육아

몸으로 배우는 첫 공동체, '숟가락 공동육아모임'

"초록이모, 망치삼촌~ 이거 보세요."

우리 제하는 이모, 삼촌이 많다. 요즘 핵가족이라 이모, 삼촌이 기껏해야 1~2명인데, 숟가락 회원이 열네 가족이니, 이모, 삼촌이 스물여덟 명이나 된다. 햇수로 3년차인 "숟가락 공동육아" 모임은 내가 겪은 첫 공동체다.

넓은 운동장에서 우리 아이들은 하루 종일 뛰어 논다. 매일 밥 당번인 엄마가 밥을 차려주고, 놀이 당번인 엄마와 아이를 사랑해 주는 동네언니인 하늘아이 선생님과 함께 아이들은 뛰어 논다. 텃밭에서 자란 토마토를 따먹고, 감자를 캐 삶아 먹기도 한다. 추석을 맞아 송편을 만들어 주변에 나누기도 했다. 앞 동네 마실을 가면 동네 할머니들은 손주마냥 우리 아이들을 반겨준다. 사탕이며, 과일이며 아이들 먹으라고 내 주신다. 숟가락이 쉬는 날은 다른 집에 가서 하루 종일 놀다오기도 하고, 급한 사정이 있을 때 우리 아이들을 맡기기도 한다. 그렇게 우리는 함께 아이를 키운다.

숟가락 공동육아 모임은 지극히 개인적인 필요에서 시작됐다. 내가 일하던 사무실에 직원 중 네 명이 비슷한 시기에 아이를 낳게 되었다. 우리 아이들을 자유롭고 촌스럽게 키워보자는 취지로 모임이 시작되었다. 2014년 여름 '공동육아 특강'을 열어 지역에 관심 있는 엄마, 아빠들이 더 동참하게 됐다. 함께 소풍가는 번개모임으로 시작했다. 이집 저집을 돌며 아이들이 함께 놀기도 하고, 숲놀이 선생님을 모셔 개나리꽃과 단풍, 눈보라를 맞으며 숲을 다니기도 했다. 이집 저집, 이산 저산을 다니다 보니 안정된 공간이 필요했다. 6개월간 공간을 찾다가 드디어 2015년 6월 지금의 '숟가락콩빵'[1]을 사용하게 되었다. 매년 우리는 달라지고 있다. 미리 설계한 대로가 아니라 자연발생적으로 진화하고 있다.

식사부터, 놀이, 청소, 경제적인 부분까지 스스로 해결해야하기 때문에 쉽지 않다. 한번은 열심히 하던 한 엄마가 지쳤다며 떠난다는 말에 같이 힘들어 했다. 중간에 이사를 가기도 하고, 유치원을 간다며 떠나기도 했다. "그냥 유치원에 보내지?" 여유 있는 엄마들의 유난이 아닌가 우리끼리 힘 빠지는 소리를 하기도 했다. 매번 새롭게 만나는 문제와 일들에 당황하고 힘들었지만 하나씩 문제를 해결하며, 딱 그만큼씩 성장해 왔다. 이렇게 나는 공동체를 배워가고 있다. 이런 시간을 보내는 요즘 나는 그동안 한 일들이 떠올랐다. 그리고 많은 것이 혼란스럽다.

1 현재 사용하고 있는 공간은 공동육아 숟가락, 마을신문 완두콩, 줌마뜨레 빵집이 함께 사용하고 있다. 그래서 이름이 "숟가락콩빵"이다. 완주군 소유 건물로 다른 곳에 비하면 적은 임대료지만 수익이 없는 우리에겐 공간을 함께 쓰는 일이 참 다행이다.

완주에서 공동체를 지원한다는 것

"완주에 내려가지 않을래?" 센터장님이 물었다. 나는 마흔이 되면 지역으로 내려가겠다고 말했었다. 갑작스런 제안에 '지금이 내려갈 수 있는 기회가 아닐까?'라는 생각이 들었다. 귀농귀촌을 막연하게만 생각하던 우리 부부는 일사천리로 준비하기 시작했다. 그리고 2010년 1월 말 가방하나 메고 내려왔다.

서울에서 나는 '희망제작소'라는 민간 연구소에서 일했다. 지역의 리더인 자치단체장, 의원, 공무원, 주민리더를 교육했다. 희망제작소는 2009년부터 완주와 협력해 '커뮤니티비즈니스 모델'을 만들기 위해 노력했다. 완주군은 '커뮤니티비즈니스센터'라는 전국 최초의 중간지원조직을 만들기로 했고 우리 연구소가 기본계획을 세우고 초기 작업을 도왔다. 완주에 내려와 한 일은 법인 설립과 센터 개소였다. 그 중 내가 맡았던 일은 이름도 낯선 '커뮤니티비즈니스'를 소개하고 관심 있는 공동체를 찾아다니는 일이었다.

'커뮤니티비즈니스'는 지역에 필요한 일, 지역의 문제를 스스로 해결하는데, 그 방법이 유지될 수 있도록 비즈니스 모델을 연결하는 것이다. 예를 들자면 이런 일이다. 농촌으로 시집 온 다문화 여성들은 집 밖으로 나가기도 힘들고, 일자리를 구하기는 더 힘든 상황이다. 친정에 돈을 보내야 하는 여성들이 많은데 이로 인해 고용환경이 좋지 않은 일을 하거나, 부당한 일을 겪기도 한다. 답답한 가정생활을 견디지 못해 가출하는 일도 있다. 다문화 가정을 방문해 이런 문제를 느낀 '방문지도사' 선생님과 다문화 여성들이 같이 기술교육을 받고 빵을 만들어 팔기 시작했다. 다문화 여성들은 안정된 일자리를 얻을 수 있게 되었고 그것이 지금 완주를 대표하는 '마더쿠키'의 출발이다.

한마디로 얘기하면 커뮤니티비즈니스 센터가 하는 일은 동네에서 살면서 문제로 느끼고 있는 것들을 같이 고민하고 해결방법을 찾는 것이다. 우리 센터는 지역의 교육, 문화, 복지 등 다양한 주제를 다루게 되었고 컨설팅부터 마케팅, 디자인 등 지원내용도 다양해졌다. 물론 잘 모르는 분야가 많았고 배워가면서 했다. 군수의 역점사업으로 행정과 긴밀한 관계를 가지고 다양한 지원을 적극적으로 할 수 있었다. 빠른 속도로 마을공동체, 창업공동체들이 늘어났고 사업의 영역도 농산물 가공뿐 아니라 교육, 복지, 문화, 주거, 에너지 등 다양해졌다.

나는 지역의 공동체들에게 도움을 주는 사람을 자처하며 많은 사람들을 만났고 지역을 위한 일이라는 생각에 자부심도 컸다. 전국 최초의 실험으로 주목받았고, 다른 지역에서 우리를 배우러 방문하기도 했다. 우리 경험에 대한 자신감도 커졌다. 그렇게 5년간 달려왔다. 그런데 지금 나는 혼란스럽다. 내가 무엇을 지원했고, 그 결과 어떤 변화가 있었는지? 그 변화가 정말 내가 바라는 모습이었는지? 그럼 나는 어떤 공동체와 마을을 꿈꾸는지?

기획자와 생활자 사이

숟가락 공동육아 모임을 경험하면서 나는 180도 다른 입장에 놓이게 되었다. 2015년 올해 처음 완주군 창업공동체 사업을 지원받았다. 지원하는 입장에서 지원받는 입장이 되었다. 그 차이가 얼마나 큰지. 교육이 있다고 참여하라는 연락을 받았다. 교육시간은 오전 10시부터 오후 6시. 아이를 데리고 있는 우리 엄마들에게는 하루 종일 있어야 한다는 것 자체가 부담이다. 꼭 아이를 둔 사람이 아니더라도 쉽지 않은 일이다.

4명의 엄마와 4명의 아이가 출석했다. 답답해하는 아이들 때문에 앞자리에 앉았다가 점점 뒷자리로 물러나왔다. 교육이 진행되면 진행될수록 앞에 서서 진행하던 내 생각이 떠올라 집중이 되지 않았다. 진행자와의 거리가 1미터도 채 되지 않았지만 아주 다른 입장에 놓이니 이상했다. 완주군의 정책을 소개하고, 마을 공동체 협의회 이름을 만드는 워크숍도 하고 예산 사용방식에 대한 설명도 듣고 마지막으로는 관련부서 공무원들에게 멘토링도 받았다.

"사전에 꼭 알아두어야 할 것!"이라는 강조와 함께 사업이 시작되기 전에 이런 교육을 진행한다. 공동체들은 처음 듣는 내용이라 이해하기 어렵다. 그럼에도 알아두고, 들어두어야 한다고 생각하며 통과의례처럼 교육을 한다. 우리 엄마들도 "무슨 얘기 하는지 너무 어려워요~"라며 애들 때문에도 그렇지만 핑계 삼아 들락거렸다.

센터에서 활동할 때 나는 '공동체들이 사회적 가치, 공공성을 어떻게 담을 것인지? 내부에 민주적인 의사결정을 어떻게 할 것인지? 투명성을 어떻게 유지할 것인지?' 등 추상적인 질문에 파묻혀 있었다. '소셜 미션(social mission)'을 찾고, 회의기법이나 요즘 유행하는 퍼실리테이션(facilitation)기법을 소개하고 더 나아가 비즈니스를 위한 마케팅, 경영, 회계 등을 교육했다. 추상적인 질문에 당위적인 답만 오갔다.

나는 '다른 의견을 무마하기 위해 어떻게 민주적으로 보일지?' 또는 '개인이 주도하는 사업인데 명분상 어떻게 공공성을 보여주지?'라고 꼼수를 부리는 공동체들을 매서운 눈초리로 지켜봤다. 2014년 우리는 그런 꼼수를 부린다고 생각된 마을에 들어갔다. 1인 1표로 최소한의 민주적인 운영이 가능한 협동조합 형태를 제안했지만 결국 출자금의 절반이상을 개인이 투자해 주식회사로 만들었다. 결국 개인이 더 많은 권한과 책임을 지기로 했다. 주민들은 우리 의견에 공감할 줄 알았다. 그런데 정반대였다. 기술을 가진 리더가 계속 사업을 이어가는 것이 연로한 마을주민들에게는 더 편하게 느껴졌을 것이다.

우리가 중요하다고 강조하는 것들은 참 옳고 바람직한 이야기였지만 철부지 같은 소리로 들렸고 주민들의 선택이 틀리다는 지적처럼 느껴져 불편해하셨다. 생활자인 그 분들은 우리와 달랐고 사용하는 언어도 달랐다. 결국 통하지 못했고 서로를 설득하기 위해 같은 말만 되풀이했다. '공공성, 민주성, 투명성' 중요한 말들이긴 하지만 현실에서 어떻게 물어야 할지? 어떻게 답을 찾아야 할지? 잘 몰랐다. 생활자의 내공이 필요했다.

기획자와 생활자는 참 다르다. 아니 생활자를 경험해 보지 않은 기획자는 참 다르다고 표현해야겠다. 나는 사회를 더 건강하게 하는 일을 한다고 생각해왔다. 추상적인 질문과 가치들이 중요했다. 내 머리와 몸, 이상과 현실의 차이를 좁히기 어려웠다. 지금와 생각해보면 내 일상은 생산자들을 고려하지 않는 얌채 같은 소비자였고, 지역 문제에 고민할 여유도 없이 과로를 생활화하는 동네 하숙생이었고, 동네 정치에도 냉소적인 방관자였다. 이제는 동네 백수로 아이를 키우면서 이제 살살 땅으로 내려오고 있다. 그러니 안보이던 것들이 보인다.

기이한 공모자들, 민원인과 빠끔이 사이

올 봄 우리 마을에서 첫 "딸기축제"를 했다. 이장님은 전라북도에서 지원한 사업이라 부담되셨던 것 같다. 게다가 한참 농번기일 때라 더 그랬다. 중간지원조직에서 일하는 우리 마을 담당자는 더 고민이 많았고 이장님보다 더 애를 썼다. 리플렛 사진이며 문구, 행사 기념품, 프로그램, 예산 집행 등 세세한 부분까지 신경 써주었다. 반면에 이장님은 마을잔치로 생각했기 때문에 동네사람들에게 대접할 식사와 내빈으로 초대할 사람들에게 마음을 쓰셨다. 그래서인지 이것저것 챙기며 찾아오는 담당자가 고마우면서도 귀찮으신 듯 했다.

일을 해 나가다 보면 '일단' 행사를 잘 치르는 데 초점이 맞춰지게 된다. 특히 행정이나 실무자들의 경우 경험도 없고 더딘 마을주민들을 앞서나가게 된다. 목표는 늘 마을주민들의 화합을 우선하지만 실제 준비과정에서는 마을사람들을 고려할 여유가 없다. 갈등이 생겨나도 얼른 무마하고 잘 진행하는 것이 중요하다. 사업의 성과는 다음 해 사업으로 연결되기 때문에 행정과 중간지원 조직, 그리고 마을도 잘 마쳐야 하는 것이 목표가 된다.

마을공동체를 지원하는 사업이 많이 늘어났다. 지원하는 곳도 완주군뿐 아니라 전라북도, 문광부, 농림부, 행안부 같은 중앙부처 지원사업도 늘어났다. 요즘은 민간차원에서도 늘고 있다. 몇 백에서 몇 억까지 그 규모도 다양하다. 완주군은 이런 사업이 많아지면서 마을공동체 관련 부서들이 협의하는 자리를 가졌다. 마을 공동체 사업 관련 부서들이 함께 모여 지원사업의 내용을 공유하고 어떤 마을이 적합한지 조언을 구하는 자리였다. 이후 조직개편을 통해 마을관련 사업을 한 부서로 모으게 되면서 공동체 경험과 준비정도에 따라 지원하는 체계를 마련해 나갔다.

연초가 되면 행정, 중간지원조직, 마을 할 것 없이 각종 공모사업을 준비하는데 열을 올린다. 기금을 유치하는 것이 중요하기 때문이다. 행정과 중간지원조직은 기금의 목적에 맞춰 적합한 공동체를 추천한다. 적합한 사업을 공동체와 함께 구상한다. 잘 기획하는 작업이 중요해지는 순간이다. 그럴듯한 사업, 명분 있는 공동체가 필요하다.

지원기관들 사이에서 공모사업 사냥꾼을 '빠끔이'라 부른다. 정보를 빨리 알아채고 사업을 잘 따가는 사람을 두고 하는 말이다. 그런데 묘하게 민원인과 '빠끔이'라 불리는 사람들이 비슷한 모습을 보인다. "우는 아이 젖 준다"는 마음이 깔려있다. 계속 요구해야 얻을 수 있다는 것이다. 마을의 필요와 공동의 이익을 근거로 지원을 요구하는데, 대체로 공동체들은 더 많은 지원을 원한다.

군에서 주최하는 행사에 얼굴도장을 찍고, 관련 부서의 담당자와 연락을 주고받으며 열심히 기회를 잡으려고 노력한다. 지원기관도 사업을 잘 수행하고 성과를 낼 수 있는 믿을 만한 곳이 지원받기를 바라기 때문이다. 명분 있게 사업의 성과를 만들어 가다보면 단골손님에서 우수고객이 된다. 이런 기회를 얻기 위한 노력이 공동체들의 활동에 많은 부분을 차지한다. 주객이 전도된다. 사업을 공모하는 과정에서 '선정'이 목표가 되고, 선정 이후에는 계획대로 '잘 수행하는 것'이 목표가 된다. 행정과 중간지원조직도 기금을 가져오는 것이 중요한 지원이라고 생각하기 때문에 공모사업에 해당 마을이나 공동체만큼 적극적이다. 현실에서는 이것이 지원기관의 성과로 여겨지기도 한다.

늘 목표는 주민들의 화합이 우선이지만 공모사업을 지원하고 수행할 때 이것을 고려할 여유가 없다. 마을 사람들 개개인의 요구를 듣고 서로를 배려하는 과정은 복잡하게 느껴진다. 그러다 보니 갈등을 무마하거나 무시하게 된다. 결국 갈등이 터져 나온다. '돈'이 '독'이 되는 순간이다. 공동체 내부에 단단한 신뢰를 가지고 있거나, 사람을 중심에 두고 지원 사업을 잘 조절할 수 있는 리더가 있지 않는 한 많은 마을 공동체들이 기금과 지원기관에 휘둘리게 된다.

적절한 단계에 적절한 '돈'은 필요하다. 이런 지원을 통해 건강하게 성장한 곳들도 있다. 그러나 지금 같이 행정이나 지원하는 기관이 많은 권한을 가지고 있는 한 주민들은 민원인과 빠끔이 사이에 줄타기를 하거나 아예 이런 지원에 냉소적이거나 무관심하게 된다.

다른 농촌에 비해 완주의 마을공동체들의 활약은 기대 이상이다. 하지만 여전히 고령화, 농촌의 공동화 문제는 심각한 상황이다. 이런 문제를 해결해 나가는 첫 시작은 뜻있는 사람들이 모이는 것에서 시작된다. 막막하고 답답한 문제에 대한 토로와 만남이 씨앗이 된다. 센터를 그만두고 경험한 '숟가락 공동육아 모임'도, 처음으로 한마지기 벼농사를 지어 먹거리 자급이란 거창한 꿈에 도전을 도와준 '벼농사모임'도, 젊은 귀농귀촌자들의 교류와 판매의 장을 열어준 '꽁냥마켓'도 모두 만남에서 시작됐다. 그리고 미안하고 고마운 마음에서 유지되고 있다.

나는 지역의 문제를 주민들이 스스로 해결해 나갈 수 있도록 돕기 위해 다양한 지원을 해 왔다. 그런데 앞뒤가 뒤바뀐 느낌이 든다. '이곳에서 살아가기 위해 우리 아이들이 자라나기 위해 무엇을 해야 할까? 어떻게 해야 할까?' 뜬금없게 들리지만 완주에 처음 왔을 때처럼 물어야 할 것 같다.

완주 고산향 교육 공동체의 교훈

얼마 전 고산고등학교 교장 공모제 심사위원으로 참여한 적이 있다. 지역에서 공동육아를 하고 있는 잠재적인 학부모라는 이유로 추천 된 것 같다. 그날 아침부터 저녁 늦게까지 심사는 이어졌고, 좋은 분이 추천되었다.

고산고등학교는 지역의 애물단지 학교였다. 지역의 아이들이 줄고, 아이들이 있다고 하더라도 전주로 가는 것이 일반적이라 전주로 갈 형편이 안 되거나, 전주에 있는 학교를 다닐 수 없는 학생들이 가는 곳으로 여겨졌다. 그런 학교가 2018년부터 공립형 대안학교로 전환을 준비하며 그에 맞는 교장선생님을 모시기 위해 이 공모제를 하게 되었다는 것이다.

고등학교 2학년 학생의 학부모인 운영위원장님은 이 혜택을 볼 수 없지만 이번 교장 공모는 고산고등학교의 사활이 걸린 문제라며 심사를 잘해달라고 부탁하셨다. 이런 분들이 한둘이 아니다. 2011년 "고산향 교육 공동체"라는 이름으로 인근 5개 학교의 교사와 학부모, 지역주민들이 함께 모여 초 · 중 · 고 12년의 학교교육과 지역교육을 고민하기 위해 모였다. 지역교육의 성장을 위한 인문학 강좌, 생태 및 역사기행 사업, 학생들이 함께 만드는 지역신문도 발행하고 있다.

2011년 학부모 몇 명과 지역의 청년이 빵을 팔아 생긴 수익금으로 고산고 아이들 멘토링 사업을 시작한 '이웃린'이 있다. 이와 동시에 고산면 주민들이 '완주군 장기발전계획수립'이라는 정책을 활용해 교육공동체를 구성하게 되었다. 중학생이 되면 전주로 나가던 아이들이 고산중학교로 가기 시작했다. 중학교까지는 고산에서 보낸다는 상식을 만들었다. 그리고 이제 고등학교다. 지역의 아이들이 지역에서 나고 자라고 배우고 지역에서 삶터를 꾸릴 수 있도록 '로컬에듀'라는 완주군 정책이 생겨난 것도 우연의 일치라고 보기 어렵다. 학교의 문을 열고 교사와 교장선생님의 마음을 움직여 학교와 지역사회가 서로 신뢰하는 파트너가 될 수 있었다.

주목해야 할 것은 '사업'이 아니라 '사람'이었다. 올초 초 · 중 · 고 교사들끼리 스스로 교류 행사를 했다며 자랑하는 이야기를 들었다.

"서로 비난하지 않고 각자의 역할에 최선을 다하는 것이 중요하다고 생각한다"며 그간 서로간의 마음을 열기 위해 얼마나 조심스럽게 노력했을지 눈에 선하다. 아직도 갈등은 있다. 하지만 지역사회가 뒤에서 든든하게 이런 갈등을 조정해 줄 수 있다면 지금까지의 고산향의 역사가 잘 유지될 수 있을 것이다.

작은 활동들을 시작으로 시행착오를 거쳐 지금은 저절로 사람들이 만나고 새로운 일들이 벌어지고 있다고 한다. 올해 아름다운 재단, 사회적 기업 진흥원과 함께 지역에 맞는 자유학기제-진로탐색 수업을 할 수 있었던 것도 이런 기반이 있었기 때문이었다. 고산에는 교육에 대해 함께 이야기 할 장이 있어 좋다. '돈'보다 '사람'이, '사업'보다 '함께 이야기 할 장'이 우선해야한다는 것을 느낀다. 고산향 교육공동체의 느린 걸음, 긴 호흡을 통해 배운다.

발을 딛고 뿌리 내리고 싶다

아는 것과 사는 것은 아주 다르다. 함께 산다는 것에 대해서, 공동체에 대해서 나는 글로만 배웠고 머리로만 알았다. 머리로는 공동체를 지향하고 함께 살고 싶다고 말하지만, 몸은 여전히 서울깍쟁이다. 그동안 안다고 이야기하고 자부해 왔던 것들이 혼란스러워졌다. 전국 최초 중간지원조직 전문가라는 이름이 붙여지며 더 자신감 있게 이야기 했던 것들 말이다.

머리로 일딘 것들은 내 일상에서 자꾸 부딪혔다. 그동안 남을 위한 일을 한다는 생각에 위안 삼으며 내 일상은 소홀히 했다. 어린왕자에서 보면 '등대지기'가 나온다. 밤이 되면 등대를 켜고, 아침이 되면 등대를 끄고 매일 반복되는 그러나 누군가를 위해 어둠을 밝히는…… 그래서 어린왕자가 유일하게 좋은 사람이라고 이야기했지만 역시나 하며 떠나버린다. '내가 왜 그 일을 하고 있는지? 나의 삶은 어떻게 변하고 있는지?' 아무것도 묻지 않는 등대지기 같았다. 보람과 성취감 뒤에 느껴진 공허함. 그리고 사회적 인정을 위한 끝도 없는 욕망과 새로운 시도에 대한 강박으로 힘들었다.

나는 이제 누구를 위한 기획자가 아니라 나에서 출발해 다른 사람들과 연결돼 있다는 것을 몸으로 느끼며 살고 싶다. 그때 느낄 수 있는 충만함과 행복이 얼마나 중요한지 우리 아이들에게도 보여주고 싶다. 아직 어디로 어떻게 가야 할지는 모르겠지만 '농촌', '지역'이라는 공간이 주는 부족함과 주변부라는 소외감이 나에게 새로운 것을 깨닫게 했다. 자연과 사람들과의 관계가 새로운 것들을 배우게 했다. 머리로만 앞서가던 내가 서서히 자연의 순리를 받아들이고 있다고 해야 하나. 나이 마흔이 돼서 이제 발이 땅에 닿는 것 같다. 그리고 둥둥 떠다니던 내가 어딘가에 뿌리를 내리기 시작한다.

호미 한 자루와 책 한 권

낮일 더하기 밤읽기

최종규 / 도서관학교 숲노래

저는 말을 다루는 일을 합니다. 우리가 늘 쓰는 말을 다루는 일을 해요. 생각을 나타내는 말을 다루고, 마음을 드러내는 말을 다루며, 사랑과 삶과 살림을 짓는 바탕이 되는 말을 다루는 일을 합니다.

저는 학자가 아닙니다. 그저 일을 하는 사람입니다. 학자가 아닌 터라 대학교에서 젊은이를 가르친다거나 논문을 쓰는 일은 하지 않습니다. 저는 말을 다루는 살림을 사랑하려는 생각으로 하루를 짓는 사람으로 살아요. 그래서 제가 일하는 자리는 늘 여느 삶자리입니다. 여느 보금자리에서 말을 바라보면서 다룹니다. 여느 살림자리에서 아이들하고 함께 놀고 웃고 어우러지면서 말을 살펴보면서 다루어요.

그리고 이 같은 일을 시골에서 합니다. 책도 도서관도 사람도 많을 뿐 아니라, 일거리라든지 논벌이가 많은 도시가 아니라, 책도 도서관도 사람도 적을 뿐 아니라(또는 없을 뿐 아니라) 일거리나 돈벌이마저 적거나 없다고 할 수 있는 시골에서 말을 다루는 일을 합니다.

말을 다루는 일은 이 말 그대로 '말을 다루는 일'입니다. 제가 하는 이러한 일로 드러나는 열매라면 '사전'이 있어요. 어느 모로 본다면 한국말사전(국어사전)을 엮는 일이 제 일입니다. 사회에서는 이를 '국어사전 편집 · 집필'이라고 합니다.

대학교도 아니고 도시도 아닌 시골에서, 또 아이들을 돌보고 집살림을 도맡으면서 어떻게 '말을 다루는 일(국어사전 편집 · 집필)'을 하느냐고 궁금하게 여기는 분이 퍽 많고, 어떤 분들은 거짓말이 아니냐고 고개를 갸우뚱해 하기도 합니다. 그러나 저로서는 '말을 다루는 일'을 하자면 도시이고 시골이고를 떠나서 스스로 '삶자리 · 보금자리 · 살림자리'를 살피고 가꿀 수 있어야 한다고 느낍니다. 아직 한국에서 제대로 된 한국말사전이나 영어사전이나 여러 가지 사전이 나오지 못하는 까닭은 '학자만 너무 많'기 때문이라고 느껴요. 삶자리를 살피면서 말을 살피지 못해요. 보금자리를 가꾸면서 말을 가꾸지 못해요. 살림자리를 돌보면서 말을 돌보지 못해요.

오늘은 이러한 얼거리를 놓고서 이야기를 풀어 보려고 합니다. 호미 한 자루와 책 한 권으로 삶을 짓는 이야기를 들려주고 싶습니다. 낮일을 하면서 밤읽기를 하는 살림살이를 밝히고 싶어요. 호미 한 자루는 제 살림살이를 가리키는 모습이고 책 한 권은 제 배움살이를 나타내는 모습이에요. 제 살림살이 이야기하고 맞물려서 책 한 권을 함께 읽어 보려고 합니다. 다이애나 콜즈 님이 쓰고 로스 아스키스 님이 그린 어린이문학 『영리한 공주』(비룡소, 2002)가 있어요. 바로 이 책을 조금씩 떼어서 함께 읽으며 '시골에서 삶을 사랑스레 지으면서 살림을 웃음으로 노래하는 길'이란 무엇인가 하는 이야기를 펼쳐 보이겠습니다.

> 왕은 평생 보물을 모으며 살았고, 이 세상을 통틀어 가장 사랑하는 것 또한 보물이었습니다. (…중략…) 왕은 보석을 세고 지키는 것에만 온통 정신이 팔려 있어서 딸과 이야기를 하거나 함께 놀 시간이 없었습니다.(7, 8쪽)

옛말에, 아니 옛말이라기보다는 '중국말'에 '주경야독'이 있습니다. 이 옛말 아닌 '중국말'을 좋아하면서 곁에 두는 다짐말로 삼는 이웃님이 꽤 많으리라 봅니다. 저도 이 중국말을 퍽 좋아하면서 깊이 돌아보곤 합니다. 다만 이 말은 중국말이기에 제 나름대로 '한국말로 다시 옮기'지요. 한국말로 번역을 해서 생각해 보아요.

생각해 볼 노릇이에요. '주경야독'은 한자나 한문을 익힌 이들이 알아듣거나 주고받는 말입니다. 한국에서 수수하게 사는 사람들하고는 아주 동떨어진 말입니다. 예부터 흙을 짓고 흙집을 지으며 흙살림을 짓는 사람들하고는 그야말로 동떨어진 말이지요.

참말 그래요. 시골지기는 낮에 흙을 갈면서 땀흘려 일해요. 시골지기는 밤에 아이들한테 도란도란 이야기밥을 들려주면서 즐겁게 하루를 마무리해요. 비록 글을 쓸 줄 모르고 종이책을 읽지는 않지만, 시골지기는 철을 따라서 씨앗을 심어서 돌보고 갈무리하는 길을 몸에서 몸으로 물려주고 익히면서 살았어요. 책으로는 배운 적이 없으나 언제나 삶으로 배워요. 책으로는 가르친 적이 없으나 늘 삶으로 가르쳐요.

한국사람이 쓰는 말을 헤아려 보셔요. 먼먼 옛날부터, 아득히 먼먼 옛날부터 아이들은 어버이한테서 말을 물려받습니다. 책으로 말을 배우지 않아요. 지식으로 말을 물려받지 않아요. 온누리 모든 아이들은 저희 수수한 어버이한테서 수수한 말을 물려받지요. 그리고 이 수수한 어버이가 물려주는 수수한 말은 언제나 수수한 살림을 수수한 사랑으로 가꾸는 바탕입니다.

궁전에는 공주를 사랑해 주는 늙은 시녀가 있었습니다. 시녀에게 읽기와 쓰기를 배운 아레트는 몇 시간이고 앉아서 책을 읽곤 했습니다. 공주가 열다섯 살이 되었을 때에는 왕의 도서관에 있는 책을 모조리 다 읽어 버렸습니다. 너무 어려워서 왕이 읽지 못하는 것들까지도요. 또 공주는 시녀에게 바느질을 배워 옷을 잘 지었고, 그림 그리기를 배워 궁에 사는 모든 사람들의 초상화를 그렸습니다. (…중략…) 아레트 공주는 말타기 수업을 아주 좋아했습니다. 말을 타고 신선한 공기를 마시며 숲 속을 달리는 것이 좋았지요. 또 무용 수업도 아주 재미있었습니다. 특히 경쾌한 음악이 나올 때면 더욱 좋았지요. 하지만 매력적인 대화법 시간은 따분하기 짝이 없었습니다.(8, 9쪽)

먼저 한 말씀을 올려야 할 텐데, '토박이말'이란 따로 없습니다. '깨끗한 말'도 따로 없습니다. 토박이말을 사랑하거나 아껴서 써야 하지 않습니다. 그러면 어떤 말을 사랑하거나 아껴서 써야 할까요? 바로 '수수한 어버이한테서 수수하게 물려받은 수수한 살림을 가꾸는 수수하게 사랑스러운 말'을 아껴서 쓸 노릇입니다.

토박이말을 캐내서 써야 할 까닭이 없습니다. 삶을 밝히는 말을 즐겁게 쓰고, 살림을 짓는 말을 웃으면서 쓰며, 사랑을 나누는 말을 노래하며 쓸 수 있으면 돼요.

그러니까 낮에는 일하고 밤에는 이야기밥을 나누던 먼먼 시골지기 보금자리에서는 바로 이러한 말이 오래도록 따사롭고 너그럽게 흘렀습니다.

대단한 말을 어버이가 가르치지 않아요. 엄청난 말을 아이가 배우지 않아요. 언제나 가장 수수한 말을 가르치고 배워요. 늘 가장 투박한 말을 물려주고 물려받아요.

그런데 어느 모로 보면 수수한 말일수록 대단합니다. 투박한 말일수록 놀랍습니다. 수수한 말 '바람'이 대단하지요. 투박한 말 '사람'이 놀라워요.

'창공'이나 '허공'이나 '공중'이라는 말을 써야 날씨를 알까요? '바람'이나 '하늘'이라는 말을 쓰면 날씨를 모를까요? '인간'이나 '인류'나 '휴먼' 같은 말을 써야 사회나 문화나 교육을 아름답게 가꿀까요? '사람'이라는 낱말로는 착하거나 참되거나 고운 삶결을 밝히지 못할까요?

어버이는 흙을 지으면서 아이한테 흙짓기를 늘 온몸으로 보여줍니다. 어버이는 흙을 알뜰살뜰 지으면서 아이한테 흙살림을 온마음으로 보여줍니다. 어버이는 옆에 책(농서)을 펼쳐서 흙짓기(농사 · 농법)를 가르치지 않습니다. 어버이는 그저 늘 하던 대로 수수하게 흙을 만지며 일합니다. 아이들은 그저 늘 하던 대로 수수하게 흙을 만지며 놀아요.

어버이는 흙을 만지며 일하는 동안 '흙'이며 '모래'이며 '돌'이며 '비'이며 '꽃'이며 '나무'이며 가장 수수하면서 투박한 말을 아이한테 가르칩니다. 아이는 흙을 만지며 노는 동안 '벌레'이며 '새'이며 '나비'이며 '잎'이며 '줄기'이며 가장 수수하면서 투박한 말을 어버이한테서 배웁니다.

> 이런! 네가 영리하다는 사실이 사람들에게 알려지면, 아무도 너랑 결혼하려 들지 않으리란 걸 너도 알겠지? 맙소사! 어떤 왕자가 영리한 아내를 원하겠는가?(11쪽)

오늘날 한국에서는 거의 모든 사람이 도시에서 살아요. 나라에서 내놓은 통계로는 91퍼센트가 넘는 사람이 '도시사람(시민)'이라고 합니다. 9퍼센트는 시골사람이라는데, 그나마 이 9퍼센트에서도 거의 모든 사람은 '읍내'에 살고, '면내'에도 제법 많이 살지요. 아직 주민등록을 도시로 옮기지 못한 채 '도시에 있는 대학교'를 다니는 시골 젊은이가 있어요. 막상 '시골다운 시골(?)'에서 사는 사람은 9퍼센트가 아니라 1퍼센트조차 되기 어려워요.

이러한 통계는 무엇을 말하느냐 하면, 우리 한국은 고작 쉰 해도 아닌 서른 해 사이에 아주 크게 뒤바뀌었다는 뜻입니다. 이제 한국에서는 어른도 아이도 흙을 모른다는 뜻입니다. 오늘날 한국에서는 어른도 아이도 지식은 많고 학교는 오래 다니며 책은 수없이 읽지만, 정작 손수 짓는 삶 · 살림 · 사랑하고는 동떨어진 채 지낸다는 뜻이에요.

둘레를 살펴보셔요. 인문책을 읽는 사람이 많아요. 그러나 손수 밭을 짓거나 살림을 가꾸는 사람은 드물어요. 인문학을 살리자고 하는 물결은 치지만, 숲을 가꾸거나 마을살림을 수수하면서 작고 예쁘게 돌보자고 하는 물결은 치지 않아요.

> 복스가 왜 마법을 써서 음식을 근사하게 바꿔 버리지 않았는지 궁금하지요? 사실, 복스는 정말 쓸모 있는 마법은 배우지 않았거든요. 그런 마법이야 당연히 배우기가 훨씬 어려우니까요.(31쪽)

저희 집 뒤꼍에는 무화과나무가 있습니다. 저희 보금자리가 있는 전남 고흥 도화면 신호리 동백마을에서 '마당이나 뒤꼍에 무화과나무를 둔 집'은 저희 집을 빼고 없습니다. 무화과나무를 돌보는 분은 아실 텐데, 이 무화과나무는 가지를 치고 또 쳐도 해마다 아주 잘 자라요. 그리고 무화과나무는 감나무처럼 가지를 뭉텅뭉텅 쳐야 열매가 더 잘 맺으면서 '열매를 따기 쉽다'고 하지요.

저희 집에서는 이 무화과나무를 베지 않습니다. 이웃 밭에 그늘을 드리운다고 하면 그쪽 가지를 치기는 하는데, 한여름에 가만히 보면 있지요. 이웃 밭에서 일하시는 분은 저희 집 무화과나무가 드리워 준 그늘에서 쉬어요. 시골에 계신 분이라면 다 아실 텐데, 논이나 밭 둘레에 그늘 하나 없어요. 나무 한 그루 없으니까요. 햇볕을 더 받도록 해야 한다면서 논가나 밭가에 참말로 감나무조차 한 그루 안 두어요.

밭에 나와서 일을 하다가 쉬려는데 온통 땡볕이에요. 자, 이러면 쉴 수 있을까요? 저희 집 무화과나무가 드리우는 그늘은 그리 클 수 없어요. 왜냐하면 우리 집 뒤꼍에서 자라니, 이웃 밭까지 가지를 넓게 뻗치지는 못해요. 이웃 밭 귀퉁이에 살짝 그늘을 드리우지만, 해가 움직이는 결에 따라 이 그늘도 곧 사라지지요.

여러 해에 걸쳐서 이 무화과나무를 살펴보는데, 무화과나무가 쑥쑥 자라더라도 열매를 따기는 어렵지 않습니다. 사다리를 받쳐도 되지만, 무화과나무 가지는 퍽 부드럽고 단단하기에 가만히 당겨서 열매를 따고 손을 살짝 놓으면 돼요. 아무리 높은 데 열매가 맺혀도 가만히 서서 가지를 천천히 당겨서 열매를 따고 다시 놓아 주면 되지요. 다른 나무라면 이렇게 가지를 당겨서 열매를 따다가는 가지가 우지끈하고 부러질 텐데 무화과나무는 안 그래요. 재미있어요.

그러면 감나무는 어떻게 할까요? 감나무는 가지를 당기면 안 돼요. 쉬 부러지거든요. 그러나 감나무는 가지가 안 부드러워도 꽤 단단하기에 어른이 가지를 밟고 올라가서 열매를 딸 만합니다. 감나무 열매를 딸 적에는 '감따기'가 '일'이라기보다는 '나무 타는 놀이'가 됩니다. 게다가 무화과나무는 해가 갈수록 가지가 굵으면서 열매가 한결 굵어요. 올해에 맺힌 무화과 열매는 어른 주먹만 하기까지 했어요.

> '그래! 세 가지 소원을 빌 수 있잖아. 그중 한 가지만 써야지.' 공주는 붓과 물감이 생기기를 바라면서 반지를 문질렀습니다. 그러자 무지개 빛깔

의 물감이 생겼습니다. 아레트는 행복한 마음으로 사람과 용, 성채, 배, 나무와 말을 그리기 시작했습니다. 시간이 어떻게 흐르는지도 몰랐지요. (…중략…) 그 후 며칠 동안, 아레트는 지하실의 모든 벽에 그림을 그렸고, 복스와 그로블은 고약한 임무를 생각해 내느라 진땀을 흘렸습니다.(33, 35쪽)

비닐집은 한겨울에 남새를 먹도록 해주니 고맙습니다. 비닐집을 안 써야 한다고는 생각하지 않습니다. 다만 한 가지를 헤아려 보아야지 싶습니다. 비닐집에서 키우는 남새나 나무는 해나 바람이나 비를 마주하지 못해요. 오직 '뜨거운 기운'만 있습니다. '뜨거운 기운'만 있어도 남새나 나무를 키울 수 있어요. 그렇지만 해나 바람이나 비가 없이 키우는 남새나 나무한테는 이 세 가지가 모자랄 수밖에 없어요.

사람도 남새나 나무하고 같아요. 아이들이 '따뜻하거나 시원한 집 안쪽'에만 머문 채 자란다면 어찌 될까요? 아이들이 여름에는 에어컨 바람이 부는 집이나 교실이나 건물에서만 지내고, 겨울에는 난방기 바람이 부는 곳에서만 있는다면? 아이들이 햇볕을 쬐지 못한 채 전깃불만 보면서 자란다면? 아이들이 하늘바람을 쐬지 못하고 에어컨이나 난방기 바람만 쐬면서 큰다면? 아이들이 비를 몸으로 맞아 본 적이 없이 산다면?

비를 맞지 못하며 자라는 남새나 나무는 튼튼하지 못합니다. 비를 맞으며 놀아 본 적이 없이 자라는 아이는 튼튼하지 못하지요. 햇볕을 못 쬐어 허여멀건 살갗인 아이들은 튼튼할까요? 비타민이나 철분제나 영양제를 먹으면 될까요? 예방주사나 의약품이나 병원 처방만 있으면 될까요?

복스는 쥐가 무서워 직접 지하실에 들어가는 것은 꿈도 못 꿨습니다. 그래서 공주가 벽에 그린 그림은 보지도 못했지요. 사실 그렇게 겁낼 필

요가 없었습니다. 아레트 공주가 지하실을 깨끗이 청소했기 때문에 쥐떼는 딴 데로 가 버렸거든요.(39쪽)

일본이라는 나라에서 '기적의 사과'를 일군 분이 있습니다. 이분은 이제 할아버지가 되었는데, '기적의 사과' 이야기는 책으로도 나오고 영화로까지 나왔어요.

책이나 영화로 '기적의 사과' 이야기를 보면, 기무라 아키노리라 하는 일본 이웃 시골지기님은 '사람이 아무리 농약이나 비료나 항생제나 비닐로 남새나 나무를 기르려 해 보았'자 사람 몸에는 도움이 안 되는 줄 알아차리거나 깨닫습니다. 그런데 아주 늦게까지 한 가지를 좀처럼 알아차리거나 깨닫지 못했어요. '무농약 사과밭'이 도무지 안 된다며 곁님과 아이를 두고 혼자 목숨을 끊으려고 밧줄 하나만 챙긴 채 깊은 숲으로 들어가고서야 드디어 알아차리거나 깨닫지요.

'기적의 사과'를 일군 시골지기 할아버지는 스스로 죽으려고 숲에 들어갔다가 비로소 깨닫습니다. 이 할아버지가 깨달은 이야기는 먼먼 옛날에는 누구나 흔히 다 알던 이야기입니다. 한국에서도 고작 서른 해까지만 하더라도 시골지기 누구나 모두 알던 이야기예요.

무슨 이야기일까요? 예전에는 누구나 다 알았으나 오늘날에는 누구나 다 모르는 이야기란 무엇일까요?

숲은 농약이나 비료나 항생제 없이 튼튼하고 푸릅니다. 숲은 숲지기(산림감시원)가 없어도 언제나 튼튼하고 푸릅니다. 숲은 숲 그대로 언제나 튼튼하고 푸러요.

그러면 논밭은 무엇이 다를까요? 논밭은 '자연'이 아니에요. 논밭은 '인공물'입니다.

인공물이라서 나쁠 수 없어요. 인공물은 인공물대로 슬기롭게 아끼면서 가꿀 수 있으면 됩니다. 그런데 인공물은 인공물인 터라 농약이든 비료이든 항생제이든, 아니면 거름이든 사람들이 꾸준히 챙겨서 쏟아부어야 합니다.

> 오랜만에 밖에 나오니 상쾌했습니다. 일주일 동안이나 지하실에 처박혀 있었으니까요. 날아다니는 새들을 보면서 목이 마르면 시냇물을 마셨고, 사과를 먹고는 사과 씨앗을 땅에 심었습니다. 그리고 피곤해지면 햇볕을 쪼이며 쉬었지요.(42쪽)

사람이 아무것도 주지 않는 숲에서는 수천 해를 너끈히 사는 엄청난 나무가 있습니다. 아니, 사람이 아무것도 주지 않는 숲이어야 비로소 나무 한 그루가 수천 해를 살아요. 숲흙은 참으로 까무잡잡하지요. 까무잡잡한 숲흙은 잎하고 풀포기가 삭아서 이루어집니다. 벌레 주검하고 똥으로, 짐승 주검하고 똥으로, 그야말로 숲 그대로 스스로 돌고 돌면서 가장 아름답고 튼튼하면서 싱그러운 숨결을 이룹니다.

오늘날 도시 사회에서는 '몸을 살리려'고, 이른바 '치유'나 '힐링'을 하려고 수목원이라는 데를 가지요. 인공물로 가꾼 수목원이나 공원에 가서야 비로소 몸이나 마음을 다스린다고 하지요.

도시라면 수목원이나 공원이 반드시 있어야겠지요. 인공물인 수목원이나 공원을 두어야 비로소 제대로 숨을 쉬고 마음을 달래겠지요. 그러면 시골은 어떨까요? 시골은 어떻게 해야 할까요?

옛날에는 인공물인 논밭을 두어서 지었어도 언제나 숲정이를 곁에 함께 두었어요. 논밭을 지으면서도 숲정이는 건드리지 않았어요. 숲정이는 '마을숲'입니다. 숲정이는 마을을 포근하고 넉넉하게 감싸안는 작은 숲입니다. 먹고살려면 땅을 갈아엎어서 논밭을 지어야 합니다만,

논밭만 있어서는 사람이 살 수 없는 줄 옛사람은 슬기롭게 깨달아서 숲정이를 지켰어요. 숲정이를 건사하면서 마을 둘레에 늘 나무가 우거져야 하는 줄 알아차렸어요.

더욱이 나무는 숲정이로만 두지 않아요. 집집마다 마당과 뒤꼍에 나무를 두지요. 나무가 그늘을 드리워서 곡식이 덜 자라도록 한다면, 그래도 괜찮아요. 다른 곳에 밭을 두면 되니까요. 마당에 나무가 자라야 태풍 같은 큰바람이 몰아칠 적에 집을 지켜 줍니다. 바닷가에는 바람막이가 되어 주는 숲이 바닷가를 따라서 있기에 마을과 집을 지켜요. 그리고 이 나무는 논 못지 않게 물을 머금지요. 나무 한 그루가 있기에 가뭄을 견딜 수 있어요. 게다가 나무가 있기에 한여름에 시원한 그늘뿐 아니라 시원한 바람을 베풀어요.

> 마법의 숲은 활기로 넘쳐 났습니다. 동물도 원하기만 하면 사람처럼 말을 할 수 있고 나무도 움직이고 생각할 줄 알았지요. 더구나 꽃도 마음을 가지고 있었으니까요. 기사들은 화살과 도끼를 들고 고함을 질렀습니다. 화살로 동물을 쏘고 도끼로 나무를 벨 참이었죠. 그리고 쨍그렁쨍그렁 갑옷 소리를 내면서 숲으로 들어왔지요. 그러면 숲은 조용히 기사들을 쫓을 준비를 했습니다.(44쪽)

나무를 미워할 뿐 아니라, 마당이나 뒤꼍에조차 나무를 두지 않으려고 하는 오늘날 한국 '농촌 사회'를 바라봅니다. 새마을운동 바람이 불면서 그만 시골 고샅은 시멘트나 아스팔트로 바뀌었고, 마을 앞 커다란 나무 한 그루만 겨우 '정자나무'로 살아남습니다. 새마을운동 바람으로, 또 이에 앞서는 한국전쟁과 일제강점기 너울로 숲정이가 사라졌지요. 숲정이뿐 아니라 숲마저 사라졌어요. 전쟁이 퍼부은 어마어마한

폭탄은 이 나라 아름드리 숲과 숲정이와 마을을 송두리째 망가뜨렸어요. 게다가 새마을운동이라는 억지스러운 독재바람은 시골이 스스로 조용하면서 곱게 거듭나려고 하는 길을 모조리 가로막았지요.

이러한 사회 흐름이지만 어릴 적부터 '숲 없는 터전'에서 자란 젊은 분들이 도시를 씩씩하게 떠나서 시골에서 자리를 잡으려고 합니다. 숲을 겪거나 누린 적이 없는 젊은 분들이 도시가 아닌 시골에서 땅을 짓고 흙을 아끼며 보금자리를 사랑하려는 길을 걸으려 합니다.

참으로 놀랍고 멋진 일이에요. 새마을운동 바람이 불던 무렵 사회를 보면, 국민교육헌장이니 독재이니 하면서 남녘 나라에서도 '끔찍한 주입식 입시지옥'이었어요. 더구나 1950~90년대 한국 학교는 주먹질과 매질이 아주 흔한 학교교육이었어요. 이런 사회와 교육이었는데, 이런 사회에서 이런 교육을 받은 젊은 분들 가운데 '도시에서 돈을 잘 버는 일자리'를 아무렇지 않게 내려놓으면서 '시골에서 땀을 흘리며 흙을 만지고 웃는 보금자리'를 일구려고 나서는 분들이 차근차근 늘어요.

> 아레트에게는 화살이나 도끼가 없었고, 쨍그렁 소리가 나는 갑옷도 없었습니다. 너구나 소리도 지르지 않았고요. 공주가 조용히 길을 따라 걷자, 나무들은 공주가 지나는 모습을 행복하게 바라봤습니다. 햇볕을 쬐며 풀을 뜯던 토끼들은 아레트에게 인사를 했습니다.(44~45쪽)

도시를 떠나서 시골로 간다고 하더라도 '시골일'을 제대로 배운 적이 없으니 시골에서 제대로 '일하며 살기'는 어렵습니다. 하나도 알 수 없으니 하나부터 모두 새로 배워야 해요. 그런데 있지요, 우리가 시골살이를 '시골살이'로 누리려 한다면 그리 어렵지 않습니다. 새롭게 배우는 일이란 기쁨이에요.

아이들을 바라보셔요. 아이들은 참으로 즐겁게 저희 어버이한테서 모두 새롭게 배웁니다. 말도 새롭게 배우고, 몸짓도 놀이도 새롭게 배워요. 우리 어른들도 시골에서 뿌리를 내려서 살아가려 할 적에 '아이처럼' 일할 수 있으면 즐거울 만합니다. 굳이 '귀촌 · 귀농 사업 · 교육'을 받지 않아도 됩니다. 그냥 살면 됩니다. 그냥 시골에서 살면 돼요.

시골에 '귀촌 · 귀농'이라는 이름으로 왔다고 여길 까닭이 없어요. 시골에 왔기에 그냥 다 땅을 지어야 하지 않아요. 잘 생각해 보아야 해요. 이제껏 흙을 하나도 모른 채 살았는데, 여태껏 땅을 조금도 못 배운 채 학교만 다니고 직장만 다녔는데, 어떻게 시골에서 하루아침에 흙을 만지거나 땅을 지을까요? 귀농 교육을 좀 받았기에 시골에서 흙이나 땅을 다룰 만할까요? 아니에요. 우리는 '직업 농부'가 되려고 시골에서 살아야 하지 않아요. 우리는 '시골살림을 즐겁게 가꾸는 아름다운 한 사람'이 되려는 뜻에서 시골살이를 누리면 돼요.

몇 가지 특작물을 키워서 잘 내다 팔아야 하지 않습니다. 시골지기는 공장 일꾼이 아니에요. 무슨 소리인가 하면, 시골지기는 '공장처럼 뚝딱뚝딱 공산품을 찍듯이 농산물을 찍어내어 도시로 팔아서 돈을 벌 살림'이 아니라, '스스로 먹고사는 길'을 홀가분하면서 넉넉하게 일구는 살림으로 나아갈 수 있으면 된다는 뜻입니다.

> 아레트는 음식을 배부르게 먹자 슬슬 졸렸습니다. 피곤한 하루였거든요. 하지만 잠자리에 들기 전에 누더기 천으로 꼬마 뱀에게 포근한 집을 만들어 주었지요.(50쪽)

흙을 다루려면 먼저 흙을 알아야 합니다. 흙을 알려면 흙을 지켜보아야 합니다. 흙을 지켜보려면 아침 낮 저녁뿐 아니라 새벽 밤에도 지켜보아야 하고, 날마다 달마다 철마다 해마다 지켜볼 수 있어야 해요. 먼저 곁에서 지켜보면서 몸으로 깨닫고 마음으로 생각을 가꾸면서 새로 배워야 해요.

짧은 동안에 후다닥 머릿속에 지식을 넣으려 하지 말아요. 석 달이든 반 해이든 한두 해이든, 귀농 교육을 받아 볼 수 있겠지요. 그러나 이러한 귀농 교육에는 얽매이지 않기를 바랍니다. 남이 가르쳐 주는 지식을 쉽게 받아먹으려 하지 말고, 스스로 수수하게 시골에서 살면서 '흙(땅)을 몇 해쯤 그대로 두면서 지켜볼' 수 있어야지 싶어요. 나무 한 그루를 다섯 해나 열 해쯤 '하나도 안 건드리고 지켜볼' 수 있어야지 싶어요.

힘들까요? 네, 힘들 수 있어요. 그러면 시골에서 못 살겠지요. 왜냐하면, 우리는 더 빨리 돈을 벌어서 더 빨리 뿌리를 내리려고 시골에서 살 까닭이 없기 때문입니다. 이른바 '속도전'을 하려면 시골에서 살 까닭이 없습니다.

왜 그러할까요? 참말 왜 그러할까요? 오늘날 '공장 닭공장'을 생각해 보아야 합니다. '양계장'도 '닭우리'도 아닌 '닭공장'을 생각해 보아야 합니다. 어미 닭이 달걀을 낳아서 병아리를 까려면 세이레(석 주 · 스물하루)가 있어야 해요. '세이레'는 사람(어머니)이 아기를 낳은 뒤 '바깥손님한테 아기를 보여주지 않고 어두운 방에서 고요히 아기를 돌보는 겨를'하고 같은 날짜입니다.

자, 그러면 이제 생각할 수 있겠지요. 스물하루 만에 병아리를 까면, 이 병아리가 중병아리가 되기까지 얼마쯤 있어야 할까요? 중병아리가 어른 닭이 되려면 얼마쯤 있어야 할까요?

닭공장에서는 고작 닷새면 알을 까도록 부화기를 돌립니다. 그리고 닭공장에서는 고작 스물닷새나 서른 날이면 '사람이 사다 먹는 튀김닭이나 곤닭(백숙)'으로 먹을 수 있는 '고기닭'을 만들어(생산해) 냅니다. 만들어 내지요. '만들다'는 공장에서 똑같은 물건을 척척 찍어서 쏟아내는 자리에서 쓰는 낱말이에요. 참말로 닭공장은 고기닭을 '만들'어요.

이와 달리 '짓다'라는 낱말은 우리가 손수 사랑을 쏟고 마음을 기울여서 이루어 내는 몸짓을 가리키면서 써요. 그래서 "땅을 짓다"나 "살림을 짓다"나 "옷을 짓다"나 "밥을 짓다"나 "집을 짓다"처럼 쓰지요. 글이나 책도 '글짓기 · 책짓기'예요. 다만 '글짓기'는 이 나라 바보스러운 교육 행정이 일본 '작문' 교육을 어설피 받아들이면서 '作 + 文 = 글 + 짓기'로 번역해서 퍼진 이름일 뿐입니다. 우리는 밥옷집처럼 글도 '슬기롭게 지을' 수 있어야 하는데, 새마을운동하고 똑같은 결처럼 '짓다'라는 낱말을 제대로 못 쓰는 채 잃어버리기만 합니다.

> '그래, 두 가지 소원이나 남았잖아. 어제는 반지를 쓸 필요가 없었으니까.' 소원을 빌며 반지를 문지르자, 천과 바느질 도구와 솜이 나왔습니다(…중략…) 한 주 내내, 아레트는 바느질을 하느라 바빴습니다. 몸에 딱 맞는 드레스를 입은 앰플 아주머니는 정말 멋졌습니다. 아레트는 연분홍색과 파란색으로 자신의 무도회복을 만들고, 앰플 아저씨의 셔츠도 지었습니다. 또 앰플 아주머니의 가난한 조카들에게 줄 드레스 두 벌과 자기가 입을 바지 한 벌, 거기에 어울리는 상의 한 벌을 더 지었지요.(54, 58쪽)

아이들은 하루아침에 자라지 않습니다. 아이들은 열 살이 되어도 아이입니다. 아이들은 열다섯 살이 되어도 아이예요. 적어도 스무 살쯤 되면 비로소 '일꾼' 몫을 하겠지요.

이런 이야기를 들려주면 이제 천천히 알아차릴 만할까요? 도시를 떠나서 시골에서 산다고 할 적에 '스무 해'쯤은 넉넉히 겨를을 두고서 모두 다 처음부터 새롭게 배우자는 생각이 될 수 있어야 한다고 느껴요. 몇 해 만에 후다닥 집을 때려짓거나 유기농이니 자연농이니 '돈벌이 성공'을 해야 하지 않아요.

아이들은 스무 살이 되기까지 끔찍한 입시교육에 휘둘리면서 '대학바라기'만 해야 하지 않아요. 시골에서 살려고 하는 우리들도 하루빨리 시골에 뿌리를 내려야 하지 않아요. 느긋하게 바라보아야 합니다. 넉넉하게 살펴야 합니다. 천천히 배워야 합니다. 흙을 바라보고 숲과 나무와 풀과 꽃을 마주할 수 있어야 합니다.

하늘을 읽어야지요. 구름을 읽고 바람을 읽어야지요. 물을 읽고 흙을 읽으며 비와 눈을 읽어야지요. 벌레를 읽고 새와 나비와 벌을 읽어야지요. 모두 이웃과 동무로 삼아서 가만히 지켜보고 찬찬히 아끼며 따스히 사랑할 줄 알아야지 싶습니다.

후다닥 달리듯 남새를 키우지 말아야지요. 논에서도 그렇거든요. 나락을 심어서 돌볼 적에 한두 달이면 나락을 거두지 않습니다. 한철이 무르익어야 비로소 나락을 거두어요. 무나 배추도 한 달 만에 후다닥 거둘 수 있지 않아요. 한철을 땅에 뿌리를 내려서 자라야 비로소 거둘 수 있어요.

빨리빨리 해야 한다면, 우리는 빨리빨리 죽어야 한다는 뜻이로구나 싶어요. 아이들이 빨리빨리 자라야 할 까닭이 없는 줄 안다면, 우리 어른들도 '어릴 적에 시골을 누리거나 겪거나 배우지 못한 채 자란 살림'을 가만히 되새기면서 '아이하고 똑같은 마음이 되어 느긋하게 자라듯이 느긋하게 배우는 넋'으로 거듭나야지 싶습니다.

'내가 진짜 하고 싶은 것은 이야기를 짓는 거야. 하지만 종이도 펜도 잉크도 없는데 어떡하지? 소원도 딱 한 가지만 남았고…….' 아레트는 바쁘게 지내려고 노력했습니다. 서너 차례나 지하실을 정리하고 바닥을 쓸었습니다. 하지만 여전히 심심했습니다. '그래, 모험을 해야겠다.' 공주는 반지를 문지르면서 소원을 빌었습니다. 그랬더니 비단 표지가 달린 공책과 아름다운 황금색 펜 그리고 검은색, 파란색, 빨간색 잉크 세 병이 나타났습니다.(72~73쪽)

저는 말을 다루는 일을 해요. 저는 말을 다루는 일을 시골에서 해요. 왜 이러한 일을 시골에서 할 수 있느냐 하면, 모든 삶과 살림과 사랑이 숲에서 비롯하는 줄 시골살이를 아이들하고 하면서 날마다 천천히 조금씩 새롭게 배우기 때문입니다.

대학교에서 벌이는 어원연구나 학술연구가 나쁘다고 느끼지 않아요. 그러나 대학교에서 하는 모든 연구와 학문은 '연구와 학문이라는 굴레'에서 벗어나지 않아요. 대학교에서 가르치거나 벌이는 연구와 학문은 '대학교를 벗어난 여느 자리'에서는 거의 쓸모도 도움도 되지 못합니다. 게다가 말이 얼마나 어려운가요?

오늘날 쏟아지는 수많은 인문책을 헤아려 봅니다. 인문책에 적히는 글은 얼마나 어려운가요? 더군다나 번역 말투나 일본 말투나 한문 말투는 얼마나 많은가요? 시골사람이 인문책을 읽을 수 있습니까? 어린이가 인문책을 읽을 만합니까? 글로도 읽기 어렵지만, 말로 들어도 알기 어려운 줄거리를 다루는 오늘날 인문책이기 일쑤예요.

인문책을 쓰는 이들은 거의 다 도시에서 책만 붙잡습니다. 인문책을 펴내는 출판사라든지 인문책을 소개하는 언론사도 거의 다 도시에만 있고, 다들 도시살이만 하지요. 그래서 이들은 모두 '삶 · 살림 · 사랑하고 동떨어진 말'로 저희끼리 학문과 연구와 교육을 하거나 장사를 해요. 흙을 모르는 채 '토양 연구'를 하지요. 땅을 모르는 채 '대지 학문'을 하고요. 나무나 숲을 모르는 채 '목재'나 '삼림'을 다루니, 이러한 인문학은 시골에서 삶을 손수 짓고 살림을 즐겁게 가꾸며 사랑을 넉넉히 나누려고 하는 시골지기하고는 걸맞지 않기 마련입니다.

이리하여 저는 시골에서 아이들하고 살면서 '말을 말답게 새로 지어서 가꾸는 길'을 하나부터 열까지 모조리 새롭게 배웁니다. 책으로 만들어 내는 말이 아니라, 삶으로 길어올려 즐겁게 노래하는 말을 생각합니다. 지식으로 짜맞추는 말이 아니라, 살림을 하면서 기쁘게 웃음짓는 말을 생각합니다. 인문부흥으로 장사하는 말이 아니라, 사랑을 나누면서 바람처럼 싱그러이 춤추는 말을 생각합니다. 제가 『숲에서 살려낸 우리말』이나 『새로 쓰는 비슷한말 꾸러미 사전』을 쓸 수 있던 밑힘은 모두 '아이들하고 시골에서 살림하며 사랑하는 삶이 나아갈 보금자리 숲'에서 태어났어요.

> 말은 깜짝 놀랐습니다. 자기를 보러 온 사람들은 하나같이 번쩍이는 갑옷을 입고 요란한 소리를 내며, 안장과 밧줄을 들고 쫓아오기 일쑤였거든요. 그런데 이 아가씨는 쨍그렁 소리도 내지 않았고, 고함을 치거나 밧줄을 흔들지도 않았어요. 암말은 호기심이 생겼습니다. 그래서 오랫동안 아레트를 지켜봤지요. 그런 다음 조금 가까이 다가갔어요.(81쪽)

한쪽 손에 호미를 쥡니다. 다른 한쪽 손에 연필을 쥡니다. 호미를 쥔 손으로 천천히 밭을 일굽니다. 연필을 쥔 손으로 천천히 글을 일굽니다. 호미를 쥔 손만큼 밭을 천천히 가꿉니다. 연필을 쥔 손만큼 글을 천천히 가꿉니다. 더 많은 땅을 뚝딱거리지 않아도 됩니다. 더 많은 글이나 책을 내야 하지 않습니다.

우리는 우리 '보금자리숲' 또는 '숲집'을 지어서 아이들한테 물려줄 수 있으면 된다고 느껴요. 재산이나 부동산이 아닌 '보금자리숲 · 숲집'을 즐겁게 가꾸어서, 이 보금자리숲이나 집숲을 아이들이 기쁘게 물려받으려고 할 수 있는 배움길을 열어야지 싶습니다.

아이들은 직업을 찾아야 하지 않는다고 느껴요. 아이들은 앞으로 나아갈 즐거운 살림을 배울 수 있어야 한다고 느껴요. 돈을 잘 버는 직업을 얻기보다는, 손수 짓는 살림이 재미난 보금자리숲을 손수 짓는 길을 아이들이 배우고 어른들이 가르쳐야지 싶습니다. 아이들은 군대에 가서 전쟁무기를 손에 쥐어야 평화를 이루지 않아요. 우리가 저마다 숲집을 지어서 아이한테 물려주는 아름다운 길을 짓는다면, 우리한테는 무기도 군대도 없이 지구별 모든 나라가 살가이 어깨동무하는 멋진 터전을 닦을 만하다고 느껴요.

낮에 해를 보며 즐겁게 땀을 흘려 일합니다. 밤에 별을 보며 기쁘게 도란도란 이야기꽃을 피우다가 고요히 꿈나라로 나아갑니다. 낮에는 나비와 새와 개구리가 벗님이 됩니다. 밤에는 풀벌레와 별빛과 달빛이 벗님이 됩니다. 바야흐로 "낮일 더하기 밤읽기"입니다. '주경야독' 아닌 '낮일 밤읽기'예요.

수수한 자리에서 수수하게 거두는 살림입니다. 투박한 곳에서 투박히 빚는 노래입니다. 콩을 심어 콩이 나듯이 사랑을 심어 사랑을 거둡니다. 그리고 우리 마음밭에 생각이라는 씨앗을 사랑스레 심어서 우리 삶자리에 아름다운 꿈이 피어나도록 북돋울 수 있습니다.

늙은 시녀가 대답했습니다. "공주님, 저는 수정 구슬로 공주님에게 일어난 일을 모두 지켜보고 있었답니다. 공주님에게 닥친 진짜 위험은 지루함이었습니다. 그러니 소원을 아주 잘 쓰신 겁니다."(93쪽)

도시사람은 스포츠를 즐기고 영화나 연속극을 즐깁니다. 도시사람은 공연을 보러 다니고 갖가지 문화행사에 찾아갑니다. 이런 것이 없다면 도시사람은 너무 따분하고 지겹고 심심해서 그만 지쳐 죽을 테니까요. 도시사람이 치맥이니 소맥이니 해대지 않는다면, 또 먹방이니 뭐니 하면서 날마다 똑같은 쳇바퀴를 돌지 않는다면 그 재미없는 굴레를 어떻게 견딜까요?

아이들한테서 놀이가 사라졌기에 스포츠를 할밖에 없습니다. 오로지 돈으로 굴러가는 '자본주의 스포츠'가 크게 퍼질 수밖에 없는 도시문명 사회입니다. 요새 아이들이 제기를 차거나 연을 날리나요? 요새 아이들이 줄넘기를 하거나 돌치기를 하나요?

그런데 말이지요, 아이들만 놀이를 잃거나 잊지 않아요. 어른부터 놀이를 잃거나 잊어요. 어른은 술담배나 노래방을 빼고는, 또 여기에 스포츠나 영화나 연속극이나 게임을 빼고는, 그야말로 '뭘 어떻게 해야 놀' 수 있는지 몰라요. 아이들 사이에서만 놀이가 사라지지 않지요. 어른들이 아이들한테 놀이를 하나도 못 물려줘요. 어른들은 아이들한테 오직 학교와 학원만 심어 주지요. 어른들은 아이들한테 오직 '학력'과 자격증만 심으려고 해요.

놀지 못한 채 학력과 자격증을 잔뜩 손에 쥐고, 또 다른 손에는 어마어마한 인문책이나 문학책만 읽어낸 어른이 무엇을 할 수 있을까요? 아마 아무것도 못하겠지요. 대기업이나 공공기관에 일자리를 얻어서 월급이나 연봉은 잘 받는 직장인은 될는지 몰라도, 스스로 삶을 짓는 기쁨하고는 동떨어질 수밖에 없습니다.

꼬마 뱀이 물었습니다. "저도 함께 가도 될까요?" "물론이지. 이제 암말이 널 무서워하지 않으니까, 함께 가면 정말 좋겠다. 하지만 앰플 아주머니와 할머니는 제가 여행하는 동안 이곳을 다스려 주세요, 네?" 공주는 두 사람에게 부탁했습니다. "그렇게 하지요." 두 사람은 입 맞춰 대답했습니다. "하지만 우선 모두를 행복하게 할 훌륭한 법부터 정해야겠어요." 아레트가 말했습니다. "그건 걱정하지 마세요. 백성들과 함께 의논하면 곧 좋은 법을 생각해 낼 수 있을 거예요." 앰플 아주머니가 말했습니다.(94~95쪽)

슬슬 이야기를 마무리짓겠습니다. 일만 하는 개미가 될 적에도 삶이 재미없습니다. 시골에 살려고 도시를 떠났는데, 막상 시골일을 하느라, 이른바 '농업'으로 바빠서 놀이가 빠졌다면, 시골에서 사는 뜻이 없습니다.

시골지기는 일철에 바삐 일손을 놀리더라도, 귀뚜라미 노랫소리를 들을 줄 아는 멋쟁이입니다. 시골지기는 밤낮으로 물레를 잣거나 베틀을 밟거나 바느질을 하더라도 일노래를 흥얼흥얼 읊으면서 아이들이나 이웃이 '고운 노랫결'을 함께 나누도록 이끌 줄 아는 사랑둥이입니다.

방송에서 떠도는 대중노래를 듣지 않아도 돼요. 우리가 스스로 노래를 지으면 됩니다. 민요나 농요나 구전동요가 아니라 '삶노래 · 살림노래 · 사랑노래'를 부를 줄 알면 됩니다. 음악 대학교를 나와야 노래를 짓지 않아요. 그냥 우리가 스스로 즐거운 대로 노래를 부르면 됩니다. 이와 마찬가지인데, 미술 대학교를 나와야 그림을 그리지 않아요. 그냥 우리가 스스로 즐거운 대로 그림을 그리면 됩니다. 교육 대학교를 나와야 아이들을 가르치나요? 스스로 어버이요 어른이라는 마음결을 가다듬으면 누구나 아이들을 슬기롭고 사랑스레 가르칠 수 있습니다. 그리고, 문예창작 대학교나 국어국문 대학교를 나와야 글을 쓸 수 있지 않습니다. 나 스스로 즐겁게 빚어서 이웃하고 나눌 이야기를 마음으로 그릴 수 있으면 얼마든지 글을 쓸 수 있어요.

다시 말해서, 우리는 누구나 노래님이요 그림님이며 글님입니다. 우리는 누구나 시골님이면서 사랑님이요 살림님입니다. 우리는 삶님입니다. 하늘에 하느님이 있듯이 땅에는 땅님이 있고, 바다에는 바다님이 있어요. 우리는 스스로 아름다운 님입니다. 우리가 할 수 없는 일이란 한 가지도 없습니다. 그저 이제껏 학교교육에 길들고 사회나 문화에 얽매이면서 '내가 스스로 삶을 짓는 재미난 길'하고 너무 동떨어진 채 걸어왔을 뿐입니다.

이제 사회나 학교라고 하는 허울을 내려놓아야지 싶습니다. 보금자리를 헤아리고 마을을 돌아보면서 '집'이 무엇인가를 새롭게 바라보아야지 싶습니다. 밥과 옷이 무엇이고, '생각을 짓는 바탕이 되는 말'이 무엇인가를 들여다보아야지 싶습니다.

호미를 쥐고 밭자락에 앉으면 수많은 풀벌레가 발가락을 타고 팔뚝을 타고 어깨를 타면서 찾아옵니다. 온갖 풀벌레가 나한테 말을 겁니다. 기지개를 켜려고 자리에서 일어나면 하늘은 구름을 불러서 바람을 베풀어 주면서 새로이 말을 걸어요. 하루를 마무리지으려 하면서 밤에 초 한 자루를 켜서 연필을 손에 쥐면, 하루 내내 나한테 깃든 아기자기한 이야기가 무럭무럭 샘솟습니다.

한 가지씩 해 보면 됩니다. 한 걸음씩 걸어 보면 됩니다. 꽃처럼 피어나 보면 됩니다. 바람처럼 날아 보면 됩니다. 해님처럼 웃어 보면 됩니다. 비님처럼 싱그러이 춤추어 보면 됩니다. 자, 이밖에 우리를 둘러싼 온갖 멋진 님을 하나씩 그려 봅시다. '마감(죽음)'에 맞추지 말고 '마음(삶)'을 헤아리는 하루가 되어 봐요.

사람이 사람인 까닭은 언제 어디에서나 신나게 춤을 추고 노래하면서 활짝 웃고 어깨동무할 수 있는 착하고 참다우며 고운 숨결이 흐르기 때문이라고 봅니다. 아이들이 얼마나 잘 놀고 얼마나 춤을 잘 추며 얼마나 노래를 잘 부르고 얼마나 웃음을 잘 지으면서 동무하고 손을 맞잡는가를 새삼스레 바라볼 수 있기를 바라요. 우리 어른들도 '노래방이 아니어'도 멍석만 있으면, 또 멍석 없이 마당만 있으면, 또 멍석도 마당도 아니어도 논두렁이나 오솔길에 서기만 해도 춤사위가 흐드러지고 노랫결이 피어날 수 있습니다.

『영리한 공주』라는 조그마한 어린이책에 나오는 '똑똑한 가시내'는 스스로 모든 삶을 배웠고, 모든 살림을 지으며, 모든 사랑을 나누어요. 이 똑똑한 가시내는 세 가지 꿈을 들어 준다는 말에 '물감'하고 '바늘'하고 '종이'를 바랐어요. 그림을 그리고 옷을 지으며 이야기를 써요. 우리한테는 무엇이 있어야 할까요? '귀농자금이 더 많이 있어야' 할까요? '자가용이나 농기계를 더 많이 갖추어야' 할까요? '인문 지식이나 철학 지식을 더 많이 머릿속에 담아야' 할까요?

어쩌다 보니 진안

심수진 / 여성 귀농인

새소리, 풀벌레 소리와 함께 눈을 뜨는 아침. 열어놓은 창문으로 선선한 바람이 불어온다. 진안은 서울 넓이와 비슷하지만 인구는 턱없이 적어 한적하다. 진안군의 산은 70%가 넘어 공기가 좋고 쾌적하다. 진안에 살면서 더웠던 적이 없는데 올해는 7월부터 덥다는 소리를 입에 달고 살았다. 아기를 낳아서 체질이 변했고 올해가 정말 덥기도 했다. 여름 더위가 한풀 꺾이고 입추가 지나지 아침저녁으로는 선선한 바람이 분다. 도시에 살 때 막연하게 시골에서 살고 싶다는 생각을 했다. 빽빽한 건물과 다닥다닥 붙어있는 집들은 답답했다. 쾌적한 공간에서 시간을 보내기 위해서는 비용이 들었다. 노동은 적정근로시간인 8시간을 훌쩍 넘었고 모든 비용을 빼고 나면 손에 쥐어지는 게 턱없이 부족했다. 여유가 없었지만 그렇다고 다른 방법이 있는 것도 아니었다. 나를 소진시키기 보다는 채우고 나누며 사는 방법을 찾다 귀농학교를 알게 됐다.

귀농학교를 다니면서 주말농장과 한 해 벼농사 울력을 했다. 버스로 거의 두 시간이 걸리는 텃밭을 일이 없는 날이면 조카들과 뻰질나게 드나들었다. 주말농장에서 토종포 텃밭을 가꾸며 우리 종자의 작고 단단한 생김과 알찬 맛을 배웠다. 벼농사로 한 해 농사를 쭉 지어보며 농사의 감각을 배웠다. 생소하고 힘들었지만 주말이 기다려지는 일이었다. 토종포 텃밭에서 먹은 야채는 맛이 달랐다. 향이 좋고 고소했다. 작고 순한 맛이었다. 귀농학교에서는 강의만 하는 게 아니라 귀농한 선배들을 찾아뵙거나 실제로 흙집을 짓는 분들 댁을 방문해서 일손을 돕기도 했다. 동기나 선배집에 놀러다니면서 시골에서 살고 싶은 바람이 커져갔다. 직접 담은 술, 직접 가꾼 밭에서 나는 풍성한 먹거리, 돈으로 해결하는게 아니라 손수 이곳저곳 꾸며 주인의 흔적이 고스란히 배어있는 집, 사람들과 어울리는 여유, 자연 가까이에서 즐거움을 함께하는 생활. 나도 시골에서 살고 싶었다.

하지만 당장 농촌으로 내려가 농사를 지을 자신은 없었다. 그때부터 지금까지 농사는 여전히 미지의 영역이었다. 무작정 내려가 먹고 사는 문제를 고민하다 귀촌이 흐지부지될까 두려웠다. 내려간다면 제대로 준비하고 싶었다. 도시에 한 발 담궈 놓고 맛만 보면서 동경하는 게 아니라 직접 농촌에서 살고 싶었다. 그러자면 농촌에서 자리를 잡을 수 있는 일자리가 필요했다. 여러 경로를 통해 농촌 일자리를 찾았다. 공무원 시험을 준비해볼까 생각한 것도 이즈음이었다. 그러던 중에 진안군에서 마을만들기지원센터 활동가를 모집한다는 채용공고를 보았다. 진안은 마을만들기 철학을 갖고 10년 동안 절치부심 활동을 해왔다고 한다. 직접 눈으로 확인해보고 싶었다. 공연이 있어 일이 끝나는 대로 진안에 내려갔다. 하룻밤 자고 다음날 진안군 마을만들기 10년의 역사를 보면서 단박에 이거야말로 내가 하고 싶은 일이란 확신이 들었다. 세상을 단박에 살기 좋게 바꾸는 일이 아니라 천천히, 지치지 않고 꾸준히 할 수 있는 일. 그 시작이 농촌이고 경험과 역사가 있는 진안에서 시작한다는 부분에서 완전히 매료당했다. 지원서를 내고 며칠 후 면접을 봤다. 이 분야에 경험이 없지만 최선을 다해 잘하는 사람이 되겠다고 했다. 너무 뻔한 다짐이었지만 진심이 보였을까. 다행히 채용이 되어 일을 하기 시작했다.

당시 나는 H를 만나고 있었는데 갑작스러운 귀촌 결정으로 갈등이 생겼다. 나는 도시에서 우리에게 어떤 내일이 있을지 상상해보라고 했다. H는 12시간이 훌쩍 넘는 노동을 했지만 그에 상응하는 임금을 받지 못했다. 기술과 인맥은 쌓이겠지만 건강은 나빠지고 피로 역시 쌓일 터였다. 진안에서 내가 일하는 동안 당신은 쉬면서 같이 지내자고 했다. 다행히 설득을 해서 H도 일을 정리하고 몇 개월 후에 진안으로 내려와 살기로 했다. H가 내려오기 전에 살 곳을 찾아야 했는데 이 부분에선 내가 좀 게을렀다. 직장이 해결됐으니 집은 아무래도 좋다는 낙관이 한몫했다. 직접 발품을 뛰는 대신 면접을 본 분이 어르신 혼자 사는 집의 방 한 칸을 소개해줬고 당분간 그 집에서 살기로 했다. 일종의 쉐어하우스 개념인데 요즘 젊은이들이 공유하는 내용은 아니었다. 집세를 받지 않고 편하게 지내라고 했는데 돌이켜보면 그 말을 곧이곧대로 믿은 내 잘못이 컸다. 돈이 전부는 아니지만 때로는 돈으로 사소한 부분들이 쉽게 해결되기도 한다. 어느 선까지 집안일을 하고 식사는 어떻게 해야할지, 어느 정도까지 편하게 지내야 할지 감을 못 잡았다. 공용 공간을 함께 사용하는 게 아니라 어르신이 사는 곳에 얹혀 사는 느낌이라 주말에 집에서 쉬는 게 편하지 않았다. 어르신이 무리한 요구를 한다거나 지나치게 간섭을 한 건 아니었다. 어르신은 '딸처럼' 허물없이 지내길 바라셨지만 말처럼 쉽지 않았다. 몇 개월 지내다 그곳을 나와서는 나와 같이 귀촌한 동생집에서 살기로 했다. 선부르게 거취를 정한 걸 깊게 반성했다. 나중에 집을 소개해줬던 분이 그 동네 비혼 남성이랑 나를 짝지어주려고 했다는 소리를 전해들었다. 황당하고 살짝 소름 돋는 후문이었다. 내 의사는 안중에도 없고 그랬노라고 떠도는 이야기라니. 시골에서 비혼으로 살기란 생각보다 쉽지 않다. 진안에서 혼자 사는 이유, 여자가 혼자인 이유를 설명해야 한다. 진안이 고향이거나 남편이 귀농을 해서 같이 오는 경우 말고 여자가 스스로 시골의 삶을 선택하는 건 드물다. 여전히 가부장적인 사고가 남아있는 시골 정서로는 이해하기 힘든 삶이었다. 사돈의 팔촌까지 끌어들여 소개를 받지 않겠냐는 참견이 이어졌고 내 인성을 들먹이며 대체 왜 혼자인지 떠보는 질문이 쏟아졌다. 같이 살 사람이 있다고 하면 아기는 어떻게 된거냐는 물음이 뒤따랐다. 같이 살 사람이 곧 진안으로 오지 않았다면, 아기를 낳지 않았다면 이러한 질문들은 끈덕지게 나를 따라다녔을 것이다.

마을만들기센터는 시골에서 외지인을 바라보는 여러 가지 편견으로부터 보호막 역할을 했다. 센터 근로자들은 다른 가치를 찾아 귀촌을 해서 어느 정도 의식 있는 사람들이다. 정치적으로 올바른 걸 지향하고 무례한 질문을 하지 않았다. 다만 워낙 좁은 지역이라 서로간 감정의 결이 다르고 어떤 사이는 반목이 있어 눈치껏 분위기를 타야 하는 부분은 있었다. 한 사람에게만 얘기한 것을 모두가 아는 다자형 대화가 조금 불편했다. 비밀스러운 얘기는 아니지만 당사자가 아닌 모두가 대화 내용을 다 알고 이야기를 꺼내는 게 반갑지 않았다. 마을분들과는 적정한 거리에서 친근한 대화를 나눌 수 있었다. 젊은 여자가 마을만들기 활동을 하는 데 호감을 보였고 딸처럼 대해주셔서 스스럼없이 친해졌다. 다만 내가 뭘 하는 사람인지 잘 모르고 일을 그만둘 때까지 군청 직원인줄 알았다는 게 함정이었다. 센터에서 근무할 때는 귀촌한 지 오래되어 대표직을 맡고 있는 사람의 강압적인 태도로 한동안 갈등을 빚었다. 그는 나를 위해서 시골의 정서를 알려준다며 손님이 오면 커피를 타라는 고릿적 사고방식을 여자인 내게만 강요했다. 커피를 안 탄 건 아니었다. 다만 그에게 조금 더 자주 커피를 안 타줬을 뿐. 그때 정말 고민을 많이 했다. 이런 게 시골 정서라면 따르는 게 맞는지 부당한 건 개인적인 차원에서라도 고쳐나가야할지. 같은 처지의 직원이 있었다면 공론화할 수 있었을텐데 혼자만 당하는거라 얘기하기에는 치사스럽고 덮어두자니 맘이 상했다. 이런 일은 여자로서 일을 하는 한 계속 부딪히는 문제이다. 진안이라는 공간의 문제가 아니라 여자로 태어나서 겪어야하는 일이다. 일하는 것만큼 주변정리를 잘하고 커피를 타거나 선물로 들어온 과일이나 케이크를 사람들이 먹기 좋게 깎거나 잘라야 한다. 시답잖은 성희롱 정도는 웃으며 넘겨야 한다. 화장을 안 하면 기운이 없어 보인다고, 화장을 하면 무슨 일이 있냐는 인사를 듣는다. 결혼에서부터 임신, 화장, 몸매까지 온갖 오지랖에 노출된다. 대부분 우스갯소리로 답하지만 피곤하지 않은 건 아니다.

일이 손에 익고 H와 함께 사는 삶이 안정되면서 도시에서는 사는데 급급해 한번도 생각하지 못한 임신을 꿈꿨다. 출산을 하기에 생물학적으로 늦은 나이가 되면서 조금 불안했다. 이전에 임신에 대해 선택을 했다고 생각했는데 환경이 바뀌면서 생각이 달라졌다. 상황에 맞는 선택이 필요했다. 당시 H는 도시에서 하던 일과는 전혀 다른 일용직 근무를 하고 있었다. 아기가 태어난다면 H가 육아를 맡을 생각이었다. 내 경우에 진안과 일로 인연을 맺었고 이제 막 손에 익었는데 좀 더 잘해보고 싶었다. 임신을 하고 H는 다른 곳으로 취직을 해서 성규직이 되었다. 내가 일하는 곳에는 출산휴가나 육아휴직이 없다는 걸 알았지만 막연하게 사람들이 배려해주면 계속 다닐 거라고 생각했다.

퇴사가 기정사실로 되면서 좀 우울했지만 다른 기회와 방향이 있을 거라고 믿었다. 아기를 임신했을 때는 진안의료원이 생기기 전이라 전주로 진찰을 받으러 다녔다. 현재 진안에는 산부인과가 있지만 아기를 분만할 수 있는 시설은 없다. 보건소는 임산부에게 엽산제와 철분제를 지급하고 추가로 영양플러스 사업으로 철분부족 산모들에게 다양한 식품을 지원한다. 이러한 사업은 전국 공통이고 진안에서 임산부 지원 정책은 다른 소규모 지자체들처럼 출산 지원금을 주는 정도다. 그럼에도 몇 년 전 진안의 합계 출산율이 전국 최고였다는 것을 보면 시골의 분위기가 인생을 낙관하게 하는 무언가 있는 건 아닐까란 생각을 하게 만든다. 출산은 친정 쪽에서 했다. 진안에는 산후 돌봄 서비스를 하는 분이 한 명 밖에 없어 산후조리 역시 친정에서 마치고 진안으로 돌아왔다. 친정에 있을 때는 그나마 출퇴근하는 식구들 보면서 아기를 돌보는 데 힘을 얻었는데 진안으로 오니 진짜 혼자였다. 일하면서 맺었던 관계와 단절돼 나홀로 육아를 하는 경우가 많았다. 물론 신랑이 있었지만 퇴근해서 잠깐 아기를 보는 게 다여서 울적할 때가 종종 있었다. 다행히 동생이 가끔씩 찾아와 말벗을 해줘 산후 우울감을 많이 덜었다.

아기가 어느 정도 크고 외출을 하기 시작했다. 엄마들과 활발하게 만나야겠다는 희망만큼이나 엄마들은 어떤 사람들일지 나와 잘 맞을지 걱정스러웠다. 읍내가 생각보다 넓고 유모차를 끌고 잘 정비되지 않은 인도를 걷는 게 힘에 부쳤다. 집에서부터 꼬박 20분 정도 걸으면 진안 문화의집이 나온다. 진안에는 도서관, 읍/면사무소, 평생학습센터, 문화의집, 교육지원청에서 다양한 취미 프로그램을 진행한다. 통합적으로 추진되면 좋겠는데 주무 부서가 달라서인지 기관별로 프로그램 시간과 내용을 확인하고 내 스케줄을 짜서 움직여야만 한다. 주로 문화의집 프로그램을 많이 하는데 베이비마사지를 배우며 엄마들과 어울렸다. 아기 키우면서 힘들고 즐거운 일들을 얘기하다보면 하루가 훌쩍 지나간다. 센터에서 일할 때는 웬만하면 다 나보다 나이가 많았는데 엄마들은 대부분 나보다 나이가 어리다. 신랑과 같이 귀농한 사람이 많고 고향에서 계속 사는 사람도 있다. 다른 가치를 찾아 귀촌한 경우는 드물었지만 육아라는 공통주제로 대동단결(?)된 분위기다. 여러 프로그램을 함께하며 엄마들 소개를 들은 적이 있다. 육아도 힘들지만 시골에서 고립된 느낌이 더 견디기 힘들 때가 많다는 소리를 했다. 나 역시 그랬고 지금도 그렇지만 엄마들이랑 어울리며 조금씩 힘을 얻는다.

일을 그만둔 후 진안에 내려온 이유가 조금씩 희석된다. 이곳에서 만난 사람들, 산책하기 좋은 장소 등 맘에 들고 계속 보고 싶지만 그게 꼭 진안이란 지역으로 한정돼야 할지는 확신할 수 없다. 부분 꿈을 안고 시작한 마을만들기 활동에 내 자리가 생긴다면 다시 하고 싶은지 잘 모르겠다. 일을 시작했을 때는 직접 참여하고 역동적으로 꿈틀거리는 움직임에 보조역할을 하며 배울 것을 예상했다. 하지만 아래로부터의 민주주의, 주민자치는 진안의 마을만들기 활동을 정리한 책자에 나온거고 실제로 일을 할 때는 감정노동과 주민들을 '동원'해야 한다는 부담에 많이 지쳤다. 물론 어렵게 준비한 행사에 어른들이 기뻐한다거나 마을이 조금씩 변화하는게 보일 때면 보람차지만 그 순간은 짧고 실무는 길었다. 아기가 어느 정도 큰 다음에 진안에서 일자리를 구한다면 어떤 일을 할 수 있을까. 시골에서 여자가 백만 원대 월급을 받으며 할 수 있는 일은 많다고 하는데 그러한 직군들 중 내가 하고 싶은 일과 할 수 있는 일은 있을까. 그럼에도 불구하고 계속 진안에 살 수 있을까. 주민시네마스쿨에 다니며 영상에 재미를 느꼈고 마을 발표자료를 만들면서 파워포인트를 좀 더 잘하고 싶은 생각을 했다. 고원길을 걸으며 진안의 이곳저곳을 돌아다니며 진안에 대한 애정을 키웠다. 아기를 키우면서는 귀농귀촌인협의회에서 발간하는 삼백오십이라는 계간지의 편집위원 활동과 중창단, 몇 가지 공예수업에 재미를 붙였다. 뚜렷한 경제활동 없이 이대로 이 삶을 지속할 수 있을까. 다행스럽게 생활에 들어가는 비용은 최소로 유지하고 있다. 지금 살고 있는 곳은 적은 평수 연립주택이라 비교적 집값이 낮다. 평당 금액은 다른 도시와 비슷하겠지만 평수별, 공간 짜임별로는 다른 곳보다 낮다. 다른 지역에서 이 금액으로 이 정도 주거공간에서 살기는 어렵다. 소모되는 삶이 아니라 만드는 삶을 살고 싶어 시골에 왔는데 아직까지 텃밭 일구기도 시작하지 못했다. 진안에서 꾸러미를 하는 분들과 인연이 닿아 손모내기를 하긴 했지만 일상적으로 흙과 함께하지는 못하고 있다. 그래도 괜찮은걸까?

그럼에도 불구하고 이곳에 처음 왔을 때 가졌던 막연한 낙관을 다시 떠올린다. 이웃과 함께 지내며 스스로와 서로를 돌보는 삶, 여유를 갖고 삶을 꾸리는 시간 말이다. 농촌에서 생활하며 가장 중요하게 생각되는 건 차로 대표되는 기동성이다. 하지만 나는 아직 차를 사지 않았다. 돈이 없고 환경적인 문제 때문이다. 한편으로는 거리를 이동하는 것만으로 차를 이용하기는 아쉬웠다. 자동차로 이동하는 건 점과 점 사이를 잇는 것에 불과하지만 자전거를 타거나 걸어다니면 점과 점 사이로 수많은 선과 면이 펼쳐진다. 마을에서 버스를 타고 다녔을 때 마을분들께 인사하며 안부를 여쭙고 짐을 들어드렸다. 예전에 출근하면서 항상 만나는 분과 친해져서 그 집 개와 강아지를 알게 되었다. 얼마 전 그분께선 강아지가 좀 더 자라면 데려다 키울 거냐고 물었다. 점과 점이 여러 갈래의 길로 확장되고 그 사이를 관계와 이야기가 채웠다. 아마 앞으로도 미래에 대한 불안으로 한 번씩 덜컥할 때가 있을 것이다. 하지만 도시에서처럼 절망적이진 않을 것 같다. 지금 이대로 불안과 함께 진안에서 살아갈 것이다.

꿈을 꾸다

김지영 / 세 아이와 함께 떠나는 여행 작가

내가 낯설었다.

"엘리야, 지금도 그 노래 좋아해?"

"내가? 정말? 언제? 잘 모르겠는데…… 진짜 좋아했어?……"

아주 오랜만에 전화 통화를 하는 친구는 내가 잊어버린 것들에 대해 이야기했다. 결혼 전의 내가 좋아했던 음악들, 음식들, 책들…… 그 친구가 말하는 내 모습이 어쩜 이리도 낯설기만 한지…… 그런데 이번만의 일이 아니다. 동창을 만나도 내가 모르는 내 이야기를 듣게 된다.

'뭐지?…… 정말 내가 그랬나?……'

기억상실증에 걸린 아리따운 여주인공이 나오는 드라마도 아니고 이게 무슨 일인가 싶었다. 치매 초기 증상이 아닐까 겁도 났다. 어쩜 이렇게 기억이 나지 않을 수가 있을까?……

이때부터였다. 비로소 나에 대해 생각하기 시작한 것이. 결혼 십 년을 목전에 둔 어느 날이었다.

결혼이 어떤 것인지 전혀 배우지 못한 나는 결혼이 모든 것의 해결점인 줄 알았다. 그저 결혼하면 남들처럼 평범하게 살 수 있는 출발점인 줄 알았다. 결혼 속에 내재된 현모양처로 내조 잘하고 아이 잘 키우고 살림 잘하는 것은 당연한 옵션인 줄 알았다. 그러나 결혼은 그동안 살아왔던 모든 것들을 뒤집는 새로운 출발선이었다. 아이는 저절로 잘 먹고 잘 자지 않았고 치워도 치워도 표나지 않는 살림은 무한 반복이었다. 게다가 시댁과의 관계는 밑 빠진 독에 물 넣는 것처럼 힘들기만 했다. 아이들과 남편에게 집중된 결혼 생활은 서서히 나를 잊고 살게 했다.

나에 대해 찬찬히 생각해 보았다.

'나는 누구지?'

'나는 뭐 좋아하지?'

기껏 나를 찾겠다고 했지만 아이들과 남편이 뭐 좋아하는지는 단박에 몇 가지가 떠오르는데 내가 좋아하는 것에선 감이 안잡혔다. 헐…… 그래도 선명히 남아있는 기억 하나가 있었다.

서른 살 겨울에 떠났던 35일간의 배낭 여행은 지난 세월에도 녹슬지 않고 남아 있었다. 컴퓨터 미숙으로 그때의 사진들은 모두 날려버려 제대로 된 사진 한 장 없지만 그날의 기억들은 여전히 내 마음을 뛰게 만들었다. 딱딱한 바게트 하나로 하루 종일 버티며 걷고 또 걷던 날들이었지만 내일에 대한 기대로 잠들지 못하던 시간들이었다. 작은 배낭 하나로도 재미있게 살 수 있겠다는 걸 어렴풋이 알았고 어딜 가든 혼자인 내게 엄지 척 응원하던 이름 모를 사람들은 나도 괜찮은 사람이라고 느끼게 해줬다. 늘 모자라고 서툴고 못하는 것 투성이로 지적 받는 것에 익숙해진 결혼 생활과는 전혀 다른 세상이었다.

그때의 나로 돌아가야겠다.

지금 당장 배낭을 쌀 수는 없으니 여행기를 읽기 시작했다. 그들과 함께 남미로 아프리카로 남극으로 아시아로 유럽으로 아메리카로 여행했다. 그들의 이야기로 울고 웃으며 밤마다 들뜨기 시작했다. 그래도 여행은 피 끓는 청춘들의 전유물이라 생각하며 애 셋 달린 나와는 다른 세상이었다.

어느 날 오소희 작가의 책들을 만났다. 세 돌이 된 아들을 데리고 터키 여행을 시작으로 라오스로 아프리카로 다니면서 소외된 아이들을 만나고 서슴없이 손을 내밀었다. 아이와 함께라면 편한 숙소와 깔끔한 음식이 마련된 안락한 패키지 여행을 당연시 하던 내게는 큰 충격이었다. 이렇게 여행할 수도 있구나…… 싶었다. 아이들이 중학생쯤 돼서 혼자서 떠나는 여행만을 그리던 내게 아이도 좋은 길동무가 될 수 있다는 걸 알려줬다. 그동안은 아이가 어려서, 돈이 없어서, 시간이 안 되어서 등 안되는 이유들만 생각하며 내가 먼저 눈 감았는데 그럴 이유가 없어졌다. 사실은 내가 용기가 없었던 것이다.

마침 삼 년 남짓 모은 360만 원이 있었고 아이들 겨울 방학을 이용하면 석 달의 시간이 생기니 망설일 이유가 없었다.

2015년 12월 1일, 우리 넷은 방콕행 비행기에 있었다. 9살, 8살, 3살, 세 아이들을 데리고 정말로 비행기를 타 버렸다. 뭘 어떻게 얼마나 준비해야 하는지 감도 잡지 못한 채 무작정 나와버렸다. 그렇게 원하던 일이었는데 두려움으로 긴장감은 배가 되었다. 숙소 주소 하나 달랑 내밀고 탄 택시에서 큰아이는 물었다.

"엄마 저 아저씨가 우리를 이상한 데 데리고 가면 어떡해?"

사실 아이의 무서움은 내가 더 느끼고 있었지만 최대한 웃으며 여유있는 내노도 아주 간단히 영어 대답만 했다. 마치 처음 방콕에 오는 것이 아닌 것처럼.

숙소 간판이 보이니 비로소 안심이 되면서 후다닥 택시에서 내렸다.

미터기 요금보다 더 많은 돈을 냈는데 자꾸 뭐라고 했다. 얼른 더 돈을 내고 숙소에 짐을 푸니 비로소 한시름 놓아졌다. 과연 앞으로 잘 할 수 있을까…….

매일이 좌충우돌 사건사고의 연속이었다. 체크인하러 간 숙소에서 갑자기 바가지 요금을 불러 아이들과 길바닥으로 나앉기도 했고 숙소를 구하지 못해 동동거리기도 했고 버스를 잘못 타서 돌아가고 차비 바가지는 기본이고 숙소 에어컨이 고장나고 음식에서 이상한 냄새난다며 거부하는 아이에 아빠보고 싶다며 밤마다 우는 아이에 집에 가자는 아이까지…… 급기야 카페 테이블 의자에서 놀던 막내가 턱을 찧으며 넘어져 큰 병원에 가서 꿰메는 시술까지 받았다.

내가 왜 아이들까지 데리고 와서 이 고생을 시키나 싶고 여기서 왜 이러고 있나 싶어 밤새 울며 자책했다. 집 나서면 고생이라더니 바로 내가 뭘 모르는 하룻강아지였다. 그런데 가장 힘든 것은 바로 내 자신이었다. 아이들 데리고 나왔으니 뭐라도 해야 한다는 의무감 같은 것이 있었다. 매일 새로운 무언가를 해야 할 것만 같았다. 어제와 다른 오늘이어야 할 것만 같았다. 그래야 이 여행이 특별하고 의미 있는 것이 될 것 같았다. 더불어 집에서처럼 아이들을 챙기고 건사하며 실수 없는 엄마여야 한다는 압박감이 있었다.

하루 종일 뒹굴며 놀면 어때서 길 몰라서 헤매는 실수 연발 엄마면 어때서. 여행이라고 떠나왔지만 사실은 내가 만든 틀에서 벗어나지 못해서 힘들었던 거였다.

나도 아이들도 이 여행이 처음이다. 서로 모르는 것을 도와주면 된다. 아이들이 음식을 주문하고 화장실을 물어보고 가게에서 물건을 사오고 지도를 보며 길을 찾고 버스를 세웠다. 아이들에게 기회가 없었을 뿐 미숙하고 아무것도 못하는 존재가 아니었다. 제 짐은 스스로 들고 웬만한 거리도 걸어 다니며 주스 살 때 맥주 한 캔까지 챙기는 어느새 내게 가장 좋은 길동무였다.

아이들은 숙소에서 놀고 나는 붉어지는 노을을 보고 있었다. 마침 바람도 살랑살랑 불어와 나뭇잎들이 흔들리고 있었다. 유명하다는 곳에 가는 것보다 동네 골목을 어슬렁 다니고 맛있다고 소문난 집을 찾기보다 아침 시장 구경하며 밥을 사고 멋들어진 사진 하나 없이 듬성듬성 어설프기 짝이 없는 여행이지만 여행 오길 참 잘했다는 생각이 들었다.

바쁘게 돌아가는 일상이 있었기에 이 여행이 더 소중하겠지만 길을 나서지 않았다면 만나지 못했고 알지 못했던 것들이 있었다. 우리 사총사는 길을 나섰고 지금 여기 있다.

집에 돌아와서 우리는 다시 일상으로 갔다. 지난겨울 우리가 정말 여행 중이었나 싶게 하루는 바삐 돌아갔다. 별로 달라진 것이 없는 일상이었다. 어느 날 작은 아이가 에펠탑을 보러 가자고 했다. 태국에서도 숙소에서 쉬자고만 하던 아이였다. 볼리비아 우유니 사막을 보고는 몇 시간 동안 비행기를 타는지 물어봤다. 내 책꽂이에 있던 여행기들을 하나씩 읽기 시작했다. 영어 공부를 어떻게 하는지도 물어봤다. 먹어봤던 현지 음식이 나오는 텔레비전 프로그램을 보면서 그때 우리가 어떤 하루를 보냈는지 자연스레 이야기 나왔다. 미처 먹어보지 못한 음식들을 먹으러 가자고 하면서.

내게는 엄마들이 묻기 시작했다. 어떻게 표를 구하는지, 숙소는 어떻게 정하는지, 어디가 좋았는지 등등 눈빛을 빛내며 인사를 건냈다. 사실 누구나 할 수 있고 어려운 일이 아니었다. 정작 여행지에서 만난 많은 사람들이 아기들을 데리고 여행하고 있었다. 마음속에 꿈으로 남겨둔 여행을 엄마들이 미루지 않았으면 좋겠다. 아이와 남편 먼저 챙기는 일상에서 엄마들이 주도하는 온전한 하루를 보냈으면 좋겠다. 엄마들뿐만이 아니라 마음속에 담고 있지만 잊어버린 사람들이 마음껏 이야기하는 공간이 있으면 좋겠다. 서로가 서로의 꿈을 지지하고 응원하는 그런 공간, 여행 책방 하나 하고 싶다.

우리 사총사는 다시 또 다른 꿈을 꾼다.

무너진 논둑을 메꿔주는 마음

김다솜 / 청년 농부

오늘도 어김없이 논둑이 무너져 있겠구나

오늘도 비가 오니 누가 보아도 곧 무너지는 것이 이상하지 않은 논둑을 올리러 가기로 한다. 어제도 엊그제도 논둑이 무너져 내려서 삽과 손으로 퍼 올려줬는데 오늘도 어김없이 논둑이 무너져있다. '뻥' 하고 뚫린 논둑에 논흙을 슥슥 올려주고는 내일도 다시 이곳에 흙을 올려줘야겠구나 싶다. 논 옆에 밭에는 고추도 시금자(검은깨)도 콩도 심어져 있다. 아니나 다를까 남들이 키우는 깨는 초등학생 키만큼 자라 있는데 우리 밭의 깨는 아직 손바닥만 하다. 칠성초(고추)는 지주대를 미처 다 세워주지 못해서인지 풀을 메주지 않아서인지 고추 열매를 찾으려야 찾을 수가 없다.

동네 할머니들이 매일같이 찾아와서는 이런 젊은 바보가 어디 있냐며 핀잔을 주시는데, 누가 봐도 정말 바보가 아닐 수 없다. 이렇게 바보 농사를 짓게 된 것은 여러 가지 치열한 이유들이 있다.

무너진 논둑을 메꿔주는 마음

농사를 짓겠다고 마음을 먹은 이유는 한두 가지가 아니다. 왜 이 사회는 약자와 소수자에게 불합리한 건지, 왜 인간은 서로와 자연에게 해를 끼치고 살고 있는 건지, 동지와 공생하며 사는 방법은 무엇인지 등등 말이다. 가장 큰 이유는 인간에게 풍요로움을 담보하지 못하는 소비 위주의 사회를 따라 살아버린다면 나의 삶도 곧 황폐해질 것이라고 느껴졌다. 삶을 주체적으로 살기 위해서는 손을 통한 노동과 농사가 꼭 필요하다고 생각했다. 나에게 농사는 삶을 살아가는 태도와 연결되어 있는 것이다.

태도를 바로잡기 위해서는 그 방법들 역시 중요하다고 느껴졌다. 먼저 씨앗에서부터 종자가 자라나는 과정, 그리고 수확까지도 기업과 정부가 열쇠를 가지고 있는 농업은 멀리하기로 했다. 석유 화학 제품으로 땅을 오염시키는 행위를 멀리하고 거대한 기업과 정부가 좌지우지하는 농업 시스템이 아닌 자연이 순환할 수 있는 농사를 짓기로 했다. 최대한 기계의 사용을 지양하고 자연물을 이용해서 농사짓는 방법을 고민해보기로 했다.

청춘의 일은 거창한 포부를 가지고 시작하는 법. 아니나 다를까 나보다 원대하고 세상물정 모르는 청춘이 일을 함께 하자고 덤벼든다. 우리는 1,000평 정도의 논과 800평 정도의 밭을 덜컥 얻어버렸다.

토종종사와 자연농을 알게 된 이상

농사를 짓는 농부에게 씨앗은 중요한 요소이지만 최근의 농부들은 종자회사에서 씨앗을 구매하여 농사를 짓고 있다. 심지어 한국의 매운 맛을 대표하는 고추 종자는 다국적기업에 로열티를 제공하며 구매하고 있는 실정이다. 심지어 그 종자는 다음 해에도 판매가 되어야 하기 때문에 임신을 하지 못하고 자식을 제대로 낳지 못하게끔 공정된다. 시중에서 파는 씨앗을 채종하여 다음 해에 뿌리면 제대로 싹이 트지 않거나 열매의 모양이 이상해진다. 즉 터미네이터 불임 씨앗으로 만들어지는 것이다. 또한 장시간 보존하고 동물들과 벌레들에게 안전 할 수 있도록 씨앗에 살충제를 버무린다.

수많은 종자들에 대한 주권은 농부도, 정부도 아닌 미국에게 양도되어 있는 현실을 마주하고 있는 것이다. 무심코 사서 쓰는 씨앗에도 자본주의가 낳은 이치가 작동하고 있는 것이다.

옛 어른들은 씨앗을 직접 채종하고 이웃에게 나눠 씨앗을 자연스럽게 보존해 왔다. 씨앗은 그 지역의 농부에 맞게끔 진화하며 그들의 오래된 삶의 지혜와 노고가 고스란히 담겨있다. 오랫동안 그 지역의 기후와 환경을 체득하니 시중 씨앗보다 자연재해에도 강하며 인간에게 이로울 수밖에 없다.

이러하기에 토종 씨앗이나 내가 직접 채종한 씨앗을 쓰지 않을 수가 없다. 조금의 문제가 있다면 성장이 느리고 열매가 작게 맺히는 이 작물들을 키우려니 답답하다.

작물의 생장이 늦는 또 하나의 이유가 있다. 바로 풀을 매지 않는 자연농이라는 농법이다. 자연 그대로의 상태를 유지하며 농사를 짓는 방법인데, 그 방법 중 하나로 풀을 최대한 살려둔다. 다른 생명들과 공생하며 본래 땅이 가지고 있는 지력을 상승시키는 방법으로 농사를 짓는다. 해가 지날수록 지력이 상승하여 보통은 10년 이후에 땅의 지력이 자연 상태로 돌아오며, 일정 정도의 소득을 낼 수 있다고 한다.

동지가 있으니

지금의 밭과 논은 자연농 혹은 채종씨앗으로 작물을 심으니 쉽사리 만족스러운 결과가 나올 리 없다. 이러한 농사법은 경제적인 부분에서도 자립할 수 없으니 스스로도 끝없는 고민을 지속하게 만들고 여러 가지 모순을 발견하게 된다. 적은 돈으로 살아보겠다고 말하지만 적은 돈이라도 필요한 것이 세상이고 내가 재미있게 할 수 있는 활동들을 하며 용돈벌이를 한다고는 하지만 다양한 알바들에 경제적인 부분을 100% 의존하고 있으니 이거 참 아이러니하다. 지금의 현실을 직시 하여 행할 수 있는 다양한 방법이 있지만 아직은 좀 더 치열히 고민해서 판단하고 싶다.

이렇게 현실을 직시하지 않는 이유는 도대체 무엇일까? 개인적인 삶에서의 영향도 있겠지만 요즘은 주변인들의 몫이 크다. 물론 옆 논 할아버지도 아랫집 할머니도 우리의 농사에 갸우뚱하지만 지금의 고민에 힘을 주는 어른과 청년들이 있다. 그들은 동네에서 토종 종자를 공급해주며 우리의 이야기를 들어주고 함께 고민을 들어준다. 바보 같은 농사를 응원해주고 이런 삶의 태도를 긍정해주는 주변인들이 있다. 스스로의 모순과 아이러니에 대해서 충분히 공유하고 서로의 고민을 존중하고 있음에 위안을 받고 조금 더 나은 방향으로 성장하길 다독여준다. 지금의 고민들과 농사를 지지해주는 지역 방방곡곡의 청년들과 지역 내 여러 가지 일을 도모하고자 하는 동지가 있기에 큰 힘을 받고 더 바보 같은 농사를 짓기 위한 고민을 한다.

아무래도 스스로의 모순을 탓하고 고민하며 살기보다는 이들과 오늘도 내일도 즐거울 수 있는 방법, 이들을 어찌 사랑하며 살 수 있는지 고민하는 편이 더 나을 것 같다.

이런 방법은 괜찮은건가

반대로 모두에게 칭찬받진 못한다. 특히 동네의 어른들의 핀잔은 무시할 수 없다. 그들의 눈엔 동네에서 농사짓는 바보 천덕꾸러기를 넘어 어른들의 말은 절대 듣지도 않는 핏덩이들로 보인다. 지금의 선택들이 고매하고 위대하며 누구나 인지하고 받아들여야 하는 이론이나 방법이라고 생각하지는 않지만 그들에게 나의 행동은 홀로 고매하게 사는 척 세상과 등지고 선과 악을 평가하는 사람으로 느껴지지 않을까.

이들과는 어떻게 소통하고 사랑해야 하는지는 여전히 어렵다. 난생 처음 먹어보는 시원한 호박식혜를 주시는 할머니의 마음이 고맙지만 밭에 화학비료를 줘야 한다는 말에 그저 바보인 척 웃어버린다. 대꾸하고 싶은 마음이 들지만 아직 때가 아니다. 맛있는 음식을 나눠먹고 동네 이야기로 웃고 떠들면 즐거우니 이만하면 된 걸까.

연속현장

도마 신부 이야기 2[1]

이재후 / 구술

하채현 / 기록 · 정리

만세탕

나 때 판공 때 다 모여야 되는데, 장소가 없잖아. 회장네 집이 공소집이 되었지.

선반이 있어. 이물도 없고 그랬지. 그 선반이 제대(祭臺)야. 그때부터 개혁이 되었어. 그때 탁경도라고 그 동네 탁 씨가 있었어. 탁 씨 식구(부인)는 지금도 살 거야. 여자가 키 크고 사나운 여자 하나, 살 거야. 어머니가 알거야. 그 집이 회장인 것은 아니고, 탁 씨 집안 사촌 간인가 그래. 지금 전주에 가서 살어. 그 집이 밭을 내놓겠다고 해서 공소자리를 내 놓았어. 그 여자가 방해 놓을 거야. 지 것 아닌데, 탁경도가

1 연속현장은 1970년부터 2000년까지 도마 신부님의 완주군 이야기를 담았다. 완주 사람들과 함께 한 도마 신부님의 이야기를 통하여 구체적인 당시의 숨결을 만날 수 있다. 도마 신부님은 1973년 고산성당을 시작으로 전주, 남원, 군산 등에서 봉직하셨다. 현재 비봉면 '빈첸시오의집' 지도 신부님이다. 이 이야기는 도마 신부님의 육성을 그대로 녹취 기록하여 보완하고 가필한 것이다.

오면 해결될지도 모르지, 그 안식구는 마리아야. 착해.[2] 아버지는 중앙 시장에서 짜장면집하고, 작은 아버지들이 살았어. 나무 잘라서 하고, 고산약방 혼자 사는 할머니가 있었어. 그 할머니에게 말해서 유리창만 돈 주고 했어. 바닥에 뭐를 못 깔았는데, 2월에 판공해야 하는데 추울 때야. 아직 도랑에 물이 얼었을 때지.

거기에 가재들이 겁나게 많았어. 심심한 게 도랑 옆에 풀이 버들가지 늘어진 풀이 있어. 개구리 잡아서 끼워서 물에 담그면 가재가 바글바글해. 무섭게 생겼지만 삶으면 빨개서 참 예뻐. 다들 잘 먹더라고. 때가 안 묻었어. 가난해도 없어도. 판공성사 두 달 걸려. 차가 없는 시대, 차가 있어도 길이 없는 시대잖아. 안골에 주교님 매형이 지금도 2층집 짓고 살잖아. 2층 주교님 쉬라고 해 놓았지. 운동권이었지. 만년 야당 성격이었어. 열린 분이었지. 댐 있기 전에 물이 많았지. (잠깐 전화 와서 월자 누나 핸드폰 불러줄게.) 물이 항상 있었어. 그때 대아댐은 유명했어. 익산 군산에서 소풍 왔어. 나이아가라 폭포 같았어. 그곳에 가면 웃보 밑에까지 가. 저수지 밑에 음수골이라고 동네가 있었어. 다리 위쪽으로 집들이 있었어. 대아리 확장하면서 물이 차서 보상받고 다 나갔어. 거기 가서 판공하고 웃보부터 한댓골로 가는 거야. 신자(信者)는 아닌데 뱃사공이 있었어. 땀나잖아. 물 좀 먹는다면서 그냥 퍼 먹어. '왜 그 물을 먹어?' '이것은 샘이오' 그랬어. 밥해 먹고 그랬어. 시간나면 또 가고 또 가고 그랬어. 판공 때만 가면 안 되어. 희택이도 총각 때 내가 세례 줬어. 삐쳤었는데 지금은 괜찮지? 영세 받고 착하고 그랬어. 신자들끼리 어울려서 집을 지은 거지.

시멘트는 바닥 했지만 바닥에 뭘 못 깔았어. 구불구불 나무로 제대

---

2 탁경도의 아버지가 (공소) 땅을 키 큰 여자의 남편에게 유산으로 물려 줌.(기록자 주)

만들어서 미사하고 그랬어. 소박하니 아름답지. 판공성사 보고, 미사 보고, 파티 겸 저녁 먹었어. "특식 하느라 욕 봤시오, 얼어 죽는 줄 알았시오." 그래. '물속에 들어가서 뭘 잡았나보다' 그랬어. 신문지를 죽 깔아 놓고 두 젊은이가 이만한 큰 솥을 양쪽에서 들고 와. 솥이 두 개야. 큰 솥이. 솥째 가운데 놓고 뚜껑을 여는데 김이 막 올라와 '신부님 강복하시오' 해서 강복하고, 먼저 시식하래. 그동안 김이 다 나갔잖아, 수지로 뜨려고 하는데 개구리가 바글바글해 가지고, 산 놈을 삶았는데 눈은 툭 튀어 나오고 쭉 뻗었어. 그래서 만세탕이래. '잡은 사람들 먹어.' 그랬어, 그렇게 맛있대, 한 점이라도 더 건져가려고 난리야. 지금도 그런 개구리가 있나 몰라. 개구리참외라고 알아? 노란 재래 참외는 토종인데 개구리참외는 커. 물속 개구리는 그전에는 컸어. 물속 바위 속 입을 안 열었으니 깨끗하대. 그러니까 막 삶아왔어. 잡느라고 춥긴 추웠겠어. 왜 만세탕인지 알겠지? 전부 만세하고 있어.

그때는 나가는 시대가 아니었지. 사람들이 많았어. 식구가 많을수록 잘 살아. 적으면 못 살아. 그냥 한댓골 공소였는데 그 당시에는 사람들이 많았지. 그래야 자가발전이 가능하니까. 공소가 어디든 있었지, 도곡동이나 그런 곳도 집이 드문드문 있으니까 공소 예배한다고 그랬어. 그땐 차가 없으니까…… 87년도 신자(信者) 중에 차 있는 사람이 두 사람이었어.

동상저수지를 그전에는 웃보라고 했어. 대아저수지 위에 있는 저수지니까. 그 밑이 큰 동네였대. 그 동네가 물 빠지면 집 터가 다 보여, 댐을 막으면서 마을들이 많았어. 담 쳐진 자리들이 보여. 수몰지구가 된 거지. 그때 그 동네가 원래 수만리였대, 물이 가득 찬 마을이다. 수만리, 그땐 대아리로 계곡으로 흘러갔는데 어른들이 수몰지구가 될 줄 알고 지혜롭게 수만리라고 했는지 몰라.

"신부님은 시골이 좋으세요?"

나는 시골이 좋아, 자연스럽게 뭐든지 할 수 있어. 이름 없는 꽃들이며, 곤충들, 여치 소리, 내가 쉬고 싶으면 쉬고, 가고 싶으면 가고, 제한이 없잖아. 피라미 잡고, 다슬기 잡고, 아파트 궤짝 속에서 답답하게 어떻게 살아. 도시는 정말 매력 없어.